Der ›dtv-Atlas zur Biologie‹ ist nicht nur Einführung, sondern auch Wissenschaftskunde und Nachschlagewerk. Die Kombination von Abbildungs- und Textseiten gibt dem Leser die Möglichkeit, auch bei geringer naturwissenschaftlicher Vorkenntnis, komplizierte Sachverhalte zu erfassen. Der ›dtv-Atlas zur Biologie‹ ist deshalb sowohl ein Kompendium für Schüler und Studenten aller Naturwissenschaften als auch eine Orientierungshilfe für jeden an der modernen biologischen Forschung interessierten Menschen.

Die vorliegende Ausgabe des bewährten, 1967 zuerst erschienenen Werkes (Gesamtauflage der deutschen Ausgabe: Band 1, 820000; Band 2, 755000) entspricht durch Erweiterung auf drei Bände und gründliche Überarbeitung von Text- und Tafelseiten der schnellen Entwicklung der biologischen Wissenschaften.

Bisher sind in dieser Reihe erschienen:

Weitere dtv-Atlanten sind in Vorbereitung

Günter Vogel/Hartmut Angermann:

dtv-Atlas zur Biologie
Tafeln und Texte

Graphische Gestaltung der Abbildungen
Inge und István Szász

Band 2
Mit 109 Abbildungsseiten

Deutscher
Taschenbuch
Verlag

Übersetzungen

Frankreich: Librairie Academique Perrin, Paris
Italien: Aldo Garzanti Editore, Milano
Japan: Heibonsha Ltd. Publishers, Tokio
Niederlande: Bosch & Keuning N. V., Baarn
Spanien: Ediciones Omega, Barcelona

Auf 3 Bände erweiterte und völlig neubearbeitete Ausgabe des zweibändigen
›dtv-Atlas zur Biologie‹, 3011/12:
Bd. 1, 1.–19. Aufl., 1.–820. Tausend (1967–83);
Bd. 2, 1.–19. Aufl., 1.–755. Tausend (1968–83).

Originalausgabe
1. Auflage Oktober 1984
5. Auflage November 1990: 141. bis 175. Tausend
© 1984 Deutscher Taschenbuch Verlag GmbH & Co. KG,
München
Umschlaggestaltung: Celestino Piatti
Gesamtherstellung: C. H. Beck'sche Buchdruckerei,
Nördlingen
Offsetreproduktionen: Amann & Co., München;
Werner Menrath, Oberhausen/Obb.
Printed in Germany · ISBN 3-423-03222-7

Vorwort

In dem ›dtv-Atlas zur Biologie‹ wird versucht, vom gegenwärtigen Kenntnisstand aus einen möglichst umfassenden, wissenschaftlich exakten, dabei aber verständlichen Überblick über Probleme und Ergebnisse der Biologie zu vermitteln. Die schnelle Entwicklung der biologischen Wissenschaften machte nicht nur eine gründliche Überarbeitung, sondern auch eine Erweiterung in wesentlichen Teilen notwendig. Doch auch die nunmehr dreibändige Ausgabe des ›dtv-Atlas zur Biologie‹ bleibt in dem bewährten Rahmen und ist nicht nur Einführung in wissenschaftstheoretische Grundlagen, biologische Sachverhalte und Methoden, sondern auch – durch das ausführliche Register und die zahlreichen Querverweise – Nachschlagewerk.

Die Grundkonzeption des Werkes folgt einerseits methodisch-didaktischen Überlegungen, andererseits spiegelt sie weitgehend die Struktur der Fachwissenschaft wider: Im Fortschreiten von einfacheren zu immer komplexeren Systemen werden die Organisationsebenen des Lebendigen deutlich. Auf diese Weise können Einsichten in biologische Zusammenhänge an ausgewählten Beispielen am besten vermittelt werden.

Die in dieser Taschenbuchreihe bewährte Kombination von Text- und Abbildungseinheiten, die einander ergänzen und intensivieren, wurde beibehalten. Bei den Abbildungen wurden Einzelheiten dort dargestellt, wo sie einen Informationsgewinn bedeuten; schematisiert wurde dort, wo komplizierte, aber wesentliche Strukturen und Vorgänge vereinfacht und hervorgehoben werden sollen. Im Interesse einer Verdeutlichung bestimmter Sachverhalte wurde oft eine nicht den wirklichen Verhältnissen entsprechende Farbgebung gewählt, z. B. im submikroskopischen Bereich. Die Gliederung in doppelseitige abgeschlossene Einheiten wurde konsequent beibehalten, obwohl sie von der Sache her gewisse Beschränkungen auferlegt, weil der direkte Vergleich von Tafeln und Texten die dargestellten, manchmal komplizierten Sachverhalte besser überschaubar macht. – Vorausgesetzt werden muß beim Leser die Bereitschaft zum Nach-Denken; dieser für jedes naturwissenschaftliche Verständnis notwendige Prozeß sollte durch die Konzeption des Buches so erleichtert werden, daß auch bei geringerer naturwissenschaftlicher Vorbildung das Erfassen selbst komplizierter Sachverhalte möglich wird.

Dank gebührt den kritischen Lesern, die den Autoren zu früheren Auflagen Verbesserungsvorschläge machten; dem Deutschen Taschenbuch Verlag, der diese Neubearbeitung ermöglichte; schließlich Frau Inge Szász-Jakobi und Herrn István Szász, die die Abbildungen nach den Entwürfen der Verfasser sorgfältig und gewissenhaft ausführten.

Bielefeld, im Herbst 1983   Die Verfasser

Inhalt

Bibliographie und Quellennachweis in Band 3

Symbol- und Abkürzungsverzeichnis

Allgemeine Symbole

∅	Durchmesser	>	größer als
♂	männlich	<	kleiner als
♀	weiblich	∼	ungefähr
☿	zwittrig	*	einheimische Art, Gattung usw.
B!	Befruchtung	===	getrennt
R!	Reduktion	↻	verbunden
		⇒	daraus folgt

◖ Ortsbewegung (Bewegungspfeil)

← Bewegungsrichtung (Richtungspfeil)

← »wird zu«, »wirkt auf« (Entwicklungspfeil)

⇌ »im chemischen Gleichgewicht mit« oder »Austausch zwischen«

Ⓟ Phosphat-Rest

⊢⊐ Ausschnittvergrößerung

⊢ »wirkt hemmend«

‖⊢ »wirkt stark hemmend«

◄ »wirkt fördernd«

◄◄ »wirkt stark fördernd«

+ oder ⊕ positive Ladung

− oder ⊖ negative Ladung

Allgemeine Abkürzungen

AAM	angeborener Auslösemechanismus	B	Begleiter (Pflanzensoziologie)
Abb.	Abbildung	bar	100000 Pa (Pascal = Einheit des Druckes)
AC	Assoziationscharakter- (=kenn)art	bes.	besonders
akt.	aktiv	best.	bestimmt
allg.	allgemein	Bio^+	Biotin-produzierend (Wildtyp-Allel)
AM	ancient member	Bio^-	Biotin-bedürftig (Mangelmutante)
AM	Auslösemechanismus		
an	animal	biolog./biol.	biologisch
AoN-Gesetz	Alles-oder-Nichts-Gesetz	C	Carrier
ASP	aktionsspezifisches Potential (Instinktzentrum)	C1	Komplementkomponente 1
asymm.	asymmetrisch	C_4-Pflanzen	Bindung von CO_2 in Form von Verbindungen mit 4 C-Atomen
Atm	Atmosphäre	ca.	circa, ungefähr
A-Typ	africanus-Typ von Australopithecus	cal	Kalorie (1 cal = 4,185 J)

X Symbol- und Abkürzungsverzeichnis

CAM	Crassulacean Acid Metabolism	ident.	identisch
CS	Carrier-Substrat-Komplex	i.e.S.	im engeren Sinne
		IPSP	hemmendes (inhibitorisches) postsynaptisches Potential
D	Differentialart (Pflanzensoziologie)	IZ	Interzellularsubstanz
d.h.	das heißt		
Diff.	Differenzierung	J	Joule (Einheit der Energie und Wärmemenge)
diff.	differenziert		
△	›Delta‹, griechisch ›D‹: Differenz	Jh.	Jahrhundert
△p	Veränderung der Allelfrequenz p	KC	Klassencharakterart (Pflanzensoziologie)
		kcal	Kilokalorie (1 kcal = 4,185 kJ)
E	Enzym	kg	Kilogramm
E	Gleichgewichtspotential (Nervenphysiologie)	kJ	Kilojoule
		klass.	klassisch
EAAM	durch Erfahrung ergänzter AAM	K_m	Michaelis-Konstante
		konst.	konstant
EAM	erworbener Auslösemechanismus	kontrakt.	kontraktil
		KW	Kernphasenwechsel
EEG	Elektroencephalogramm	kybernet.	kybernetisch
EFF	Effektor		
EK	Efferenzkopie	Leu$^+$	Leucin-produzierend (Wildtyp-Allel)
endergon.	endergonisch		
entspr.	entsprechend	Leu$^-$	Leucin-bedürftig (Mangelmutante)
Entw.	Entwicklung		
EP	Enzym-Produkt-Komplex	lx	Lux (Einheit der Beleuchtungsstärke)
EPP	Endplattenpotential		
EPSP	erregendes postsynaptisches Potential	m	Meter
		M_1	1. Molar
ER	endoplasmatisches Reticulum	Ma	Makromere
ES	Enzym-Substrat-Komplex	max.	maximal
exergon.	exergonisch	Me	Mesomere
EZ	eineiige Zwillinge	metaphys.	metaphysisch
		MG	»Molekulargewicht«
F	Fertilitätsfaktor bei Bakterien	mg	Milligramm (1/1000 g)
F$^-$	Fertilität negativ	Mi	Mikromere
F$_1$	1. Filialgeneration (Tochter-)	Mill., Mio.	Million
F.r.	Formatio reticularis	min	Minute
Funkt.	Funktion	min.	minimal
funkt.	funktionell	MIT	Massachusetts Institute of Technology
g	Gramm	MJ	Millionen Jahre
g	Membranleitfähigkeit (Nervenphysiologie)	ml	Milliliter (1 cm³)
		mm	Millimeter (1/1000 m)
GA	Golgi-Apparat	mol	»Molekulargewicht« eines Stoffes in Gramm
Gesch.	Geschichte		
geschl.	geschlechtlich	Mrd.	Milliarde
Gg	Gleichgewicht	ms	Millisekunde
Gp	Grundplasma	mV	Millivolt
GW	Generationswechsel	µm	Mikrometer (1 Millionstel m)
H	Phänotypenfrequenz der Heterozygoten	N	Anzahl von Individuen
		N	Newton (Einheit der Kraft)
h	Stunde	n	einfacher (haploider) Chromosomensatz
Hb	Hämoglobin		
Hfr	High frequency of recombination	2n	zweifacher (diploider) Chromosomensatz
		n. Chr.	nach Christi Geburt
HHL	Hypophysenhinterlappen (Neurohypophyse)	nm	Nanometer (1 Milliardstel Meter)
hv	Strahlungsenergie	NNM	Nebennierenmark
HVL	Hypophysenvorderlappen (Adenohypophyse)	NNR	Nebennierenrinde

NPP	Nettoprimärproduktion	S^s	Streptomycin-sensibel
NREM	Schlafphase ohne schnelle Augenbewegungen	SAP	Spezif. Aktionspotential (Instinktzentrum; auch ASP)
NS	Nervensystem	sek.	sekundär
		senkr.	senkrecht
		sex.	sexuell, geschlechtlich
OC	Ordnungscharakterart (Pflanzensoziologie)	SK	Serienelastische Komponente (Muskel)
ökol.	ökologisch	sog.	sogenannt
opt.	optisch	somat.	somatisch, den Körper betreffend
organ.	organisch		
osmot.	osmot.	spez.	speziell
o/u	oder/und	spez. Gew.	spezifisches Gewicht
		spezif.	spezifisch
P	Phänotypenfrequenz (Homozygote, z. B. dominant)	Std.	Stunde
		Strukt.	Struktur
P	Turgordruck (Pflanzenphysiologie)	strukt.	strukturell
		Subst.	Substanz, Stoff
p	Allelfrequenz (z. B. dominantes Allel)	symm.	symmetrisch
		Syst.	System, Wirkungsgefüge
PCB	polychlorierte Biphenyle		
P-Gen.	Parental- (Eltern-) Generation	Tl	Wildtyp-Allel der Erbse (normale Blätter)
pH	negativer Logarithmus der Wasserstoffionenkonzentration	tl^{pet}	Allel der Erbse (Petiolute-Mutante)
physiol.	physiologisch		
PK	Parallel-elastische Komponente (Muskel)	tl^w	Allel der Erbse (Acacia-Mutante)
pO_2	Sauerstoffpartialdruck	TMÜ	Tier-Mensch-Übergangsfeld
ppb	Teile/Milliarde	TMV	Tabakmosaikvirus
prim.	primär	typ.	typisch
PS I	Photosystem I		
PSP	Postsynaptisches Potential	u. a.	unter anderem
π^*	osmotischer Wert (Pflanzenphysiologie)	ungeschl.	ungeschlechtlich
		u/o	und/oder
ψ	Wasserpotential (Wasserabgabe aus der Vakuole an reines H_2O)	urspr.	ursprünglich
		U/sec	Umdrehung pro Sekunde
		u. U.	unter Umständen
		UV	Ultraviolette Strahlung
q	Allelfrequenz (z. B. rezessives Allel)		
Q	Phänotypenfrequenz (Homozygote, z. B. rezessiv)	V	Volt
		v	Reaktionsgeschwindigkeit
		v^{max}	maximale Reaktionsgeschwindigkeit
r	Transportwiderstand (pflanzl. Stofftransport)	v. Chr.	vor Christi Geburt
rd.	rund	veg.	vegetativ
REM	rapid-eye-movement (Schlafphase mit schnellen Augenbewegungen)	versch.	verschieden
RF	Rezeptives Feld (Retina)	W	Maß für Fitness
RGT-Regel	Reaktionsgeschwindigkeits-Temperatur-Regel	W	Wanddruck (Pflanzenphysiologie)
RM	Rückenmark	waagr.	waagrecht
16SrRNA	ribosomale RNA mit der Sedimentationskonstante S = 16	X	Geschlechtschromosom
		Y	Geschlechtschromosom
S	Sedimentationskonstante in Svedbergeinheiten	Z	Zentrum
S	Substrat	zahlr.	zahlreich
S	Saugspannung (Pflanzenphysiologie)	z. B.	zum Beispiel
		ZNS	Zentralnervensystem
S.	Seite	zool.	zoologisch
s, sec	Sekunde	z. T.	zum Teil
s	Selektionskoeffizient	zw.	zwischen
s.	siehe	ZZ	zweieiige Zwillinge
S^r	Streptomycin-resistent	z. Z.	zur Zeit

Chemische Elemente und Verbindungsformeln

Al	Aluminium	He	Helium
		Hg	Quecksilber
B	Bor		
$BaSO_4$	Bariumsulfat	J	Jod
		J^-	Jodid
C	Kohlenstoff		
C^{14}	radioaktives Kohlenstoffisotop	K	Kalium
$C_6H_{12}O_6$	Hexose (Zucker)		
Ca	Calcium	Li	Lithium
Ca^{++}	Calcium-Ion		
$Ca_2[Fe(CN)_6]$	Calciumcyanoferrat	Mg	Magnesium
$CaCO_3$	Calciumcarbonat	Mg^{++}	Magnesium-Ion
Ca-Humate	Calcium-Salze der Humussäuren	Mn	Mangan
		MoO_4^{--}	Molybdat
Ca-Oxalat	Calcium-Salz der Oxalsäure		
CH_4	Methan	N, N_2	Stickstoff
Cl^-	Chlorid-Ion	$N^{15}, {}^{15}N$	radioaktives Stickstoffisotop
Co	Cobalt	NH_3	Ammoniak
CO	Kohlenmonoxid	NH_4^+	Ammonium
CO_2	Kohlendioxid	NH_4Cl	Ammoniumchlorid
CsCl	Caesiumchlorid	NO_2^-	Nitrit
Cu	Kupfer	NO_3^-	Nitrat
		Na	Natrium
Fe	Eisen	Na^+	Natrium-Ion
		NaCl	Natriumchlorid, Kochsalz
H, H_2	Wasserstoff	Ni	Nickel
H^+	Wasserstoff-Ion		
${}^3H$	Tritium, sehr schwerer Wasserstoff	O, O_2	Sauerstoff
		$O=N(CH_3)_3$	Trimethylaminoxid
HCN	Cyanwasserstoff		
H_2CO_3	Kohlensäure	P	Phospor
HCO_3^-	Hydrogencarbonat	PO_4^{3-}	Phosphat
H_2O, HOH	Wasser		
H_3O^+	Hydronium	S	Schwefel
H_2O_2	Wasserstoffperoxid	SCN^-	Rhodanid
HPO_4^{2-} oder	Hydrogenphosphat	SO_2	Schwefeldioxid
HPO_4^{--}		SO_4	Sulfat
$H_2PO_4^-$	Dihydrogenphosphat	Si	Silicium
H_2S	Schwefelwasserstoff	SiO_2	Siliciumdioxid
H_2SO_3	schweflige Säure		

Chemische Verbindungen

A	Adenosin, Adenin	Ile	Isoleucin
ACTH	adrenocorticotropes Hormon (Corticotropin)	IES	Indolessigsäure (Auxin)
		IF	prokaryontischer Initiationsfaktor
ATP	Adenosintriphosphat		
ADP	Adenosindiphosphat		
AMP	Adenosinmonophosphat	KrP	Kreatininphosphat
aa-	Aminoacyl-		
Ala	Alanin	Leu	Leucin
Arg	Arginin	Lys	Lysin
Asn	Asparagin	LH	Luteinisierendes Hormon (Lutropin)
Asp	Asparaginsäure		
AbA	Abscisin	LTH	Laktotropes Hormon (Laktin)
aa-tRNA	Aminoacyl-tRNA-Komplex	lac	Lactose
ATA	Aurintricarboxylic acid		
		mRNA	Messenger-RNA
C	Cytidin, Cytosin	M-DNA	mitochondriale DNA
cAMP	zyklisches Adenosinmonophosphat	Met	Methionin
		MNNG	Methylnitronitrosoguanidin
cGMP	zyklisches Guanosinmonophosphat	NAD$^+$	Nicotinamid-adenin-dinucleotid
Cys	Cystein	NADH	reduziertes NAD$^+$
CoA	Coenzym A	N-DNA	Kern-DNA
CoM	Coenzym M	NHP	Nichthistonprotein
		NADP$^+$	Nicotinamid-adenin-dinucleotid-phosphat
DNA	Desoxyribonucleinsäure (-acid)		
DNase	Desoxyribonuclease	NADPH	reduziertes NADP$^+$
e$^-$	Elektron	P	Phosphatrest, Phosphorsäure
EF	eucytischer Elongationsfaktor	PP	Pyrophosphat
EIF	eucytischer Initiationsfaktor	Phe	Phenylalanin
EF-Tu	prokaryontischer Elongationsfaktor	Pro	Prolin
		P-DNA	Plastiden-DNA
EF-G	prokaryontischer Elongationsfaktor	PGS	Phosphoglycerinsäure
		PGA	Phosphoglycerinaldehyd
		PEP	Phosphoenolpyruvat
fMet	Formylmethionin		
FSH	Follikelstimulierendes Hormon (Follitropin)	RNA	Ribonucleinsäure (-acid)
		rRNA	ribosomale RNA
fMet-tRNA^{fMet}	Formylmethionin-tRNA-Komplex	RNase	Ribonuclease
		RNP	Ribonucleoprotein-Komplex
FAD	Flavin-adenin-dinucleotid	RudP	Ribulose-1,5-diphosphat
FMN	Flavinmononucleotid	RF	Release-Faktor der prokaryont. Translationsbeendigung
G	Guanosin, Guanin		
Gln	Glutamin	Ser	Serin
Glu	Glutaminsäure		
Gly	Glycin	tRNA	Transfer-RNA
GDP	Guanosindiphosphat	T	Thymin
GTP	Guanosintriphosphat	TP	Triphosphat
G6PD	Glucose-6-phosphat-dehydrogenase	Thr	Threonin
		Trp	Tryptophan
		Tyr	Tyrosin
hnRNA	heterogene Kern-RNA (heterogene nucleare RNA)	TF	Terminationsfaktor
		TDF	Testis-determinierender Faktor
His	Histidin		
H2	Histon 2	U	Uridin, Uracil
Hb	Hämoglobin	UTP	Uridintriphosphat
Hb-S	Sichelzellenanämie-erzeugendes Hämoglobin	Val	Valin

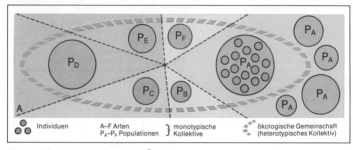

Hierarchisch-enkaptisches System der Ökologie

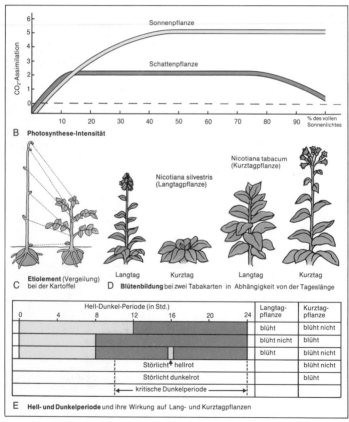

Licht als ökologischer Faktor

Die Ökologie (HAECKEL 1866) ist die Wissenschaft von den Wechselbeziehungen zw. **Organismen** und ökolog. **Umwelt** (Gesamtheit der auf sie wirkenden abiotischen und biotischen Faktoren). Ihre Gegenstände sind daher stets überindividuelle Systeme.

Entsprechend der Verflechtung des Individuums (A) kennt die Ökologie drei Ebenen der Untersuchung:

1. **Autökologie:** Gegenstand sind die Umweltbeziehungen des Individuums; Methoden sind Freiland- und Laboruntersuchungen; verknüpft bes. mit der Physiologie, aber auch mit anderen Disziplinen (Ökophysiologie, Ökoethologie).

2. **Demökologie:** Gegenstand sind die Umweltbeziehungen und das innere Beziehungsgefüge (ökolog. Mitwelt) der Population; Methoden sind Freilanduntersuchungen, Statistik, mathematische Modelle; verknüpft bes. mit der Populationsgenetik, mit der sie oft zur Populationsbiologie zusammengefaßt wird; enge Beziehungen zur angewandten Wissenschaft (Schädlingskalamitäten; S. 243).

3. **Synökologie:** Gegenstand ist das Ökosystem (S. 259); bes. hier vollzog sich mit dem Übergang von vereinfachenden, beschreibenden und qualitativen zu quantitativen Aussagen durch moderne Verfahren der Systemanalyse der Übergang zu einer **Neuen Ökologie** (ODUM 1971).

Eine zweite, auch nicht völlig trennscharfe Einteilung (Pflanzen-, Tier-, Humanökologie), die die hier angegebene überlagert, wird im folgenden berücksichtigt, soweit es sinnvoll erscheint.

Der Einfluß abiotischer Faktoren
wird zunächst an Pflanzen behandelt, die bes. deutliche Abhängigkeiten zeigen, da sie
– durch autotrophe Ernährung auf das Angebot anorgan. Stoffe und damit auf Boden und Klima angewiesen sind;
– sich im allg. dem Wechsel der Umweltbedingungen nicht durch Ortswechsel entziehen können.

Gesetzmäßigkeiten ihrer Einwirkung werden bei der Tier-Autökologie behandelt (S. 231 ff.).

Licht und Photosynthese
Die **Lichtstärke** bestimmt bei sonst optimalen Bedingungen (CO_2- und H_2O-Versorgung, Temperatur, Öffnung der Stomata) die Photosynthese-Intensität. Zunahme der Lichtstärke um ein best. Betrag steigert die Photosynthese um so stärker, je näher das Licht dem Minimum ist (Relativitätsgesetz der CO_2-Assimilation). Bei höh. Werten wird ein Optimum erreicht, auf dem die Kurve bleibt (Lichtsättigung) oder wieder absinkt (Schädigung des Photosyntheseapparates).

Der Artenvergleich zeigt deutlich Standort-Anpassung (B). Schattenpflanzen aus der Krautschicht des Waldes erreichen ihr absolut zwar niedriges Optimum schon bei geringer Lichtstärke, den Kompensationspunkt, an dem sich CO_2-Aufnahme und -abgabe die Waage halten, erreichen sie eher als Sonnenpflanzen (Schnittpunkte der Kurven mit der Nullinie). So brauchen *Kiefer, Birke und Lärche* zu dauerndem Gedeihen $1/9$ des vollen Tageslichts, *Laubmoose* nur $1/2000$.

Die **Lichtqualität** (Spektralbereich) ist neben der Intensität ökol. wichtig, z. B. für Wasserpflanzen. – Die Farbstoffe der *Grünalgen* (obere Wasserschichten) absorbieren wie die der Landpflanzen einfallendes Licht hauptsächlich im roten Spektralbereich (660–680 nm). Die in tieferen Wasserschichten wachsenden *Rotalgen* (S. 551) bekommen wegen der Absorption durch das Wasser vorwiegend kurzwelliges grünes und blaues Licht. Es wird von dem das Chlorophyll überdeckenden roten Farbstoff Phykoerythrin bevorzugt absorbiert. Die *Braunalgen* (S. 551; Farbstoff: Fucoxanthin) stehen in dieser Hinsicht zw. *Rot-* und *Grünalgen* und finden sich entspr. in mittleren Wassertiefen.

Licht und Wachstum
Außer indirekt über die Photosynthese wirkt das Licht direkt auf Wachstum und Organbildung ein (C; vgl. auch S. 221).
Bei Gebirgspflanzen zerstört der hohe UV-Anteil den zum Streckungswachstum nötigen Wuchsstoff (S. 337 ff.), sie sind daher niedrig und oft polsterbildend. Nach Verpflanzung in die Ebene werden sie hochwüchsig. – Auch *Bakterien* werden durch UV-Licht im Wachstum gehemmt oder abgetötet (Lungenheilstätten in Gebirgen). **Licht und Keimung:** S. 221. **Licht und Bewegung:** S. 338 ff.

Photoperiodizität
Auch die tagesperiod. Verteilung des Lichtes kann ökol. wichtig sein, ohne daß die absolute Lichtmenge entscheidend ist. – In bezug auf die Blütenbildung lassen sich folgende Gruppen unterscheiden:
– **Langtagpflanzen,** blühen bei über 12 Std. Tagesdauer (*Getreide, Zuckerrübe, Spinat, Salat, Erbse);*
– **Kurztagpflanzen,** blühen nur bei weniger als 12 Stunden Tageslänge (*Mais, Hirse, Baumwolle, Hanf, Chrysantheme, Dahlie;* D)
– **Tagneutrale,** ohne Einfluß der Tagesperiode auf die Blütenbildung (z. B. *Sonnenblume, Hirtentäschel, Vogelmiere).*

Propft man eine im Kurztag gehaltene und daher blühwillige Kurztagpflanze auf ein im Langtag gehaltenes Exemplar derselben Art, bildet auch dieses Blüten aus. Der ursprüngl. Umstimmung beruht auf Genaktivierung (S. 468 f.), der Impuls wird durch ein Blühhormon (vermutl. eine Steroidverbindung) übertragen. Photoperiodisch entscheidend ist nicht die Tageslänge, sondern die Dauer der ununterbrochenen Dunkelheit (E). Hier genügen schon Belichtungen von < 1 sec zur Änderung des Blühverhaltens. – Versuche mit monochromat. Licht (hellrot: 660 nm, dunkelrot: 730 nm) beweisen die Steuerung photoperiod. Vorgänge durch das **Phytochromsystem** (S. 221; »innere Uhr«).

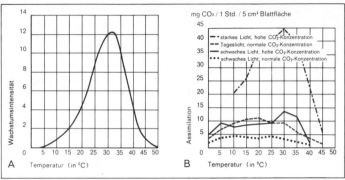

Wachstum von Maiskeimlingen (A) und Assimilation von Zuckerrübenblättern (B) in Abhängigkeit von der Temperatur

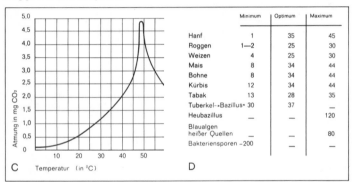

	Minimum	Optimum	Maximum
Hanf	1	35	45
Roggen	1—2	25	30
Weizen	4	25	30
Mais	8	34	44
Bohne	8	34	44
Kürbis	12	34	44
Tabak	13	28	35
Tuberkel-*Bazillus*	30	37	—
Heubazillus	—	—	120
Blaualgen heißer Quellen	—	—	80
Bakteriensporen	–200	—	—

Atmung von Kartoffelblättern in Abhängigkeit von der Temperatur (C); Kardinalpunkte der Temperatur in °C (D)

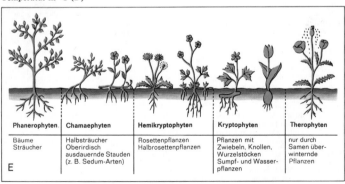

Phanerophyten	Chamaephyten	Hemikryptophyten	Kryptophyten	Therophyten
Bäume Sträucher	Halbsträucher Oberirdisch ausdauernde Stauden (z. B. Sedum-Arten)	Rosettenpflanzen Halbrosettenpflanzen	Pflanzen mit Zwiebeln, Knollen, Wurzelstöcken Sumpf- und Wasserpflanzen	nur durch Samen überwinternde Pflanzen

Überwinterung durch Latenzorgane (überwinternde Teile rot)

Der Temperaturfaktor

Unter natürl. Bedingungen wirkt er eng mit dem Licht- und Wasserfaktor zusammen. Hält man im Exp. die übrigen Faktoren konstant, zeigt sich eine klare Temperaturabhängigkeit der Lebenserscheinungen wie **Wachstum** (A), **Photosynthese** (B) und **Atmung** (C). – Diese Abhängigkeit wird in Optimumkurven dargestellt, deren Verlauf die Kardinalpunkte der Temperatur bestimmen:

– **Minimum:** die zum Wachstum der Pflanze unbedingt erforderliche Temperatur;
– **Optimum:** Temperatur, bei der das beste Wachstum erzielt wird;
– **Maximum:** Temperatur, bei der das Wachstum erlischt.

Ihre Artspezifität (D) bedingt wesentl. die Pflanzenverteilung in den Klimazonen.

Die niedrigsten Optima der Assimilation liegen bei 0°(*Alge Delesseria*), die höchsten bei 40–45° (austral. Wüstenpflanze *Atriplex vesicarium*). Kompliziert wird das Problem, das für die angewandte Ökologie (Haltung von Nutzpflanzen) wichtig ist, durch die Beeinflussung der Lage des Optimums durch andere ökol. Faktoren, z. B. Lichtstärke und CO_2-Konzentration, wobei das Optimum um rd. 20° schwanken kann (B). – Dadurch ist es auf die tatsächl. Freilandbedingungen abgestimmt:

– Schwachlicht-Optimum bei 10°,
– Vollicht-Optimum bei 15–20°.
– Die bei 30° liegenden Optima treten im Freiland wohl nicht auf, da die dazu nötige CO_2-Konzentration nicht erreicht wird. Bei geeigneten Kultivierungsmethoden kann dieses sehr hohe Optimum aber erreicht werden.

Die Atmungskurve (C) zeigt die geringere Veratmung der bei Tage gebundenen Assimilate bei niedriger Nachttemperatur.

Bei *Hafer* z. B. sind die Substanzverluste durch Atmung bei 10° Nachttemperatur bis zu 25% geringer als bei 20°.

Während der Entw. einer Pflanze kann sich das Optimum verschieben; außerdem können Boden- und Lufttemperatur unterschiedlich wirken:

Bei der *Kartoffel* bestimmt die Bodentemperatur die Entw. der Knollen (Optimum 13–26° C), die Lufttemperatur die Ausbildung der oberirdischen Teile.

Jenseits der Höchst- und Mindesttemperaturen des Wachstums liegen Temperaturen, die Pflanzen zwar ertragen, bei denen sie jedoch nicht wachsen. Es muß daran stets eine **Vegetationsperiode** mit ausreichenden Wachstumsbedingungen gegeben sein (Jahres- oder Tagesperiodizität der Temperatur). Erst an den sog. Nullgrenzen der Temperatur tritt Kälte- oder Hitzetod ein.

Kälteresistenz (Widerstandsfähigkeit gegen tiefe Temperaturen) ist am größten bei trockenen Samen (bis –258°). Arkt. *Pflanzen* ertragen bis zu –60°, auch mehrfaches Gefrieren und Auftauen. Dagegen werden trop. *Pflanzen* schon durch Temperaturen über dem Nullpunkt (1,4 bis 3,7°) abgetötet.

Hitzeresistenz ist ebenf. bei Dauerstadien am größten (über 80°, Bodentemperatur trop. Wüsten), doch werden auch für aktive Stadien 80°als Höchstgrenze angegeben (*Blaualgen* heißer Quellen). Selbst in Mitteleuropa (Elbsandsteingebirge) hat man Bodentemperaturen bis 75° und Pflanzentemperaturen von 60° gemessen, die ohne Schaden vertragen wurden.

Anpassungen an extreme Temperaturen werden auf zwei Arten erzielt:

1. **Vermeidung.** Die Entw. ist dem Temperaturgang synchronisiert, so daß Zeiten extremer Temperaturen durch latente Entw.-Stadien überdauert werden, die durch Lage (im Boden, unter Schnee; E) und Gestalt (relativ kleine Oberfläche) oder durch chem.-physikal. Schutzeinrichtungen hohe Resistenz erreichen.

2. **Direkte morpholog. oder physiolog. Schutzeinrichtungen.** Zu ersteren gehören als Hitzeanpassungen Transpirationsförderung (S. 84 H), Schrägstellung der Blätter, reflektierendes Haarkleid, helle Farbe (wenig Chlorophyll, Parallelstellen der Chloroplasten). Zu letzteren zählen als Kälteanpassungen intrazelluläre Veränderungen:

– herabgesetzter Wassergehalt;
– Schutz bes. der Membranen durch best. Aminosäuren, Zucker und Zuckerderivate.

Temperaturabhängig über die RGT-Regel oder über noch ungenau bekannte physiol. Mechanismen sind die meisten physiol. Vorgänge:

– Entwicklung von Pflanzen (S. 218ff.);
– Stoffaufnahme, -transport, Transpiration (S. 272ff.).

Der CO₂-Faktor

Er beeinflußt vor allem die Assimilationsintensität (B).

Die Landpflanzen sind dabei im wesentlichen auf das CO_2 der Atmosphäre angewiesen, dessen Konzentration in bodennahen Schichten im Mittel bei 0,03 Vol. % liegt. Unmittelbar am Boden sind durch Diffusion die Werte höher, da im Boden infolge der Bodenatmung (Pflanzenwurzeln und Bodenorganismen) Konzentrationen bis 1,5 Vol. % vorliegen. Wasserpflanzen nützen in der Regel nur das physikal. gelöste CO_2 des Wassers aus, kaum das als Bikarbonat und Karbonat gebundene. Trotzdem ist der Gehalt an wirksamem CO_2 höher als in der Luft (bei Süßwasserseen etwa 40% höher).

Der normale CO_2-Gehalt der Luft liegt immer weit unter dem Optimum; durch Konzentrationssteigerung ist daher auch Ertragssteigerung zu erreichen:

– im Freiland durch Intensivierung der Bodenatmung (kombinierte Düngung mit Kunst- und Stalldünger);
– in Gewächshäusern durch direkte Begasung mit CO_2. Bei über 0,1 Vol% können aber an den Pflanzen Vergiftungen auftreten.

Der Modus der **CO₂-Fixierung** ist ökol. wichtig: in zahlr. Pflanzenfamilien (z. B. *Cactaceae, Crassulaceae, Bromeliaceae*) erschließen C₄- und CAM-Pflanzen (S. 277) Extremstandorte.

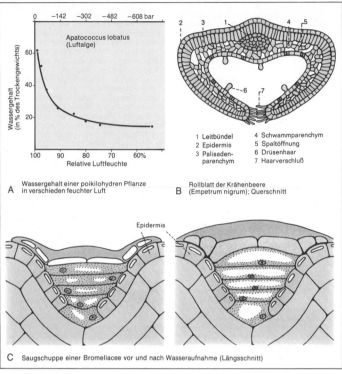

A Wassergehalt einer poikilohydren Pflanze in verschieden feuchter Luft

1 Leitbündel
2 Epidermis
3 Palisaden-parenchym
4 Schwammparenchym
5 Spaltöffnung
6 Drüsenhaar
7 Haarverschluß

B Rollblatt der Krähenbeere (Empetrum nigrum); Querschnitt

C Saugschuppe einer Bromeliacee vor und nach Wasseraufnahme (Längsschnitt)

Wasser als ökologischer Faktor

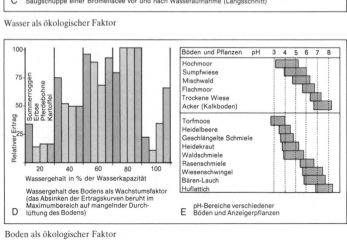

D Wassergehalt des Bodens als Wachstumsfaktor (das Absinken der Ertragskurven beruht im Maximumbereich auf mangelnder Durch-lüftung des Bodens)

E pH-Bereiche verschiedener Böden und Anzeigerpflanzen

Boden als ökologischer Faktor

Der Wasserfaktor
Da er bes. oft im Minimumbereich liegt
(S. 232 A), bestimmt er am stärksten die geogr.
Verbreitung der *Pflanzen* und bewirkt die meisten pflanzl. Umweltanpassungen.
Poikilohydre Pflanzen (wechselfeuchte) folgen
in ihrem Wassergehalt weitgehend dem Feuchtigkeitszustand ihrer Umgebung (A): *Bakterien,
Blaualgen,* ursprüngl. *Grünalgen, Pilze, Flechten*;
seltener *Farne,* sehr selten *Angiospermen.*
Ihre kleinen Zellen ohne Zentralvakuolen können bei Wasserverlust gleichmäßig, ohne bleibende Störungen der Feinstruktur schrumpfen.
Homöohydre Pflanzen (eigenfeuchte) bilden
den größten Teil der terrestrischen Vegetation.
Sie sind gekennzeichnet durch
– Zellen mit großer Zentralvakuole,
– leistungsfähiges Wurzelsystem,
– transpirationshemmende Cuticula,
– regulatorische Spaltöffnungsapparate.
Die Wasserbilanz, Verhältnis des aufgenommenen zum abgegebenen Wasser, kann vorübergehend negativ sein (Welken der Pflanze), muß
aber über längere Zeiträume ausgeglichen sein.
Man kann, unabhängig von Klimatyp und Standort, zwei Grundtypen unterscheiden:
– Der hydrostabile (isohydrische) Typ hält die
  Bilanz im Tagesgang fast ausgeglichen (verzweigtes, leistungsfähiges Wurzelsystem; Regelung der stomatären Transpiration; S. 85).
– Der hydrolabile (anisohydrische) Typ erträgt
  vorübergehend hohe Wasserverluste (z. B.
  krautige Pflanzen sonniger Standorte).
1. **Die Wasseraufnahme** erfolgt meist durch das
Wurzelsystem mit großer resorbierender Oberfläche (Wurzelgesamtlänge einer Getreidepflanze bis 100 km). Die artspezif., standortgemäße
Anordnung der Wurzeln wird überlagert von
modifikator. Anpassungen an örtl. Besonderheiten, z. B. stärkere Verzweigung in wasserführenden Bodenschichten.
Wasseraufnahme ist nur möglich, wenn in der
Saugspannung ein Gefälle Boden-Pflanze besteht. Entscheidend ist dabei der potentielle osmot. Druck (osmot. Potential) der Zellen, der je
nach den kapillaren und osmot. Kräften, mit
denen das Wasser im Boden festgehalten wird,
sehr versch. sein kann:
– niedrig (wenige bar) bei Hygrophyten, aber
  auch bei Sukkulenten;
– hoch (bis > 200 bar) bei Holzpflanzen, Xerophyten und bes. bei Halophyten (Mangrove,
  Salzwiesen, Salzwüsten).
Oberird. Pflanzenteile können Wasser aufnehmen; bes. die oft wurzellosen Epiphyten sind auf
diese Wasserversorgung angewiesen:
Epiphytische *Ananasgewächse (Bromeliaceen)* tragen auf den Blättern eingesenkte,
durch tote Schildzellen bedeckte Schuppenhaare (Absorptionshaare), die durch fehlende Cuticula und dicke, quellbare Pektinmembranen sehr saugfähig sind (C). Bei vielen
Bromeliaceen bilden die Blattrosetten Zisternen, aus denen dann das Regenwasser durch
Absorptionshaare aufgenommen wird.

Selbst Wasserdampf wird aus der Luft aufgenommen *(Moose, Algen):* die *Alge Pleurococcus vulgaris* teilt sich noch bei 62% rel. Luftfeuchte.
2. **Transpiration** wird durch viele Anpassungen
reguliert: lederartige Epidermis, Haarkleid,
Wachsüberzüge (S. 84 F), eingesenkte Spaltöffnungen (S. 84 G), Rollblätter mit innen liegenden Spaltöffnungen (B), relative Verkleinerung
der Oberfläche bis zur völligen Reduktion der
Blätter (S. 119).
An die Stelle der passiven Transpiration kann,
bes. bei Feucht- und Wasserpflanzen, aktive
Wasserabscheidung **(Guttation)** aus oft am Blattrand liegenden Wasserspalten (Hydatoden) treten. So bleibt auch bei wasserdampfgesättigter
Außenluft der Stofftransport in der Pflanze erhalten (mineral. Ernährung; S. 280 f.).

Der Boden
entsteht durch die klimabedingte Verwitterung
der obersten Gesteinshülle (Lithosphäre), an der
auch die Organismen mitwirken. Der Vorgang
führt zu zahlr. Bodentypen (s. auch S. 280 f.),
mit deren Bildung, Aufbau und Systematik sich
die **Bodenkunde** befaßt. Der Boden als komplexes physikal.-chem. System steht bes. mit den
Pflanzen in intensiver Wechselwirkung (D):
– er liefert Wasser und Nährsalze;
– Pflanzen schließen durch Säureabscheidung
  aus Wurzeln Nährstoffe auf und liefern als
  Verwesungsprodukte Humussäuren.
Nur wenige Pflanzen können ohne Boden auf
Gestein oder Sand gedeihen (Pionierpflanzen:
Flechten, Moose, Luftalgen).
1. **Die physikal. Bedingungen** im Boden sind
durch Kalk und Humussäuren bestimmt, die sich
zu Salzen umsetzen (Ca-Humate; milder oder
neutraler Humus im Gegensatz zu saurem Humus bei Kalkmangel). Die kolloidal gelösten Humate binden durch Adsorption Nährstoffe und
Wasser. Zus. mit ebenf. kolloidalen Tonpartikeln
bilden sie Ton-Humus-Komplexe, die dem Boden die zur Durchlüftung wichtige **Krümelstruktur** (Korngröße 2 bis 4 mm) verleihen (Bodengare).
Ein solcher Boden enthält rd. 50% Substanz und
50% Zwischenräume, die zu $\frac{1}{3}$ lufthaltig, zu $\frac{2}{3}$
kapillar und wasserführend sind. Bei starker
Durchfeuchtung zerfallen die Krümel, der Boden
wird dicht (Einzelkornstruktur) und muß durch
Bearbeitung wieder gelockert werden. Diese
physikal. Verhältnisse wirken direkt auf die O_2-
und CO_2-Konzentration im Boden ein. In
schlecht durchlüfteten Böden kann O_2-Mangel
auftreten *(Sonneratia,* S. 116 D), und die CO_2-
Konzentration schädl. Werte erreichen (S. 227).
2. **Die chem. Bedingungen** sind vielfältig: erwähnt sei nur der pH-Wert. Er schwankt in Böden etwa zw. 3,0 und 8,4; für viele *Pflanzen* sind
pH-Optima festzustellen, so daß man sie bestimmten Bodentypen zuordnen kann (Anzeigerpflanzen; E), wobei der pH-Wert nicht immer bestimmender Faktor ist, sondern oft nur
Indikator anderer, für die Pflanze wichtiger Bodeneigenschaften.

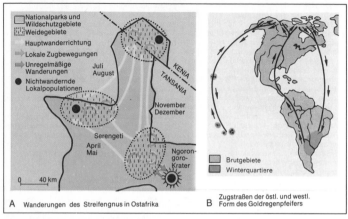

A   Wanderungen des Streifengnus in Ostafrika

B   Zugstraßen der östl. und westl. Form des Goldregenpfeifers

Richtende Wirkung ökologischer Faktoren

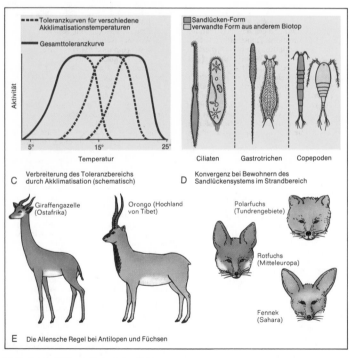

C   Verbreiterung des Toleranzbereichs durch Akklimatisation (schematisch)

D   Konvergenz bei Bewohnern des Sandlückensystems im Strandbereich

E   Die Allensche Regel bei Antilopen und Füchsen

Verändernde Wirkung ökologischer Faktoren

Ebenso wie bei *Pflanzen* sind bei *Tieren* drei Wirkungen ökolog. Faktoren zu unterscheiden:
- die richtende Wirkung (Anlockung, Abweisung);
- die verändernde Wirkung (modifizierende bzw. transformierende Wirkung);
- die begrenzende (limitierende) Wirkung.

Richtende Wirkung

Sie ist bei frei und aktiv beweg. *Tieren* (und *Pflanzen*) wichtiger als bei sessilen Formen (*Tieren* und bes. *Pflanzen*, deren Standortbindung durch Boden und Klima im allg. größer ist):
- Festsitzende (sessile) Organismen reagieren auf anlockende/abweisende Wirkung ökolog. Faktoren nur mit Bewegungen einzelner Teile (pos./neg. Tropismus; S. 342f.).
- Bei frei beweg. (vagilen) Organismen führt sie zu gerichteten lokomotor. Reaktionen (Taxien; S. 340f.) zum Aufsuchen günstiger oder Meiden ungünstiger Bedingungen.

Kleinräumige Bewegungen dieser Art betragen bei Kleintieren u. U. nur wenige cm bei starkem Temperaturgefälle:
- *Insekten* des Dünensandes suchen im Boden, der durch die Sonneneinstrahlung ein starkes Temperaturgefälle hat, die ihrem Optimum entspr. Schicht auf. Der zentralasiat. *Schwarzkäfer Sternodes caspius* z.B. (Optimum 31–34°) kommt an die Oberfläche, wenn sie diese Temperatur erreicht, zieht sich aber bei weiterer Erwärmung in ständig tiefere Sandschichten zurück.

Auch gegenüber anderen Faktoren bleibt es bei ausgeprägten Gradienten und begrenzten Lebensräumen oft bei geringen Bewegungen:
- Positive Phototaxis führt *Daphnien* in höhere, O_2-reiche Wasserschichten.
- *Fische, Ciliaten* und heterotrophe *Flagellaten* zeigen in sauerstoffarmen Gewässern positive »Oxygenotaxis«.

Weiträumigere Bewegungen stellen die Orientierungsreaktionen zahlr. Tiere auf best. Objekte dar:
- das optische Auffinden einer Beute ist bei *Geiern* bis auf mehrere km möglich;
- die Duftorientierung auf ♀ durch *Seidenspinner-♂* erfolgt bis auf mehrere km.

Wanderungen sind gegen diese Bewegungen nicht scharf abgrenzbar und im Umfang sehr unterschiedlich.
Jährl. wiederkehrende Wanderungen haben versch. Funktion:
- Aufsuchen von Laichplätzen (vom Land zum Süßwasser bei *Amphibien*; vom Süßwasser zum Meer beim *Aal*; vom Meer zum Süßwasser beim *Lachs*) und Eiablageplätzen (*Seeschildkröten*);
- Aufsuchen von Winterquartieren (Vertikalwanderungen im Gebirge bei *Rothirsch, Gemse*, zahlr. *Vögeln*; Horizontalwanderungen von *Karibu* und *Monarch-Schmetterlingen* in N-Amerika); beim Vogelzug (B) steht die Rückwanderung in Beziehung zur Fortpflanzung, für die Auslösung wird hier, wie auch in

anderen Fällen, ein Zusammenwirken von inneren Faktoren (Hormonen) und äußeren Einflüssen (Zeitgeber; z.B. Tageslänge) angenommen;
- durch Regen- u/o Trockenzeiten bedingte Wanderungen sind von afrikan. Großtieren bekannt (A).

Verändernde Wirkung

bewirkte die Entstehung der vielfältigen Lebensformen in Übereinstimmung mit den ökol. Bedingungen der Lebensräume.
Modifikatorische Veränderungen betreffen nur den Phänotyp, können aber ökol. sehr wichtig sein: die Reaktion des Organismus auf Umwelteinflüsse ist oft abhängig von der Aufenthaltsdauer unter diesen Bedingungen (**Akklimatisation**). Die Veränderungen des Stoffwechselgefüges lassen sich durch Wirkung von Isoenzymen erklären. Das Ergebnis ist eine Verbreiterung von Toleranz- (Präferenz-) und Optimalbereich (C) o/u eine erhöhte innere Konstanz gegenüber den Außenfaktoren. Beispiele sind:
- Steigerung der Hämoglobinsynthese bei Abnahme der O_2-Konzentration im Außenmedium (Höhentraining bei Sportlern);
- Ausbildung xeromorpher Strukturen bei Pflanzen (Sonnenblätter) in trockener Luft.

Stammesgeschichtliche Veränderungen bilden sich in der Generationenfolge auf Populationsebene durch Selektion geeigneter Mutanten. Dabei gibt es grundsätzl. zwei Wege der Anpassung:
- **Adaptation** (erhöhte Toleranz gegenüber Faktoren; z.B. Temperaturanpassung bei Thermalquellen);
- **Emanzipation** (Abschließen gegen die Wirkung des Faktors; z.B. konstante Körpertemperatur bei *Vögeln* und *Säugern*).

Die hieraus resultierende Entwicklung von biotopabhängigen Konvergenzen (D; s. auch S. 248 E) wird in den sog. ökogeographischen Regeln (schl) erfaßt:
- **Bergmannsche Regel (Größenregel):** Tiere einer Art (z.B. *Kolkrabe, Hirsch, Wildschwein*) und Arten eines Verwandtschaftskreises (*Pinguine*) sind in kälterem Klima durchschnittlich größer. Bei den *Pinguinen* nimmt die Größe von den antarkt. Arten (*Kaiserpinguin* 120 cm) zu den am Äquator lebenden (*Galapagos-Pinguin* 50 cm) fast kontinuierlich ab.
- **Allensche Regel (Proportionsregel):** Körperanhänge (Ohren, Extremitäten, Schwanz) sind bei Tieren einer Art oder bei Arten eines Verwandtschaftskreises in kälterem Klima relativ kleiner (E).
- **Hessesche Regel (Herz-Gewichts-Regel):** Das relative Herzgewicht ist bei Tieren einer Art in kälterem Klima größer (*Haussperling:* Leningrad 15,7‰, Hamburg 14,0‰, Tübingen 13,1‰ des Körpergewichts).
- **Glogersche Regel (Färbungsregel):** Warmfeuchtes Klima begünstigt braun-schwarze Pigmentierung (Eumelanine), kühl-trockenes gelb-braune (Phaeomelanine).

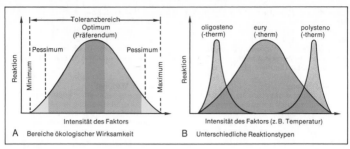

Umweltfaktoren und Reaktion der Organismen

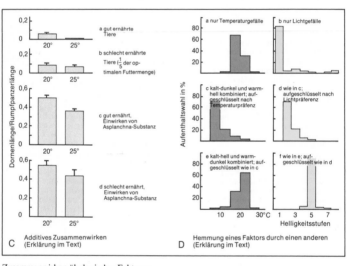

Zusammenwirken ökologischer Faktoren

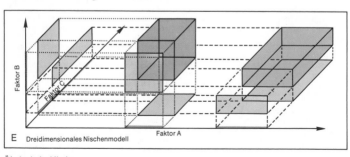

Ökologische Nische

Die limitierende (begrenzende) Wirkung von Umweltfaktoren wirkt sich stark auf Verbreitung und Lebensäußerungen der Individuen aus; sie steuert:
– großräumig die Verbreitung von Rassen, Arten und höheren systemat. Kategorien auf der Erde (Tier- und Pflanzengeographie);
– kleinräumiger, über die Verteilung der Organismen auf versch. Biotope, auch Zusammensetzung und Strukturen von Biozönosen.
Die limit. Wirkung ist bei quantifizierbaren Faktoren unterschiedlich:
– biotische Faktoren legen im allg. nur eine Grenze der Existenzmöglichkeit fest (Maximum an Feinden, Minimum an Nahrung);
– abiotische Faktoren setzen im allg. zwei Grenzwerte für den Existenzbereich.

Beziehungen zw. Umweltfaktor und Reaktion
Mißt man in Abhängigkeit von der Konzentration (Intensität) eines Umweltfaktors die Individuendichte in einem Areal oder die Stärke von Reaktionen mit pos. Aussagewert über die Existenzmöglichkeit des Organismus (Stoffwechselintensität, Wachstum, Vitalität, Reproduktion), ist der Kurvenverlauf (A) charakterisiert durch:
– **Maximum und Minimum** des Faktors, bei denen die Reaktionen des Organismus aufhören;
– den **Toleranzbereich** des Umweltfaktors, in dem die Individuen existieren können;
– den **Optimalbereich** des Faktors, in dem die Reaktionen der Organismen fast maximale Werte erreichen (für versch. Reaktionen, z. B. Lebensdauer und Nachkommenzahl, können die Optima verschieden sein);
– die **Pessima**, Bereiche in Grenzwertnähe, in denen die Reaktionen der Organismen schon stark herabgesetzt sind.
Die Grenzen aller dieser Bereiche sind nach sinnvollen Kriterien festzulegen (z. B. 10-stündige Einwirkung des Faktors und 5% Überlebensrate ≙ Toleranzgrenze).
Poikilotherme (wechselwarme) *Tiere* haben Temperaturminima zw. –1° und –10° C, bei tieferen Temperaturen treten im allg. irreversible Schäden auf (Gefrieren der Körpersäfte, Zerstörung der Gewebe). Das längere Zeit ertragbare Maximum liegt meist zw. 40° und 50°, nur in fast wasserfreiem Zustand (Trokkenschlaf, Anabiose) können Dauerstadien (*Einzeller, Räder*- und *Bärtierchen*) Temperaturen von –272° und +150° kurzfristig ertragen. **Homöotherme** (gleichwarme) *Tiere* sind temperaturunabhängiger, da sie auch bei starken Schwankungen die Körpertemperatur konstant halten (*Schneehuhn:* Außentemperatur –37°, Körpertemperatur 43,3°).
Frei bewegl. Organismen suchen unter Einfluß eines Umweltgradienten einen Vorzugsbereich **(Präferendum)** auf, der nicht immer mit dem Optimum zusammenfällt.
Das Präferendum kann für versch. Stadien einer Art unterschiedl. sein: beim *Schneefloh (Boreus hiemalis)* für die Larve 34°, für die Imago 9° C.

Ökologische Potenz
Die ökol. Valenz bezeichnet die Wertigkeit eines Faktors gegenüber einem Organismus. Die ökol. Potenz (bzw. Toleranz) bezeichnet die Fähigkeit des Organismus, den Umweltfaktor auszunutzen bzw. ihn zu ertragen. Diese Fähigkeit, ablesbar aus Wirkungskurven von Umwelteinflüssen (B), ist durch folgende Angaben charakterisierbar:
1. Die Größe des Toleranzbereiches:
eury- (große), stenopotent (geringe Reaktionsbreite).
2. Die relative Lage des Optimums:
oligo- (bei niedriger), meso- (bei mittlerer), polypotent (bei hoher Intensität).
3. Die Typisierung des Faktors geschieht durch eine Nachsilbe: z. B. -therm (Temperatur), -ion (pH-Wert), -halin (Salzgehalt).
So bedeutet z. B. polystenotherm: enger Toleranzbereich, Optimum (Präferendum) in der Wärme.
Liegt kein Bezug auf einen definierten Faktor vor, kennzeichnet man die allg. ökol. Potenz durch:
– stenök (Spezialist, enger Lebensraum);
– euryök (Ubiquist, weit verbreitet).

Zusammenwirken mehrerer Faktoren
Additive Wirkung nach der Formel
$$y \text{ (Reaktion)} = f_1(x_1) + f_2(x_2) + \ldots f_n(x_x)$$
ist sicher selten und nur auf enge Wirkungsbereiche beschränkt.
Beim *Rädertierchen Brachionus calyciflorus* wird die Dornenlänge während der Eireifung durch Nahrung, Temperatur und im Exkret des räuberischen *Rädertierchens Asplanchna* bestimmt. Die Wirkungen der drei Faktoren überlagern sich z. T. fast rein summativ (C).
Förderung oder Hemmung eines Faktors durch einen anderen ist häufiger:
Beim *Laufkäfer Nebria brevicollis* hat der Lichtfaktor bei Wahl des Präferendums nur dann Vorrang vor der Temperatur, wenn sie im eigentlich bevorzugten Dunkelbereich nicht über 25° C steigt (D).

Die ökologische Nische
Ursprüngl. mehr als Areal verstanden; heute ist der Beziehungszusammenhang zw. Organismus und Umwelt das wesentl. Kriterium für die Definition. Sie kann modellhaft auf der Grundlage von drei Faktoren in einem dreidimensionalen Koordinatensystem dargestellt (E), für n Faktoren in einem n-dimensionalen System gedacht werden. Reale Nischen sind stets »kleiner« als zunächst theoretisch zu erwarten (z. B. Konkurrenz durch andere Arten).
Die Nische kennzeichnet »Planstelle« oder »Beruf« der Population oder von Teilen der Population (z. B. Larven) im Ökosystem.
Sie ist wesentlich für:
– Vergleich versch. Ökosysteme (z. B. Konvergenzen bei *Sukkulenten*; S. 248 E);
– Funktionsvergleich versch. Populationen im gleichen Ökosystem (ermöglicht Aussagen über Konkurrenz und Koexistenz).

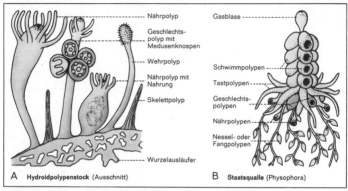

A   **Hydroidpolypenstock** (Ausschnitt)

Nährpolyp
Geschlechts-
polyp mit
Medusenknospen
Wehrpolyp
Nährpolyp mit
Nahrung
Skelettpolyp
Wurzelausläufer

B   **Staatsqualle** (Physophora)

Gasblase
Schwimmpolypen
Tastpolypen
Geschlechts-
polypen
Nährpolypen
Nessel- oder
Fangpolypen

Stockbildung

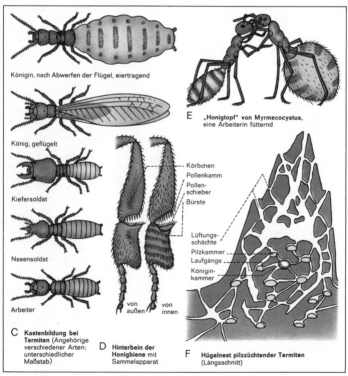

Königin, nach Abwerfen der Flügel, eiertragend

König, geflügelt

Kiefersoldat

Nasensoldat

Arbeiter

C   **Kastenbildung bei
Termiten** (Angehörige
verschiedener Arten;
unterschiedlicher
Maßstab)

E   „Honigtopf" von Myrmecocystus,
eine Arbeiterin fütternd

D   **Hinterbein der
Honigbiene** mit
Sammelapparat

Körbchen
Pollenkamm
Pollen-
schieber
Bürste
von
außen
von
innen

Lüftungs-
schächte
Pilzkammer
Laufgänge
Königin-
kammer

F   **Hügelnest pilzzüchtender Termiten**
(Längsschnitt)

Insektenstaaten

Die Bildung homotyp. Kollektive aus Individuen einer Art hat neben demökolog. (S. 237ff.) auch autökolog. Aspekte.

Zu unterscheiden sind:

1. Zufällige Ansammlungen (Aggregationen) ohne oder von geringer ökol. Bedeutung:

– durch passives Verdriften mit Wind und Wasser (Spülsäume an Küsten);

– nur durch Außenfaktoren bedingtes Zusammenkommen (Fruchtbäume, Wasserstellen, Licht).

2. Echte Vergesellschaftungen (Soziatäten), beruhend auf inneren Faktoren der Organismen (Sozialattraktion, -imitation; S. 429).

Mit steigender Organisationshöhe steigern diese Beziehungen zunehmend die ökol. Potenz einer Art.

– Der Gruppeneffekt (Leistungssteigerung des Einzeltiers: Stoffwechsel, Wachstum, Aktivität) zeigt sich vielfach bei Kontakt mit Artgenossen.

– Beziehungen zum Geschlechtspartner sichern (gegenüber vielen Wassertieren, die Eier und Spermien ins Wasser entleeren) mit höherer Wahrscheinlichkeit die Fortpflanzung und machen sie unter best. ökol. Bedingungen erst möglich (innere Befruchtung bei Landtieren).

– Beziehungen zu den Nachkommen zeigen die gleiche Tendenz noch deutlicher: Brutfürsorge und -pflege (S. 175ff.) ermöglichen oft erst die Fortpflanzung bei negat. abiot. (z. B. Austrocknung) und biot. (z. B. Freßfeinde) ökol. Einflüssen.

– Hochdiff. Soziatäten bieten den Individuen vielfache Vorteile: gemeinsame Verteidigung *(Moschusochse),* gemeinsame Jagd *(Wolf, Wildhund, Löwe),* Wachtposten *(Huftiere).*

Am klarsten sind Zusammenschlüsse unter den Prinzipien der Arbeitsteilung und Regulation bei Tierstöcken und -staaten realisiert, die eine neue Stufe der Individualität erreichen:

Individuen 1. Ordn.: Zellen;

Individuen 2. Ordn.: Mehrzellige Organismen;

Individuen 3. Ordn.: Tierstöcke, -staaten.

Tierstöcke

Dieser Sonderfall der Nachkommenbeziehung (Abkömmlinge eines Ausgangsindividuus trennen sich nicht; vgl. auch Einzellerkolonien, S. 73) kommt vor bei *Schwämmen, Korallen, Räder-* und *Moostierchen, Tunicaten;* bei *Hydrozoen* ist Stockbildung sogar die Regel. Dort entstehen im einfachsten Fall Rasen gleichartiger Polypen. Oft kommt es aber zur Arbeitsteilung (A) und zur Ausbildung einer festen Gestalt (B). Am stärksten diff. sind die *Staatsquallen (Siphonophoren)* ; in ihren an gasgefüllten Schwimmpolypen schwebenden Stöcken wirken die spezialisierten Einzelpolypen wie Organe eines Organismus zusammen.

Tierstaaten

Sie treten bei versch. Insektengruppen auf (s. auch S. 177) und bestehen aus den Nachkommen eines oder mehrerer Weibchen (einige hundert bei *Ameisen).*

Die ökol. Bedeutung der Staatenbildung liegt in der Arbeitsteilung durch **Kastenbildung (Polymorphismus;** bei *Termiten* bis 50 versch. Individualtypen in einem Staat, C), wodurch bei der Größe der Völker (*Honigbiene* bis 50000, *Ameisen* und *Termiten* mehrere Mill.) Höchstleistungen möglich werden.

Die Ernährung ist durch oft kompliziertes Verhalten (vgl. Pilz-Symbiose bei *Atta,* bei der mehrere Kasten koordiniert zusammenarbeiten; S. 255) und morpholog. Anpassungen (Sammelapparat der *Honigbiene;* D) gesichert. – Vorratswirtschaft treibt die *Honigbiene* (Wachswaben als Behälter), vor allem aber *Ameisen* heißer, periodisch trockner Gebiete. Bei *Myrmecocystus* werden einige Individuen stark gefüttert, so daß der prallgefüllte Kropf den Hinterleib erbsengroß anschwellen läßt (»Honigtöpfe«; E). Die *Getreideameisen,* z. B. *Messor,* tragen Körner ein und entspelzen und zerkauen sie mit reichlich Speichel zu Ameisenbrot.

Der Schutz der Staaten obliegt bei *Ameisen* und *Termiten* den Kasten großköpfiger Tiere (»Soldaten«). *Termiten* haben neben Kiefersoldaten mit kräftigen Mandibeln sog. Nasensoldaten (Nasuti; C), die aus großen Kopfdrüsen ein Klebesekret ausstoßen können.

Bautätigkeit mit versch. Material (*Bienen:* Wachs; *Wespen:* Papiermasse; *Ameisen:* Pflanzenteile; *Termiten:* Erde) dient neben Brutpflege und Vorratswirtschaft bes. dem Schutz gegen Feinde. Die Großbauten der *Termiten,* bis 12 m hohe Hügel aus mit Speichel verfestigter Erde, sind oft so stabil, daß ihnen nur spezialis. Feinde *(Ameisenbär, Erdferkel)* beikommen (F).

Die Fortpflanzungstätigkeit der Weibchen wird durch Arbeitsteilung begünstigt, da Arbeiterinnen alle anderen Aufgaben übernehmen. Der Hinterleib der Königin schwillt durch die vergrößerten Sexualorgane an (bis 10 cm Länge bei *Termiten).* Sie ist dann ganz unbeweglich und kann alle 2 Sek. ein Ei legen (bei 10 Jahren Lebensdauer 100 Mill. Eier).

Die Regelung der Lebensbedingungen macht die Staaten weitgehend unabhängig von der Umwelt. *Termiten* sichern ihre Wasserversorgung durch Hinabsteigen zum Grundwasser. Neben rel. einfachem Verhalten (Regelung von Temperatur und Luftfeuchtigkeit durch teilweises Schließen der Nesteingänge bei *Ameisen*) stehen komplizierte Vorgänge wie die Temperaturregelung im *Bienen*-Stock. – Im Sommer wird eine Temperatur von rd. 35° gehalten (Wassereintragen und Fächeln bei Überhitzung). Den Winter verbringt das Volk in einer Traube; kühlen deren Außenbienen auf unter 10° ab, erzeugen sie durch Flügelschwirren Wärme, die die Stocktemperatur in rd. 1 Std. auf 25° steigen läßt. Dann kommen sie zur Ruhe, die Traube verdichtet sich, bis nach Erreichen der kritischen Temperatur der gleiche Vorgang einsetzt.

Die koordinierte Zusammenarbeit der zahlr. Individuen setzt gegenseitige Information voraus (»Fühlersprache« der *Ameisen* ; »Bienen*-Sprache«, S. 433).

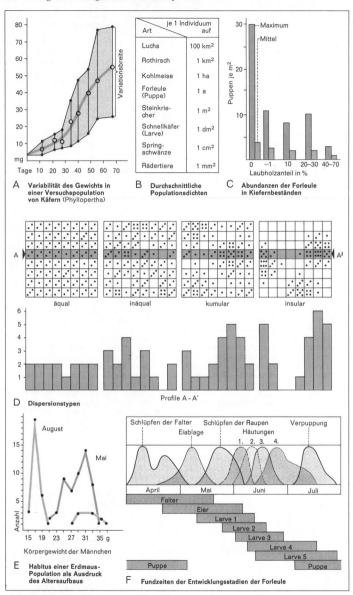

A Variabilität des Gewichts in einer Versuchspopulation von Käfern (Phyllopertha)

B Durchschnittliche Populationsdichten

Art	je 1 Individuum auf
Luchs	100 km²
Rothirsch	1 km²
Kohlmeise	1 ha
Forleule (Puppe)	1 a
Steinkriecher	1 m²
Schnellkäfer (Larve)	1 dm²
Springschwänze	1 cm²
Rädertiere	1 mm²

C Abundanzen der Forleule in Kiefernbeständen

D Dispersionstypen

äqual inäqual kumular insular

Profile A - A'

E Habitus einer Erdmaus-Population als Ausdruck des Altersaufbaus

F Fundzeiten der Entwicklungsstadien der Forleule

Struktur der Population

Die Population (S. 492f.), Bezugsobjekt der Demökologie, ist ökol. bestimmt durch ihr Auftreten in einem (nicht scharf begrenzten) Raum unter spezif. Umweltbedingungen.

Die Struktur der Population

ist stets zu verstehen als momentanes Zustandsbild aus dem populationsdyn. Ablauf. Sie ist vorwiegend bedingt durch die Variabilität ihrer Glieder (A) und der Umweltfaktoren. – Die Strukturelemente können beim Organismus nach Struktur und Funktion betrachtet werden:

Formale Strukturelemente

stellen stets einen augenblicklich erkennbaren Zustand dar.

1. Die Abundanz (Populationsdichte) ergibt sich aus der Beziehung der wenig charakteristischen Populationsgröße auf einen bestimmten Raum. Bezugseinheit für die Individuenzahl ist selten ein natürl. Objekt des Biotops (z. B. Baumkrone), meist eine geeignete metrische Einheit (B), entweder

– linear (z. B. Wallhecke bei Brutvögeln),
– flächig (Steppen- und Savannentiere),
– räumlich (Fische in tiefen Gewässern).

Zahlr. Untersuchungen beweisen die Existenz arttypischer Abundanzen, die aber oft zu den Arealgrenzen hin geringer werden und auch sonst je nach Ausstattung der Lebensräume schwanken (C).

Die Abundanz einer Art hängt ab von

– physischem Raumbedarf (abhängig von der Körpergröße),
– psychischem Raumbedarf (abhängig z. B. vom Sozialverhalten; S. 429ff.),
– Requisitbedarf (Gesamtheit der für das Dasein notwendigen Bedingungen, z. B. Nahrung, klimat. Gegebenheiten),
– Eventualfaktoren (= Addenden; vor allem Feindorganismen).

Die durch Gesamt-Requisitangebot und Feindfaktoren bestimmte höchstmögliche Populationsdichte ist ein Maß für das Fassungsvermögen eines Raumes (**Umweltkapazität);** dabei wirkt der jeweils ungünstigste Faktor begrenzend (**Gesetz des Minimums**).

2. Die Dispersion (Verteilung) der Individuen im Lebensraum hängt von der Vagilität der Organismen ab. Die dem Verteilungsbild zugrundeliegenden Einheiten sind Individuen oder Gruppen (Brutpaare bei Vögeln, Völker bei staatenbildenden Insekten).

Lineare Dispersion ist oft nur kurzfristig (z. B. Flugformation bei Vögeln); als Dauerform tritt sie bei ebenf. linearem Lebensraum auf (Forellen in Bächen).

Plane (flächige) D. ist normal für alle die Erdoder Wasseroberfläche oder den Gewässergrund besiedelnden Formen.

Spatiale (räuml.) D. tritt bes. bei Baum- und Bodentieren und Bewohnern der Freiwasserzone auf.

Nach der Gleichmäßigkeit der Verteilung sind mehrere Typen unterscheidbar (D):

– äquale (kontinuierliche) D., nur in gleichmäßigen Medien möglich;
– inäquale (semikontinuierliche) D., verbreiteter Typ, entspr. dem unterschiedlichen Angebot im Lebensraum;
– kumulare (gehäufte) D., auch zw. Häufungsorten noch geringe Abundanz;
– insulare (diskontinuierl.) D., Zwischenräume nicht mehr besiedelt, üblich bei gesellig lebenden territorialen Tieren und bei Spezialisten (z. B. *Borkenkäfer* in einzelnen kranken Stämmen).

3. Der Habitus einer Population wird dadurch bestimmt, daß auch unter gleichen Bedingungen die Individuen nicht übereinstimmen (Variabilität; S. 495). Das hat neben taxonomischen und genet. auch ökolog. Aspekte, da die Variabilität

– ein typ. ökolog. Faktor ist, soweit sie auf Umwelteinflüssen beruht (S. 223),
– gekoppelt sein kann mit unauffälligen Strukturelementen, die dann deutl. werden (E).

Der Habitus ist abhängig von abiotischen (Klima) u/o biotischen (Abundanz, Nahrungsangebot) Umweltfaktoren. – Räumliche Differenzierung des Habitus zeigt sich bei entfernten Populationen einer Art (geograph. Rassen), aber auch in benachbarten Räumen. – Zeitl. Differenzierung äußert sich bes. deutlich im Saisondimorphismus (S. 222f.).

4. Die Ätilität (Altersaufbau) gibt an, welche Anteile der Population versch. Entwicklungsstadien (z. B. bei Insekten; F) oder Altersgruppen angehören. – Je nach Auftreten einer oder mehrerer Generationen, Vorhandensein oder Fehlen einer best. Fortpflanzungszeit, ein- oder mehrmaliger Fortpflanzung, ergeben sich

– uniätile Populationen (Individuen in Alter oder Stadium gleich oder ähnlich);
– pluriätile P. mit stufigem (bei saisonaler Fortpflanzung) oder fließendem Altersaufbau (bei nicht festliegender Fortpflanzungszeit).

5. Die Sexilität (Geschlechteranteil). Selten und nur zeitweilig hat eine Population nur Individuen ohne Geschlechtscharakter (vegetative Vermehrung). Häufig sind:

– bisexuele (zweigeschlechtige) Populationen, oft mit dem Geschlechterverhältnis 1 : 1, aber auch mit höherem Weibchen- (*Kiefernblattwespe:* 75–79%) oder Männchenanteil (*Kiefernspanner* 63%). Seltener sind:
– unisexuele (eingeschlechtige) P., nur aus Männchen und dann zeitlich begrenzt (z. B. Männchenrudel beim *Rothirsch*) oder nur aus Weibchen und dann in manchen Fällen durch Parthenogenese permanent (z. B. *Buchenwollschildlaus*).

6. Die Morbidität (Krankheitszustand) gibt den Anteil kranker Tiere an, der stark schwanken kann: Die Parasitierung im Puppenstadium beim *Eichenwickler* beträgt 0 bis 80%. – Krankheitserregende Faktoren sind abiotische (Klimafaktoren) u/o biotische (pathogene Organismen, Parasiten, Freßfeinde, Rivalen). – Abundanzabhängigkeit der Morbidität zeigt sich bes. bei Parasitierung (wichtig bei Zoo- und Haustierhaltung).

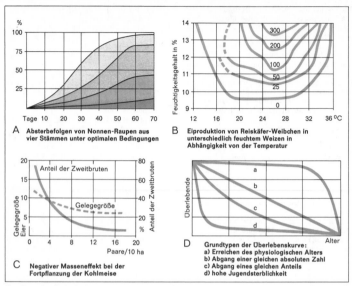

A Absterbefolgen von Nonnen-Raupen aus vier Stämmen unter optimalen Bedingungen

B Eiproduktion von Reiskäfer-Weibchen in unterschiedlich feuchtem Weizen in Abhängigkeit von der Temperatur

C Negativer Masseneffekt bei der Fortpflanzung der Kohlmeise

D Grundtypen der Überlebenskurve:
a) Erreichen des physiologischen Alters
b) Abgang einer gleichen absoluten Zahl
c) Abgang eines gleichen Anteils
d) hohe Jugendsterblichkeit

Struktur der Population

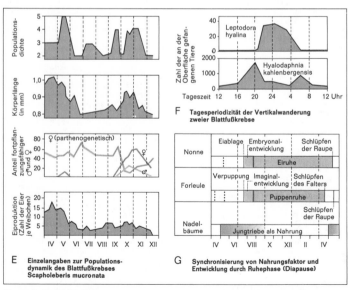

E Einzelangaben zur Populationsdynamik des Blattfußkrebses Scapholeberis mucronata

F Tagesperiodizität der Vertikalwanderung zweier Blattfußkrebse

G Synchronisierung von Nahrungsfaktor und Entwicklung durch Ruhephase (Diapause)

Dynamik der Population

Funktionelle Strukturelemente
sind anders als die direkt erkennbaren formalen (S. 237) eine realisierbare Potenz, die erst nach Ablauf eines Vorganges als vollbrachte Leistung deutlich werden.
1. Das Verhalten (S. 400ff.) ist hier zu beachten, soweit es andere Populationsstrukturen beeinflußt. Man unterscheidet:
Individualverhalten; dessen Variabilität die Einstellung gegen Umweltfaktoren (Temp., Feuchte) und damit Abundanz und Dispersion beeinflußt; starke Unterschiede führen zur Bildung ökolog. Rassen (S. 495).
Popularverhalten, das nur im Artgenossenkollektiv auftritt, vor allem
- Sozialverhalten (S. 440ff.), das durch Attraktion und Repulsion (Abstoßung) die Dispersion beeinflußt, durch Imitation Verhaltenssynchronisation bewirkt;
- Territorialverhalten, das Dispersion und Abundanz mit bestimmt und als oft limitierender Faktor das Requisitangebot für die Jungenaufzucht sichert.
2. Konstitution ist die ererbte u/o erworbene physiolog. Leistungsfähigkeit; ihre durch Ernährung, Belastung und Gewöhnung bedingte Komponente wird als Kondition bezeichnet. – Sie beeinflußt grundsätzl. alle Leistungen der Population, z. B.
- Zahl und Mortalität der Nachkommen;
- Überleben in Krisensituationen;
- Immunität gegen Parasiten und Gifte;
- Dauer der Individualentwicklung.
Es gibt modifikatorische (z. B. durch Temperaturschock) und genetische Konstitutionsänderung (Mutanten-Selektion; A).
3. Die Fertilität (Fruchtbarkeit: Nachkommenzahl/Zeiteinheit) ist ein bes. wichtiger Teil der physiolog. Leistungsfähigkeit. Sie ist bestimmt durch Eintritt der Reife, Begattung, Eiablage (Geburt), Nachkommenzahl. Diese Größen werden beeinflußt durch:
- Umweltfaktoren: Photoperiode (Einfluß z. B. auf die Keimdrüsenaktivität), Temperatur, Feuchte (B), Luftbewegung (bes. bei flugfähigen Formen), Nahrung.
- Bedingungen der Population: Weibchenalter, Sexualpartnerzahl, Konstitution, Abundanz (fördernder Gruppeneffekt, hemmender Masseneffekt bei Übervölkerung; C).
4. Die Mortalität (Sterblichkeit: Anteil Gestorbener/Zeiteinheit) gleicht bei konstanter Populationsgröße die »Überproduktion von Nachkommen« aus: ihr Ausmaß zeigen Sterbetafeln (D). – Die Ursachen liegen
- im Individuum (Letalfaktoren, unbefruchtete Eier, Konstitutionsmängel),
- in der übrigen Population (Mitwelt; z. B. Kämpfe, Kannibalismus),
- in der Umwelt (Wettereinflüsse, Nahrungsmangel, Freßfeinde, Parasiten).

Die Dynamik der Population
ist bestimmt von Faktoren, die in Organismus, Population und Umwelt wirken.

1. Die Dynamik der Strukturelemente (S. 237) kennzeichnet in komplexem Zusammenwirken die Populationsdynamik (E; s. auch S. 241ff.).
2. Formen der Populationsdynamik.
a) Die Dynamik kann gerichtet (linear) sein (Verstärkung einer best. Tendenz, z. B. Rückgang der *Saatkrähen* in Deutschland).
b) Die Tendenzen können wechseln (alternieren). Man unterscheidet:
- Periodische (rhythmische) Dynamik: Tagesrhythmik (tellurische D.; F), Monatsrhythmik (lunare D.; z. B. Fortpflanzungsaktivität des *Palolowurms*), Jahresrhythmik (saisonale D.; S. 241), Mehrjahresrhythmik (pluriannäre D.; z. B. Abundanzen bei *Maikäfer, Nagern*).
- Aperiodische (arhythmische) D. (bei Änderungen über mehrere Jahre (S. 243).
3. Kausalitäten rhythmischer Dynamik. Sie kann bedingt sein durch:
- exogene Faktoren (klima-, nahrungs- und feindbedingte Rhythmik);
- endogene Faktoren (z. B. mehrjährige Abundanzzyklen der *Feldmaus;* individuenbedingte R., z. B. Tagesrhythmen, allerdings exogen gesteuert durch Zeitgeber).
4. Wirkungsweise populationsdyn. Faktoren. Alternieren deutet auf abwechselnd fördernde und hemmende Mechanismen:
- der Zufall wirkt z. B. bei Wetterlagen,
- die Steuerung bei exogenen Faktoren, die vorhersehbar alternierend verlaufen (z. B. Tages- und Jahresrhythmik),
- die Regelung beruht nach dem Prinzip der negat. Rückkoppelung die Population als Subjekt ein (z. B. Wechselwirkung zw. Räuber- und Beutepopulation; S. 254, H).
5. Koinzidenz ist wirksames Zusammentreffen von Lebewesen und ökolog. Faktor; sie kann bei der Population, anders als beim Einzeltier, neben totaler Koinzidenz oder Inkoinzidenz auch partielle Koinzidenz umfassen. – Eine Wirkung tritt nur ein, wenn gleichzeitig drei Typen von Koinzidenz gegeben sind:
- Räumliche Koinzidenz. Ein Aktionsraum überschneidet sich mit dem einer zweiten Art oder mit dem Wirkungsraum eines ökolog. Faktors. Ausweichen oder gezieltes Suchen können zu zeitweiliger Änderung des Aktionsraumes führen.
- Zeitliche Koinzidenz kann ständig gegeben sein (Räuber-Beute) oder eng begrenzt und dann oft durch Selektion synchronisiert (z. B. durch innersekretor. Verzögerung von Entwicklungsvorgängen: Diapause; G).
- Biologische Koinzidenz fällt meist weniger auf als die entsprechende Inkoinzidenz (z. B. Begegnung Beute-satter Räuber), die versch. Ursachen haben kann (z. B. ethologische: Schutz-, Schreckstellung; aktive Abwehr).
Alle Faktoren populationsdynamischen Geschehens (Strukturelemente, Mitwelt, Umwelt) bedingen einander systemhaft; ihr Komplex wird als **Demozön** bezeichnet, der Raum, in dem er wirkt, als **Demotop** (in der Autökologie: **Monotop,** in der Synökologie: **Biotop**).

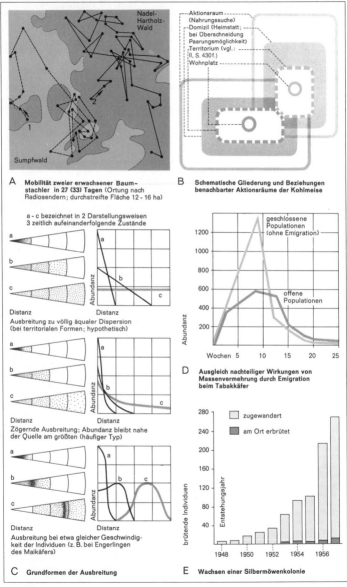

A Mobilität zweier erwachsener Baumstachler in 27 (33) Tagen (Ortung nach Radiosendern; durchstreifte Fläche 12 - 16 ha)

B Schematische Gliederung und Beziehungen benachbarter Aktionsräume der Kohlmeise

a - c bezeichnet in 2 Darstellungsweisen 3 zeitlich aufeinanderfolgende Zustände

Ausbreitung zu völlig äqualer Dispersion (bei territorialen Formen; hypothetisch)

Zögernde Ausbreitung; Abundanz bleibt nahe der Quelle am größten (häufiger Typ)

Ausbreitung bei etwa gleicher Geschwindigkeit der Individuen (z. B. bei Engerlingen des Maikäfers)

C Grundformen der Ausbreitung

D Ausgleich nachteiliger Wirkungen von Massenvermehrung durch Emigration beim Tabakkäfer

E Wachsen einer Silbermöwenkolonie

Dispersionsdynamik

Da sie bes. wichtige Strukturelemente betreffen, werden Dispersions- und Abundanzdynamik (S. 243) gesondert behandelt.

Die Dispersionsdynamik wird verursacht und gesteuert durch

- physiologische Disposition (»Stimmung«),
- Startlage (Existenz best. Außenfaktoren),
- Auslösung (durch Stimmungssteigerung oder äußere Bedingungen),
- Orientierung (u. a. nach Temperatur, Feuchte, Strömung, Schall, Duftstoffen).

Sie umfaßt Änderungen in der Populationsverteilung, die durch

- Änderung der Abundanz oder
- Ortsveränderung der Individuen (in der Natur meist mit Abundanzveränderung verbunden) hervorgerufen werden.

Vorrang hat dabei der Faktor der Ortsveränderung, der hier allein behandelt wird.

Die Vagilität (Ortsveränderungsfähigkeit) ist Voraussetzung, ihr Ausdruck ist die **Mobilität** (alle durchgeführten Ortsveränderungen).

Die dabei auftretenden **Formen der Fortbewegung** sind zu gliedern in

- Lokomotion, aktive Fortbewegung (z. B. Laufen, Klettern, Schwimmen, Fliegen);
- Transport (Verfrachtung) durch Wasser (hydrochorer T.), Wind (anemochor), Tier (zoochor), Mensch (anthropochor);
- kombinierte Fortbewegung, an der beide Komponenten beteiligt sind.

Die Formen des Ortswechsels können sich solitär vollziehen oder in strukturierten oder unstrukturierten Gemeinschaften; der Raum kann unbeschränkt oder beschränkt (z. B. auf Wechseln) durchmessen werden. – Grundtypen sind:

I. Intrapopulare Mobilität

Alle Ortsveränderungen bleiben im von der Population bewohnten Raum. Durch geeignete Verfahren (direkte Beobachtung, Markieren mit Sendern oder radioaktiven Stoffen, Kontrolle durch Lebendfänge) ist die Mobilität einzelner oder zahlr. Populationsglieder feststellbar (A), die oft intensiv, aber auf einen arttypischen Raum (Aktionsraum; B) beschränkt ist; der vielfach gegliedert sein kann; besitzt er ein Zentrum, verlaufen die Bewegungen meist zentripetal und -fugal; einzelne Aktionsräume können sich überschneiden. Die Grenzen werden oft zeitweilig überschritten **(Exkursion),** der Aktionsraum selbst kann sich stetig oder sprunghaft verlagern **(Dislokation).** Dislokationen erfolgen als

- Stratenwechsel (vertikal in eine andere Schicht des Biotops) oder als
- Chorenwechsel (horizontal in einen anderen Teilbezirk des Biotops).

Die Ausbreitung (Zerstreuung, Dispergieren) findet sich oft bei Larven- und Jugendstadien solitärer Arten nach gehäufter Eiablage oder gemeinsamer Jungenaufzucht. Sie tritt allseitig oder in einer Hauptrichtung ein (vertikal: in Baumkronen kriechende Raupen; horizontal: mit dem Wind fliegende Insekten), wodurch, oft verbunden mit hoher Mortalität, Verdünnung eintritt (C). – Der Eintritt der Ausbreitung ist oft artspezif. an ein best. Stadium geknüpft (soziale *Ringelspinner*-Raupen zerstreuen sich vor der Verpuppung). – Das Maß der Ausbreitung, abhängig von Lokomotionsleistung und ökolog. Notwendigkeit, wechselt stark *(Schildlaus Phenacapsis pinifoliae:* im Mittel 11 cm bei Weibchen, 2,6cm bei Männchen; *Stubenfliege:* bis 8 km in 24 Std.).

Konzentration tritt auf, wenn dispergierende Individuen ein benötigtes Requisit finden (*Borkenkäfer* an Windwurf-Stämmen) oder zeitweise Sozialattraktion auftritt (nahrungsuchende Meisenschwärme im Winter).

II. Migration

Teile einer Population verlassen oder besiedeln einen Raum. Dabei unterscheidet man:

1. Emigration (Auswanderung). Sie kann Geschlechterverhältnis und Altersaufbau ändern, die Geburtenrate senken, das relat. Requisitangebot erhöhen, negative Wirkungen hoher Abundanz (z. B. Parasitierung) mildern (D).

2. Immigration (Zuwanderung von Artgenossen): hat ähnl. vielseitige Wirkungen; tritt bes. ein, wenn (z. B. durch Schädlingsbekämpfung) eine lokale Population dezimiert wird.

3. Permigration (Durchwanderung). Es kommt dabei nicht zur Ansiedlung.

4. Invasion (Eindringen; in einen von der Art unbesiedelten Raum). Sie verläuft oft unbemerkt mit wenigen Invasoren, die zugrunde gehen; gelegentlich kommt es zu auffälligen Massenwanderungen: *Tannenhäher* (aus Sibirien) und *Steppenhuhn* (aus Innerasien) in Mitteleuropa, *Berglemming* in Nordskandinavien, *Wanderheuschrecken* (Arten der Familie *Acridiidae*) in Afrika, Asien, Amerika, Australien. Dabei wurde **Kommigration** (Zusammenwandern mehrerer Arten) beobachtet, beruhend auf zwischenartl. Imitation, gleichwirkenden Außenfaktoren oder Räuber-Beute-Verhältnis (Raubtiere und Greifvögel bei Lemmingzügen). – Eine Invasion kann führen zu:

- Wiederbesiedlung eines Raumes;
- Neubesiedlung (E), oft infolge veränderter Außenbedingungen (Erwärmung der Arktis schuf neue Fisch-Laichplätze);
- Expansion (konzentr. Vordringen; z. B. *Bisamratte*), Sonderfall der Neubesiedlung.

III. Translokation

liegt vor, wenn die Population ganz oder größtenteils einen Raum verläßt.

- Permanente Translokation (Nomadismus) tritt auf bei rascher Erschöpfung örtl. Nahrungsreserven (S. 230 A) u/o starkem artspezif. Bewegungstrieb *(Gorilla, Eisbär, Wale).*
- Temporäre Translokation kann aperiodisch erfolgen (zeitweiliges Ausweichen vor ungünstiger Witterung; z. B. Mauersegler) oder periodisch (tageszeitlich; z. B. Flüge von Flughunden zu Fruchtbäumen; jahreszeitlich, aufgrund zahlr. umweltbestimmter, ontogenetischer oder sexualzyklischer Ursachen, z. B. Laichwanderungen bei Meeresfischen). Diese Saisontranslokation kann eng- oder weiträumig sein (S. 230 B).

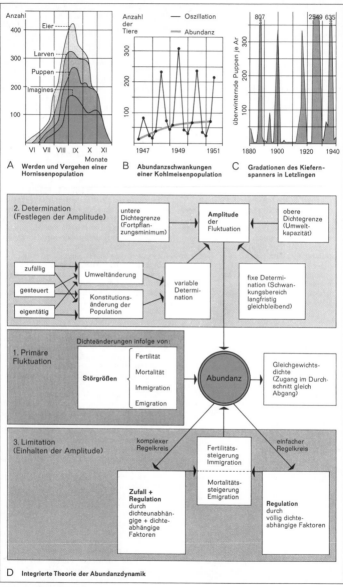

A Werden und Vergehen einer Hornissenpopulation

B Abundanzschwankungen einer Kohlmeisenpopulation

C Gradationen des Kiefernspanners in Letzlingen

2. Determination (Festlegen der Amplitude)

untere Dichtegrenze (Fortpflanzungsminimum)

Amplitude der Fluktuation

obere Dichtegrenze (Umweltkapazität)

zufällig

gesteuert

eigentätig

Umweltänderung

Konstitutionsänderung der Population

variable Determination

fixe Determination (Schwankungsbereich langfristig gleichbleibend)

1. Primäre Fluktuation

Dichteänderungen infolge von:

Störgrößen — Fertilität, Mortalität, Immigration, Emigration

Abundanz

Gleichgewichtsdichte (Zugang im Durchschnitt gleich Abgang)

3. Limitation (Einhalten der Amplitude)

komplexer Regelkreis

einfacher Regelkreis

Fertilitätssteigerung Immigration

Mortalitätssteigerung Emigration

Zufall + Regulation durch dichteunabhängige + dichteabhängige Faktoren

Regulation durch völlig dichteabhängige Faktoren

D   Integrierte Theorie der Abundanzdynamik

Abundanzdynamik

Auch ohne Emigration und Immigration schwankt die Abundanz: Geburten und Todesfälle gleichen sich kurzfristig nicht aus.

I. Abundanzänderungen in der Zeit

Bei Werden und Vergehen von Populationen schwankt die Abundanz typisch (A). Dabei hat das wohl zwangsläufige Aussterben von Populationen nach Unterschreiten einer Mindestdichte oder Mindestraumgröße prakt. Bedeutung. Dauerpopulationen sind dagegen im populären Gg, das als Fließ-Gg (S. 52f.) um einen Mittelwert schwankt. Dabei werden unterschieden:

1. Die Oszillation als kurzfristige, innerhalb eines Jahres oder eines Generationszyklus auftretende Dichteänderung (B). Sie beruht auf jahreszeitl. verschiedenem Zu- und Abgang, oft auf plötzlicher Zunahme durch jahreszeitl. gebundene Fortpflanzungsperiode und ganzjährig gleichmäßige Dezimierung. – Die **Oszillationsgleichung** (hier für eine uniätile Population)

$$N_1 = N_0 \cdot p \cdot i \cdot \left(\frac{1 - t_1}{100}\right) \cdot \left(\frac{1 - t_2}{100}\right) \cdots \left(\frac{1 - t_n}{100}\right)$$

erfaßt die Oszillation quantitativ. Dabei sind : N_0 = Dichte der Imagines zu Beginn, N_1 am Ende des Vorgangs; p = Eizahl; i = Sexualindex (Anteil der Weibchen an der gleich 1 gesetzten Population); t = Anzahl der Toten je Stadium. – Grundsätzl. gleiche Gesetzmäßigkeiten gelten für pluriätile Populationen (S. 237).

2. Die Fluktuation (Massenwechsel) als langfristige Dichteänderung ist vereinfacht und gibt kein Bild der realen Abundanzänderungen (B). Fluktuationstypen lassen sich danach differenzieren, ob **Gradationen** (Massenvermehrungen; beim *Kiefernspanner* bis auf das über 2000fache; C) auftreten, ferner nach deren Häufigkeit, Regelmäßigkeit und Dauer. Zyklisches Auftreten ist häufig.

II. Abundanzänderungen im Raum

Dichteänderungen können im Verbreitungsgebiet einer Art synchron ablaufen oder regionale Unterschiede zeigen (Fluktuationszonen). Danach sind zu unterscheiden:
– Latenzgebiet mit wenig schwankender, dauernd niedriger Abundanz;
– Gradationsgebiet mit temporären Massenvermehrungen;
– Permanenzgebiet mit wenig schwankender, dauernd hoher Abundanz.

Durch Neubesiedlung infolge Wegfalls einer Verbreitungsschranke oder Angebots eines bisher fehlenden Requisits (z. B. Nahrungspflanze) kann ein potentielles Verbreitungsgebiet zum effektiven werden und dann alle typischen Massenwechsel-Erscheinungen zeigen; umgekehrt kann ein effektives Verbreitungsgebiet zum potentiellen werden.

Die Fluktuation ist oft mit groß- u/o kleinräumigen Gegebenheiten korreliert:
– Klima. Hauptschadgebiete der Kiefernschädlinge *Bupalus*, *Panolis* und *Dendrolimus* liegen in Mitteleuropa dort, wo die Vegetationszeit warm und trocken ist.
– Geländeform. In Hang- und Gebirgslagen wirkt sich oft ein best. Ökoklima aus.

– Boden. Seine Faktoren (S. 229) wirken direkt oder indirekt über Klima und Pflanzenwelt.
– Vegetation. Von praktischer Bedeutung ist die höhere Schädlingsresistenz von Mischwald gegenüber Monokulturen.
– Zönotischer Komplex. Vielfältige Pflanzen- und Tierwelt und reiche Verflechtung von Nahrungsketten (S. 253) wirken Massenvermehrungen entgegen.

III. Ursachen der Abundanzdynamik

Die Kausalanalyse führte wegen der Komplexität der Zusammenhänge zu zahlr. abundanzdynamischen Theorien und Modellen mit meist eingeschränktem Geltungsbereich.

1. Massenwechseltheorien suchen Entstehung und Zusammenbruch von Gradationen zu klären; sie sind wichtig in Forstbiologie und Schädlingsbekämpfung:
– Die Parasitentheorie stellt die abundanzregulierende Bedeutung der Parasitierung einseitig in den Vordergrund.
– Die Biozönosentheorie entwickelt sich aus ihr bei stärkerer Beachtung der biozönotischen Verflechtung der Parasiten.
– Witterungstheorie und Nahrungstheorie weisen je einer Gruppe von Umweltfaktoren entscheidende Bedeutung zu.
– Die Gradozöntheorie (SCHWERDTFEGER) vermeidet diese Vereinfachung. Sie geht aus vom Wirken eines nach Spezies, Ort und Zeit verschiedenen populationsdynamisch wirksamen Komplexes biotischer und abiotischer Faktoren (Gradozön).

2. Gleichgewichtstheorien. Je nach den vorrangig gedachten Kausalfaktoren unterscheidet man:
– Umwelttheorien. Dem Vermehrungspotential der Population steht der »Widerstand der Umwelt« entgegen, woraus das »organ. Gleichgewicht« in der Natur resultiert. Dabei ist die Abundanz durch versch. Faktoren begrenzt, ein absoluter Requisitmangel, relat. Requisitmangel (Nichterreichbarkeit wegen mangelnder Suchfähigkeit der Tiere), Begrenzung der Vermehrungsperiode.
– Regulationstheorien. Durch Zu- und Abnahme der Abundanz werden dichteabhängige Vorgänge verursacht, die die herrschende Tendenz bremsen (z. B. intrapopulare Konkurrenz, Dichteeffekt; S. 239). – Population und Umwelt werden dabei als Ökosystem (S. 258ff.) begriffen, in dem nach dem Rückkoppelungsprinzip (S. 54f.) dichtehemmende Faktoren um so wirksamer werden, je mehr die Kapazität erschöpft ist.
– Konstitutionstheorien. Folge der Dichteänderung ist eine Konstitutionsänderung der Population, aus der durch Selektion wieder eine Dichteänderung folgt.

Unter Zugrundelegung des Rückkoppelungsprinzips entwarf SCHWERDTFEGER eine **integrierte Theorie der Abundanzdynamik** (D), in der das Zusammenwirken von Determination und Limitation und das Fluktuation bewirkende Eingreifen von Störgrößen bestimmende Elemente sind.

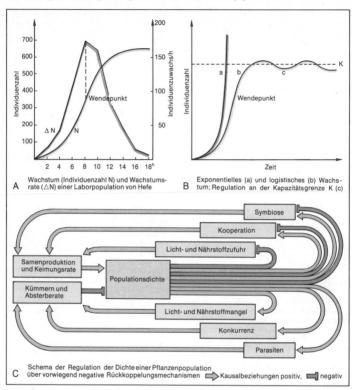

A Wachstum (Individuenzahl N) und Wachstumsrate (△N) einer Laborpopulation von Hefe

B Exponentielles (a) und logistisches (b) Wachstum; Regulation an der Kapazitätsgrenze K (c)

C Schema der Regulation der Dichte einer Pflanzenpopulation über vorwiegend negative Rückkoppelungsmechanismen ⇒ Kausalbeziehungen positiv, ▭ negativ

Populationswachstum

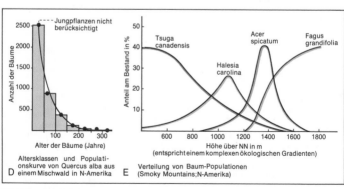

D Altersklassen und Populationskurve von Quercus alba aus einem Mischwald in N-Amerika

E Verteilung von Baum-Populationen (Smoky Mountains; N-Amerika)

Pflanzenpopulationen

Wachstum der Population

1. Exponentielles Wachstum kann herrschen, wenn in einem Lebensraum kein Faktor begrenzend auf die Vermehrung der Population wirkt, so daß jedes Individuum optimale Fortpflanzungsmöglichkeiten hat (B). Bei konst. Altersstruktur herrscht unter diesen Bedingungen eine konst. Geburtenrate b und eine konst. Sterberate m, so daß auch die Summe aus b und m, die Veränderung pro Individuum, konstant ist (r). Es folgt die Gleichung

$$N_t = N_o \cdot e^{rt}$$

Dabei ist N_t die Individuenzahl zur Zeit t, N_o die zur Zeit o, e die Basis des natürl. Logarithmus. Da r unter den angenommenen Bedingungen den Maximalwert hat, nennt man sie potentielle Zuwachsrate.

Bedingungen dieser Art liegen vor, wenn ein Lebensraum neu besiedelt wird oder wenn in gemäßigten Klimazonen nach der Winterruhe die Entwicklung von Pflanzen neu einsetzt.

– Bes. für Massenvermehrung von planktontischen Süßwasseralgen (Wasserblüte) ist exponentielles Wachstum kennzeichnend.

– Beim Menschen herrscht gegenwärtig »superexponentielles« Wachstum, da die Verdopplungszeit der Erdbevölkerung sich ständig verkürzt (S. 267).

Bei unvermindertem Wachstum würde die Masse der Population der Erde erreichen:

– bei *Bakterien* mit kurzer Generationsdauer schon in wenigen Tagen;

– bei *Bäumen* in einigen hundert Jahren.

Daher kennzeichnet dieser Wachstumstyp stets nur die Anfangsphasen einer Entwicklung.

2. Logistisches Wachstum. In natürl. Lebensräumen, aber auch unter experimentellen Bedingungen (A) nimmt nach einiger Zeit die Zuwachsrate ab, so daß eine sigmoide Wachstumskurve entsteht. Die steigende Populationsgröße erzeugt einen zunehmenden Umweltwiderstand, der das Wachstum an der Kapazitätsgrenze zum Stillstand bringt.

Dieser Sachverhalt ist modellhaft in der logistischen Formel des Populationswachstums ausgedrückt:

$$\frac{dN}{dt} = r \cdot N \cdot \frac{K - N}{K}$$

r ist auch hier die potentielle Zuwachsrate, K die Kapazität. Je nach der Größe von N variiert der Quotient K-N/K zw. + 1 und − ∞:

– bei sehr niedrigen Werten von N ist der Quotient nahe 1, das Wachstum erfolgt beinahe exponentiell;

– ist N = K, wird der Quotient und damit das Populationswachstum = o;

– steigt N über K hinaus an (durch die Trägheit des Systems), so wird dN/dt negativ, d. h. die Population nimmt ab, bis K wieder unterschritten wird (C).

Dies führt auf die Vorstellung eines dichteabhängigen Regulationsmechanismus (C; S. 243), durch den bei tier. wie bei pflanzl. Populationen über Fertilität und Mortalität die Populationsgröße reguliert wird.

Dichteunabhängige Steuerung der Populationsgröße beruht dagegen auf Veränderungen der Größe K in der logistischen Formel. Sie wird bes. deutlich in den jahreszeitlichen Populationszyklen der Pflanzen und Tiere der gemäßigten Klimazonen, die auf Änderungen von Außenfaktoren beruhen.

3. Numerisches Wachstum kann bei Pflanzenpopulationen auf die exponentielle Phase folgen. Der Grund ist, daß nach Entstehen einer geschlossenen Pflanzendecke die Zufuhr von Lichtenergie der limitierende Faktor ist. Ist diese konst., dann auch der Zuwachs, unabhängig von Individuenzahl und Biomasse:

$$\frac{d \text{ Biomasse}}{dt} = \text{const.}$$

Pflanzliche Populationen

Trotz grundlegender Unterschiede in tier. und pflanzl. Organisation gelten demökolog. Gesetzmäßigkeiten weitgehend für beide (S. 236 ff.). Allerdings sind in der botan. Populationsanalyse (Demographie) Besonderheiten der pflanzl. Organisation zu beachten:

– Pflanzen als offene Systeme sind in Größe und Lebensdauer weniger festgelegt.

– Die Fertilität kann ebenf. stark schwanken und jahrzehntelang hohe Werte erreichen.

– Vegetative Vermehrung in zahlr. Formen hat erhebl. größere Bedeutung als bei Tieren.

– Ortsgebundenheit der Pflanzen und passive Ausbreitung von Samen und Sporen herrschen vor.

– Langdauernde Keimfähigkeit der Samen im Boden bildet wichtiges Potential der Population (in seltenen Fällen noch nach 100, in Extremfällen noch nach ca. 1600 Jahren).

Nur wenige Folgen werden hier angedeutet:

Altersstruktur: Nach einer Phase hoher Keimlingssterblichkeit (vgl. S. 238, D) stellt sich bei den meisten Pfl. eine gleichbleibende Mortalitätsrate ein (D). Bei Bodenorchideen (*Orchis, Dactylorrhiza*) erreichen mehr Pfl. das physiol. Alter, so daß ähnl. Überlebenskurven wie z. B. beim *Menschen* auftreten (vgl. S. 238, D).

Verjüngung: Sie verläuft bei vielen mehrjähr. Pfl. kontinuierlich (D). Periodische V. kann oft auf period. wirkende Außenfaktoren zurückgeführt werden (Kahlschlagpflanzen; Wüstenpflanzen, bei denen erfolgreiche Keimung nur nach den seltenen Regenfällen mögl. ist, bilden oft Bestände gleichaltr. Individuen).

Population und ökologischer Gradient

Die Verteilung von Popul. entlang ökol. Gradienten wurde bes. bei Pflanzen (z. B. *Bäume*, E; *Flechten*) untersucht mit folgenden Ergebnissen: (vgl. auch Kurventyp S. 232, A):

– jede Art hat ihr spezif. Verbreitungsmaximum;

– Populationen versch. Arten überlappen sich;

– es entstehen Artengruppen charakterist. Zusammensetzung, deren Areale aber nicht scharf getrennt sind (s. Pflanzengesellschaften; S. 249).

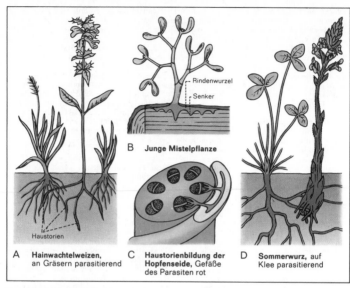

A **Hainwachtelweizen,** an Gräsern parasitierend

B **Junge Mistelpflanze**
Rindenwurzel
Senker

C **Haustorienbildung der Hopfenseide,** Gefäße des Parasiten rot

D **Sommerwurz,** auf Klee parasitierend

Haustorien

Parasitismus bei Pflanzen

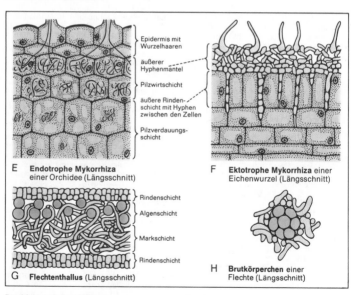

E **Endotrophe Mykorrhiza** einer Orchidee (Längsschnitt)

Epidermis mit Wurzelhaaren
äußerer Hyphenmantel
Pilzwirtschicht
äußere Rindenschicht mit Hyphen zwischen den Zellen
Pilzverdauungsschicht

F **Ektotrophe Mykorrhiza** einer Eichenwurzel (Längsschnitt)

G **Flechtenthallus** (Längsschnitt)

Rindenschicht
Algenschicht
Markschicht
Rindenschicht

H **Brutkörperchen** einer Flechte (Längsschnitt)

Symbiose zwischen Pflanzen

Obwohl das Ökosystem in seiner Gesamtheit Gegenstand der Synökologie ist, beruht das Verständnis des komplexen Systems und seiner Gesetze auf der Kenntnis der Wechselwirkungen zw. einzelnen Arten. Aus method. Gründen werden daher, zunächst nach Pflanzen und Tieren getrennt, Einzelbeziehungen und Teilsysteme behandelt.

Biotische Wechselwirkungen lassen sich danach klassifizieren, ob die Einflüsse der Partner aufeinander fördernd, hemmend oder neutral sind:

	Partner A	Partner B
Konkurrenz	–	–
Parasitismus, Fraß	+	–
Symbiose, Koopera-		
tion	+	+
Karpose, Kommensa-		
lismus	+	0
Neutralismus	0	0

Konkurrenz
Um **Licht** herrscht in dichtem Bestand intensiver Wettbewerb (Lichtstärke in Buchenwäldern am Boden < $\frac{1}{10}$ der Normalwerte).
Bei Bäumen bewirkt das, modifikatorisch oder als stammesgeschichtl. Anpassung, schnelleres Wachstum, schlanke Form (oft im Gegens. zu Einzelbäumen; z.B. *Eiche*) und große Höhe (Riesenbäume trop. Wälder: 60–80 m).
Schling- und Kletterpflanzen bringen mit wenig Materialaufwand ihr Blattwerk ans Licht *(Efeu, Hopfen, Waldrebe).*
Epiphyten haben den Boden ganz verlassen und meiden so lichtarme Bereiche.
Um **mineralische Ernährung** konkurrieren Wurzelsysteme: *Ackersenf* hat rd. die doppelte Gesamtwurzellänge wie *Weizen*.
Als **Allelopathie (Antibiose)** werden Fälle direkter chem. Beeinflussung bezeichnet: z.B. hemmt *Wermut* im Freiland *Fenchel* und *Liebstöckel.*
Prakt. Bedeutung haben die von manchen *Pilzen* (z.B. *Penicillium, Actinomyceten)* und *Bakterien* ausgeschiedenen *Antibiotica,* die das Wachstum pathogener *Bakterien* hemmen.
Parasitismus (Schmarotzertum)
ist Ausnützen eines Organismus durch einen anderen in direktem Kontakt. Er ist häufig bei *Bakterien* (S. 60ff.) und *Pilzen* der Fall, seltener bei *Samenpflanzen.*
Halbparasiten sind grüne *Pflanzen,* die vorwiegend Wasser und Nährsalze von ihren Wirtspflanzen bekommen. Ihnen gehören als Wurzelparasiten *Augentrost (Euphrasia)* und *Wachtelweizen (Melampyrum;* A) an, deren schwach entwickelte Wurzeln die Leitungsbahnen anderer Pflanzenwurzeln durch Senker (Haustorien) anzapfen. Das Wurzelsyst. der *Mistel,* eines Sproß-Halbparasiten (B), ist noch stärker umgeformt. Von der Stammbasis entspringen wurzelähnl. Rindensaugstränge, die zapfenartige Senker ins Holz von Baumästen treiben.
Vollparasiten haben reduzierte oder fehlende Blätter; sie sind chlorophyllfrei und daher unfähig zur Photosynthese. Sie entziehen ihren Wirtspflanzen außer Wasser und Nährsalzen auch organ. Stoffe. – Ein Sproß-Vollparasit ist die *Hopfenseide (Cuscuta;* C), deren fadenartige Stengel die Wirte *(Hanf, Hopfen)* umschlingen und deren Haustorien bes. den Siebröhren (S. 97) anlegen. Ein Wurzel-Vollparasit ist die *Sommerwurz (Orobanche;* D).
Symbiose
ist das Zusammenleben artverschiedener Organismen zu gegenseitigem Vorteil. Die Erscheinung der **Pilzwurzel (Mykorrhiza)** zeigt, daß sich Symbiose aus wechselseitigem Parsitismus entw. haben kann. Bei Orchideenwurzeln dringen die Pilzfäden (Hyphen) in die Wurzelzellen ein (**endotrophe** Mykorrhiza; E). In den äußeren Zellschichten schmarotzt der *Pilz* offenbar unter Ausnutzung der Nährstoffe seiner Wirtspflanze; innen werden die Pilzfäden verdaut und ihre Subst. resorbiert. Bei der einheim. *Orchidee Neottia (Nestwurz),* die fast chlorophyllos ist, müssen die organ. Stoffe vom *Pilz* stammen; da unsicher ist, ob ihm der Gemeinschaft nützt, liegt hier wohl Parasitismus vor.
Bei den Mykorrhizen unserer Waldbäume wachsen die Pilzfäden zw. den Zellen (**ektotrophe** Mykorrhiza; F), nur einzelne Hyphen dringen in Zellen ein und werden resorbiert. Das Mycel (Pilzgeflecht) überzieht die kurzen Saugwurzeln in dicker Schicht und ersetzt die fehlenden Wurzelhaare; es sichert die mineralische Ernährung der Bäume und wird von diesen mit Assimilaten versorgt.
Symbionten der Waldbäume sind manche bekannte Speisepilze *(Birke – Birkenpilz, Kiefer – Butterpilz).*
Im Gegensatz zu den bisher behandelten Symbiosen, deren Partner deutlich unterscheidbar sind, können durch *Algen* und *Pilze* einheitl. Vegetationskörper neuer Prägung, die **Flechten,** entstehen. Erst das Mikroskop zeigt die Partner (meist *Schlauchpilze* und kugelige *Grünalgen;* G) und den typ. Bau des Flechtenthallus: zw. 2 Rindenschichten (stark quellbares Pseudoparenchym) liegt die lockere Markschicht, in ihr oberseits die *Algen,* an die sich die Pilzhyphen anlegen (Appressorien) oder in sie eindringen (Haustorien).
Der *Pilz* liefert Wasser, Nährsalze und Atmungs-CO_2, die *Algen* bilden organ. Nährstoffe, von denen der *Pilz* lebt. Die Abhängigkeit ist deutlich, da die beteiligten Pilzarten in Einzelkultur nicht voll gedeihen. Manche *Flechten* bilden Stoffwechselprodukte (Lackmus und andere Farbstoffe), die weder *Pilz* noch *Alge* allein erzeugen können.
Die Vermehrung erfolgt durch Pilzsporen oder Brutkörperchen (Soredien; H), in denen die Symbiosepartner sofort vereinigt sind. Relative Unabhängigkeit von der Umgebung und hohe Trockenresistenz machen die *Flechten* zu typ. »Pionierpflanzen«, die selbst kahle Felsen besiedeln, zu deren Verwitterung und Aufschließung sie durch Säureausscheidung der Pilzfäden beitragen.
(Symbiont. *Stickstoffbakterien* s. S. 63).

Kategorie	Gesellschaft	Andere Gesellschaften der selben Kategorie	
Klasse	Buchen-Mischwälder (Querco-Fagetea)	Grünland-Gesellschaften (Molinio-Arrhenatheretea)	Trockenrasen (Festuco-Brometea)
Ordnung	Mesophile Sommerwälder (Fagetalia sylvaticae)	Wärmeliebende Eichen-Mischwälder (Quercetalia pubescenti-petraeae)	Schlehengebüsch (Prunetalia)
Verband	Buchenwald (Fagion sylvaticae)	Eichen-Hainbuchen-Wald (Carpinion betuli)	Auenwald (Alno-Padion)
Unterverband	Waldmeister-Buchenwald (Asperulo-Fagion)	Hainsimsen-Buchenwald (Luzulo-Fagion)	Artenreicher Fichten-Tannen-wald (Galio-Abieton)
Assoziation	Perlgras-Buchenwald (Melico-Fagetum)	Waldmeister-Buchenwald i. e. S. (Asperulo-Fagetum)	Kichererbsen-Buchenwald (Lathyro-Fagetum)

A   Stellung der Assoziation im System der Pflanzensoziologie
(am Beispiel des Perlgras-Buchenwaldes)

AC	Einblütiges Perlgras, Melica uniflora	V	1 bis 4
OC	Rotbuche, Fagus silvatica	V	3 bis 5
OC	Waldmeister, Asperula odorata	V	+ bis 4
OC	Goldnessel, Lamium Galeobdolon	V	+ bis 4
OC	Waldveilchen, Viola silvatica	V	+ bis 3
OC	Flattergras, Milium effusum	IV	+ bis 2
OC	Waldsegge, Carex silvatica	IV	+ bis 1
KC	Esche, Fraxinus excelsior		+ bis 2
	Moose, insgesamt	IV	+ bis 1

B   Perlgras-Buchenwald (Melico-Fagetum); auf trockenem Kalk und Kalksandstein mit oberflächlicher Lehmverwitterung und auf Löß; Kräuter und Gräser bilden eine geschlossene Decke

Pflanzengesellschaften

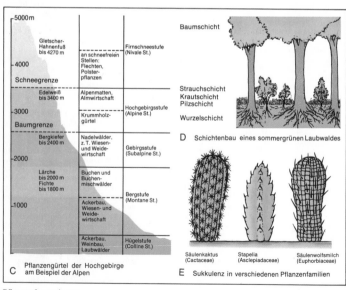

C   Pflanzengürtel der Hochgebirge am Beispiel der Alpen

D   Schichtenbau eines sommergrünen Laubwaldes

E   Sukkulenz in verschiedenen Pflanzenfamilien

Pflanzenformationen

Die Pflanzensoziologie befaßt sich mit aus vielen Arten zusammengesetzten (heterotypischen) Kollektiven, während die Tiersoziologie artgleiche (homotypische) Kollektive untersucht (S. 235).

Pflanzengesellschaften

entstehen als lebensraumbezogene, in ihrer Artenzusammensetzung charakteristische, wenn auch nicht trennscharfe Kollektive unter dem Einfluß folgender Faktorengruppen:

1. Standortfaktoren
- Klimafaktoren: Licht-, Temperaturfaktor
- Boden-(edaphische)Faktoren: physikal. Bodenstruktur, Durchlüftung; Nährsalze, Spurenelemente, pH-Wert; Mikroorganismen
- Klimatisch-edaphische Faktoren: Wasserfaktor; CO_2-Faktor

2. Biotische Faktoren
- Veränderlichkeit (Plastizität) des Erbguts (Genotypus) der Arten
- Plastizität des Erscheinungsbildes (Phänotypus) der Individuen
- Vitalität (Wachstum, Fortpflanzung, Konkurrenzvermögen) und Kampftüchtigkeit (»Bauwert«) der Arten

3. Wanderungs- und Besiedlungsfaktoren
- Lage des Standorts zu nahen Verbreitungszentren und geograph. Hindernissen
- Art, Zahl und Lebensdauer der am Standort eintreffenden Samen
- Besiedlungsvermögen (Ökese)

4. Klimageschichte
Art und Verlauf der langfristigen Klimaschwankungen.

Durch das komplexe Zusammenwirken dieser Faktoren entsteht eine Vielzahl von Pflanzengesellschaften, deren Zusammenfassung nach unterschiedlichen Gemeinsamkeitsgraden zu systematischen Kategorien führt (A; Systematische Pflanzensoziologie).

Die Bedingungen und Gesetzmäßigkeiten der Pflanzengesellschaften werden auch im Bereich der biotischen Wechselwirkungen zunehmend kausal erforscht (experimentelle Pflanzensoziologie).

Selten stehen einer Pflanzengesellschaft die Einzelexemplare isoliert (**offene Gemeinschaften**, z. B. *Flechten* auf Felsen, Dünengräser, Halbwüstenvegetation). In **geschlossenen Gesellschaften** konkurrieren sie miteinander; daraus folgt bei begrenzter Fläche vertikale Ausdehnung. Oft resultiert ein Schichtbau der ober- und unterird. Teile (D). Tief- und flachwurzelnde Pflanzen harmonieren, ebenso hohe und niedrige bei Anpassung an verschiedene Lichtintensität (S. 224 C).

Die Assoziation ist die Grundeinheit der Pflanzensoziologie, eine Pflanzengesellschaft von bestimmter Artenzusammensetzung, einheitlich. Standortbedingungen und Erscheinungsbild (Physiognomie). Übergänge zu anderen Assoziationen sind meist fließend.

Wichtige Eigenschaften der Assoziation werden tabellarisch festgehalten (B). Hierbei bedeuten:

- AC = Assoziationscharakter-(=kenn)art
- OC = Ordnungscharakterart
- KC = Klassencharakterart.

Daneben unterscheidet man D = Differentialarten (innerhalb der Assoziation nur in Untereinheiten, aber auch in anderen Assoziationen vorkommend), B = Begleiter (Arten ohne deutl. Assoziationsbindung).

Die Stetigkeit (I–V) gibt an, in wieviel Prozent der untersuchten Assoziationsindividuen die Art vorkommt (I in 1–20%; II in 21–40%; III in 41–60%; IV in 61–80%; V in 81–100%).

Die arab. Ziffern 1–5 und das Zeichen + bezeichnen eine kombinierte Schätzung von Individuenzahl (Abundanz) und Deckungswert: + = spärlich, sehr geringer Deckungswert; 1 = reichlich, aber geringer Deckungswert oder ziemlich spärlich, aber größerer Deckungswert; 2 = sehr zahlreich oder wenigstens 1/20 der Fläche deckend; 3 = 1/4 bis 1/2 der Fläche deckend, Individuenzahl beliebig; 4 = 1/2 bis 3/4 der Fläche deckend; 5 = mehr als 3/4 der Fläche deckend. Oft gibt in pflanzensoziolog. Tabellen eine zweite arab. Ziffer die Häufungsweise (Soziabilität) an: 1 = einzeln; 2 = gruppen- oder horstweise; 3 = truppweise, kleine Flecke oder Polster; 4 = kleine Kolonien, größere Flecke oder Teppiche; 5 = große Herden.

Besser als Einzelarten sind Assoziationen als Anzeiger bestimmter Standortbedingungen geeignet (vgl. S. 228 E), da sie allen ökol. Faktoren Rechnung tragen. Hierauf beruht die prakt. Bedeutung der Pflanzensoziologie, deren Erkenntnisse z. B. bei der Anlage von Wiesen, Wäldern und bei Pflanzungen an Autobahnen verwertet werden.

Pflanzenformationen

werden, im Gegens. zu Pflanzengesellschaften, unabhängig von der Artenzusammensetzung festgelegt:

Die Laubwälder Eurasiens und N-Amerikas z. B. gehören, trotz versch. floristischer Zusammensetzung, zur Formation der sommergrünen Laubwälder (D). Sie sind bestimmt durch gemäßigt-feuchtes Klima mit winterlicher Vegetationsruhe.

Aufbau und Physiognomie der Formationen spiegeln deutl. die Anpassung an bestimmte Klimatypen. Sie ermöglichen daher ökolog. Aussagen auch dann, wenn die Erfassung des Artbestandes nicht durchführbar ist.

Neben der horizontalen Großgliederung der Erdvegetation ist die vertikale Verteilung an Gebirgen sehr klar (C), wo es durch die kontinuierl. Änderung der ökol. Faktoren zu einer deutl. Gürtelung der Formationen kommt, die in den versch. Erdteilen sehr ähnlich ist, wenn auch andere Arten vorkommen.

In der gleichen Formation zeigen also versch. Arten gleiche Anpassungen. Das wird unter extremen Bedingungen bes. deutlich, z. B. in Trockengebieten, wo in versch. Familien Stammsukkulenz zu sehr ähnl. Formen geführt hat (**Konvergenz;** E).

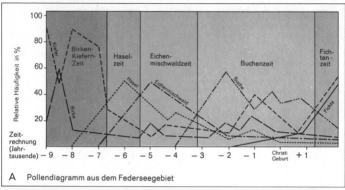

A Pollendiagramm aus dem Federseegebiet

Waldformen in Mitteleuropa seit der letzten Eiszeit

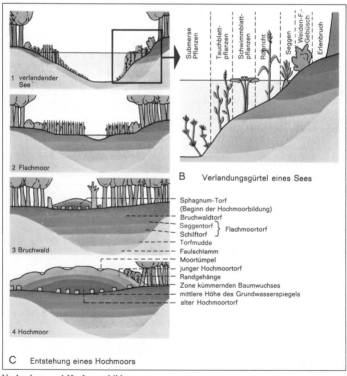

B Verlandungsgürtel eines Sees

C Entstehung eines Hochmoors

Verlandung und Hochmoorbildung

Pflanzengesellschaften entstanden in langen Zeiträumen durch Selektion (S. 498 ff.) morpholog. und physiolog. den Standortbedingungen angepaßter Formen, wodurch sich ein Gleichgewicht zw. Vegetation und ökol. Faktoren einstellt.

Änderung der Bedingungen zieht Anpassungen bei den vorhandenen Arten und Zuwanderung neuer Arten nach sich, bis Vegetation und veränderte ökol. Faktoren wieder im Einklang sind.

So gibt es gesetzmäßige Folgen von Pflanzengesellschaften (Sukzessionen), die einen bei Konstanz der Faktoren stabilen Endzustand erreichen (Klimaxgesellschaft).

Veränderung der Faktoren von außen

Die Waldfolge in Mitteleuropa im Zuge der Klimaänderungen seit der letzten Eiszeit ist zu erschließen aus den in die Torfschichten der Moore eingewehten Pollenkörnern. Die Auswertung (Pollenanalyse) ergibt nach Ausschalten der Fehlerquellen (z. B. wechselnde Windrichtung, unterschiedl. Pollenerzeugung einzelner Arten) die relative Häufigkeit der Baumarten zu versch. Zeiten, darstellbar in einem Pollendiagramm (A). – Folgende Sukzession ist abzulesen:

1. **Birken-Kiefern-Zeit:** Klima kalt-trocken. *Birken* vorwiegend im Westen, *Kiefern* im Osten. Begleitpflanzen: *Weide, Krähenbeere, Flechten.* Das Waldbild entsprach dem im heutigen westl. Lappland.
2. **Haselzeit:** Klima warm-trocken. Sie leitet über zur
3. **Eichenmischwaldzeit:** Klima warmfeucht. Artenreiche lichte Wälder aus *Eiche, Ulme, Linde, Ahorn, Esche.*
4. **Buchenzeit:** Klima zunehmend kühler und feuchter. Neben *Rotbuche* auch *Hainbuche, Tanne* und *Fichte.*
5. **Fichtenzeit:** Klima kühl-feucht. Die *Fichte* (auf Sandboden die *Kiefer*) tritt in den Vordergrund. Diese Entw. wird durch den Einfluß des Menschen verstärkt.

Auch in anderen Fällen können menschl. Eingriffe Sukzessionen hervorrufen, z. B. Kahlschläge in Wäldern und die immer häufiger werdenden Grundwassersenkungen nach Flußregulierungen (vgl. auch S. 269).

Veränderung der Faktoren durch die Pflanzengesellschaft

führt auch bei Konstanz der äußeren Bedingungen zu typ. Sukzessionen. In nährstoffreichen (eutrophen) stehenden Gewässern gliedert sich die Pflanzenwelt vor allem nach der Wassertiefe. Da diese durch ständige Ablagerung geringer wird, rücken die einzelnen Pflanzengesellschaften gegen das Zentrum des Gewässers vor.

Die für Mitteleuropa typ. Gürtel der Verlandungsvegetation sind (B):

1. Untergetauchte (submerse) Pflanzen, oft *Armleuchteralgen (Charophyceen).*
2. Tauchblattpflanzen, die höchstens ihre Blüten aus dem Wasser bringen (*Laichkräuter, Tausendblatt, Wasserpest* u. a.).
3. Schwimmblattpflanzen *(Seerose, Teichrose);* in ruhigem Wasser auch freischwimmende Arten *(Froschbiß, Krebsschere, Wasserlinse).*
4. Röhricht (dichte Bestände von *See-Simse, Schilf, Rohr-* und *Igelkolben).*
5. Seggenbestände (z. B. *Steife Segge* in Einzelhorsten).
6. Grauweiden-Faulbaum-Gebüsch.
7. Erlenbruchwald (mit *Seggenarten, Brennesseln, Farnen* u. a.). Der mittlere Wasserspiegel liegt zunächst in Höhe der Erdoberfläche; der Boden erhöht sich aber durch Ablagerung von Pflanzenresten und wird oberflächlich immer trockener.

Durch Eingriffe des Menschen (Kahlschlag, Entwässerung, Mahd, Düngung) kann sich eine Kohldistel-Wiese als anthropogene Klimagesellschaft bilden (Regressive Sukzession).

Die Assoziationen 4 und 5 kennzeichnen den Zustand des Flachmoors (C 2), 7 den des folgenden Bruchwaldmoors (C 3).

Im Endstadium der Verlandung, die bei nährstoffarmen (oligotrophen) und bei nährstoffarmen/humusreichen (dystrophen) Gewässern etwas anders abläuft, ist das ehemalige Seebecken mit Ablagerungen vorwiegend pflanzl. Ursprungs gefüllt.

Schon in der untersten Schicht (Faulschlamm, bei Ausfällung von Kalk als »Seekreide« ausgeprägt) ist die bakterielle Zersetzung (Reduzenten; S. 259) durch O_2-Mangel unvollständig.

Bei stärkerem Anfall von Pflanzenresten setzt Vertorfung (Inkohlung: unvollständige Zersetzung bei starkem O_2-Mangel) ein. Diese liefert braunes bis schwarzes Material, in dem pflanzl. Strukt. noch erhalten sind. Je nach der erzeugenden Pflanzengesellschaft unterscheidet man Torfmudde (zw. Faulschlamm und Torf), Schilf- und Seggentorf (zus.: Flachmoortorf) und Bruchwaldtorf. – Die bisher gebildeten Torfschichten sind, entspr. der Zusammensetzung des Grundwassers, rel. nährstoffreich, ihr pH ist neutral oder schwach basisch. Weitere Auflagerung schneidet die oberen Schichten vom Grundwasser ab, sie werden nährstoffarm und versauern. –

Die Bruchwaldpflanzen kümmern und *Torfmoose (Sphagnum*-Arten) siedeln sich an, bes. in feuchtem Klima. Sie halten Wasser wie ein Schwamm fest und geben dem Boden eine stark saure Reaktion (S. 228 E); ihre zusammenwachsenden Polster ersticken die übrige Vegetation. Durch ständiges Wachsen der Moospflanzen bei absterbenden unteren Teilen entstehen meterdicke Schichten von Hochmoortorf (C 4). Da das Wachstum am Rand geringer ist, wird das Hochmoor uhrglasförmig. Sein trockeneres Randgehänge ist oft bewaldet, der umgebende Randsumpf als Flachmoor ausgebildet.

Die sehr artenarme Hochmoorvegetation *(Wollgras, Glocken-* und *Besenheide, Gagelstrauch, Sonnentau* u. a.) zeigt Anpassungen an ungleichmäßige Wasserversorgung (Speicherfähigkeit; Rollblätter, S. 228 B) und schlechte Nährstofflage (Niederschlagswasser und anfliegender Staub; fleischfressende Pflanzen, S. 121).

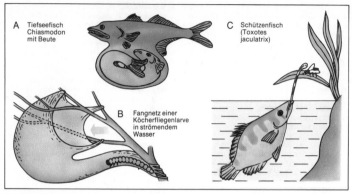

A Tiefseefisch Chiasmodon mit Beute

B Fangnetz einer Köcherfliegenlarve in strömendem Wasser

C Schützenfisch (Toxotes jaculatrix)

Nahrungsfaktor

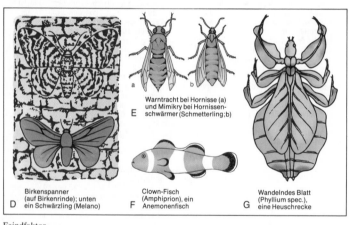

D Birkenspanner (auf Birkenrinde); unten ein Schwärzling (Melano)

E Warntracht bei Hornisse (a) und Mimikry bei Hornissenschwärmer (Schmetterling; b)

F Clown-Fisch (Amphiprion), ein Anemonenfisch

G Wandelndes Blatt (Phyllium spec.), eine Heuschrecke

Feindfaktor

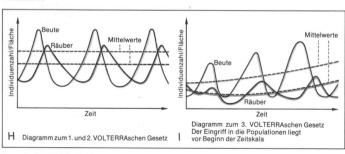

H Diagramm zum 1. und 2. VOLTERRAschen Gesetz

I Diagramm zum 3. VOLTERRAschen Gesetz Der Eingriff in die Populationen liegt vor Beginn der Zeitskala

Quantitative Wechselwirkungen

Der Nahrungsfaktor

Tiere sind stets auf organ. Stoffe angewiesen; sie leben daher alle direkt oder indirekt von der Urnahrung (an Land vorw. *Gefäßpflanzen*, im Wasser *Phytoplankton*):

– Phytophagen (Pflanzenfresser);
– Zoophagen (Fleischfresser);
– Omnivoren (Allesfresser);
– Detritivoren (Verzehrer abgestorbener Pflanzenteile [Detritus]);
– Koprophagen (Kotfresser);
– Nekrophagen (Verzehrer toter *Tiere*).

Dabei sind Arten durch Nahrungsbeziehungen gesetzmäßig verknüpft (**Nahrungsketten**), bis schließl. die organ. Substanzen durch *Pilze* und *Bakterien* (Reduzenten) in anorgan. Stoffe zurückgeführt werden (S. 258f.).
Nach dem Ausmaß der Spezialisierung bei der Nahrungswahl lassen sich typ. Gruppen unterscheiden:
1. euryphage Arten (vielseitige Ernährung), die unterteilt werden in

– pantophage (= omnivore; z. B. *Schweine, Enten, Karpfen*);
– polyphage (z. B. *Insektenfresser, Paarhufer, Raubtiere*).

2. stenophage Arten (Nahrungsspezialisten), unterteilt in

– oligophage (z. B. *Koalabär,* manche Raupen);
– monophage (manche Parasiten).

Spezielle Anpassungen an Nahrungserwerb und -aufnahme prägen sehr stark die versch. Lebensformen und machen in besonderem Maße die Vielfalt ökolog. Nischen deutlich:

1. Aufnahme flüssiger Nahrung:

– durch Osmose (*Bandwürmer, Kratzer*);
– durch den Mund (Sauger: *Egel, Wanzen, Flöhe, Schmetterlinge, Kolibris*).

2. Aufnahme fester Nahrung:

a) Mechanische Gewinnung

– aus der Luft (*Mauersegler, Netzspinnen*);
– aus dem Wasser (*Bartenwale, Wasserflöhe, Schwämme, Muscheln*);
– aus festem Substrat (*Regenwurm, Termiten*);
– Grenzfläche Luft/Wasser (*Wasserläufer*);
– Grenzfläche Luft/Boden (*Ameisenlöwe*);
– Grenzfläche Wasser/Boden (*Meeresringelwürmer, Enten*).

b) Aufsuchen einzelner Nahrungsobjekte:

– heil oder grob zerkleinert aufgenommen (*Amöben, Seesterne, Schlangen, Chamäleon, Ameisenbär*; extreme »Schlinger« schlucken Tiere von mehr als eigener Größe; A);
– feinzerteilt aufgenommen (*Schnecken, Krebse, Insekten, Säuger*);
– verflüssigt außerhalb des Körpers (*Suctorien, Kopffüßer, Spinnen, Skorpione*).

Vielfältig sind dementspr. morpholog. Anpassungen an Ernährungsweisen (z. B. Gebißtypen der Wirbeltiere).
Mechan. Fangeinrichtungen kommen vor (Spinnennetze; Reusen; B).
Fernwirkung wird erzielt durch Körperteile (*Chamäleon*) oder mechan. Hilfsmittel (*Ameisenlöwe, Schützenfisch*; C).

Der Feindfaktor

Vielfältig sind auch die Anpassungen zur Feindvermeidung und zum Schutz gegen Gefressenwerden.
Fluchtverhalten ist zus. mit morphol. Anpassungen (leistungsfähige Sinnes- und Fortbewegungsorgane) vielfach konvergent entwickelt worden (*Huftiere – Känguruhs – Laufvögel – Kriechtiere*). Ergänzende Verhaltensweisen: Hakenschlagen (*Hase, südamerik. Strauß*); Ausstoßen von Tintenwolken bei *Kopffüßern* (bei der Tiefseeart *Heteroteuthis* Leuchtflüssigkeit).
Mechan. Schutzeinrichtungen sind oft bei unbewegl. oder schlecht bewegl. Tieren vorhanden. Bei *Schwämmen* (S. 75) ist der Körper oft durch eingelagerte Skelettnadeln ungenießbar. Stachelkleider gibt es in zahlr. Gruppen, oft zus. mit einem festen Panzer (*Seeigel,* S. 137) oder mit Verhaltensweisen, die ihre Wirksamkeit steigern (Einrollen des *Igels,* Aufblähen des *Igelfisches*). Feste Panzer, Schalen und Gehäuse sind häufig (manche *Einzeller, Muscheln, Schnecken, Schildkröten, Gürteltiere*); sie können sogar aus körperfremden Stoffen aufgebaut sein (*Amöbe Difflugia, Köcherfliegenlarven*). Auch das Aufsuchen und Herstellen von Höhlen ist hier einzuordnen (*Grabwespen, Spechte,* manche *Säuger*).
Bei **chem. Abwehrmitteln** reicht die Skala der Anpassungen von Ungenießbarkeit und Giftigkeit des ganzen Tieres bis zu hochspezialisierten Einrichtungen (Nesselkapseln der *Hohltiere,* S. 125; Brennhaare bei Raupen; Ausschleudern von explodierenden Flüssigkeit beim *Bombardierkäfer; Speischlange; Stinktier*).
Warntrachten sichern so geschützte Tiere oft zusätzlich (*Wespe, Hornisse, Feuersalamander*).
Tarntrachten in Form allgem. Farbanpassungen (D) können durch zusätzl. Formähnlichkeit mit einem Gegenstand der Umwelt in der Wirkung gesteigert sein (**Mimese;** G). Scheinbar auffällige Zeichnung kann durch Auflösen der Körperumrisse tarnend wirken (**Somatolyse;** F).
Mimikry liegt vor, wenn eine harmlose Art eine ähnl. Warntracht trägt wie eine ungenießbare oder wehrhafte Art im gleichen Lebensraum und so von deren Schreckwirkung profitiert (versch. trop. *Schmetterlinge, Schwebfliegen;* E).

Quantitative Wechselwirkungen

Diese und z. T. auch die im folgenden behandelten Erscheinungen sind als Wechselwirkungen aufzufassen (Pflanze-Pflanzenfresser; Beute-Räuber; Wirt-Parasit, S. 257), zu deren quantit. Erfassung VOLTERRA aufgrund eines mathemat. Modells drei Gesetze aufstellte:

1. Bei Nahrungsbeziehungen zw. 2 Arten ergeben sich period. schwankende, phasenverschobene Abundanzkurven (H).
2. Die Abundanzen schwanken um feste Mittelwerte (H).
3. Gleichsinnige äußere Einflüsse auf beide Arten wirken auf den Feind nachhaltiger als auf die Beute (J; Erklärung für Zunahme von Schädlingspopulationen nach chem. Bekämpfung).

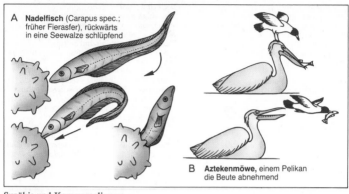

A **Nadelfisch** (Carapus spec.; früher Fierasfer), rückwärts in eine Seewalze schlüpfend

B **Aztekenmöwe,** einem Pelikan die Beute abnehmend

Synökie und Kommensalismus

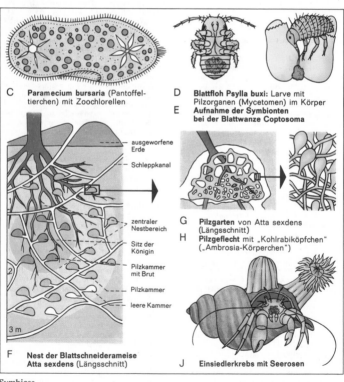

C **Paramecium bursaria** (Pantoffeltierchen) mit Zoochlorellen

D **Blattfloh Psylla buxi:** Larve mit Pilzorganen (Mycetomen) im Körper

E **Aufnahme der Symbionten bei der Blattwanze Coptosoma**

ausgeworfene Erde

Schleppkanal

zentraler Nestbereich

Sitz der Königin

Pilzkammer mit Brut

Pilzkammer

leere Kammer

3 m

F **Nest der Blattschneiderameise Atta sexdens** (Längsschnitt)

G **Pilzgarten** von Atta sexdens (Längsschnitt)

H **Pilzgeflecht** mit „Kohlrabiköpfchen" („Ambrosia-Körperchen")

J **Einsiedlerkrebs mit Seerosen**

Symbiose

Der Kontakt von *Tieren* versch. Arten kann zu unterschiedl. Beziehungen führen, die, in extremer Ausprägung gut klassifizierbar, durch fließende Übergänge verknüpft sind.
Ähnl. wie in der Pflanzenökologie (S. 247) unterscheidet man auch hier:
– probiotische Beziehungen (einseitiger Nutzen);
– symbiotische B. (wechselseitiger Nutzen);
– antibiotische B. (einseitiger Schaden).

Karpose (Synökie)
Beide Partner sind bei neutraler oder einseitig fördernder Beziehung vergesellschaftet. Diese Lebensweise findet sich oft bei *Tieren* und *Pflanzen,* die hartschaligen Organismen aufsitzen (Symphorismus; *Hydroidpolypen* und *Bryozoen* auf *Muscheln* und *Schnecken; Ciliaten* an Wasserinsekten und sogar an den feuchten Kiemen von *Landasseln). Nadelfliegen* leben in den Wasserlungen von *Seewalzen* (Entökie; A); bei einigen Arten kommen Übergänge zu Parasitismus vor, da die Fische Körpergewebe fressen.
Die Grenze zw. Synökie und Symbiose ist unscharf. Der *Blasentang* kann auf Sandgrund nur an *Miesmuscheln* angeheftet existieren. Er verhindert dadurch zu tiefes Einsinken der *Muscheln,* die infolge ihrer Verbindung mit dem *Tang* bei Wellengang immer wieder freigespült werden.

Kommensalismus (Tischgenossenschaft)
Kommensalen haben regelmäßig an der Nahrung anderer teil. So beseitigen bei *Großraubtieren* (*Löwe, Tiger*) Hyänen, Schakale, Geier u. a. die Reste der Beute. – *Falken* wird oft die Beute durch Belästigung abgejagt (z. B. vom *Milan*), ein Verhalten, das schon zum Parasitismus überleitet (s. auch B). – *Haie* und *Rochen* werden oft von Kommensalen (*Lotsenfische*) begleitet; manche Formen lassen sich sogar transportieren (**Phoresie**), z. B. der *Schiffshalter* (*Echeneis*), der sich mit einer dorsalen Saugplatte anheftet. – Manchmal macht der Kommensale erst auf die Nahrungsquelle aufmerksam, so ein afrik. *Vogel* (*Honiganzeiger*) den *Honigdachs,* aber auch den *Menschen* (Übergang zu Symbiose).

Symbiose (Mutualismus)
Die Vergesellschaftung mit gegenseitigem Nutzen kann wie zw. *Pflanzen* (S. 246 G) auch zw. *Tieren* und zw. *Pflanze* und *Tier* so eng sein, daß beide Partner als Einheit erscheinen, so bei *Einzellern* (C), *Schwämmen* und *Hohltieren,* in deren Zellen einzellige *Algen* (*Zoochlorellen, Zooxanthellen*) leben (**intrazelluläre Symbiose**), die auch außerhalb der Wirte kultivierbar sind. Beim *Polypen Chlorohydra* ist die Verbindung so eng, daß die Symbionten immer auf die Eier übertragen werden.
Die *Algen* nehmen Atmungs-CO_2 und stickstoffhaltige Exkrete der Wirte auf, diese Photosynthese-O_2 und Assimilate der *Algen.* Die Symbionten sind im allg. resistent gegen Verdauungsenzyme des Wirts; Überschüsse an *Algen* werden aber resorbiert.
Häufig sind Symbiosen mit Einzellern bei *Tieren* mit einseitiger Nahrung:

– zellulosereiche Pflanzennahrung, z. B. Gras, Holz (*Huftiere, Nager, Termiten*);
– stärkereiche Samen, Mehl, Brot (*Brotkäfer, Mehlkäfer*);
– Hornsubstanz (*Haar-* und *Federlinge*) ;
– eiweißarme Pflanzensäfte (*Wanzen, Blattläuse, Schildläuse*);
– Blut (*Egel, Zecken, Läuse, Bettwanzen*).
Hier leben symbiont. *Bakterien, Hefepilze* oder *Flagellaten* im Darm selbst oder seinen Anhängen (Pansen der *Wiederkäuer;* Blinddärme versch. *Vögel* und *Säuger;* Gärkammern und Malpighische Gefäße bei *Insekten*), aber auch in spezif. Organen (**Mycetome;** D) bei pflanzensaugenden *Insekten.*
Die Symbionten schließen für den Wirt unverdaul. Nahrungsbestandteile auf und sind oft Vitaminspender. Da die Symbionten z. T. verdaut werden, liegt hier die Symbiose auf der Ebene der Art, nicht der Individuen.
Bei obligator. Symbiose müssen Symbionten auf die Nachkommen übertragen werden.
– Beim *Brotkäfer* wird aus Anhängen des weibl. Genitalapparates die Oberfläche der Eier mit Hefezellen bedeckt; die Larven infizieren sich durch Fressen von Teilen der Eihülle.
– Die Jungen der *Blattwanze Coptosoma* (E) saugen symbiot. *Bakterien* aus mit den Eiern abgelegten Paketen.
Ameisen, mit *Blattläusen* in Symbiose und sich von deren zuckerhaltigen Ausscheidungen ernährend, tragen ihre Symbionten auf Nährpflanzen, verteidigen sie und holen sie zum Überwintern in ihr Nest.
Noch komplizierter ist das Verhalten der *Blattschneiderameisen.* Sie tragen Blattstücke ein, die zerkaut als Nährboden für ständig gepflegte Pilzgärten (F, G, H) dienen. Die Pilzfäden werden an der Oberfläche ständig beschnitten, so entstehen keine Fruchtkörper, sondern stickstoffhaltige »Kohlrabiköpfchen«, die Hauptnahrung der *Ameisen.* Durch komplizierte Verhaltensweisen der jungen Königin wird die Übertragung des symbiotischen *Pilzes* bei der Neugründung eines Nestes gesichert.
Vielfältig sind Symbiosen zw. *Einsiedlerkrebsen* und *Seeanemonen* (J). Der *Krebs Pagurus arrosor* nimmt beim Umzug in ein größeres Schneckenhaus seine *Actinie* (*Sagartia parasitica*) mit. Die *Actinie Adamsia palliata* erspart dem *Krebs* den Umzug, da sie durch Ausscheidungen der Fußplatte das Gehäuse weiterbaut (ähnlich leisten *Schwämme* und *Polypenstöcke*). Hierin und im Schutz durch Nesselkapseln liegt der Nutzen für den *Krebs,* für die *Actinie* in Frischwasser- und Nahrungsversorgung.
Die **Leuchtorgane** mancher Meerestiere funktionieren mit Hilfe endosymbiontischer *Leuchtbakterien.*
Die **Blütenbiologie** liefert zahlr. z. T. hochdiff. Beispiele für Symbiosen (s. auch S. 123):
– die *Tiere* erhalten Nektar u/o Pollen als Nahrung;
– für die *Pflanze* wird die Bestäubung gezielt und mit hoher Wahrscheinlichkeit gesichert.

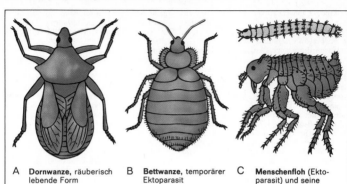

A **Dornwanze**, räuberisch lebende Form

B **Bettwanze**, temporärer Ektoparasit

C **Menschenfloh** (Ektoparasit) und seine freilebende Larve

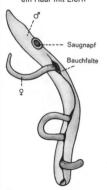

D **Kopflaus** (Dauerparasit); daneben ein Haar mit Eiern

E **Sandfloh** (♀), in die menschliche Haut eingebohrt

F **Sacculina carcini**, in Strandkrabbe parasitierend

G **Schistosomum haematobium** Weibchen in einer Bauchfalte des Männchens liegend

   ♂
 - - - - Saugnapf
 Bauchfalte
 ♀

H **Puppen der Kohlraupen-Schlupfwespe** an Kohlweißlingsraupe

J **Galle von Dryophanta** (Längsschnitt)

Parasitismus

Parasitismus (Schmarotzertum) ist Zehren eines Organismus von einem anderen (Wirt), wobei dieser nicht getötet wird oder erst dann, wenn die Entw. des Parasiten gesichert ist. Er ist vom Episitismus (Räuber-Beute-Beziehung; S. 253) nicht scharf getrennt:

Der zu den *Rundmäulern* gehörende *Schleimfisch (Myxine)* erbeutet kleine *Fische,* frißt sich aber in größere hinein und lebt dort tagelang parasitisch.

Parasitismus (s. auch S. 247) tritt in vielen Formen auf, in denen zunehmende Einpassung in ökol. Nischen deutl. wird.

Ektoparasiten (Außenparasiten)
ähneln verwandten, räuberischen Arten (A), bes. wenn sie den Wirt nur zeitweilig aufsuchen (B). *Flöhe* haben stärkere Anpassungen (C): die Larve ist nicht parasitär; die Imago verläßt das Haarkleid des Wirts nicht mehr (rückgebildete Flügel, seitl. zusammengedrückter Körper).
Läuse heften ihre Eier (Nisse) an Haare (D) und durchlaufen die ganze Entw. am Wirt (Dauerparasitismus). Sie haben starke Klammerorgane (einklappbare Klauen). – Ähnl. Bildungen (auch Saugnäpfe; z. B. bei *Egeln*) sind für Ektoparasiten typisch.

Entoparasiten (Innenparasiten)
zeigen z. T. noch Übergänge vom Ektoparasitismus:

Das *Sandfloh*-♀ wächst in der Haut des Menschen heran; das Hinterende, aus dem die Eier entleert werden, behält Verbindung zur Außenwelt (E).

Extreme Entoparasiten sind durch konvergente Anpassungen ähnlich:
- Fehlende Pigmentierung (vgl. Höhlentiere).
- Reduktion der Bewegungs- und Fernsinnesorgane.
- Reduktion der Organe der Nahrungsaufnahme (Ernährung durch Osmose bei Darmparasiten).
- Verlust der Atmung in O_2-armen Medien (Darminhalt) und Decken des Energiebedarfs durch Abbau wirtseigener Nährstoffe zu teilw. giftigen Stoffen (Valeriansäure beim *Spulwurm*).
- Große Eizahl (*Spulwurm*: rd. 64 Mill.), da hohe Verluste durch komplizierte Entwicklung (Wirtswechsel; S. 65) und fehlende Brutfürsorge. Dabei oft extreme Vergrößerung der Ovarien:
  bei *Sphaerularia bombi* (*Nematode*; Wirt: *Hummeln*) wirkt der Körper nur wie ein Anhängsel der Sexualorgane;
  bei *Sacculina* (*Krebs*; Wirt: *Strandkrabbe*) enthält der der sackartige Körper, von dem aus wurzelartige Saugfasern den Wirt durchziehen, nur noch die stark vergrößerten Geschlechtsorgane (F).
  Hieraus resultiert bei getrenntgeschlechtl. Formen oft starker Sexualdimorphismus (G).
- Zwittrigkeit mit Selbstbefruchtung (*Bandwürmer*; S. 565) oder dauernde Vereinigung beider Geschlechter (*Schistosomum*: Das ♀ liegt in einer Bauchfalte des ♂; G).

Sonderformen des Parasitismus
Larvalparasitismus *(Schlupfwespen, Raupenfliegen)*: Während sich die erwachsenen Tiere anderweitig ernähren, leben die Larven in Raupen. Sie bringen den Wirt erst zum Absterben, wenn sie verpuppungsreif sind, da sie zunächst von Fett der Raupe zehren, ohne sie zu beeinträchtigen. Erst bei größerem Nahrungsbedarf greifen sie lebenswichtige Organe an, zuletzt auch das NS. Sie verpuppen sich in oder an der leergefressenen Hülle des Wirts (H).
Hier, wie auch anderweitig, werden Fälle von **Hyperparasitismus** beobachtet:

Die an Kohlweißlingsraupen parasitierende *Schlupfwespe Apanteles glomeratus* wird ihrerseits von mehreren Arten von *Erzwespen (Chalzididae)* befallen (Sekundärparasiten).

Auch Hyperparasiten können von Parasiten noch höherer Ordnung befallen werden.
Brutparasitismus: Es handelt sich um eine Sonderform des temporären Parasitismus. Beim heimischen *Kuckuck*, der in die Nester von 84 anderen Vogelarten legt, sorgen Anpassungen in Eigröße und -farbe, in Bebrütungsdauer und Verhalten des Nestlings für sicheres Aufkommen des Jungvogels; trotzdem auftretende Verluste werden durch hohe Eizahl wettgemacht. Bei verwandten Arten kommen Vorstufen zum obligator. Brutparasitismus vor:
- Gemeinschaftsnester mit Bruttätigkeit des Großteils der (artgleichen) Weibchen;
- gelegentl. Eiablage in Nester fremder Arten.

Sozialparasitismus: Er tritt bei sozialen *Insekten (Wespen,* vor allem *Ameisen)* auf. Dabei dringen zu selbständiger Koloniegründung unfähige Weibchen in die Nester anderer Arten ein und bringen durch ihren dominierenden Duft deren Arbeiterinnen dazu, ihre eigene Königin zu vernachlässigen oder zu töten, so daß nur noch die Brut des parasit. Weibchens aufgezogen wird *(Gelbe Rasenameise).* Das Weibchen der *Großen Roten Waldameise* tötet die Königin des Wirtsvolkes selbst.
Gallenbildungen: Auch sie können als Formen des Parasitismus gelten, da die Insektenlarve der Pflanze Nährstoffe entzieht, eine Förderung des Wirts aber bisher nicht festgestellt ist. Die z. T. sehr komplizierten Strukturen entstehen durch zeitlich/räumlich gezielte Einwirkung erregerspezif. Stoffe, vermutl. unter Mitwirkung von Phytohormonen.
Das Weibchen der *Eichenblatt-Gallwespe* *(Dryophanta)* legt das Ei in eine Blattrippe. Zuerst entsteht ein Gallenpolster durch lebhafte Zellteilung, in seiner Mitte durch Gewebeverflüssigung die Larvenkammer. Die wachsende Galle hat 4 Schichten (J):
- Nährgewebe (von der Larve ständig abgeweidet);
- Leitbündelschicht (Heranführen neuer Nährstoffe);
- Sklerenchymschicht (Festigung);
- Sternparenchym (Farb- und Gerbstoffe).
Gallen sind oft so fest, daß ein Deckel zum Verlassen vorgebildet sein muß.

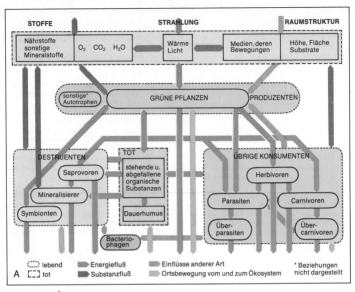

Modell eines Ökosystems

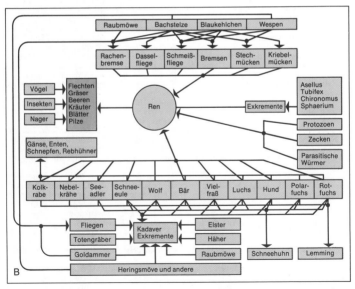

Vereinfachter Ausschnitt aus dem Nahrungssystem der Tundra und Taiga unter besonderer Berücksichtigung des Rens

Die Biozönose (Lebensgemeinschaft; der Begriff wurde von MÖBIUS 1877 am Beispiel der Austernbank entwickelt) ist eine Vergesellschaftung von *Pflanzen* und *Tieren*, gekennzeichnet durch Anzahl, Abundanz und räumliche Verteilung der vertretenen Arten. Die Organismenarten stehen dabei in Wechselwirkung zueinander und bilden ein zur Selbstregulation fähiges System (biozönot. Gleichgewicht; vgl. auch S. 265).
Der Biotop (Lebensstätte) bestimmt die jeweilige Biozönose durch die Summe der direkten und indirekten abiotischen und biotischen Lebensbedingungen (ökolog. Umwelt).
Das Ökosystem (A) umfaßt Biozönose und Biotop in ihren wechselseitigen Abhängigkeiten; es ist »ein ganzheitliches Wirkungsgefüge von Lebewesen und deren anorganischer Umwelt, das bis zu einem gewissen Grad zur Selbstregulation fähig ist« (ELLENBERG). Im folgenden ist das Ökosystem Grundlage der Betrachtung, wenn sich auch einzelne Probleme stärker auf die Biozönose beziehen.

Kompartimente des Ökosystems
Das Ökosystem ist ein offenes System (Zu- und Abgang von Stoffen, Energie, Lebewesen), dessen typ. Bestandteile sich zwei großen Gruppen zuordnen lassen:
1. Abiotische Kompartimente
– Stoffe: in versch. Ökosystemen qualitativ rel. einheitlich; bilden die Lebensgrundlage bes. der Primärproduzenten, aber auch anderer Organismen.
– Energie: prim. als Sonnenenergie zugeführt.
– Raumstruktur: in versch. Ökosystemen vielfältig ausgeprägt; beeinflußt bes. Vielfalt und Anpassungsformen der Lebewesen.
2. Biotische Kompartimente
Die Lebewesen eines Ökosystems, bes. durch Nahrungsbeziehungen vielfach verflochten, werden in die drei »funktionellen Gruppen der Lebewesen« eingeteilt:
– **Produzenten (Primärproduzenten)** sind alle autotrophen Lebewesen, die aus anorgan. Stoffen organ. Substanz aufbauen.
In terrestrischen Ökosystemen stellen photosynthetische *höhere Pflanzen* ihren Hauptanteil, in denen des freien Wassers meist einzellige *Algen* (Phytoplankton).
Chemosynthetische Mikroorganismen bilden nur in lichtlosen Bereichen der Tiefsee, in denen durch unterseeische Vulkantätigkeit Temperatur und Mineralstoffkonzentration hoch sind, überwiegend oder allein die Produzenten.
– **Konsumenten** sind heterotrophe Lebewesen *(Tiere; Bakterien, Pilze)*, die unmittel- oder mittelbar von den durch die Produzenten aufgebauten Stoffen leben. Das gilt auch für die Reduzenten (s. u.), die daher oft als Mikrokonsumenten den Makrokonsumenten gegenübergestellt werden.
Die Konsumenten werden, sofern sie anderen als Nahrung dienen, auch als Sekundärproduzenten charakterisiert.

Über die in A angedeuteten Konsumentenfolgen (Nahrungsketten) hinaus können längere Folgen entstehen, die auch mit Verzehrern toter tier. oder pflanzl. Substanz beginnen können (z. B. *Mistkäfer – Raubwürger – Sperber – Parasit*). In sie können, z. T. mehrfach, Kadaver von Konsumenten eingeschaltet sein, die von Nekrophagen (Saprophagen) aufgenommen werden, die dann wieder Nahrung für weitere Carnivore liefern.
Querverbindungen zw. den einzelnen Nahrungsketten sind möglich, z. B.:

Dabei wächst die Zahl der Querverbindungen mit der Zahl der untersuchten Beziehungen (Konsumentennetz, Nahrungsnetz; B).
– **Destruenten** (Reduzenten) sind die heterotrophen Lebewesen, die totes organ. Material abbauen und schließlich in seine anorgan. Bestandteile zurückführen. Man unterscheidet hier:
Zerkleinerer (versch. Ernährungstypen: Nekro-, Kopro-, Sapro-, Detritophag):
Mineralisierer (auch als Reduzenten i. e. S. bezeichnet; bes. *Bakterien,* auch *Pilze*).

Unvollständige Ökosysteme
Nur ausgewogenes Zusammenspiel der drei funktionellen Gruppen der Lebewesen bewirkt vollständige Stoffkreisläufe (S. 260f.).
– **Fehlen der Produzenten** ist selten (Tiefsee, große Höhlen) und führt zu abhängigen Ökosystemen, deren Konsumenten ständig organ. Material zugeführt werden muß.
– **Fehlen der Konsumenten** stört den Stoffkreislauf grundsätzlich nicht, kann aber Ausfall von Sonderfunktionen bewirken (z. B. Bestäubung, Samenverbreitung).
Das Ökosystem der Tundra (B) wäre ohne Phytophage, die leicht mineralisierbaren Kot liefern, vermutl. instabil, da die Zersetzer pflanzl. Substanz *(Diplopoden, Asseln, Regenwürmer, Schnecken)* fehlen oder wenig wirksam sind.
Bei Vorhandensein von Phytophagen ist deren Regulation durch Zoophage oft notwendig, da sie sonst die Produzenten aus dem Gleichgewicht bringen (z. B. Überhandnehmen von *Paarhufern* in N-Amerika nach Dezimieren des *Wolfes* und anderer *Raubtiere*).
– **Fehlen der Destruenten** oder ihre eingeschränkte Wirkung (z. B. durch Dürre, Kälte) verhindert die vollst. Rückführung der organ. Substanz in den Kreislauf und bewirkt Anhäufung (Dauerhumus der Schwarzerdeböden, Torfbildung). Alle fossilen Energieträger (Kohle, Erdöl, Erdgas) haben diesen Ursprung.

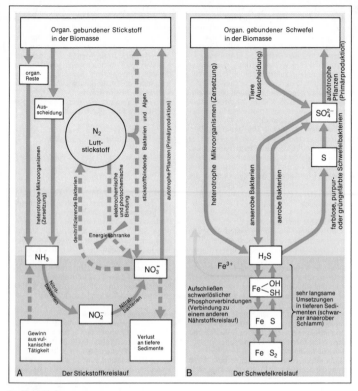

Stoffkreisläufe

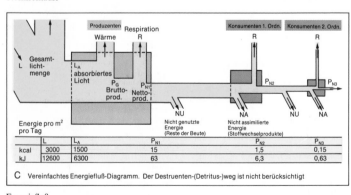

	L	L_A	P_{N1}	P_{N2}	P_{N3}
kcal	3000	1500	15	1,5	0,15
kJ	12600	6300	63	6,3	0,63

C Vereinfachtes Energiefluß-Diagramm. Der Destruenten-(Detritus-)weg ist nicht berücksichtigt

Energiefluß

Für die exakte Vorstellung der Systemfunktionen des Ökosystems ist neben der Beschreibung aller Komponenten, ihrer Zahl und räuml. Verteilung auch die Erfassung der Vorgänge im Ökosystem notwendig, bei denen stoffl. und energet. Veränderungen bes. Bedeutung zukommt.

Stoffkreisläufe

Die Bewegungen der wichtigsten Elemente und ihrer Verbindungen werden durch radioaktiv markierte Substanzen (Tracer) untersucht.
Während der Einzelorganismus für diese Stoffe ein Durchflußsystem (Fließgleichgew.) ist, sind für Ökosysteme Kreisläufe durch Organismen und unbelebte Umwelt (biogeochemische Zyklen) typisch.
In diesen lassen sich im typ. Fall zwei Abschnitte unterscheiden:
– Der biotische Bereich, in dem der Einbau anorgan. Stoffe in die Körpersubstanz und die anschließende Remineralisierung erfolgen, weist schnellen Stoffdurchsatz auf, enthält aber oft nur einen geringen Teil der Gesamtstoffmenge.
– Der abiot. Bereich enthält im allg. große Stoffmengen, die sich aber nur langsam umsetzen und je nach Art ihrer Festlegung für Organismen unterschiedl. gut verfügbar sein können. Bes. in unvollst. Ökosystemen kommt lange Festlegung organ. Materials vor (fossile Brennstoffe).
Typische Unterschiede bestehen auch im Wirkungsbereich einzelner Zyklen:
– Globale Zyklen gibt es bei leichtbewegl. Stoffen (Gase, Flüssigkeiten; z. B. O_2, H_2O, Kohlenstoff mit CO_2 als Speicher).
– Eng begrenzte Kreisläufe treten bes. bei Nährstoffen auf (Stickstoff, Phosphor, Kali).
Eine andere ökol. wichtige Unterteilung betrifft die Verfügbarkeit der nicht organ. gebundenen Reserven für die Organismen:
– Atmosphärische Kreisläufe mit großen, stets verfügbaren Reservoirs (H_2O, O_2, Kohlenstoff, mit Einschränkungen Stickstoff; A).
– Ablagerungs-Kreisläufe: hier sind die Stoffe der Reservoirs schwer verfügbar aus räumlichen (Ablagerung in der Tiefsee, in Gesteinen) o/u aus chem. Gründen (schwerlösliche Verbindungen, z. B. Phosphor, Eisen, Schwefel, Magnesium, Spurenelemente).
Der Stickstoffkreislauf (A) speist sich aus dem großen Reservoir an Luft-N_2, dessen Umwandlung in NO_3^-, das von Pflanzen benötigt wird, aus energet. Gründen schwierig ist. Verluste organ. gebundenen Stickstoffs (Denitrifikation) werden ausgeglichen durch:
– stickstoffbindende Bodenbakterien;
– symbiont. Knöllchenbakterien;
– künstl. Düngung mit techn. Nitraten.
Der Schwefelkreislauf (B) zeigt u. a.:
– die im anaeroben Medium begünstigte Bildung von H_2S;
– die Festlegung von Schwefel im Sediment;
– die Bedeutung spezialis. Bakterien für die Regulation des Kreislaufs.

Energiefluß

Nach dem 2. Hauptsatz der Thermodynamik tritt beim Übergang von einer Energieform in eine andere (mechan. E. ↔ chem. E. ↔ Wärmeenergie) stets ein Energieverlust in Form von Wärme auf. Daraus folgt, daß, anders als bei Stoffkreisläufen, ein Ökosystem
– auch kurzfristig nicht energieautark sein kann;
– alle natürl. Vorgänge irreversibel im Sinne eines Energiedurchflusses sind (»Einbahnstraße der Energie«). Für den Teil der Energie, der energiereiche chem. Verbindungen aufbaut, ist der Durchgang ± stark verlangsamt (fossile Brennstoffe).
99,98% der auf der Erdoberfläche verfügbaren Energie stammen von der Sonne, der Rest aus Gezeiten-, Nuklear-, Thermal- und Gravitationsenergie.
Globalstrahlung nennt man direkte Sonnenstrahlung und diffuse Himmelsstrahlung, die die Erdoberfl. erreichen. Sie ist nach geograph. Breite, Meereshöhe, Geländeform und Bewölkung sehr unterschiedlich.
Energieverluste bis zur Brutto-Primärproduktion sind beträchtlich:
– nur rd. 45% des eingestrahlten Lichtes liegt in dem Spektralbereich zw. 380–740 nm, in dem die photosynthetisch wirksamen Farbstoffe absorbieren;
– ein Teil der potentiell wirksamen Strahlung wird reflektiert;
– ein weiterer von den pflanzl. Organen durchgelassen (transmittiert);
– die tatsächl. absorbierte Energiemenge großenteils in Wärme umgewandelt.
Dadurch wird von der je Flächeneinheit eines Ökosystems insgesamt eingestrahlten Energiemenge nur rd. 1% genutzt.
Die in C angegebenen Werte für einen subtropischen Quellsee (Silver Springs, Florida; nach ODUM) sind nur begrenzt zu verallgemeinern. Bes. für die viel komplexeren terrestrischen Ökosysteme sind nur Ansätze bekannt.
Energieverluste im Ökosystem: Ca. die Hälfte der Brutto-Primärproduktion wird von den Produzenten in ihrem Stoffwechsel veratmet und geht als Wärme dem Ökosystem irreversibel verloren; die andere Hälfte ist als Netto-Primärproduktion den Konsumenten verfügbar.
Bei jedem folgenden Glied der Nahrungskette treten weitere Verluste auf:
– Verluste durch Atmung (Respiration; s. o.);
– Unverdauliche Stoffe (Cellulose, Lignin; Haare, Federn, Bindegew.) werden durch Defäkation und Regurgitation (Gewölle) abgegeben und von Detritivoren verwertet.
– Stickstoffhaltige Exkrete werden ebenf. von spezialis. Destruenten verwertet.
– Tod von Individuen führt zu Verlust weiterer produktiver Energie der Population, wird aber durch Destruenten z. T. dem Ökosystem wieder zugeführt.
Beim Übergang von einer Stufe der Nahrungskette zur nächsten reduziert sich die Energiemenge auf 4–17 (Durchschn.: 10)%.

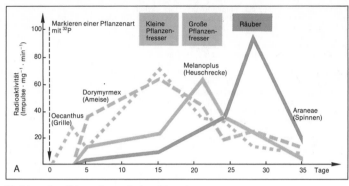

Verfolgen einer Nahrungskette mit einem Tracer

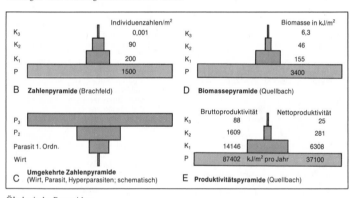

Ökologische Pyramiden

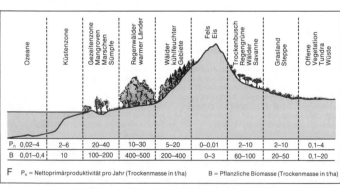

Verteilung von Produktivität und pflanzl. Biomasse in Ökosystemen der Erde

Die Produktionsbiologie erarbeitet quantitative Aussagen zur Produktion organ. Substanz in Ökosystemen.

Dabei werden gemessen:
- Die **Produktion** als Menge der in einem best. Zeitpunkt je Fläche oder Volumen vorhandenen Biomasse (Frisch- oder Trockengewicht aller Organismen). Als Maß dient auch die Menge des organ. gebundenen Kohlenstoffs oder die enthaltene Energiemenge (E.-Äquivalent; kJ/m^2 oder kcal/m^2).
- Die **Produktivität** als durchschnittl. Produktion je Zeiteinheit (z.B. kJ/m^2/Tag oder kJ/m^2/Jahr).

Produktionswege und Höhe der Produktivität sind mit radioaktiven Substanzen (Tracern) zu verfolgen (A).

Mittelwerte für die Umrechnung von Biomasse (aschefreies Trockengew.) in Energie sind:
- pflanzl. Biomasse — rd. 17 kJ/g (4 kcal/g)
- tier. B. — rd. 21 kJ/g (5 kcal/g)
- reservestoffhaltige B. (Samen, Winterschläfer) — rd. 29 kJ/g (7 kcal/g)

Das oxykalorische Äquivalent des bei der Respiration verbrauchten O_2 beträgt:
- ein Liter $O_2 \triangleq 20,22$ kJ (4,83 kcal)
- ein Gramm $O_2 \triangleq 14,15$ kJ (3,38 kcal)

Die Werte werden im allg. an Einzelindividuen ermittelt und dann auf die Population im Ökosystem hochgerechnet.

Länge der Produktionswege

Der Energieverlust beim Übergang zu jeder nächsten Stufe (trophisches Niveau) begrenzt, wenn man von Verflechtungen der Nahrungsketten absieht (S. 259), die Länge der Produktionsketten auf wenige Glieder.

Die Kettenlänge im einzelnen wird begrenzt durch Nettoprimärproduktion (NPP) und Größe des Ökosystems:
- In marinen Systemen treten bis 6 Stufen auf; das bedeutet z.B. rd. 100000 kg Phytoplankton je 1 kg *Schwertwal*.
- In kleinen Systemen (verlandende Weiher) sind Ketten von nur 3 Stufen häufig.

Kurze Nahrungsketten sind energet. günstig; Riesenformen sind an niedrige troph. Niveaus angeschlossen:
- große Phytophagen (*Elefant, Nashorn, Flußpferd*);
- Planktonfresser (*Bartenwale, Walhai, Riesenrochen*).

In den letzten Fällen ist die Regel durchbrochen, daß Nahrung und Körpergröße korreliert sind (rel. Brockengröße-Anspruch), nach der i. a. die Körpergröße mit jeder Trophiestufe zunimmt.

Ökologische Pyramiden

Aus den Energieverlusten ergeben sich quantit. Beziehungen der Trophiestufen:
- **Zahlenpyramiden.** Bei Zugrundelegen der Abundanzen ergibt sich im allg. typ. Pyramidenform (B), wenn die Körpergröße mit der Zahl der Ebenen zunimmt. – Ausnahmen machen Bäume (hoher Anteil an toter Biomasse) und Parasiten (erheblich kleiner als der Wirt;

umgekehrte Pyramide; C). – Auch jahreszeitl. Schwankungen treten auf (Reduktion der Produzenten im Winter bei weniger stark reduz. Konsumenten).
- **Biomassepyramiden.** Auch auf der Grundlage Biomasse/Fläche ergeben sich typ. Pyramidenformen (D). Schwankungen sind je nach Untersuchungszeitpunkt möglich (Fluktuationen nach VOLTERRA, S. 252 H; jahreszeitl. Schwankungen).
- **Produktivitätspyramiden.** Auf der Grundlage der Produktivität erhält man **immer** die Pyramidenform (E).

Umschlagrate

I. d. R. brauchen niedrige Trophiestufen weniger Biomasse für gleiche Produktivität (rel. hoher Stoffwechsel, rasche Generationenfolge; eine Ausnahme bilden auch hier wieder Bäume mit ihrem hohen Anteil an toter Biomasse):

$$\text{Umschlagrate} = \frac{P \text{ (Produktivität)}}{B \text{ (Biomasse)}}$$

Der Planktonkrebs *Acartia* (7 Generationen jährl.) hat eine Umschlagrate von > 13, der *Elefant* nur von 0,05.

In aquat. Ökosystemen kann daher die Biomasse der höchsten Konsumenten (*Fische*) höher sein als die der Produzenten (Phytoplankton).

Bedeutung verschiedener Produktionswege

Zwei Hauptwege des Energieflusses sind in Ökosystemen zu unterscheiden:
- Der **Konsumenten-Weg** nimmt in stark beweideten Grasländern den Großteil der NPP auf; die Destruenten-Ketten beginnen im wesentl. beim Kot der Weidetiere.
  Bei aquat. Systemen zeigen Korallenriffe mit großem Arten- und Individuenreichtum von Konsumenten gleiche Verhältnisse.
- Der **Detritus-Weg** nimmt in manchen Waldbiotopen > 90% der NPP auf (Eichen-Hainbuchen-Wald: Biomasse der Produzenten ca. 27500 kg/ha, Konsumenten ca. 4 kg/ha, Destruenten ca. 1100 kg/ha).
  Auch in Flachwasser-Ökosystemen nehmen bis zu 90% der NPP diesen Weg.

Kenntnis der Produktionsbedingungen ist für die prakt. Nutzung von Ökosystemen wichtig: z.B. führt Abweiden von 50% der NPP jährl. zu Überweidung.

Verteilung der Produktivität auf der Erde

Sie wird gemessen an der NPP als der Stoffmenge, die für die Konsumenten und damit auch für den Menschen verfügbar ist.

Für die starken Unterschiede (F) spielt das Angebot an Sonnenenergie keine große Rolle. Hohe Leistungen gehen auf optimale Kombinationen von Wasser, Temperatur und Nährstoffen zurück. Dabei ist/sind limitierend auf:
- Wasser: in vielen terrestrischen Ökosystemen;
- Temperatur: in Gebirgen, Polargebieten;
- Nährsalze: in tropischen Meeren (abgesehen von Auftriebszonen, z.B. Humboldtstrom).

Die natürl. Produktivität kann bei intensiver Bewirtschaftung im allg. wenigstens kurzfristig erheblich übertroffen werden; oft treten dabei aber langfristig Schädigungen der Ökosysteme auf.

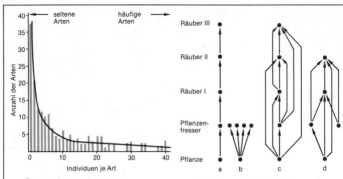

A   Zusammenhang zw. Arten- und Individuenzahl bei Schmetterlingen

B   Verknüpfungsmöglichkeiten bei Nahrungsbeziehungen von fünf Arten

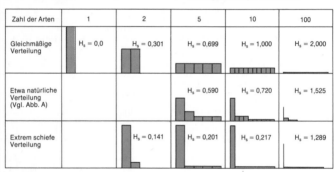

Zahl der Arten	1	2	5	10	100
Gleichmäßige Verteilung	$H_s = 0,0$	$H_s = 0,301$	$H_s = 0,699$	$H_s = 1,000$	$H_s = 2,000$
Etwa natürliche Verteilung (Vgl. Abb. A)			$H_s = 0,590$	$H_s = 0,720$	$H_s = 1,525$
Extrem schiefe Verteilung		$H_s = 0,141$	$H_s = 0,201$	$H_s = 0,217$	$H_s = 1,289$

C   Diversitätsindex nach der SHANNON-WIENER-Formel in Abhängigkeit von Artenzahl und Verteilung der Individuen auf diese Arten

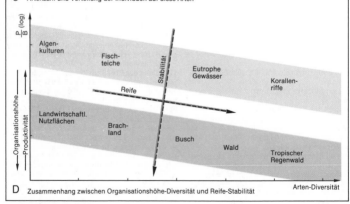

D   Zusammenhang zwischen Organisationshöhe-Diversität und Reife-Stabilität

Gesetzmäßigkeiten in Ökosystemen

Für Biozönosen formulierte THIENEMANN folgende Grundprinzipien:
– Je vielfältiger die Lebensbedingungen des Biotops, desto größer die Artenzahl.
– Je weiter entfernt vom durchschnittl. optimalen Bereich, desto artenärmer und typischer die Biozönose, desto individuenreicher die einzelne Art.
– Je länger gleichartige Umweltbedingungen im Biotop und je kontinuierlicher ihre Entwicklung, desto artenreicher, ausgeglichener und stabiler die Biozönose.

Diese Prinzipien, die Abhängigkeiten zw. Biotop und Biozönose umfassen, gelten auch für die gesamten Ökosysteme.

Grundsätzlich folgt daraus, daß der heutige Zustand eines Ökosystems bedingt ist durch zwei Faktorenkomplexe:
– die vorgegebene Vielfalt und Optimum-Nähe der abiot. Bedingungen (auf ihnen beruhen wesentl. die Voraussetzungen für Nischenbildung; S. 232 f.);
– die inneren Gesetzmäßigkeiten der Entwicklung des Ökosystems.

Daraus folgt, daß in neubesiedelten Biotopen die Ökosysteme zunächst versch. Phasen zunehmender Anpassung durchlaufen (Sukzessionen), bis sie schließl. bei genügend langer ungestörter Entw. einen stabilen Endzustand (Klimax) erreichen (S. 250 f.).

Organisationshöhe

Die Verhältnisse im Ökosystem hängen nicht nur von Artenzahl und Individuendichte (A), sondern auch vom Grad der Verknüpfung ab (B). Dieser entspr. dem Informationsgehalt des Systems, so daß bei starker Verknüpfung, die Zufälligkeiten weitgehend ausschließt, ein hohes Maß an Bestimmtheit im System (Ordnung = Organisationsgrad) gegeben ist.

Quantitative Aussagen über den Organisationsgrad sind aus produktionsbiol. Größen zu gewinnen, wenn man von folgendem ausgeht:
– durchlaufende (verschwendete) Energie ist ein Maß für die Unordnung (Entropie) des Ökosystems (gegeben durch die Umschlagrate);
– gespeicherte Energie in Form der Biomasse (verlangsamter Durchfluß) ein Maß für die Ordnung (Negentropie, Enthalpie).

Demnach ist das Verhältnis Produktivität (durchlaufende Energie) zu Biomasse (gespeicherte E.) Maß für die Ordnung O:

$$O = B/P$$

Da bei konst. Zufluß von Primärenergie auch die Produktivität konst. ist, folgt:

$$B = O \cdot P_{const}$$

Die Biomasse ist also direkt proportional der Ordnung (Organisationshöhe).

Ausnahmen bilden auch hier Waldbiotope mit sehr hohen Werten toter Biomasse im Niveau der Produzenten.

Der Aufbau von hochorganisierten Ökosystemen geschieht sehr langsam (10^6–10^8 Jahre), ihre Zerstörung kann dagegen sehr schnell erfolgen (Einflüsse des Menschen; S. 268 ff.).

Mannigfaltigkeit (Diversität)

Sie kann nach der SHANNON-WIENER-Formel des Informationsgehalts genauer ausgedrückt werden als bei bloßer Berücksichtigung von Artenzahlen und Abundanzen:

$$D = H_S = -\sum_{i=1}^{S} p_i \cdot \ln p$$

Dabei entspricht die Diversität D dem Informationsgehalt H_S eines Systems mit S Elementen; p_i ist der Anteil der Art (Gruppe usw.) i (i = 1; 2; 3 ... S) an der als 1 gesetzten Gesamtzahl der Individuen.

Der Wert von H_S nimmt mit der Komponentenzahl des Systems zu; er ist am höchsten, wenn alle Abundanzen gleich sind und verringert sich, je ungleichmäßiger die Verteilung ist (C).

Entwicklung reifer Ökosysteme

Bei Entw. von Ökosystemen zum Klimaxstadium werden in produktionsbiol. Sicht unreife und reife Ökosysteme unterschieden.

Unreife (produktive) Ökosysteme sind durch folgende Aussagen zu charakterisieren:
– wenige Arten, einfache Nahrungsketten;
– Überschuß an Produzenten;
– geringe Biomasse;
– schneller Energiedurchfluß;
– P (Produktivität)/R (Respiration) > 1; bei Einbeziehung von Zu-(Z) und Abfluß (A) bei offenen Systemen: P + Z/R + A > 1 (hohe Produktivität);
– daraus folgt: P/B groß (hohe Umschlagsrate);
– weiter folgt: B/P klein (geringe Organisationshöhe);
– Biozönose noch nicht im Gg mit Umweltbedingungen.

Reife (protektive) Ökosysteme sind in jeder Aussage entgegengesetzt. Hervorzuheben sind:
– es herrscht Gg zw. Produzenten-Konsumenten-Destruenten, mit starker Besetzung der höh. Trophiestufen und großer Biomasse;
– komplexe Nahrungsnetze sichern große Organisationshöhe und stark verlangsamten Energiefluß;
– Biozönose und Biotop sind in Einklang.

Reife Ökosysteme können also unter gleichbleibenden Bedingungen als stabil gelten. Sie sind aber nicht starr insofern, als sie sich langsamen Veränderungen, etwa klimatischer Art, durchaus anpassen können.

Typische Beispiele reifer Ökosysteme sind:
– terrestrisch: tropische Regenwälder;
– aquatisch: Korallenriffe.

Stabilität und Diversität

Mit steigender Arten-, Klima- und Raumdiversität wächst durch die Zunahme von Regulationsmechanismen die Stabilität des Ökosystems (D). Mit der Ausbildung dieses komplexen und empfindlichen Gefüges wächst andererseits die Gefahr, daß bei außergewöhnlichen Belastungen (Umweltstreß) Reaktionen an unerwarteten Stellen auftreten, die u. U. stärker als die ursprüngl. Störung sind.

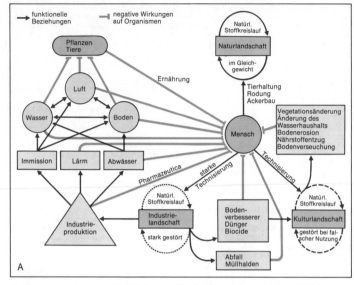

Funktionsschema Mensch – Umwelt (negative Rückwirkungen besonders berücksichtigt)

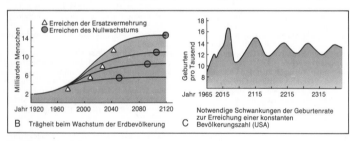

B Trägheit beim Wachstum der Erdbevölkerung

C Notwendige Schwankungen der Geburtenrate zur Erreichung einer konstanten Bevölkerungszahl (USA)

Bevölkerungswachstum

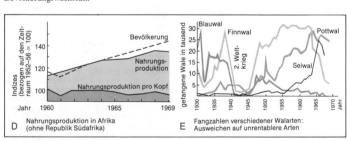

D Nahrungsproduktion in Afrika (ohne Republik Südafrika)

E Fangzahlen verschiedener Walarten: Ausweichen auf unrentablere Arten

Nahrungsreserven der Erde

Sonderstellung des Menschen
Auch der Mensch ist an die Gesetzmäßigkeiten der Ökosysteme gebunden:
– er ist Konsument der höchsten Trophiestufe;
– er ist daher auf eine hinreichende Basis prim. und sek. Produzenten angewiesen;
– dies setzt angemessene Stoff- und Energieversorgung des Ökosystems voraus;
– anfallende Reststoffe sind von Destruenten abzubauen (Kreisläufe; S. 260 f.);
Im Gegensatz zu anderen Lebewesen hat aber der Mensch seine Lebensräume immer stärker verändert; wichtige Etappen auf diesem Weg waren/sind:
– die agrarische Revolution, beginnend in der Jungsteinzeit, heute durch Technisierung geprägt (2. agrarische Revolution);
– die industrielle Revolution etwa seit Beginn des 19. Jahrh., führte in Ballungsgebieten zu weitgehender Vernichtung der agrar. Kulturlandschaft und der Reste der Naturlandschaft und zieht auch entfernte Räume in Mitleidenschaft (A).
Mit dieser Entw. ist das rapide Anwachsen der Menschheit im Sinne einer pos. Rückkoppelung verknüpft, das heute die Grundfragen der Humanökologie prägt:
– Kann die Umweltkapazität an die wachsende Menschenzahl angepaßt werden,
– oder die Bevölkerungsentwicklung an die begrenzte Umweltkapazität?
– Bleiben unter gegenwärtigen/zukünftigen Bedingungen die Ökosysteme funktionsfähig oder führen Störungen zu Schädigungen der Menschheit?

Bevölkerungswachstum
Das gegenwärtige Wachstum der Menschheit wird auf ca. 2% geschätzt (Verdoppelungszeit: ca. 35 Jahre). Die zukünftige Entw. ist nur zu vermuten: Voraussetzung der Stabilisierung der Bevölkerungszahl ist Erreichen der »Ersatzvermehrung« (2 Kinder je Familie, wenn alle zur Fortpflanzung kommen).
Selbst wenn dieser Zustand erdweit im Jahre 2000 erreicht wäre, würde sich die Erdbevölkerung etwa im Jahre 2100 bei über 8 Mrd. stabilisieren (B), wozu außerdem komplizierte Steuerung Voraussetzung ist (C): durch die Trägheit des reagierenden Systems tritt zw. Erkennen der Notwendigkeit und frühestmögl. Realisierung eine unvermeidl. Verzögerung ein (ebenso z. B. bei Rohstoff-Verbrauch und Technologie-Mißbrauch).
Durch die Verstädterung, nicht nur auf Industriestaaten beschränkt, potenzieren sich in Ballungsräumen ökol. Probleme:

Stadtbevölkerung	1800	1850	1900	1975
der USA in %	6	15	40	75

Eine Anpassung der Erdbevölkerung an ökol. Erfordernisse ist weder von der Zahl noch von der Struktur her in Sicht.

Kapazität der Erde
Daß sie stark vom erreichten/angestrebten Lebensstandard abhängt, erschwert quantit. Aussagen; auch ist heute nur zu vermuten, ob die begrenzenden Faktoren physikal., biol. oder sozialer Natur sein werden. Aus ökol. Sicht sind folgende Faktoren sicher wichtig:

Energie
Die vom Menschen hochentw. »Pseudo-Ökosysteme« sind in Bezug auf Nahrungsproduktion nicht autark, sondern auf Energiezufuhr angewiesen.
– Rezente, unerschöpfbare Energiequellen (Sonne, Wind, Wasser, Gezeiten) werden wegen techn. Probleme bei ihrer verstärkten Verwendung fossile Energieträger vermutl. nicht völlig ersetzen können.
– Die Atomenergie ist bes. stark umstritten: Kernspaltung ist wegen limitierter Ausgangsstoffe (Uran) u/o Entsorgungsproblemen (radioakt. Endprodukte u.a. T. > 10000 Jahren Halbwertszeit) in den ökol. Auswirkungen kaum kalkulierbar.
Kernverschmelzung muß heute außer Betracht bleiben, da ihre techn. Realisierbarkeit völlig offen ist.
– Fossile Energieträger erschöpfen sich schnell, wobei nur Lagerstätten bis zu einer best. Qualität abbauwürdig sind, da sonst die für den Abbau aufzuwendende Energie höher ist als die gewonnene (manche Ölschiefer). Erdöl und -gas sind nach vorsichtigen Schätzungen in ca. 100 Jahren erschöpft, Kohle in wenigen hundert Jahren.
Bei gleichbleibenden Verhältnissen ist also die Energiebasis nur für wenige hundert Jahre gesichert; werden die Wachstumsraten beibehalten oder gar gesteigert (Wachstumsideologie), schrumpft diese Frist erheblich.

Rohstoffe
Ähnlich sind z. B. alle wichtigen Gebrauchsmetalle begrenzt vorhanden (bis zur Erschöpfung der bekannten Lagerstätten bei Nullwachstum: Chrom 420, Nickel 150, Mangan 97, Wolfram 40 Jahre).
Wiedereinführen in Stoffkreisläufe (Recycling) ist grundsätzl. möglich, ökonomisch aber nur begrenzt tragbar. Auch belasten die dazu notwendigen Industrien die Umwelt zusätzlich.

Nahrung
Die Landfläche der Erde (88,4 Mill. km^2) ist höchstens zu 30% für Ackerbau nutzbar (heute ein Drittel davon intensiv beackert).
Gerade von den besten Böden gehen ständig Anteile für Industrie, Siedlungen, Verkehrswege und Erholungslandschaften verloren (in Kalifornien bis zum Jahr 2020 für je 1000 Menschen 107 ha, d. h. 50% der landwirtschaftl. Nutzfläche).
Trotz Intensivierung der Anbaumethoden und Ertragssteigerung ist in vielen Gebieten der Erde die Pro-Kopf-Produktion gesunken (D).
Das Meer gilt zu Unrecht als potentieller Lieferant wesentl. höherer Nahrungsmengen. Erfahrungen zeigen, daß Übernutzung leicht eintritt (E; rückläufige Fänge bei zahlr. Fischarten im Nordatlantik). Außerdem wird vermutl. eine Vergiftung der Ozeane ertragsmindernd wirken.

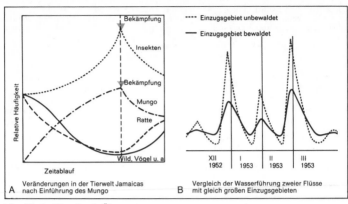

A Veränderungen in der Tierwelt Jamaicas nach Einführung des Mungo

B Vergleich der Wasserführung zweier Flüsse mit gleich großen Einzugsgebieten

Eingriffe des Menschen in Ökosysteme

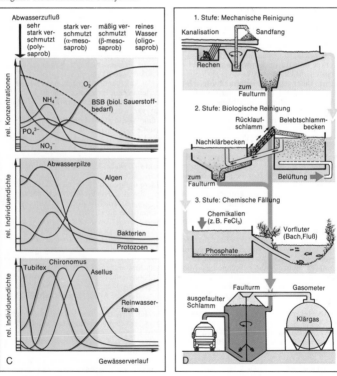

C Selbstreinigung eines Fließgewässers

D Schema einer Kläranlage

Zunehmende techn. Möglichkeiten, weltwirtschaftl. Verflechtung und Bevölkerungswachstum führten zu immer stärkeren Eingriffen in Ökosysteme, die bei dem komplexen Wirkungsgefüge und dem labilen ökol. Gleichgewicht der Kompartimente meist zunächst nicht vorhersehbare Schäden bewirken.
Es hat sich gezeigt, daß die Bevölkerungsdichte korreliert ist mit der Höhe der Schäden und den Pro-Kopf-Kosten für deren Beseitigung.

Einführen fremder Arten in Ökosystemen
führt oft wegen Fehlens natürl. Feinde zu Massenvermehrung und damit zu Schädigung des Ökosystems. Artenarme Ökosysteme sind bes. Monokulturen sind hierdurch gefährdet (s. ökol. Gleichgewicht; S. 265).
– Der *Mungo* (ostind. *Schleichkatze*) wurde 1872 in Jamaica zur Rattenbekämpfung in Zuckerrohrplantagen eingeführt (A). Mit dem Rückgang der *Ratten* stieg er zunehmend Haustiere und einheim. *Kleinsäuger, Kleinvögel, Eidechsen, Schlangen* und *Amphibien*, wodurch es zu Massenvermehrungen von *Insekten* kam, die jetzt zu Plantagen-Schädlingen wurden. Der Mensch mußte durch intensive Bekämpfung das labile Gg wieder herstellen.
– Australien ist wegen frühzeitig isolierter Lage und z. T. extremer Biotope sehr anfällig: Eingeführte *Wildkaninchen* vermehrten sich auf ca. 5 Mrd., ehe sie durch das Myxomatose-Virus wirksam bekämpft werden konnten. Ein *Zierkaktus* aus S-Amerika überwucherte eine Fläche von der Größe der BRD; er konnte erst 1935 durch einen aus Amerika eingeführten spezif. Parasiten *(Kleinschmetterling)* zurückgedrängt werden.
– Auch in Europa wurden eingeführte (eingeschleppte) Formen, z. T. vorübergehend, mangels natürl. Feinde zu Schädlingen *(Wasserpest, Kartoffelkäfer, Bisamratte)*.

Tiefgreifende Umwandlung von Ökosystemen
Die Industrialisierung führt zum Verlust aller Ökosystem-Eigenschaften eines Raumes (Pseudoökosysteme), insbes. der Fähigkeit zur Selbstregulation. Die meisten Umweltschäden (s. u.) gehen von solchen Räumen aus.
Die moderne Landwirtschaft ist gekennzeichnet durch:
– Tendenz zur Monokultur (Verarmung der Ökosysteme, erhöhte Krisenanfälligkeit, Störung der Stoffkreisläufe).
– Tendenz zur Intensivwirtschaft mit zwar stark erhöhter Produktivität, die aber nur durch ständig steigende Ausbeutung fossiler Energieträger erreicht werden kann (Bau von Gebäuden; Betrieb von Maschinen; Herstellung von Düngemitteln, Pflanzenschutzmitteln, Futtermitteln; Transport zum Betrieb; Transport zum Markt). In den USA wird je 1 kJ erzeugte Nahrung durchschnittl. 1,5 kJ fossile Energie verbraucht.
Die Forstwirtschaft (in Mitteleuropa; ähnl. Tendenzen aber auch in anderen Gebieten der Erde) hat die noch verbliebenen Waldgebiete (Rückgang von > 60% bis auf < 30% der Fläche) großenteils von artenreichen Mischwäldern zu Fichten-Monokulturen umgewandelt, in denen statt fortlaufender Verjüngung (z. B. durch Femel- oder Plenterschlag) großflächige Kahlschläge vorherrschen; dadurch zahlr. Nachteile in den Wäldern selbst:
– Verarmung der Tierwelt (führt zu Schädlingskalamitäten; S. 242 C);
– starke Abnahme der Bodenorganismen (führt zu Verschlechterung der Bodenstruktur durch Bildung von saurem Humus; S. 229);
– Nachlassen der Erträge (in einer alten süddeutschen Monokultur z. B. 70-jähr. Fichten von 5–8 cm Durchmesser);
– Abschwemmung des Bodens in Hanglagen (führt zu gezwungenermaßen flachwurzelnden, windwurf-anfälligen Beständen).
Entwaldung zus. mit Großfarmwirtschaft hat zu **Bodenerosion** geführt (USA, S-Rußland), die durch Pflügen parallel zu den Höhenlinien u/o Anpflanzen von Windschutzgehölzen (in der UdSSR in einem Jahr 120000 km) eingedämmt werden muß. Ähnl. Erscheinungen treten als Folge von Überweidung ein, die über Bodenverdichtung, Rückgang der Futterpflanzen, Zerstörung der geschlossenen Pflanzendecke auch zu Bodenerosion führt (afrikan. Savannen).
Die Wasserwirtschaft hat infolge der durchschnittl. geringeren Niederschlagsspeicherung in verarmten Ökosystemen mit verstärkten Hochwasserwellen zu kämpfen (B). Begradigung und Ausbau von Gewässern, meist als Gegenmaßnahmen durchgeführt, haben erhebl. Nachteile:
– Sinken des Grundwasserspiegels in Gewässernähe schädigt die Umwelt, wie z. B. die Folgen der Oberrhein-Regulierung (1817–74) in 24 südbadischen Gemeinden zeigen:

Wirtschaftszweig	Verlust in Mill. DM	
Landwirtschaft	47	(1936–1951)
Fischerei	15	(1874–1951)
Forstwirtschaft		(1874–1951)
Holzwertverlust	40,3	
Bodenwertverlust	1,7	

– Beschleunigung des Abflusses (führt zu Verringerung des Angebots von Trink-, Brauch- und Industriewasser);
– verstärkte Ablagerung am Unterlauf von Flüssen, Entstehung von Dammflüssen (Po, Hwangho), verstärkte Überschwemmungsgefahr.
Gegenmaßnahmen zum Verlangsamen des Abflusses wären vielfach notwendig:
– Erhaltung natürl. Feuchtgebiete und Gewässer;
– Wiederherstellung naturnaher Ökosysteme;
– wasserbauliche Maßnahmen (Talsperren; Verbauung von Gewässern durch ausgesetzte *Biber* in N-Amerika).
Schädigung der Ökosysteme der Gewässer selbst mindert die Fähigkeit zur Selbstreinigung (C); dies, zus. mit Umweltverschmutzung, zwingt zu aufwendigen techn. Ersatzlösungen (D).

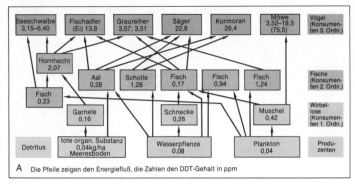

A Die Pfeile zeigen den Energiefluß, die Zahlen den DDT-Gehalt in ppm

Anreicherung von DDT in Nahrungsketten (Meeresbucht, Long Island)

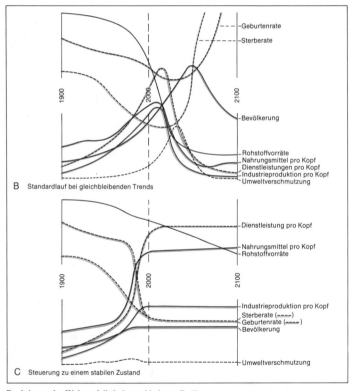

B Standardlauf bei gleichbleibenden Trends

C Steuerung zu einem stabilen Zustand

Reaktionen des Weltmodells bei verschiedenen Bedingungen

Umweltverschmutzung

Die mangelnde Regenerationsfähigkeit intensiv bewirtschafteter Systeme äußert sich bes. im Anfall umweltschädigender Stoffe (Pollutantien), die zweifach wirken:
– direkt auf Gesundheit und Lebensqualität des Menschen;
– durch Wirken auf vom Menschen genutzte Ökosysteme indirekt auf die Gesellschaft.

Luftverschmutzung wirkt am stärksten bei Inversionswetterlagen als Smog (1952 in London 4000 Tote als direkte Folge einer Smogkatastrophe). Häufiger sind Langzeitwirkungen:
– SO_2 bei Erkrankungen der oberen Luftwege (Asthma, Bronchitis, Lungenemphysem);
– Asbeststaub (kann Lungenkrebs induzieren);
– bes. gefährl. ist synergistische Wirkung mehrerer Schadstoffe (z. B. CO; Ozon; Stickoxide; Kohlenwasserstoffe, Blei u. a.).

Auch Fernwirkungen treten auf: übersäuerte Niederschläge (»saurer Regen«) in Europa und N-Amerika als Folge von Emissionen (Schäden an Vegetation, am Fischbestand von Seen).
Wasserverschmutzung überfordert die natürl. Selbstreinigung (S. 268 C); Abwässer sind daher technisch von abbaubaren organ. Stoffen (bes. aus der Papierindustrie) und Giften (bes. aus der chem. Industrie) zu reinigen (S. 268 D).
Pestizide, als Herbi- und Insektizide eingesetzt, werden kaum von Destruenten abgebaut; chlorierte Kohlenwasserstoffe (DDT, Dieldrin, polychlorierte Biphenyle u. a.) reichern sich durch ihre Fettlöslichkeit zudem in Nahrungsketten an (A). DDT, schon am längsten eingesetzt, erreicht in > 12 Staaten der USA höhere Konzentrationen als erlaubt (12 ppm im menschl. Fett, bis 5 ppm in Muttermilch; erlaubt in Kuhmilch 0,05 ppm). Negative Wirkungen von Pestiziden im Stoffwechsel sind durch Tierversuche und Beobachtungen am Menschen gesichert.
Schwermetalle kumulieren sich auf versch. Wegen in Ökosystemen und bedrohen durch ihre Giftwirkung auch den Menschen:
– **Blei** wird überw. durch die Luft verbreitet (Kfz-Verkehr): zw. 1750 und 1967 hat sich der Bleigehalt des grönländ. Inlandeises verzwanzigfacht.
– **Quecksilber** ist bes. in Binnen-, Küstengewässern und Flachmeeren angereichert (z. B. Ostsee), in hochwirksamen Verbindungen (z. B. Methylquecksilber). Die Minamata-Epidemie in Japan 1953 (schwere Dauerschäden des NS; fast 100 Tote) zeigt die zunehmende Möglichkeit lokaler Katastrophen.
Schon bei einer Konz. von 0,1 ppb (Teile/Milliarde) sinkt die Photosyntheseleistung des Phytoplanktons, bei pp5 hört sie völlig auf.
– **Cadmium** hat in Japan ebenf. schon Todesfälle verursacht.

Bei allen Schwermetallen (bes. auch bei Chrom, Arsen, Nickel) herrscht über tolerierbare Konzentrationen, über Kurz-, Langzeit- und synergistische Wirkungen noch wenig Klarheit.
Chem. Mutagene, ionisierende Strahlen, Lärm haben ebenf. vielfache negat. Wirkungen.

Weltmodell

Die zunehmende Verflechtung ökol. relevanter menschl. Aktivitäten fordert eine Methode, die
– Trends ca. 100 Jahre vorausrechnet;
– Probleme erdweit berücksichtigt;
– alle Wechselwirkungen zw. den bestimmenden Größen erfassen kann.

Auf der method. Basis der wiss. **Systemanalyse** und mit der Technik der **Datenverarbeitung** erarbeitete ein Team des Massachusetts Institute of Technology (MIT) unter Leitung von MEADOWS ein »Weltmodell« (Fließdiagramm mit 99 Elementen), das die Grundlage bildet für die Untersuchung der fünf wichtigsten Trends:
– beschleunigte Industrialisierung;
– starkes Bevölkerungswachstum;
– zunehmende Unterernährung;
– Raubbau an Rohstoffreserven;
– Zerstörung des Lebensraumes.

Bei Eingabe best. Werte liefern Computerprogramme Reaktionen des Weltmodells (B, C).
Der Standardlauf des Weltmodells beruht auf der Voraussetzung, daß sich die für 1900–1970 ermittelten Trends fortsetzen. Er zeigt:
– exponentielles Wachstum bei Bevölkerung, Industrie- und Nahrungsmittelproduktion;
– starke Abnahme der Rohstoffvorräte;
– Zusammenbruch des Industriewachstums;
– Zunahme von Bevölkerung und Umweltverschmutzung durch Systemträgheit (S. 267);
– rascher Zusammenbruch der Bevölkerung durch Nahrungsmangel und Verschlechterung der medizin. und sozialen Fürsorge.

Probeläufe unter veränderten Bedingungen zeigen mögl. Einflüsse auf die Entwicklung:
– Verdoppelte und sogar unbegrenzte Rohstoffreserven (Recycling) bewirken noch stärkere Bevölkerungszusammenbrüche (Umweltverschmutzung, Nahrungsknappheit).
– Kontrollierte Umweltverschmutzung verhindert den Bevölkerungszusammenbruch nicht.
– Das gleiche gilt für erhöhte landwirtschaftl. Produktion ab 1975.
– Freiwillige Geburtenkontrolle bei sonst gleichen Bedingungen mildert die Folgen, bringt aber keine Stabilität.

Ein stabiler Zustand (Weltbevölkerung etwas über dem heutigen Stand) ist nur durch frühzeitige Wachstumsbeschränkung zus. mit Recycling, ökol. Kontrollen, Melioration landwirtschaftlicher Flächen u. a. zu erreichen.
Grenzen des Weltmodells liegen neben Vereinfachungen bes. in der Unsicherheit mancher Annahmen; detaillierte Prognosen sind daher (noch) nicht möglich. Der Vergleich der Probeläufe liefert aber allgem. Schlußfolgerungen, die sich mit ökol. Erkenntnissen decken:
– Es gibt absol. Wachstumsgrenzen für Erdbevölkerung und industrielles System.
– Fortführung der Trends führt sehr wahrscheinl. zum Zusammenbruch des Systems.
– Erreichen eines Gleichgewichts nur durch geplante Wachstumsbeschränkungen.
– Erfolg dieser Maßnahmen nur, wenn sie bald eingeleitet werden.

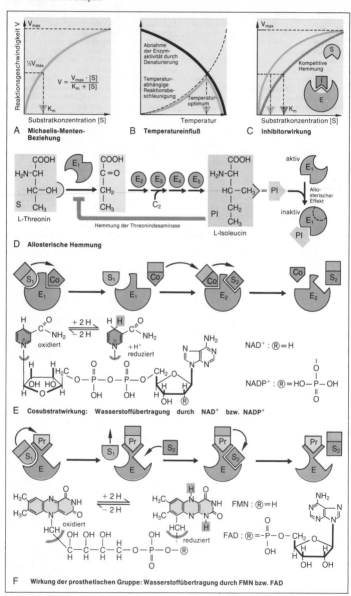

A **Michaelis-Menten-Beziehung**

$$V = \frac{V_{max} \cdot [S]}{K_m + [S]}$$

B **Temperatureinfluß**

C **Inhibitorwirkung**

D **Allosterische Hemmung**

E **Cosubstratwirkung: Wasserstoffübertragung durch NAD⁺ bzw. NADP⁺**

$NAD^+ : \textcircled{R} = H$

$NADP^+ : \textcircled{R} = HO-\overset{O}{\underset{OH}{\overset{|}{P}}}-OH$

F **Wirkung der prosthetischen Gruppe: Wasserstoffübertragung durch FMN bzw. FAD**

$FMN : \textcircled{R} = H$

$FAD : \textcircled{R} = -\overset{O}{\underset{OH}{\overset{||}{P}}}-O-CH_2$

Wirkung und Beeinflussung der Enzyme

Der Stoff- und Energiewechsel der Organismen findet Erklärung in den Gesetzen der Thermodynamik geschlossener Systeme: Organismen befinden sich in ständigem Umsatz von Stoff und Energie, dessen exergon. und endergon. Prozesse auf Zellebene nach dem Prinzip des gemeinsamen Zwischenprodukts (S. 49) durch die **energet. Koppelung** ermöglicht und, außer über Konzentrationsänderungen der beteiligten Stoffe, durch die **enzymat. Katalyse** geregelt werden (S. 15). Letzteres erreichen die Katalysatoren durch die Beeinflussung der Reaktionsgeschwindigkeiten v. Da nun Organismen aber als offene Systeme im Austausch mit der Umgebung stehen und sich im Fließgleichgewicht befinden (S. 53), ist bedeutsam, daß Enzyme über v auch die Lage der Gleichgewichte beeinflussen können.

Die Kinetik der Enzymreaktionen
betrachtet den Mechanismus, dem der Aufbau und Zerfall eines Enzym-Substrat-Komplexes ES zugrunde liegen, und vor allem den zeitlichen Verlauf der Reaktionen, also v. Diese Reaktionsgeschwindigkeit hängt in einer enzymat. Reaktion nach der **Michaelis-Menten-Beziehung** von mehreren Faktoren ab:
– Bei konstanter Enzymkonzentration wächst v mit steigender **Substratkonzentration** [S] und nähert sich bei einer Sättigungskonzentration asymptotisch dem Grenzwert v_{max}, der Maximalgeschwindigkeit, bei der alle Enzymmoleküle als ES vorliegen (A).
– Bei Substratsättigung, dem Normalfall in Zellen, ist v linear proportional der vorliegenden **Enzymkonzentration.**
Diejenige Substratkonzentration, bei der die Hälfte der v_{max} erreicht wird, ist experimentell zugänglich und heißt **Michaelis-Konstante** K_m. Sie gibt die Affinität eines best. Enzyms zum jeweiligen Substrat an und ist eine charakter. Größe: Je kleiner K_m, desto schneller die Umsetzung des Substrates.

Der Einfluß von Außenbedingungen
auf die Enzymaktivität fußt auf der chem. Natur der Enzyme, Proteine zu sein:
Auch bei Enzymreaktionen nimmt v mit der **Temperatur** (B) solange zu, bis die gegenläufige Protein-Denaturierung überwiegt. Da Enzyme saure und basische Gruppen haben, vermag der **pH-Wert** bei unterschiedl. Optima der Enzyme den Stoffwechsel zu steuern. **Ionen** beeinflussen die Hydrathülle und das Redoxpotential wirkt über den Redoxzustand z. B. der Cystein-Reste. **Enzym-Inhibitoren** schließlich hemmen unspezifisch (z. B. Schwermetalle) oder spezif. die Enzymaktivität:
– Bei **kompetitiver Hemmung** (C) konkurrieren Substrat und substratanaloge, aber chem. nicht umsetzbare Moleküle konzentrationsabhängig um die Bindung am aktiven Zentrum (S. 12f f.), bei *Bakterien* z. B. wird der Einbau von p-Aminobenzoesäure in Folsäure und damit die Purinnukleotid-Synthese durch die strukturanalogen Sulfonamide blockiert, die damit als Antibioticum wirken.

– Bei **allosterischer Hemmung** ist die Hemmsubstanz dem Substrat nicht ähnlich. Sie wird außerhalb des akt. Zentrums gebunden, ändert aber dessen Konformation und so die Enzymaktivität: Im *Bakterium Escherichia coli* ist Isoleucin als Endprodukt zugleich der Inhibitor, der den Anfang seiner eigenen Synthesekette, die Desaminierung von Threonin, durch einen allosterischen Effekt am Initial-Enzym frühzeitig und spezif. hemmt, wenn Isoleucin nicht rasch genug in der Proteinbiosynthese verbraucht wird (D).
In diesem Falle ist das Enzym ein Regler mit negativer Rückkopplung (S. 55; Endprodukthemmung), über den die Enzymaktivität reguliert wird. Eine solche **Modulation,** d. h. die reversible Aktivitätsänderung eines Enzyms durch nichtkovalente Bindung eines kleinen Effektormoleküls, ergänzt als rasch wirksame Feinkontrolle des Stoffwechsels diejenige über die Enzym-Neusynthese im Rahmen einer differentiellen Genaktivierung (S. 213 ff., 468 f.).

Wirkgruppen oder Cofaktoren
ergänzen bei vielen Enzymen als aktivierende, selbst an der Katalyse beteiligte Nichtproteinkomponente das allein inaktive, aber die Substrat- und Wirkungsspezifität bestimmende Apoenzym zum Holoenzym.
Metallische Wirkgruppen (Fe, Mn, Cu, Mo, Co) in Oxidoreductasen werden in ihrer Redoxeigenschaft durch die organ. Bindung verstärkt und sind z. B. als FeS-Proteide oder Cu-Proteid an der Atmungskette oder der Photosynthese unter Ladungswechsel beteiligt.
Organische Wirkgruppen (= Coenzyme) treten bei allen Oxidoreductasen und vielen Transferasen auf und verändern während der Umsetzung des Substrates vorübergehend ihre Zusammensetzung. Coenzyme vom Typ der
Cosubstrate sind nacheinander locker an zwei versch. Apoenzyme gebunden, dazwischen liegen sie frei und chem. verändert vor. Jedes Apoenzym reagiert mit einem anderen Substrat und hat je zwei akt. Zentren, eines für das Substrat, eines für das sich wie ein Substrat verhaltende Coenzym (E). Typ. Vertreter sind Nicotinamid-adenin-dinukleotid NAD^+ und sein Phosphat $NADP^+$ (S. 274 ff., 302 ff.).
Prosthetische Gruppen sind fest an nur ein Apoenzym gebunden, das z. B. im Falle der Oxidoreductasen oder Transferasen nacheinander mit zwei Substraten reagiert. Dazwischen bleiben sie proteingebunden und liegen chem. verändert vor (F). Hierzu zählen die gelbl. Flavoproteide mit den Wasserstoff übertragenden Coenzymen FMN (Flavinmononukleotid, besser: Riboflavin-5-phosphat) und FAD (Flavin-adenin-dinukleotid).
Pflanzen produzieren die Coenzyme selbst. *Prokaryonten* und *Tiere* sind dazu nur teilweise befähigt und beziehen sie oder ihre Bausteine als **Vitamine** (S. 282) mit der Nahrung (NAD^+/Niacinamid, FAD/B_2, »Coenzym A«/Pantothensäure).

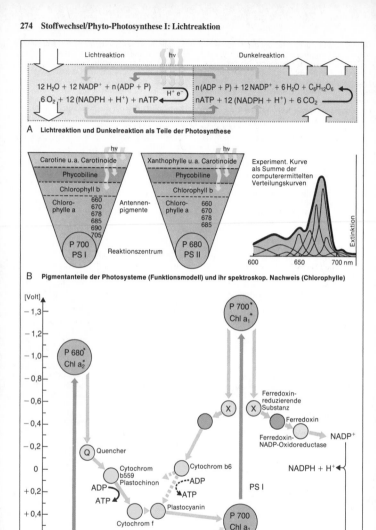

A **Lichtreaktion und Dunkelreaktion als Teile der Photosynthese**

B **Pigmentanteile der Photosysteme (Funktionsmodell) und ihr spektroskop. Nachweis (Chlorophylle)**

C **Elektronentransportkette der Photosynthese**

Die Lichtreaktion der Phyto-Photosynthese

Die Bedeutung der Photosynthese
als des wichtigsten biochem. Vorgangs ist die Festlegung von Strahlungsenergie im Zusammenhang mit der CO_2-Assimilation der autotrophen *Pflanzen* (S. 48), denn sie hält nicht nur den gesamten auf ständige Energiezufuhr angewiesenen Prozeß »Leben« in Gang, sondern prakt. stammen auch alle organ. Stoffe und klass. Energiequellen aus der lichtgetriebenen CO_2-Assimilation. Die Mengenleistung ist enorm:
– Stündl. produziert $1 m^2$ Blattfläche ca. $1 g$ Zucker, d. h. der jährl. Assimilationsgewinn der gesamten Erdvegetation beträgt ca. 75 Billionen kg organ. Kohlenstoff (etwa die 20fache Weltkohlenförderung), wobei
– etwa $3 \cdot 10^{18}$ kJ $= 0,12\%$ der Erdoberfläche erreichenden Sonneneinstrahlung photosynthetisch genutzt werden.

Der Ablauf der Phyto-Photosynthese (A),
die Umwandlung des energiearmen CO_2 und H_2O in energiereiche metastabile Kohlenhydrate bei grünen *Pflanzen* und *Blaualgen*, ist in seinen Problemen der Energieübertragung, enzymat. Katalyse und der Zwischenprodukte hochkompliziert und erst teilweise gelöst, wird aber stark vereinfacht erfaßt mit der **Bruttogleichung der Photosynthese:**
$6 CO_2 + 12 H_2O + hv \rightarrow C_6H_{12}O_6 + 6 H_2O + 6 O_2$. Darin sind zwei funktionell und räumlich getrennte Teilprozesse zusammengefaßt:
Primärvorgänge der Lichtreaktion auf den Thylakoiden der Chloroplasten (S. 28) liefern bei der Photolyse des Wassers neben dem O_2-»Abfallprodukt« über eine Elektronentransportkette das Reduktionsmittel (NADPH $+H^+$, S. 272E) und durch Photophosphorylierung den Energieüberträgerstoff ATP (S. 48).
Sekundärvorgänge der Dunkelreaktion verwenden die zugeflossenen NADPH $+H^+$ und ATP zur Reduktion des CO_2 zu Kohlenhydrat im Zuge des C-assimilierenden Calvin-Zyklus (S. 320).

Die Lichtreaktion
Die Gleichung (A) beschreibt den Wasserstofftransport ($H^+ + e^-$) von einem Redoxsystem mit posit. Redoxpotential (H_2O/O_2: $+0,81$ V) zu einem mit einem negativen (NADPH $+H^+$/ NADP$^+$: $-0,32$ V). Elektronentransporte gehen über Transportketten, die entlang dem Potentialgefälle exergon. sind, aber bei Verlauf vom posit. zum negat. Redoxpotential endergon. sind und durch den **photochem. Effekt** angetrieben werden müssen:
Die Photosysteme der Thylakoidmembran (B) absorbieren Lichtquanten nahezu des gesamten sichtbaren Spektralbereiches. Die Antennenmoleküle eines solchen Molekülverbandes leiten eingefangene Photonen mit einem Trichtereffekt in Richtung auf Pigmente mit kleinerer Anregungsenergie (= längerwellige Absorptionsbande) bis zu einem einzigen, durch seine Nachbarschaft zu Elektronenakzeptoren X bzw. Q und

-donatoren photochem. aktiven Molekül Chlorophyll a im Reaktionszentrum. Dieses ist in dem kleineren Photosystem I das bei 700nm absorbierende Pigment 700, in dem auf Grana beschränkten Photosystem II das Pigment 680 (Chlorophyll a_2). Die angeregten, energiebeladenen Pigmente P700$^+$ bzw. P680$^+$ geben ein Elektron an ihren Akzeptor und damit in die weitere Elektronentransportkette. Mit dieser **Photooxidation** ist Strahlungsenergie hv endgültig in die chem. Energie eines starken Reduktionsmittels überführt.
Die Elektronentransportketten (C)
der beiden Photosysteme PS I und PS II arbeiten als lichtgetriebene Elektronenpumpen in zwei verschiedenen, aber sich partiell überlappenden Bereichen der Redoxskala mit teilweise identifizierten Redoxsubstanzen und »heben« die Elektronen bei jeder der beiden Photoreaktionen um ca. $-0,8$ Volt; während des dazwischenliegenden »Absinkens« zum höheren Redoxpotential wird an den Phosphorylierungsstellen beim Durchfluß von $2e^-$ je 1 Molekül ATP gebildet. Über den Mechanismus dieser **Photophosphorylierung** ist wenig bekannt; die Hypothese der chemiosmotischen Kopplung nimmt die Wirkung eines Protonen-Flusses an.
Es gibt zwei Elektronentransportketten:
Im zyklischen Elektronentransport, an dem nur PS I der Grana- und Stromathylakoide beteiligt ist, werden die Elektronen nach einer zykl. Photophosphorylierung wieder zum P700 zurückgeführt. Es entsteht kein NADPH $+H^+$.
Der lineare Elektronentransport, der möglicherweise Moleküle des zykl. Transportweges benutzt, ist eine Serienschaltung von PS I und PS II innerhalb der Grana, bei der ATP und vor allem NADPH $+H^+$ entstehen.
Die **Serienschaltung** erfordert für den linearen Transport die Nutzung der gleichen Photonenanzahl. Eine Regulation kann bei vorübergehendem Energieüberschuß aus PS II durch den zwischengeschalteten Plastochinon-Pool, bei PS I durch Einsatz des zykl. Transports erfolgen (letzteres bei Überschuß an NADPH $+H^+$, z. B. wenn unter anaeroben Verhältnissen die Atmungskettenphosphorylierung gehemmt ist).
Der experimentelle Beweis der Serienschaltung, bei der zwei Lichtquanten am Transport eines Elektrons beteiligt sind, wurde durch den **Emerson-Effekt** geführt:
Bestrahlt man Chloroplasten mit langwelligem Licht (> 680nm), so fällt die sonst recht konstante Quantenausbeute stark ab, desgleichen bei Einsatz von 650nm-Licht. Bestrahlung mit 720 und 650nm gleichzeitig bringt eine normale Quantenausbeute (Steigerungseffekt durch Synergismus von PS II und PS I).
Die Bildung von NADPH $+H^+$ am Ende der Transportkette benötigt neben e^- auch Protonen H^+. Beides wird durch die **Photolyse des Wassers** am Anfang der Kette im PS II erzeugt: Zwei photooxidierte Chlorophyll-a_2-Moleküle entziehen einem Mn-haltigen Elektronen-Donator $2e^-$ und setzen $2H^+$ frei.

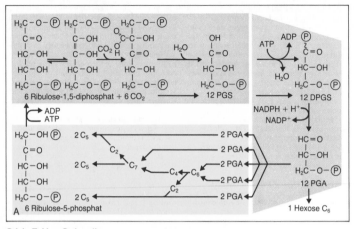

Calvin-Zyklus: Carboxylierung
(braun), Reduktion (blau) und Regeneration (gelb)

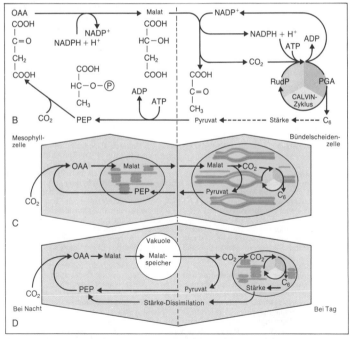

Vorgeschaltete CO_2-Fixierung (B) bei C_4-Pflanzen (C) und Sukkulenten (D)

Die Dunkelreaktion der CO_2-Assimilation

Die Lichtenergie nutzende Lichtreaktion (S. 274) stellt ATP und NADPH+H$^+$ bereit, sodaß die lichtunabhängige, gleichwohl im Stroma auch belichteter Chloroplasten einsetzende Dunkelreaktion durchlaufen werden kann.

In der **Carboxylierungsphase** wird das durch Kohlensäure-Anhydratase aus HCO_3^- freigesetzte, gelöste CO_2 von Ribulose-1,5-diphosphat RudP fixiert, katalysiert von dem photosynthesespezif. Enzym RudP-Carboxylase (S. 47). Das labile Primärprodukt zerfällt über Zwischenstufen in zwei Moleküle Phosphoglycerinsäure PGS. Diese wird in der **Reduktionsphase** mit ATP phosphoryliert, worauf die somit aktivierte 1,3-Diphosphoglycerinsäure unter Aufnahme von H aus bereitstehendem NADPH+H$^+$ und Wasserabspaltung 3-Phosphoglycerinaldehyd PGA bildet, katalysiert von der ebenfalls photosynthesespezif. »NADH-abhängigen PGA-Dehydrogenase«. Damit ist der Kohlenstoff des energiearmen CO_2 auf die Stufe einer Triose (C_3-Zucker) reduziert und in eine energiereiche Bindung gebracht. Jedes sechste PGA wird als Reingewinn der weiteren Biosynthese von C_6-Zuckern (Hexosen) unter Phosphorsäureabspaltung zugeführt, die übrigen fünf in komplexen Geschehen der **Regenerationsphase** über Ribulose-5-Phosphat unter ATP-Verbrauch zu RudP phosphoryliert.

Dieser **Calvin-Zyklus** (A) verläuft reduktiv vom CO_2 zum Kohlenhydrat und ist vereinfacht dargestellt eine Umkehrung des oxidativen Pentosephosphat-Zyklus (S. 306). Sein Substanzverbrauch ist $CO_2 : NADPH_2 : ATP = 1 : 2 : 3$. Der lineare Photoelektronentransport liefert jedoch $NADPH_2 : ATP = 2 : 2$; der notwendige Rest ATP muß vom zykl. Photoelektronentransport beigesteuert werden, dessen Notwendigkeit aus dieser Bilanzierung hervorgeht.

Vorgeschaltete CO_2-Fixierung

Ökolog. Bedingungen des Standortes bestimmen weitgehend die photosynthet. Leistungsfähigkeit einer Pflanze, bes. der Lichtfaktor (S. 225). Die optimale Nutzung hoher Lichtflüsse wird jedoch oft durch natürl., negative Begleitumstände gedrosselt:

– Hohe Temperaturen fördern die Lichtatmung (Photorespiration), bei der unter Lichteinfluß und Beteiligung von Chloroplasten, Peroxisomen und Mitochondrien Zucker des Calvinzyklus zu Serin und CO_2 umgesetzt wird, wodurch die Nettophotosynthese sinkt.

– Schwerwiegender Wassermangel verlangt hohe Diffusionswiderstände für Gase an den Spaltöffnungen (S. 84) und vermindert dadurch den CO_2-Eintritt in das Blattgewebe. Das kann auch durch hohe osmot. Werte der Bodenlösung an salzreichen Standorten verursacht sein.

Unter den Xerophyten trocknet oder salzreicher Biotope sind oft *Pflanzen* mit auffälliger strukt. und funkt. Anpassung zur CO_2-Ökonomie durch eine bes. Art der CO_2-Fixierung (B):

Primärer CO_2-Akzeptor ist hier Phosphoenolpyruvat PEP, das durch PEP-Carboxylase zum Oxalacetat OAA (Oxalessigsäure) carboxyliert und durch eine NADPH-abhängige Malatdehydrogenase zum Malat (Äpfelsäure) reduziert wird. Diese Dicarbonsäure mit 4 C-Atomen, die dem von HATCH und SLACK (1966) erkannten Verlauf die Bezeichnung **C_4-Dicarbonsäure-Weg** gebracht hat, wird zum nützl. Zeitpunkt (s. u.) vom Malat-Enzym in CO_2, Pyruvat und NADPH+H$^+$ zerlegt: CO_2 wird vom Endakzeptor RudP fixiert und geht zusammen mit NADPH+H$^+$ in den CALVIN-Zyklus ein, während Pyruvat unter ATP-Verbrauch zum Primärakzeptor PEP regeneriert wird.

Pflanzen mit einem C_4-Syndrom

wie *Mais, Zuckerrohr, Hirse* haben gegenüber den normalen C_3-Pflanzen nicht nur das Fehlen einer respirator. CO_2-Abgabe im Licht voraus, sie zeigen auch bes. Eigenarten:

– Im Blattquerschnitt sind die Gefäßbündel von einem inneren Kranz stark chlorophyllhaltiger Scheidenzellen und einem äußeren von Mesophyllzellen umgeben.

– Gegenüber dem Normalfall haben die Scheidenzellen große Chloroplasten ohne Grana (Chloroplasten-Dimorphismus) und sind somit auch unfähig zum linearen Photoelektronentransport (S. 274).

Dies wird verständlich durch die **räumliche Kompartimentierung** der C_4-Photosynthese (C): Mesophyllzellen fixieren das Blatt-intern durch Photorespiration freigesetzte CO_2 im Cytoplasma durch hochaktives PEP, ihre Chloroplasten führen es aber nicht dem CALVIN-Zyklus zu, sondern zurück über das Cytoplasma durch Plasmodesmen in die Scheidenzellen als Malat. In deren Chloroplasten wird es vom Malat-Enzym gespalten und stellt der RudP das CO_2 und dem CALVIN-Zyklus das NADPH+H$^+$; Pyruvat wandert ins Mesophyll zurück.

Pflanzen mit einem diurnalen Säurezyklus

wie die *Crassulaceen Fetthenne, Bryophyllum* und *Kalanchoe* oder, bei Wassermangel, die *Agave* zeichnen sich aus durch

– Wasserspeichergewebe (Blattsukkulenz, S. 121) mit Chloroplasten und großen Vakuolen in derselben Zelle,

– Speicherung großer Mengen von Säuren, bes. von Malat/Äpfelsäure in diesen Vakuolen bei Nacht (bis 0,1 mol/l, pH 3,5) und Säureabbau bei Tag; dabei gegenläufiger Stärkegehalt der Blätter (= diurnaler Zyklus).

Bei diesen **CAM-Pflanzen** (Crassulacean Acid Metabolism) läuft der C_4-Dicarbonsäureweg der CO_2-Vorfixierung in der gleichen Zelle, aber in **zeitlicher Kompartimentierung** ab (D):

Nachts (niedr. Temp., höhere Luftfeuchte) wird bei offenen Spaltöffnungen der Primärakzeptor PEP carboxyliert, der in großer Menge im Cytoplasma durch Stärke-Dissimilation bereitgestellt wird. Der Malat-Speicher wird bei Tag durch Carboxylierung geleert und das dabei freigesetzte CO_2 Blatt-intern dem CALVIN-Zyklus zugeführt.

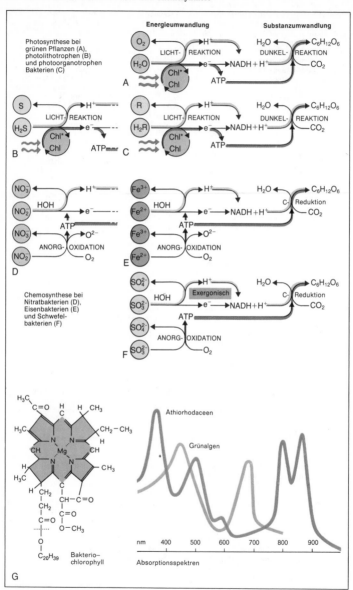

Schematischer Vergleich verschiedener Photo- und Chemosynthesen

Die CO_2-Assimilation bei Bakterien
hebt sich vom einheitl. Geschehen der Phyto-Photosynthese grüner *Pflanzen* (A) durch eine große Vielseitigkeit sowohl der verwendeten Primärenergiequellen als auch der Elektronen- und Wasserstoff-Donatoren ab.

Die Bakterio-Photosynthese
Photobakterien repräsentieren einen evolutionär alten, primitiven Photosynthese-Typ:
– Für die Lichtreaktion ist nur ein dem PS I (S. 274) funktionell ähnl., lineares und zykl. Elektronentransportsystem verfügbar,
– dadurch entfällt die Photolyse des Wassers und damit die Freisetzung von Sauerstoff.
– Das System arbeitet nur unter anaeroben, d. h. O_2-freien Bedingungen, wahrscheinl., weil bei *Prokaryonten* getrennte Organellen der um Elektronen konkurrierenden Atmungs- und Photophosphorylierung wie Mitochondrien und Plastiden fehlen (S. 59).
– Photobakterien setzen nur halbwegs reduzierte Elektronen-Donatoren um.

Sie sind somit an eine O_2-arme Umgebung angepaßt und nach der Evolution phytophotosynthet. Organismen nur noch in best. ökolog. Nischen erhalten. Ihre photoaktiven Pigmente zeigen Absorptionsmaxima, die von denen der Blätter und *Algen* abweichen (G) und damit Licht, das durch phytophotosynthet. Organismen in den oberen Wasserschichten gefiltert wurde, noch wirksam werden lassen.
Grüne Bakterien (*Chlorobacteriaceen*) oxidieren im seichten, schwefelhaltigen Gewässer Thiosulfat, vor allem H_2S zu elementarem S, den sie ausscheiden, gemäß der Gleichung
$$6 CO_2 + 12 H_2S + hv \rightarrow$$
$$C_6H_{12}O_6 + 12 S + 6 H_2O.$$
Schwefelpurpurbakterien (*Thiorhodaceen*) sind durch Xanthophylle rot gefärbt und speichern den Schwefel nach seiner Oxidation innerzellulär als Polysulfid-Tröpfchen.
Während sich diese beiden Gruppen »photolithothroph« (B) verhalten, d. h. mineralische Wasserstoff-Donatoren photolysieren, ist eine dritte »photoorganotroph« (C):
Purpurbakterien (*Athiorhodaceen*) benötigen als Heterotrophe trotz, besser wegen ihres Photosynthesevermögens best. organ. Stoffe als Elektronen-Donatoren, z. B. setzt *Rhodopseudomonas* bei der CO_2-Assimilation Isopropanol zu Aceton um:
$$6 CO_2 + 12 CH_3\text{-}HCOH\text{-}CH_3 + hv \rightarrow$$
$$C_6H_{12}O_6 + 12 CH_3\text{-}CO\text{-}CH_3 + 6 H_2O$$
Photobakterien benutzen $NADH + H^+$ und den CALVIN-Zyklus zur Kohlenhydratsynthese, daneben aber auch den **reduktiven Citratzyklus** als Umkehrung des oxidat. Citratzyklus (S. 302).

Die Bakterio-Chemosynthese
Faßt man als den wesentl. Vorgang bei der Photosynthese die energieverbrauchende Ablösung des Wasserstoffs von seinem Spender und seine Fixierung in metastabilen, energiereichen Kohlenhydraten auf, so verwundert es nicht, daß auch

andere als nur Lichtenergie zur endogen. CO_2-Assimilation genutzt werden kann. Außer den *Photobakterien* leben daher auch andere *Prokaryonten* autotroph:
Einige *Bakterien* leben trotz Pigment- und Lichtmangels ausschließl. von anorgan. Verbindungen, weil sie als chemoautotrophe Organismen durch die Oxydation (= Elektronenentzug) versch. anorgan. Substanzen Energie zur »**Chemosynthese**« ihrer organ.-chem. Zellbestandteile gewinnen. **Der grundsätzl. Unterschied zur Photosynthese** liegt also darin, daß statt der Lichtenergie hier die Energie aus dem eigenen Stoffwechsel bzw. besonderer Anorgaxidationen genutzt wird. Die übrigen Schritte der CO_2-Assimilation entsprechen weitgehend den Verhältnissen bei photoautotrophen *Pflanzen*.
Entsprechend den von der jeweiligen *Bakterien* oxydierten Substraten unterscheidet man:
Nitrifizierende Bakterien: Weitverbreitete Bodenbewohner, bei denen die *Nitritbakterien* (E, z. B. *Nitrosomonas*) Ammonium NH_4^+ zu NO_2^-, die mit ihnen vergesellschafteten *Nitratbakterien* (z. B. *Nitrobacter*) dann dieses giftige Nitrit zu Nitrat NO_3^- (D) umsetzen. Diese »Nitrifizierung« führt dem Boden biologisch die für das Gedeihen der *höh. Pflanzen* nötigen Mineralstoffe zu und steht in Wechselbeziehung mit der »Denitrifizierung« der Ammonium erzeugenden *Bakterien* (S. 307). Bei guter Durchlüftung des Bodens führen nitrifizierende *Bakterien* einem Hektar Ackerland bis 200 kg Nitrat pro Sommer zu.
Eisenbakterien: In den gallertigen Kolonien, z. B. von *Crenothrix (Brunnenfaden)* oder *Leptothrix* (bildet Raseneisenstein), wird Eisen-II-Salz unter Energiegewinnung zu Eisen-III-Salz oxydiert (E).
Methanbakterien verbrennen das durch bakt. Zellulose-Abbau entwickelte Methan CH_4 (Sumpfgas) zu CO_2 und Wasser.
Farblose Schwefelbakterien: Diese in Gesellschaft mit desulfurizierenden *Bakterien* (S. 307) in nährstoff- und schwefelwasserstoffreichen Gewässern lebenden fädigen Bakterienkolonien oxydieren mit Hilfe von Luftsauerstoff den aus unteren Wasserschichten aufsteigenden Schwefelwasserstoff H_2S bis zur schwefligen Säure H_2SO_3 und diese dann bis zum Sulfat (F), z. B. *Thiobacillus, Thiotrix*.
Knallgasbakterien oxydieren molekularen Wasserstoff H_2 mit Hilfe des Enzyms Hydrogenase zu Wasser, können jedoch auch heterotroph leben.
Von großem theoret. Interesse ist die Tatsache, daß die normalerweise photoautotroph lebende *Grünalge Scenedesmus* unter bestimmten Experimentalbedingungen nicht mehr Wasser, sondern wie *Knallgasbakterien* H_2 als Wasserstoff-Spender für $NADP^+$ verwertet und sogar im Dunkeln zu H_2O verbrennt, also echt chemosynthetisch CO_2 assimiliert. Hier zeigt sich bes. deutlich die enge Beziehung zwischen Photo- und Chemosynthese und ihr Unterschied in der Art der Energiegewinnung.

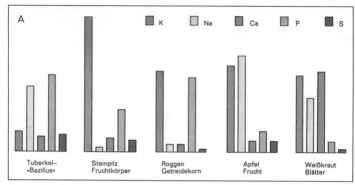

Relative Häufigkeit verschiedener chemischer Elemente in der Pflanzenasche

B

	Ertrag dz/ha		darin kg Nährstoff			
	Korn Knolle Rübe	Stroh Blätter	Kali	Kalk	Stick- stoff	Phosphor- säure
Roggen	22	40	60	15	50	30
Weizen	23	44	48	10	50	37
Gerste	22	32	48	13	50	25
Kartoffeln	170	40	140	30	70	30
Zuckerrüben	320	140	180	40	140	48
Futterrüben	450	90	200	30	100	36
Erbsen	17	27	60	50	100	30
Bohnen	?	?	110	50	150	40
Winterraps	17	36	55	80	85	40

Alle Werte gelten für mäßige Ernten, sie sind für Mitteleuropa um 30 bis 50% zu erhöhen.

Ertrag und Nährstoffentnahme

C

KNOP:

1000 g H₂O
1,00 g Ca(NO₃)₂
0,25 g MgSO₄
0,25 g KH₂PO₄
0,25 g KNO₃
0,10 g FeSO₄

v. d. CRONE:

1000 g H₂O
1,00 g KNO₃
0,50 g MgSO₄
0,50 g CaSO₄
0,25 g Ca₃(PO₄)₂
0,25 g Fe₃(PO₄)₂

Dazu 1 Tropfen A–Z-Lösung
(Spurenelemente):

1000 g H₂O
0,055 g Al₂(SO₄)₃
0,028 g KJ
0,028 g KBr
0,055 g TiO₂
0,028 g SnCl₂

0,028 g LiCl
0,889 g MnCl₂
0,614 g B(OH)₃
0,055 g ZnSO₄
0,055 g CuSO₄
0,059 g NiSO₄
0,055 g Co(NO₃)₂

Nährlösungen

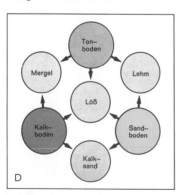

Bodentypen

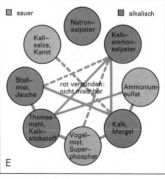

Mischbarkeit von Düngemitteln

Die Elementaranalyse des Pflanzenkörpers zeigt, daß die Trockensubstanz außer den **klass. Elementen** der organ. Stoffe (C, N, O, H, S, P) in ihrem unverbrennbaren Bestandteil, der **Pflanzenasche**, einen nach Gewebetyp, Pflanzenart und Standort wechselnden Gehalt an chem. Elementen aufweist (A). Ihr Stoffwechsel, der **Mineralstoffwechsel**, unterscheidet sich wesentlich von dem der organ. Verbindungen, weil die Mineralstoffe im Organismus weder produziert noch verbraucht werden.

Mineralsalze

Die natürl. Quelle der notwendigen Nährsalze ist der Erdboden (B), der neben den dunklen organ. Humussubstanzen die verschiedenen, aus der Verwitterung des Gesteins entstandenen Mineralsalze birgt (D). Zwar ist zu deren Aufnahme die ganze Pflanzenoberfläche fähig, doch sind bes. die Wurzeln als **Organ der Salzaufnahme** anzusehen, die außer bei Wasserpflanzen normalerweise nur sie in Kontakt mit den Nährsalzen kommen.

Salze werden von den *Pflanzen* nur als Ionen, d. h. als elektr. geladene Teilchen, und in wäßriger Lösung aufgenommen. Daher können **Nährlösungen** an die Stelle des Erdbodens treten (»Hydrokultur«), wenn sie die notwendigen Ionen enthalten (C):
- Positiv geladene **Kationen** K^+, Ca^{++}, Mg^{++}, Fe^{++} in schwacher Konzentration; Mn, Cu, Zn, Co, B und andere als »Spurenelement«.
- Negativ geladene **Anionen** NO_3^- (Nitrat), SO_4^{--} (Sulfat) und PO_4^{3-} (Phosphat); als Spurenelemente Cl^- (Chlorid, bei Wasserphotolyse) und MoO_4^{--} (Molybdat).

Die Ionen müssen in einem ausbalancierten Verhältnis geboten werden, da einzelne Ionen allein giftig sind, selbst wenn sie als lebensnotwendig vorhanden sein müssen (Ionenantagonismus, S. 11); außerdem darf aus osmot. Gründen die Gesamtkonzentration nicht zu hoch sein. – Fehlt eines der genannten Ionen, so bilden sich bald schwere Mangel- und Ausfallserscheinungen, denn von den notwendigen Stoffen bestimmt derjenige das Ausmaß der Entw., der vergleichsweise in der kleinsten Konzentration vorliegt (**Gesetz des Minimums**). Die Nährstoffverfügbarkeit hängt auch stark vom pH-Wert des Bodens ab.

Aufnahme der Mineralsalze
Der komplexe Mechanismus der Ionenaufnahme ist erst zum Teil aufgeklärt, die Vorstellung noch überwiegend hypothetisch:
- **Die passive Anfangsphase** beginnt mit der freien Ionenbewegung in den »freien Raum«, der im wesentl. aus den kapillaren Räumen der Zellwand besteht. Es schließt sich eine Austauschadsorption von vorwiegend Kationen an die anionischen Strukturmoleküle von Zellwand und Plasmalemma an: Es werden gleichgeladene Ionen gegeneinander ausgetauscht, indem ein stärker adsorbierbares Ion aus dem Boden das schwächer adsorbierbare verdrängt und am Anion seinen Platz einnimmt.

- **Die aktive Ionenaufnahme** durch das Plasmalemma verbraucht Energie (Ionenatmung) und führt der Zelle entgegen dem Konzentrationsgefälle Ionen zu. Dieses **Speichervermögen** ist verbunden mit einem **Wahlvermögen**, denn best. Ionen können bevorzugt aufgenommen werden.

Ionenaufnahme zeigt alle Formen eines Transmembrantransportes (S. 25), z. B. aktiven Carriertransport bei den Transport-ATPasen für K^+ in Getreidewurzeln.

Stoffwechselbedeutung der Mineralsalze

Salze können eine zweifache Rolle im Stoffwechsel spielen: Sie dienen als direkte Bausteine lebenswichtiger organ. Moleküle (Eiweiße, Enzyme) oder wirken aufgrund ihrer elektr. Ladung auf den Kolloidzustand wichtiger Plasmabestandteile.

Kalium kommt nicht in organ. Bindung, sondern nur als Ion vor. Es fördert die Quellung der Plasmakolloide und aktiviert die Enzyme der Proteinbiosynthese.

Calcium wirkt, antagonistisch zum Kalium, entquellend auf das Plasma. Da Ca-Pektinverbindungen am Aufbau der Mittellamelle der Zellwand beteiligt sind (S. 30), führt Ca-Mangel zum frühen Absterben der Vegetationspunkte.

Magnesium ist allein giftig und muß daher in einem balancierten Verhältnis zu Ca stehen. Es ist nicht nur Komplexbestandteil des Chlorophylls (S. 28) und Pektins (S. 30), sondern aktiviert ATP und Enzyme des Energiestoffwechsels wie der DNA-Synthese.

Eisen ist lebensnotwendig als Baustein von Enzymen: Cytochrome, Ferredoxin (S. 273 ff.). Sein Mangel unterbindet sek. die Chlorophyllbildung (»Chlorose« bei stark kalkhaltigem Boden).

Mangan ist in Spuren notwendig, denn es ist in oxydierenden Enzymen, z. B. des Citratzyklus (S. 346) und in der Photosynthese bei der Photolyse des Wassers (S. 274), beteiligt.

Nitrat ist bei den autotrophen *Pflanzen* der Ausgangsstoff für den gesamten N- und Proteinstoffwechsel. NO_3^- wird zunächst zu $-NH_2$ reduziert und dann zur Aminosäuresynthese verwandt. Nitrat-Ionen sind durch Ammonium-Ionen NH_4^+ zu ersetzen. Bei N-Mangel vergilben die ältesten Blätter vorzeitig, die *Pflanzen* sind kleinwüchsig wegen der zugunsten der Wurzeln verschobenen Relation von Sproß und Wurzel, stehen aber starr aufrecht (Starrtracht, Peinomorphie).

Sulfat wird zum Aufbau S-haltiger Aminosäuren (Cystein-Cystin) gebraucht. S findet sich außerdem im Coenzym A und Biotin.

Phosphat wird nicht reduziert, sondern im Zuge versch. Stoffwechselvorgänge unter Mitwirkung einer Phosphorylase esterartig gebunden. Solche organ. Phosphatverbindungen sind z. B. das ATP, die Nukleinsäuren, Phosphatide wie das Lezithin (S. 18) sowie die Cosubstrate NAD^+ bzw. $NADP^+$ (S. 273).

A	100 g Lebensmittel enthalten in							100 g Lebensmittel enthalten in $\frac{1}{10}$ mg								
	Gramm					kJ										
— fehlt + in Spuren vorhanden	Wasser	Eiweiß	Eiweiß, verwertbar	Fett	Kohlenhydrat	Energie	Energie, verwertbar	Vitamin A Carotin	E Tocopherole	K Phyllochinone	B₁ Thiamin	B₂ Lactoflavin Riboflavin	B₂ Niacin	Pantothensäure	B₆ Pyridoxin Adermin	C Ascorbinsäure
Hühnerfleisch	70	19	18	9	+	678	636	+	9	2	?	?	50	20	8	—
Kalbfleisch	74	22	21	3	+	494	465	+	9	2	?	?	50	20	8	—
Rindfleisch	74	21	20	4	+	515	481	+	9	2	1,5	25	50	20	8	—
Schweinefleisch	?	16	15	34	+	1599	1515	+	9	2	6	25	50	20	8	—
Mettwurst	35	19	17	41	+	1921	1800	?	?	?	?	?	?	?	?	?
Leber	72	20	18	4	4	544	?	2000	16	4	5,2	37	250	60	25	300
Hering	48	20	13	17	+	1004	649	?	?	?	?	?	?	?	?	?
Eier	74	14	13	11	0,6	678	628	2	15	2	1,4	3	8	48	20	—
Frauenmilch	87	2	2	3	6	293	276	10	18	+	0,2	1,6	5	2,5	1,5	70
Kuhmilch	88	4	3	3	5	272	264	10	1	0,3	0,4	2,5	5	3,7	3	25
Butter	14	1	1	84	+	3310	3285	120	30	?	?	?	?	?	?	?
Magerkäse	52	38	35	2	3	778	699	?	?	?	?	4,5	?	?	?	?
Roggenmehl	15	7	4	1	76	1465	1297	?	45	?	4,2	2	27	20	?	+
Weizenmehl	15	12	10	1	71	1481	1276	3	75	0,2	10	2,5	80	15	7	15
Äpfel	84	1	—	—	14	247	167	0,5	?	?	0,4	0,2	5	0,6	2	270
Pflaumen	81	1	+	—	17	306	188	2	?	?	0,5	1	?	3	?	100
Tomaten	93	1	+	+	4	84	42	23	?	8	0,5		6	4	3	240
Spinat	93	2	1	+	2	67	63	80	60	30	2,2	3,6	17	1,2	5	150
Kohl	70	5	3	1	10	293	126	80	30	30	2	1	4	14	3	700
Karotten	88	1	+	+	9	172	105	100	30	0,8	0,7	1	15	2,5	2	100
Kartoffeln	75	2	1	+	21	402	310	0,6	?	0,8	1,8	0,4	13	7	6	350

Gehalt der Nahrungsmittel an Nährstoffen und Vitaminen

Fettlösliche Vitamine				Wasserlösliche Vitamine			
Vitamin	Coenzym	Mangel-krankheiten	Bedarf mg/Tag	Vitamin	Coenzym	Mangel-krankheiten	Bedarf mg/Tag
Retinol	Opsin?	Nachtblindheit, Verhornung des Augenepithels	0,8–1,1	Thiamin	Thiamin-pyrophosphat	Beriberi	1,4–1,6
				Riboflavin	FAD	—	1,5–2,0
Calciferol	?	Rachitis: unvollkommene Verknöcherung, Deformation belasteter Knochen	0,008	Niacin	NAD$^+$	Pellagra	15–20
				Folsäure	Coenzym F	Anämie	0,4
				Pantothen-säure	Coenzym A	—	
Tocopherol	Coenzyme des Elektronentransportes	Rückbildung der Muskeln?	12	Pyridoxin	Pyridoxal-phosphat	Leber-verfettung	1,6–2,1
Phyllo-chinon		verlangsamte Blutgerinnung	0,5–2,5	Cobalamin	— Coenzym	Anämie	0,003
				Ascorbin-säure	Redox	Skorbut	75
B				Biotin	—	Dermatitis	5–8

Bedeutung der Vitamine für den Menschen

Heterotrophe Organismen sind auf die Zufuhr organ. Substanz angewiesen (S. 49). Sie sind unter *Pflanzen* selten (S. 247), dagegen bei *Bakterien* häufig (S. 63) und für das Tierreich charakteristisch.

Die Nahrung tierischer Organismen

Heterotrophe Lebewesen nähren sich von *Tieren* oder *Pflanzen* oder Teilen von ihnen, wobei für jede Tierart die **Art der Nahrung** innerhalb best. Grenzen festliegt (S. 243). Die aufgenommenen **Nahrungsmittel** (z.B. des *Menschen:* Milch, Fleisch, Brot, Gemüse) enthalten neben unbrauchbaren Ballaststoffen, die im Kot wieder abgegeben werden, die chemisch genau definierten **Nahrungs- und Ergänzungsstoffe** (A). Ihre spez. Bedeutung ist für die jeweilige Tierart verschieden: In der Energieproduktion können sich die Hauptnährstoffe entspr. ihrer Verbrennungswärme (S. 301) weitgehend vertreten, nur muß durch die Nahrung der Verlust an einzelnen Elementen in der Gesamtstoffbilanz wieder ausgeglichen sein.

Außerdem ist bei der Beurteilung der Nahrung entscheidend, welche Nahrungsbestandteile **essentiell**, d.h. lebensnotwendig und durch andere nicht ersetzbar, sind. Die Grenze ist hier nicht immer scharf zu ziehen (Artspezifität, Grad der Unersetzlichkeit, Abhängigkeit von anderen Nahrungsbestandteilen).

1. Die Kohlenhydrate (Zucker, Stärke) sind nicht absolut essentiell und durch Eiweiß und Fett ersetzbar. Bei Mangel (unter 100 g/Tag) bilden sich allerdings Acetonkörper und Schäden der Darmflora (gestörte Vitaminsynthese).

2. Die Fette dienen als hochwertige Energielieferanten, zur Resorption fettlösl. Vitamine und Provitamine und liefern die essentiellen Fettsäuren (z.B. die ungesättigte Linolsäure), die von bes. Bedeutung sind für Jungorganismen (Haarausfall, gestörter Wasserhaushalt), aber auch für Erwachsene (Fortpflanzungsstörung).

3. Die Eiweiße sind unbedingt notwendig, unterscheiden sich jedoch entsprechend ihrem Gehalt an versch. Aminosäuren in ihrer Fähigkeit zur Synthese von Körpereiweiß. Essentiell sind für den *Menschen* die Aminosäuren Isoleucin, Leucin, Lysin, Methionin, Phenylalanin, Threonin, Tryptophan und Valin, für den Säugling auch Histidin. Arginin ist eine semi-essentielle Aminosäure, da u.U. die endogene Erzeugung nicht ausreicht.

Zur Erhaltung der Stickstoffbilanz ist beim *Menschen* eine tägl. Mindestzufuhr von ca. 30 g Eiweiß lebensnotwendig, d.h. pro Tag etwa 0,5 g/kg Körpergewicht (Bilanzminimum). Für die normale Leistungsfähigkeit ist jedoch das Doppelte nötig (Funktionelles Eiweißminimum), und zwar muß etwa die Hälfte davon als tier. Eiweiß (Fleisch, Fisch, Milch, Eier) zugeführt werden, um die Zufuhr der essentiellen Aminosäuren in ausreichendem Maße zu gewährleisten. Der Bedarf bei Kleinkindern beträgt 2,0–2,4 g/kg Körpergewicht.

Übermäßige Zufuhr einzelner Aminosäuren führt zu Störungen (Aminosäure-Ungleichgewicht), doch kann die giftige Wirkung von z.B. zuviel Methionin durch Zulage von Lysin und Arginin wieder behoben werden, die selbst in einem ausbalancierten Verhältnis vorliegen müssen, sollen sie sich nicht gegenseitig hemmen. Aus solchen Beziehungen erklärt sich die gegenseitige Ergänzung der Nahrungseiweiße zu vollwertiger Nahrung (z.B. Gemisch von Kartoffeln und tier. Eiweiß).

4. Die anorgan. Bestandteile Na, K, Ca, Mg, Chlorid und Phosphat, ferner die Spurenelemente Cu, Zn, Mn, Co, Mo, J und Fe sind von essentieller Bedeutung, z.B. beeinflussen sie das Verhalten des Wassers und der Proteine (S. 11), erfüllen statische Funktionen oder sind Wirkgruppen in Holoenzymen (S. 273).

5. Die Vitamine sind niedrigmolekulare organ. Stoffe, die im tier. Organismus nicht erzeugt werden können, auf deren Zufuhr er aber für Existenz, Wachstum und Fortpflanzung angewiesen ist. Die Versorgung erfolgt meist mit der Nahrung und vorwiegend in kleinen Mengen. Ihre zu geringe Zufuhr ruft oft Mangelkrankheiten (Avitaminosen) hervor, da sie bestimmte Coenzyme aufbauen (B).

– **Vitamin A** (Retinol, Axerophthol) wird im Organismus aus dem Provitamin Carotin erzeugt und ist als Aldehyd Bestandteil des Sehpurpurs (S. 356 f.).

– **Vitamin D** (Calciferol) entsteht in der Haut bei UV-Bestrahlung aus Provitaminen. Es fördert die Aufnahme von Ca^{++} aus der Nahrung und somit die Knochenfestigung.

– **Vitamin E** (Tocopherol) wurde als Antisterilitätsfaktor der weibl. *Ratte* entdeckt. Es hemmt u.a. die Oxydation ungesättigter Stoffe.

– **Vitamin K** (Phyllochinon) ermöglicht die Blutgerinnung, indem es an der Biosynthese der Gerinnungseiweiße (Prothrombin) beteiligt ist. Versorgung des *Menschen* durch Darmflora.

– **Vitamin B$_1$** (Thiamin) spielt eine wesentl. Rolle bei der oxydativen Decarboxylierung (S. 303) und zur Erhaltung des Myelins (S. 95).

– **Vitamin-B$_2$-Komplex,** dessen Fehlen beim *Menschen* vorwiegend Schleimhautschädigungen verursacht, umfaßt **Riboflavin, Niacin, Folsäure** und **Pantothensäure,** die wichtige Funktionen als Coenzyme erfüllen.

– **Vitamin B$_6$** (Pyridoxin, Adermin) steht in enger Beziehung zu dem Pyridoxalphosphat, das ein Coenzym des Aminosäurestoffwechsels ist.

– **Vitamin B$_{12}$** (Cobalamin) heilt die perniziöse Anämie des *Menschen* (starker Abfall der Erythrocytenzahl). Mikroorganismen sind die natürl. Quelle.

– **Vitamin C** (Ascorbinsäure) ist für die meisten *Säuger* kein Vitamin (Eigensynthese aus Glucose) und gehört in ein biochem. Redoxsystem (Bildung von Noradrenalin, Kollagen).

– **Vitamin H** (Biotin) wurde als Wuchsstoff der *Hefe* entdeckt und ist bei höh. Organismen prosthet. Gruppe in der CO_2-Übertragung bes. des Fettstoffwechsels.

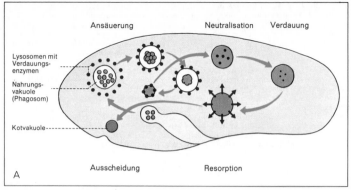

Intrazelluläre Verdauung (Pantoffeltierchen)

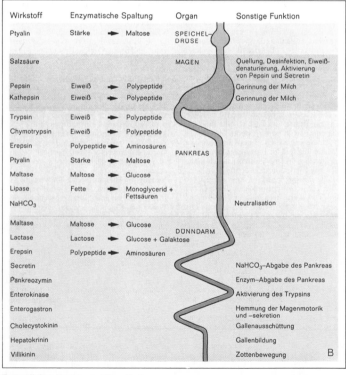

Wirkstoff	Enzymatische Spaltung	Organ	Sonstige Funktion
Ptyalin	Stärke → Maltose	SPEICHEL-DRÜSE	
Salzsäure		MAGEN	Quellung, Desinfektion, Eiweiß-denaturierung, Aktivierung von Pepsin und Secretin
Pepsin	Eiweiß → Polypeptide		Gerinnung der Milch
Kathepsin	Eiweiß → Polypeptide		Gerinnung der Milch
Trypsin	Eiweiß → Polypeptide		
Chymotrypsin	Eiweiß → Polypeptide		
Erepsin	Polypeptide → Aminosäuren	PANKREAS	
Ptyalin	Stärke → Maltose		
Maltase	Maltose → Glucose		
Lipase	Fette → Monoglycerid + Fettsäuren		
NaHCO₃			Neutralisation
Maltase	Maltose → Glucose		
Lactase	Lactose → Glucose + Galaktose	DÜNNDARM	
Erepsin	Polypeptide → Aminosäuren		
Secretin			NaHCO₃-Abgabe des Pankreas
Pankreozymin			Enzym-Abgabe des Pankreas
Enterokinase			Aktivierung des Trypsins
Enterogastron			Hemmung der Magenmotorik und -sekretion
Cholecystokinin			Gallenausschüttung
Hepatokrinin			Gallenbildung
Villikinin			Zottenbewegung

Extrazelluläre Verdauung (Säugetier)

Die Ernährung der Tiere umfaßt im allg. vier aufeinanderfolgende Vorgänge:

Aufnahme der Nahrung in physiologisch noch zur Außenwelt des *Tieres* gehörende Körperhöhlen (Vakuolen, Darm) auf versch. Weise (Einzelheiten S. 253),

Verdauung im engeren Sinne, d. h. mechan. und chem. Verarbeitung der Nahrung durch spez. Verdauungsenzyme, wodurch anschließend, oft im Verlauf eines Stofftransportes (S. 293), die

Aufnahme (Resorption) verwertbarer Bestandteile in das Zell- oder Körperinnere möglich wird (S. 287), während durch

Ausscheidung (Defäkation, S. 296ff.) unbrauchbare Anteile den Körper wieder verlassen.

Da die beiden ersten Abschnitte gemeinsam die Nahrung resorbierbar machen, werden sie gelegentl. als »Verdauung im weiteren Sinne« zusammengefaßt. Man unterscheidet **intrazelluläre Verdauung** (S. 23) und **extrazelluläre** Verdauung (Verdauung außerhalb der Zellverbände).

Intrazelluläre Verdauung (A)

Bei allen fressenden *Protozoen*, den *Schwämmen*, manchen *Hohltieren*, *Strudelwürmern*, *Stachelhäutern* und hinsichtlich der Eiweißverdauung auch *Weichtieren* werden die zu verdauenden Nahrungskörper durch **Phago-** und **Pinocytose** (S. 24f.) in das Cytoplasma aufgenommen und bleiben vor der Membran umschlossen. Das Phagosom verschmilzt mit Lysosomen (S. 23), die anschließenden enzymat. Prozesse gleichen im Prinzip denen der extrazellulären Verdauung.

Der Ablauf in den Vakuolen läßt bei *Protozoen* und phagozytierenden *Metazoen*-Zellen mehrere Phasen erkennen:

– In der sauren Phase (Salzsäure, pH4) wird unter Wasserverlust die Nahrung abgetötet und verdichtet.

– Während der 2. Phase weicht die saure Reaktion einer neutralen; Enzyme zersetzen die verdaul. Nahrungsbestandteile.

– Die gelösten Spaltprodukte werden unter Schrumpfung der Vakuole aufgesaugt.

– Unverdauliches wird durch Platzen der Vakuole nach außen entleert (Exocytose, S. 25).

Extrazelluläre Verdauung (B)

Viel größere Bedeutung kommt der bei *Ringelwürmern*, *Gliederfüßern* und *Wirbeltieren* ausschließlich vorkommenden **extrazellulären Verdauung** zu. Hierbei sezernieren Drüsenzellen die Verdauungssäfte in die Darmhöhle, in der die Nahrung auch enzymatisch zersetzt wird. Im Sonderfall der **extraintestinalen Verdauung** der Außenverdauer (z. B. *Seesterne*, *Spinnen*, *Laufkäfer*) werden die Verdauungssäfte in das Beutetier gespritzt, das dadurch schnell verflüssigt und ausgesogen werden kann. Eine Besonderheit ist auch die **endosmotische Aufnahme** der vom Wirt enzymatisch bereits resorbierbar gemachten Stoffe bei vielen Darmparasiten.

Die Diff. des Darmes läßt in der Tierreihe versch. Entw.-Tendenzen erkennen:

– Vergrößerung der aktiven Oberfläche durch Darmverlängerung *(Pflanzenfresser)*, Faltenbildung *(Regenwürmer, Haie)*, Verzweigung *(Planarien)*.

– Muskulöse Bewegungs- und Zerkleinerungsapparate, z. B. Kaumägen; Ringmuskelverschlüsse zum Festhalten der Nahrung in bestimmten Darmabschnitten *(Vögel)*.

– Entstehung von Anhangsorganen zur Erhöhung der Enzymsekretion (Speichel-, Magen-, Darmdrüsen und Pankreas und Leber bei *Wirbeltieren)*.

– Ausbildung funkt. versch. Darmabschnitte für die Enzymtätigkeit (»Fließband«).

– Regulationsmechanismen zum geregelten Ineinandergreifen der versch. Vorgänge.

Die Verdauungsenzyme sind sämtlich Hydrolasen, die hochmolekulare Nahrungsstoffe unter Wasseraufnahme in niedermolekulare, meist wasserlösl. Bausteine (Aminosäuren, einfache Zucker, Glycerin, Fettsäuren) spalten. Sie bilden zusammen mit anderen spezif. Substanzen (Salze, Säuren oder Alkalien, Schleimstoffe) die Sekrete, die von den Drüsenzellen (S. 89) holokrin *(Krebs, Schabe)*, merokrin *(Aphrodite)* oder apokrin *(Wirbeltiere)* abgeschieden werden.

Die versch. Abschnitte des Darmkanals sind bei allen *höh. Tieren*, bes. aber bei den *Wirbeltieren* (S. 107), auf einzelne Stufen der Verdauung spezialisiert:

– **Mundverdauung:** Direkte Berührungsreize der Nahrung oder Großhirnrindenimpulse (Pawlowscher Hund, S. 400f.) lösen nervösreflektor. Speichelsekretion aus. Während der Speichel der *Lurche, Reptilien, Vögel* und pflanzenfressender *Säuger* nur durch Mucin schlüpfrig macht, enthält er bei den anderen Tieren Stärke abbauende Amylase. *Wassertieren* fehlen die Speicheldrüsen meist.

– **Magenverdauung:** Der saure, salzsäurehaltige Magensaft der Magenwanddrüsen verwandelt durch Pepsin Eiweiße in kürzere Bruchstücke (Peptide) und bewirkt durch die Säure ein Abtöten von *Bakterien*, den Verschluß des Pförtners und die Aktivierung der Pepsinvorstufe Pepsinogen.

– **Dünndarmverdauung:** Der neutralisierende alkal. Verdauungssaft führt die Verdauung zu Ende. Er bildet physiologisch eine Einheit, obwohl seine Bestandteile drei versch. Organen entstammen.

Sekrete der **Dünndarmschleimhaut** enthalten peptidspaltende Peptidasen (»Erepsin«) und Malz und Rohrzucker spaltende Maltasen, daneben Gallen-, Magen- und Zottenaktivität regulierende Wirkstoffe. Das alkalische **Pankreassekret** enthält die meisten Enzyme: fettspaltende Lipasen, eiweißspaltendes Trypsin (S. 13) und Peptidasen, kohlenhydratspaltende Carbohydrasen.

Die in der Leber erzeugte **Galle** dient bes. der Neutralisation, der Fettemulgierung und der Aktivierung der Pankreas-Lipase. Eigene Enzyme fehlen ihr fast immer (Ausnahme: Gallensekret des *Karpfens* mit Esterase).

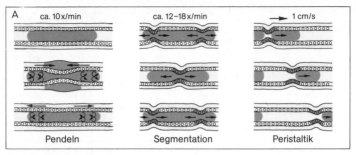

Typen der Darmmotorik

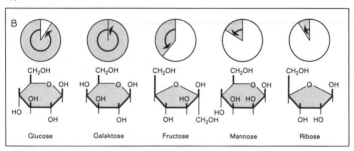

Resorptionsgeschwindigkeit verschiedener Monosaccharide

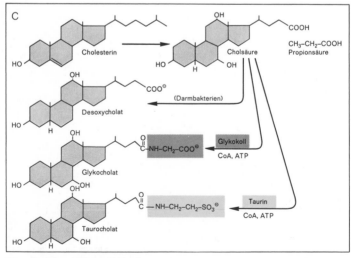

Biosynthese der wichtigsten Gallensäuren

Arten der Resorption

Durch den Prozeß der Resorption gelangen die meist kleinmolekularen Stoffe durch die lebende Oberfläche in den Organismus. Da dieser Vorgang mit der Verdauung Schritt hält, wird eine Konzentrationserhöhung der Abbauprodukte und damit die gemäß dem chem. Massenwirkungsgesetz einsetzende Verzögerung der weiteren Verdauung vermieden. Nach der Art der resorbierenden Oberfläche wird unterschieden:

Parenterale Resorption,
die Stoffaufnahme an äußeren oder inneren Organoberflächen (Haut, Hautderivate, ausgenommen Darm) sowie der Stoffaustausch zw. Zellen und Gewebsflüssigkeiten. Beschaffenheit der Haut und Art der Substanz bestimmen das Ausmaß der parenteralen Resorption:
– Schleimhäute sind wirksamer als verhornte Epithelien.
– Manche *Wirbellosen* nehmen durch die Epidermis Monosaccharide, Aminosäuren und Ionen auf, darmlose Blut- und Darmparasiten ernähren sich so ausschließlich.

Enterale Resorption,
die Aufnahme von Stoffen aus dem Darmkanal, kann für kleinmolekulare Stoffe wie Monosaccharide, Alkohol oder Pharmaca in der Mundschleimhaut einsetzen, erfolgt aber vorwiegend im Dünndarm und für Wasser und Salze im Dickdarm. Neben der ausgeprägten Oberflächenvergrößerung steigert die **Motorik des Dünndarms** die Resorptionsmöglichkeit erheblich:
– Die Eigenbeweglichkeit der Darmzotten durch die Schleimhautmuskulatur verschafft dem resorbierenden Epithel ständig neuen Kontakt mit dem Speisebrei. Das »Zottenpumpwerk« wird sowohl autonom-nervös als auch durch das Gewebshormon Villikinin geregelt.
– Pendelbewegungen und rhythm. Segmentierung durch Kontraktion der Längs- bzw. Ringmuskulatur schaffen Durchmischung (A),
– peristaltische Wellen der Darmwand bewegen den Darminhalt zum Dickdarm.

Die Mechanismen der Resorption
sind die grundsätzlich allen Zellen eigenen Formen des Membrantransportes (S. 25):
Passiver Transport von Glucose und den Aminosäuren Serin und Glycin gilt bei manchen *Insekten* als wahrscheinl., desgleichen die Resorption von Fructose und allen Pentosen beim *Menschen*.
Aktiver Transport in die Darmepithelzellen ist die Regel und neben der starken Neubildung dieser Zellen die Ursache für den hohen Energieverbrauch der Darmschleimhaut. Da Glucose durch Galaktose kompetitiv gehemmt wird, schließt man auf das gleiche Carriersystem. Aus ähnl. Grund vermutet man bei *Wirbeltieren* ca. vier versch. Mechanismen des aktiven Aminosäure-Aufnahme.
Bei wasserunlösl. Substanzen (Lipide) wird die Löslichkeit und Resorption durch die Bindung an gallensaure Salze erreicht.

Resorption der Verdauungsprodukte

Kohlenhydrate werden fast ausschließl. als Monosaccharide, und zwar unterschiedlich schnell resorbiert (B). Der aktive Hexosetransport ist jedoch nicht von einer Phosphorylierung abhängig, sondern von der Konfiguration des Zuckers und einem entgegengesetzten Na^+-Gefälle. Dabei ist nur der Na-Transport, der mit der Zuckerresorption gekoppelt ist, energieabhängig. Der aufgenommene Zucker gelangt mit dem Pfortaderblut in die Leber.

Proteine können nur bei neugeborenen *Säugern* die Darmschleimhaut passieren (passive Immunisierung durch Antikörper in der Erstmilch der Mutter), ebenso bei best. Krankheiten (Allergie gegen Fremdprotein), beides wahrscheinl. durch Cytopempsis (S. 25). Die Resorption der Aminosäuren erfolgt immer aktiv, wobei räuml. Konfiguration und Aminosäurekonkurrenz (S. 283) eine Rolle spielen. Es bestehen auch hier Beziehungen zu Pyridoxalphosphat, einem Coenzym des Aminosäurerestoffwechsels, und den Natriumionen im Außenmilieu.

Lipide (Fette) werden z. T. unvollständig gespalten und vermutl. als feinemulgierte (Wirkung der Gallensäuren, C) Monoglyceride (= Ester aus 1 Molekül Glycerin und 1 Molekül Fettsäure) resorbiert. Feinstemulgierte Teilchen können sogar direkt ohne Hydrolyse durch Pinocytose aufgenommen werden. Die Resorption erfolgt durch die Mikrovilli der Darmepithelzellen (S. 8). Während nied. Fettsäuren und Glycerin ohne wesentl. Veränderung durch die Darmschleimhaut über das Kapillarblut in die Pfortader kommen, werden die höh. Fettsäuren in den Mucosazellen unter ATP-Verbrauch über Mono- zu Triglyceriden umgesetzt. Diese werden als Chylomikronen, d. h. in kolloidaler Verteilung in einer Umkehrung der Pinocytose aus der Zelle und in die Lymphwege befördert.

Mitwirkung von Symbionten bei der Verdauung
Sehr viele *Tiere* leben in Symbiose (S. 255) mit darmbewohnenden Mikroorganismen, meist *Bakterien, Ciliaten* und *Hefen*, deren körpereigene Proteine eine auch mengenmäßig bedeutende **Ernährungsquelle** sein können: Im Magen der *Wiederkäuer* spalten anaerobe *Bakterien* die von den Wirtsorganismen aufgenommene Zellulose in resorbierbare Essig-, Propion- und Buttersäure, und der größte Teil der von den *Tieren* selbst verdauten und aufgenommenen Eiweiße ist Protein der *Bakterien* und *Ciliaten*. In anderen Fällen wird der **enzymat. Aufschluß** durch Symbionten möglich: Der *Blutegel* kann mangels eigener extrazellulärer Proteasen nur die vom *Bakterium Pseudomonas hirudinis* aus Bluteiweiß freigesetzten Aminosäuren resorbieren. Häufig liefern Symbionten auch selbstsynthetisierte **Vitamine**; z. B. braucht die *Fleischfliege Lucilia* zur Vitamin-B-Versorgung *Escherichia coli*, auch beim *Menschen* wird der Vitaminbedarf (K, H, B_2, B_{12}) teilweise durch *Darmbakterien* gedeckt.

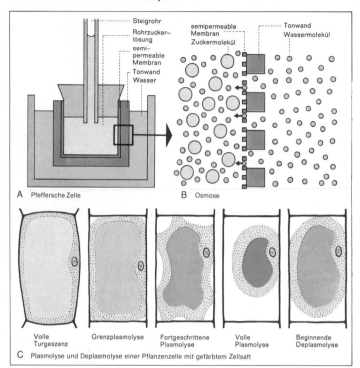

A Pfeffersche Zelle

B Osmose

C Plasmolyse und Deplasmolyse einer Pflanzenzelle mit gefärbtem Zellsaft

Volle Turgeszenz — Grenzplasmolyse — Fortgeschrittene Plasmolyse — Volle Plasmolyse — Beginnende Deplasmolyse

Osmose

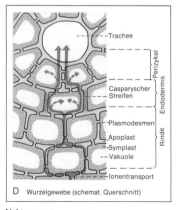

D Wurzelgewebe (schemat. Querschnitt)

Nahtransport

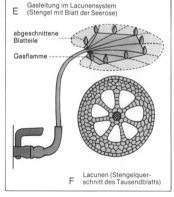

E Gasleitung im Lacunensystem (Stengel mit Blatt der Seerose)

F Lacunen (Stengelquerschnitt des Tausendblatts)

Gastransport

Stofftransport vielzelliger Organismen umfaßt als Grundlage für koordinierten Stoffwechselablauf zahlr. Leistungen:
- Transport der Nährstoffe von Resorptions- zu Verbrauchs- und Speicherorten;
- der Speicherstoffe zu Verbrauchsorten;
- der Exkrete zu Ausscheidungsorten;
- der Sekrete (Inkrete) zu den Wirkorten.

Transportformen der Stoffe
Geringe Molekülgröße und Wasserlöslichkeit sind im allg. Vorbedingung für Transportierbarkeit; hochmolekulare Stoffe werden daher zerlegt:
- z.B. werden Eiweiße wohl meist als Aminosäuren oder Amine transportiert,
- Stärke meist als Glucose oder Saccharose.

Osmose
ist definiert als Permeation (S. 26) von H_2O durch semi- oder selektiv permeable Membranen, die für H_2O gut, für gelöste Stoffe schlecht oder nicht durchlässig sind. Sie ist für den Stofftransport bes. wichtig, da H_2O das Haupttransportmittel ist.
Die **Pfeffersche Zelle (Osmometer)** ist ein Modell der Pflanzenzelle als osmot. System (A, B): die semipermeable Membran aus Cu_2 $[Fe(CN)_6]$ entspr. den Grenzmembranen des wandständigen Plasmas, die poröse Tonwand der Zellwand, die Zuckerlösung dem Zellsaft.
Aus hypotonischen Flüssigkeiten wandern, während die Membran den Austritt der Zuckermoleküle verhindert, entlang dem Konzentrationsgefälle H_2O-Moleküle in die Zelle, bis der Druck der Flüssigkeitssäule im Steigrohr weiteren Wassereinstrom verhindert.
Diesem hydrostat. Druck entspr. der osmot. Druck im Innern der Zelle. Man unterscheidet:
- potentieller osmot. Druck (= osmot. Wert Π^*), der jeder Lösung zukommt;
- aktueller osmot. Druck, den die Lösung in einer osmot. Zelle entwickelt.
Bei der **Pflanzenzelle** rührt dieser Gegendruck von der Spannung der elast. Zellwand her (Wanddruck W). Ihm entgegen wirkt der die Wand dehnende hydrostat. Druck (Turgordruck P). Da volle Wassersättigung der Zelle nicht immer besteht, kompensiert der Turgordruck dann nur teilw. den potent. osmot. Druck. Nur der Rest (Saugspannung S) ist für den aktuellen osmot. Wassereinstrom verfügbar. Den Zus.-hang stellt die osmot. Zustandsgleichung der Zelle dar:
$$(+) S = (+) \Pi^* - (+) P$$
Auf der Grundlage des Wasserpotentials (Wasserabgabe aus der Vakuole an reines H_2O) lautet die Gleichung:
$$(-) \Psi = (-) \Psi_\pi \text{ (osmot. Potential)} + (+) \Psi_\varrho$$
(Druckpotential)
Plasmolyse tritt ein bei Einwirken hyperton. Lösungen auf Pflanzenzellen (C): Wasser tritt aus dem Zellsaft, das Plasma folgt der schrumpfenden Vakuole. Hypoton. Lösungen kehren den Vorgang um (Deplasmolyse). Der osmot. Wert der Zelle ist so durch Vergleich

mit Lösungen bekannter Konzentration meßbar: hebt das Plasma nur in den Zellecken ab, sind Zellsaft und Außenlösung etwa gleich konzentriert (isotonisch).
So wurden in Wurzelrindenzellen osmot. Werte bis 15 Atm., in Blattzellen 30–40 Atm., bei *Schimmelpilzen* über 200 Atm. gemessen.

Fern- und Nahtransport
An den großen Transportvorgängen der Pflanze (S. 291) sind zwei unterschiedl. Formen des Transports beteiligt:
- Ferntransport findet in speziellen Transportgeweben statt (Tracheen und Tracheiden im Xylem bzw. Holz für den Transpirationsstrom; Siebröhren im Phloem bzw. Bast für den Assimilationsstrom);
- Nahtransport geschieht dagegen durch die Zellen unspezialisierter Gewebe (S. 290 A).

Der Nah- oder Kurzstreckentransport erfolgt durch drei Systeme (D):
- Symplast, das durch Plasmodesmen verbundene Protoplasma aller Zellen;
- Apoplast, das kontinuierliche System der Interzellularen und der intermicellaren und interfibrillären Räume der Zellwände; in beiden Systemen werden aber Wasser gelöste organ. und anorgan. Stoffe transportiert;
- das System der Vakuolen ist dagegen diskontinuierlich und nur zum Wassertransport geeignet.

Der Ionentransport erfolgt bis zur Endodermis der Wurzel (S. 100 A) im frei zugängl. Raum (»Free Space«) des Apoplasten, in dem die Ionen weitgehend unselektiv diffundieren (zusätzl. beeinflußt durch die Wasserbewegung des Transpirationsstroms und durch Adsorptionsvorgänge). In der Endodermis ist die direkte Verbindung zum Xylem durch die durch Suberineinlagerung wasserundurchlässigen Casparyschen Streifen gesperrt. Der dort notwendige Übergang der Ionen in den Symplasten geschieht selektiv durch aktiven Transport und ist damit vom Wassertransport unabhängig kontrollierbar.

Der Gastransport
hat gegenüber den beiden anderen großen Transportsystemen der Pflanze darin eine Sonderstellung, daß als Transportmechanismus nur die Diffusion wirkt. Sie reicht auch für den Ferntransport aus, da die Diffusionskoeffizienten bei Gasen ca. 10^4mal höher sind als bei Flüssigkeiten.
Das Transportsystem besteht hauptsächl. aus dem die ganze Pflanze durchziehenden, großenteils lufterfüllten Interzellularensystem und setzt sich im Apoplasten fort. Durch Bildung von Aerenchym (S. 82 G) und durch große Hohlräume (Lacunen; E, F) wird bei Wasser- und Sumpfpflanzen der Gaswechsel bes. der untergetauchten Organe gefördert. Bei ungünstigen Bodenverhältnissen muß das Wurzelsystem über zusätzl. Diffusionsbahnen versorgt werden (Atemwurzeln; S. 116 D).
Nach außen öffnen sich regelbare Spaltöffnungen (S. 85) oder starre Lentizellen.

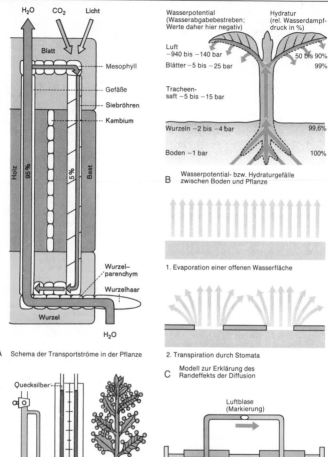

H₂O CO₂ Licht

Blatt

--- Mesophyll

--- Gefäße

--- Siebröhren

--- Kambium

Holz 95 % 5 % Bast

Wurzel–parenchym

Wurzelhaar

Wurzel

H₂O

A Schema der Transportströme in der Pflanze

Wasserpotential
(Wasserabgabestreben;
Werte daher hier negativ)

Hydratur
(rel. Wasserdampf-
druck in %)

Luft
-940 bis -140 bar   50 bis 90%

Blätter -5 bis -25 bar   99%

Tracheen-
saft -5 bis -15 bar

Wurzeln -2 bis -4 bar   99,6%

Boden -1 bar   100%

B Wasserpotential- bzw. Hydraturgefälle zwischen Boden und Pflanze

1. Evaporation einer offenen Wasserfläche

2. Transpiration durch Stomata

C Modell zur Erklärung des Randeffekts der Diffusion

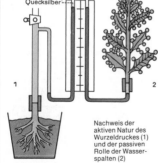

Quecksilber

1   2

Nachweis der
aktiven Natur des
Wurzeldruckes (1)
und der passiven
Rolle der Wasser-
spalten (2)

D Wurzeldruck und Guttation

Luftblase
(Markierung)

konzentrierte
Lösung   verdünnte
Lösung

1   2

H₂O

E Modell des Druckstroms
Gefäß 1 entspr. einem Siebröhrenende am
Assimilationsort, Gefäß 2 am Entnahmeort

Mechanismen des Stofftransports

Der Transpirationsstrom
transportiert neben H_2O auch Nährsalze, organ. N- und S-Verbindungen und Alkaloide aus dem Wurzelstoffwechsel und Zucker (Blutungssaft).
Die Transpiration (Wasserdampfabgabe der Pflanzen an die Luft), die ihn antreibt, beruht auf dem niedrigen Wasserpotential der Luft ($\Psi \approx -300$ bar bei 80% rel. Luftfeuchte). Da vom Erdboden (Ψ meist wenig unter 0) ein Potentialgefälle über Wurzel, Xylem und Blatt besteht (B), läuft ein ständiger Transpirationsstrom φ:

$$\varphi = \frac{\Delta \Psi}{r \text{ (Transportwiderstand)}}$$

Die Transpiration erfolgt auf zwei Wegen:
– Die cuticuläre T. durch die Cuticula beträgt im allg. 0,5–10%; bei *Kakteen* nur 0,05, bei Hygrophyten bis zu 30%.
– Die stomatäre T. (S. 85) ist regelbar. Obwohl Stomata nur 1–2% der Blattfläche ausmachen, erreicht die Transpiration durch den Randeffekt (C) 50–70% der Dampfabgabe einer gleichgroßen Wasserfläche (Evaporation).
Folgende Abschnitte des Transpirationsstroms sind zu unterscheiden (A):
1. Nahtransport im Blatt. Die Mesophyllzellen (S. 101) verlieren aus Zellwand, Plasma und Vakuole H_2O-Dampf an die Interzellularen, wodurch Entquellung und Erhöhung der Konz. gelöster Stoffe eintritt. Die so erhöhte Saugkraft (= Sinken von Ψ) bewirkt Zustrom aus Nachbarzellen. Dieser folgt bes. dem Apoplasten (geringster Widerstand); osmot. Transport über die Vakuolen ist beteiligt. Die Folge ist durch Transpirationssog Unterdruck in den Gefäßen.
2. Ferntransport in Gefäßen. Der Sog, der in Bäumen 40 bar erreicht, hebt die nicht unterbrochene Wassersäule, die die bis in die Wurzeln reichenden Leitbahnen erfüllt, mit Geschwindigkeiten von 1–150 m/h (Extremwert 2900 m/h bei *Weizen* nach Trockenheit).
Der äußere Luftdruck von ca. 1 bar, der eine Wassersäule von 10 m Höhe trägt (bei Berücksichtigung von Filtrations- und Reibungswiderständen nur von 4 m), reicht nicht aus, den Transport zu garantieren.
Die Kohäsion der H_2O-Moleküle in gasfreiem H_2O kann in Tracheen dagegen nach exp. Befunden erst durch 35 bar überwunden werden, die bei Berücksichtigung des Leitwiderstandes eine ca. 140 m hohe Wassersäule tragen können (etwa Maximalhöhe von Bäumen).
Die Adhäsion verhindert das Abreißen der Wassersäule von der Gefäßwand.
3. Nahtransport in der Wurzel. Da dort durch den Unterdruck in den Gefäßen Ψ_ϱ negativ ist, ist $\Psi (= \Psi_\varrho + \Psi_\pi)$ im Vergleich zu den Wurzelzellen bes. niedrig. Entspr. dem Wasserpotentialgefälle, das durch aktive Ionenaufnahme aus dem Boden noch größer wird, strömt also H_2O radial durch die Wurzel zu den Gefäßen.
Die Transportmechanismen sind wie im Blatt vorw. apoplastisch und osmotisch. Nur in der Endodermis nimmt wegen der Sperre des Apoplasten (S. 288 D) der symplastische (und osmot.) Transport zu.

Der Wurzeldruck
tritt bei geringer Transpiration als Transportmechanismus auf, wobei die erreichten Strömungsgeschwindigkeiten aber durchweg gering sind:
– bei Holzpflanzen vor der Belaubung (geringe transpirierende Oberfläche)
– bei krautigen Pflanzen tritt als Folge hoher Luftfeuchte Wasserabscheidung (Guttation) durch Wasserspalten (passive Hydathoden; D) auf; im Gegensatz dazu arbeiten Wasserdrüsen (aktive Hydathoden) mit eigenen Transportmechanismen;
– im Klima des trop. Regenwaldes oft dauernd und mit rel. hoher Intensität notwendig.
Der Wurzeldruck ist meist < 1 bar, selten > 2,5 bar (Max. bei isolierten Tomatenwurzeln > 6 bar; D). Er entsteht, wenn der aktive Ionentransport in die Gefäße den Transpirationsstrom überwiegt und so eine hohe Ionenkonz. in den Gefäßen entsteht. Da dieser Ionentransport energiebedürftig ist, wird der Wurzeldruck durch O_2-Entzug, Atmungsgifte und Narkotica verhindert.

Der Assimilatstrom
ist ebenf. energiebedürftig und durch O_2-Entzug, Atmungsgifte und Temperatursenkung hemmbar.
1. Nahtransport am Produktionsort. Aus den Assimilationszellen wird das Assimilat
– symplastisch (wohl als Monosaccharid) und
– apoplastisch (als Saccharose) zu den Siebröhren geleitet.
Transfer-Zellen (Geleitzellen und Nachbarzellen der Siebröhrenenden) pumpen durch aktive Trägermechanismen das Assimilat in die Siebröhren. Sie besitzen dort Zellwand»zotten« = flächenvergrößertes Plasmalemma (Platz für Trägerproteine).
2. Nahtransport am Entnahmeort. An Verbrauchs- und Speicherorten wird das Assimilat ebenf. durch aktive Trägermechanismen aus dem Siebröhren gepumpt und kommt als Mono- u/o Disaccharid durch symplast. u/o apoplast. Transport zu den Empfängerzellen.
3. Ferntransport in Siebröhren. Siebröhren (S. 79) gelten als »prämortal« (einen Teil ihrer Stoffwechselfunktionen nehmen wohl die Geleitzellen wahr). Ihr nicht durch einen Tonoplasten begrenztes Plasma durchzieht locker den vakuolenähnl. Innenraum. Die verbindenden Siebporen, erweiterte Plasmodesmen, sind von Bündeln von P-Proteintubuli (Röhren von 15–24nm $\varnothing$), vielleicht auch von Kanälen des ER längs durchzogen. Ihre Bedeutung für den Assimilattransport wird noch diskutiert.
Der Transport in Siebzellen, viell. nicht energiebedürftig, erfolgt entlang einem starken osmot. Gefälle mit einem vieltausendfachen der Diffusionsgeschwindigkeit (2–250, meist 50–100 cm/h). Zwei Mechanismen werden diskutiert:
– Der Transport im ruhenden Lösungsmittel; für ihn gibt es keine gesicherte Hypothese.
– Gemeinsames Fließen von Lösungsmittel und Assimilat (Lösungsströmung) ist nach der Druckstromtheorie (E) erklärbar.

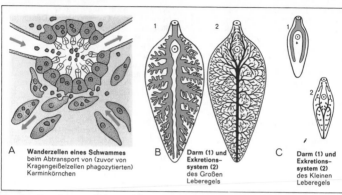

A **Wanderzellen eines Schwammes** beim Abtransport von (zuvor von Kragengeißelzellen phagozytierten) Karminkörnchen

B **Darm (1) und Exkretionssystem (2) des Großen Leberegels**

C **Darm (1) und Exkretionssystem (2) des Kleinen Leberegels**

Wanderzellen, Gastrovaskular- und Protonephridialsystem

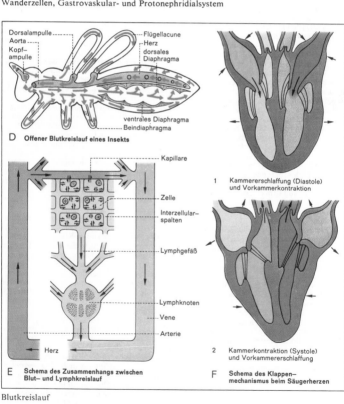

D **Offener Blutkreislauf eines Insekts**

Dorsalampulle
Aorta
Kopfampulle
Flügellacune
Herz
dorsales Diaphragma
ventrales Diaphragma
Beindiaphragma

E **Schema des Zusammenhangs zwischen Blut- und Lymphkreislauf**

Kapillare
Zelle
Interzellularspalten
Lymphgefäß
Lymphknoten
Vene
Arterie
Herz

F **Schema des Klappenmechanismus beim Säugerherzen**

1 Kammererschlaffung (Diastole) und Vorkammerkontraktion

2 Kammerkontraktion (Systole) und Vorkammererschlaffung

Blutkreislauf

Neben den Transportmechanismen im Zellbereich (S. 24 f.) sind bei Tieren je nach Größe und Organisationshöhe Systeme zum Ferntransport von Stoffen entwickelt (S. 124 ff.).
Nur bei kleinen Tieren sind die folgenden Mechanismen ausreichend wirksam, bei großen finden sie sich z. T. als Zusatzmechanismen:
– Transport von Zelle zu Zelle (z. B. bei nied. *Hohltieren* aus zwei Zellschichten);
– Diffusion in Interzellularräumen in stehender Flüssigkeit (z. B. bei *Plattwürmern* u. *Nematoden*; S. 126);
– Transport durch Wanderzellen amöboiden Charakters (bes. bei *Schwämmen*; A).

Verzweigte Transportsysteme
unterscheidet sich. Funktion bewirken durch bewegtes Medium Ferntransport. Sie verkürzen die Nahtransportwege und vergrößern die austauschende Oberfläche; dabei nimmt der Verzweigungsgrad mit steigender Körpermasse zu (B, C).
1. Stoffaufnahme leisten
– das Kanalsystem der *Schwämme* (S. 74);
– das Gastrovascularsystem der *Hohltiere* (S. 125) und *Plattwürmer* (B, C), das durch Verzweigung des afterlosen Urdarms entsteht; die Nährstoffe werden mit dem durch Geißeln, Wimpern o/u Peristaltik bewegten Medium verteilt;
– das Tracheensystem der *Insekten* (S. 132) leistet den Gastransport überwiegend durch Diffusion, aber auch durch Atembewegungen (Kontraktionen des Abdomens).
2. Stoffausscheidung geschieht durch das Protonephridialsystem der *Plattwürmer*, in dem Endzellen (Terminalzellen; S. 126, D) mit Wimperflammen eine Strömung erzeugen, die exkretorische und osmoregulatorische Funktion hat.

Das Blutgefäßsystem
als bes. Typ eines verzweigten Transportsystems ist in zahlr. Formen bei höher organisierten Tiergruppen entwickelt; typisch ist die intensive Bewegung einer spezif. Transportflüssigkeit (S. 314 ff.), die die Stoffe zu den Verbrauchs-, Speicher- oder Ausscheidungsorten führt.
Typen des Blutkreislaufs
1. Das offene Blutgefäßsystem (D), ein abgeleiteter Typus, hat zur Regelung des Blutstroms außerhalb der Gefäße bindegewebige Häute (Diaphragmen) und aderartige Gewebelücken (Lacunen; z. B. Flügelgeäder der *Insekten*; S. 132).
2. Das geschlossene Blutgefäßsystem (bes. bei *Anneliden* und *Wirbeltieren*) ist durch Blut gekennzeichnet, das nur in Gefäßen, die mit Endothel ausgekleidet sind (S. 109), fließt. Der Stoffaustausch zw. Blut und Geweben geschieht nur in den Kapillaren (Gesamtoberfläche bei *Mensch* und *Großsäugern* mehrere tausend m²):
– In den Atmungsorganen tritt O_2 ins Blut, CO_2 tritt aus (S. 311).
– In den Exkretionsorganen werden Abfallstoffe abgegeben (S. 296 ff.).
– In den Körpergeweben geschieht vielfacher Stoffaustausch zw. Blut und Gewebeflüssigkeit, die die Zellen umspült (E).

Diese interstitielle Flüssigkeit wird durch Blutplasma aus den Kapillaren ständig vermehrt; sie sammelt sich in Lymphbahnen (Drainagefunktion) und größeren Lymphgefäßen, die nach Einschaltung von Lymphknoten in die venöse Blutbahn münden.
Der Antrieb des Kreislaufs
erfolgt durch kontraktile Gefäßabschnitte (Hohlmuskeln), wobei im allg. die Strömungsrichtung durch Klappen (Ventile; F) festgelegt ist; nur bei *Manteltieren* wechselt sie regelmäßig.
Das diffus-kontraktile Gefäßsystem (z. B. bei *Anneliden*) hat zahlr. kontraktile Gefäßabschnitte von wenig diff. Bau.
Das Herz, zentraler Kreislaufmotor in zahlr. Typen (S. 108, 132, 140), läßt sich trotz kompliziertem Bau aus einem einfachen Gefäßabschnitt herleiten. Es wird in bes. Fällen durch periphere kontraktile Gefäße unterstützt (z. B. Venen in *Fledermaus*-Flügeln).
Regelungsvorgänge im Blutkreislauf sind entsprechend dem Komplikationsgrad des Systems zahlreich. Die Regelung der Herztätigkeit kann wie folgt gegliedert werden:
1. Autoregulatorische Mechanismen, die auch am isolierten Herz-Lungen-Präparat wirken, passen die Herztätigkeit an Volumen- (→ erhöhtes Schlagvolumen) und Druckbelastungen (→ Konstanthaltung des Schlagvolumens) an.
2. Einflüsse äußerer Faktoren: Förderung geschieht beim *Säuger*-Herzen durch einen Sympathicus-, Hemmung durch einen Vagus-Ast. Man unterscheidet chronotrope Wirkungen (Änderung der Frequenz), dromo- und inotrope (Änderung von Kontraktionsablauf und -stärke).
Die Konstanz des Blutdrucks bei unterschiedlicher Kreislaufbelastung beruht auf einem Regelkreis; dessen Meßorgane, Pressorezeptoren (Blutdruckzügler) in der Wand der Aorta und des Sinus caroticus, senden bei Dehnungsreizen (Blutdruckerhöhung) Impulse erhöhter Frequenz zu den vegetativen Vasomotorenzentren des verlängerten Marks, auf die sie insgesamt hemmend wirken (Hemmung der sympathischen, Förderung der parasympathischen Zentren). Das wirkt auf:
– Herz (Frequenz- und Kontraktionssenkung);
– Arterien (Senkung des nervösen Tonus);
– Venen (Tonussenkung und dadurch Kapazitätserhöhung [Blutspeicher]);
– Hormonsystem (bes. deutl.: geringere Ausschüttung des die Harnbildung hemmenden antidiuretischen Hormons Adiuretin des HHL).
Die hieraus folgende Senkung des Blutdrucks bewirkt ein Absinken der Impulsfrequenz der Pressorezeptoren und leitet dadurch die gegenteiligen Auswirkungen ein (negative Rückkoppelung). – Über die Zentren des verlängerten Marks werden auch höhere Zentren beeinflußt, die Atmung und Muskeltonus ändern und Schaltungen im Blutkreislauf in der Weise bewirken, daß unterschiedl. beanspruchte Organe (Verdauungssystem, Muskelgruppen) auf Kosten anderer stärker durchblutet werden.

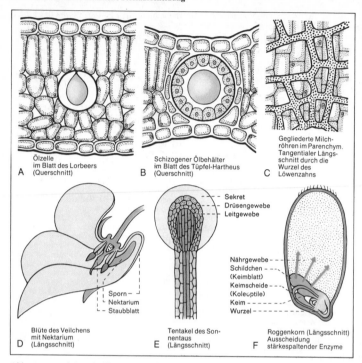

A Ölzelle im Blatt des Lorbeers (Querschnitt)

B Schizogener Ölbehälter im Blatt des Tüpfel-Hartheus (Querschnitt)

C Gegliederte Milchröhren im Parenchym. Tangentialer Längsschnitt durch die Wurzel des Löwenzahns

D Blüte des Veilchens mit Nektarium (Längsschnitt)
— Sporn
— Nektarium
— Staubblatt

E Tentakel des Sonnentaus (Längsschnitt)
— Sekret
— Drüsengewebe
— Leitgewebe

F Roggenkorn (Längsschnitt) Ausscheidung stärkespaltender Enzyme
Nährgewebe
Schildchen (Keimblatt)
Keimscheide (Koleoptile)
Keim
Wurzel

Ablagerung und Ausscheidung von Stoffen

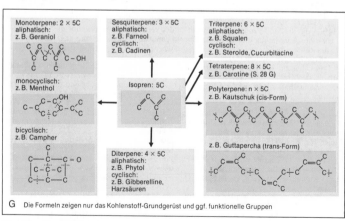

Monoterpene: 2 × 5C
aliphatisch: z.B. Geraniol

monocyclisch: z.B. Menthol

bicyclisch: z.B. Campher

Sesquiterpene: 3 × 5C
aliphatisch: z.B. Farneol
cyclisch: z.B. Cadinen

Isopren: 5C

Diterpene: 4 × 5C
aliphatisch: z.B. Phytol
cyclisch: z.B. Gibberelline, Harzsäuren

Triterpene: 6 × 5C
aliphatisch: z.B. Squalen
cyclisch: z.B. Steroide, Cucurbitacine

Tetraterpene: 8 × 5C
z.B. Carotine (S. 28 G)

Polyterpene: n × 5C
z.B. Kautschuk (cis-Form)

z.B. Guttapercha (trans-Form)

G Die Formeln zeigen nur das Kohlenstoff-Grundgerüst und ggf. funktionelle Gruppen

Übersicht über die Isoprenoide

Bei der **aktiven Stoffausscheidung** der Pflanzen werden manchmal unterschieden:
- Exkretion (Stoffe des Primär- oder Grundstoffwechsels;
- Sekretion (Stoffe des bei höh. Pflanzen sehr diff. Sekundärstoffwechsels, der nur in best. Geweben und Entw.stadien abläuft);
- Rekretion (Stoffe, die unverändert ausgeschieden werden, z.B. Na$^+$-Ionen).

Diese Unterscheidung ist ebensowenig trennscharf wie die Unterscheidung in
- Exkrete (Stoffe ohne Funktion) und
- Sekrete (Stoffe mit Funktion; z.B. Gamone, Antibiotica, Enzyme).

Passive Ausscheidung (Efflux) zahlr. Stoffe ist daneben wesentl. (z.B. Kohlenhydrate, Aminosäuren, Cumarinderivate, Alcaloide, Vitamine, K$^+$-Ionen). Sie erfolgt auf unterschiedl. Weise:
- durch die Oberfläche intakter Zellen;
- durch Abstoßung von Wurzelhaubenzellen;
- durch Abstoßung von Borke;
- durch Blattabwurf.

Typen der Stoffausscheidung
werden nach Ort und Art der Ausscheidung differenziert.
1. Intrazelluläre Abscheidung: Die Produkte liegen stoffwechselinaktiv im Plasma oder in dessen Organellen (Kautschukpartikel; C).
2. Intrazelluläre Ausscheidung: Produkte extraplasmatisch in der Vakuole oder in einem der Zellwand anliegenden Behälter (z.B. Ölbeutel bei *Lorbeer*, A; *Baldrian*).
3. Granulocrine Ausscheidung: Transport aus der Zelle in Kompartimenten (Exocytose; S. 24).
4. Eccrine Ausscheidung: Transport direkt durch Plasmalemma nach außen; oft verbunden mit Oberflächenvergrößerung (Transfer-Zellen; S. 291).
5. Holokrine Ausscheidung: Freiwerden der Substanzen durch Auflösen der Zellen. Sie kann erfolgen:
- innerhalb der Pflanze (endotrop), z.B. Ölbehälter in der Schale von *Citrus*-Früchten;
- nach außen (exotrop), z.B. Freiwerden der Chemotaktika der *Archegoniaten* (S. 163).

Hochdifferenzierte Exkretionssysteme wie bei Tieren (S. 106f.; 124ff.; 296ff.) fehlen; statt dessen finden sich auf die Produktion best. Stoffwechselendprodukte spezialis. Einzelzellen und Gewebe. Oft werden die Produkte in Zellen oder Gewebelücken abgelagert:
- **Absonderungsidioblasten** (A; S. 82 H) in vielen Typen zerstreut in unterschiedl. Geweben.
- **Absonderungsgewebe** finden sich in Form von Zellfusionen (C) und Gruppen von Zellen (lysigene Ölbehälter der *Citrus*-Früchte).

Die Produkte können auch aktiv in Interzellularräume oder nach außen abgegeben werden:
- **Ausscheidungs(Drüsen-)zellen** sind meist epidermal, oft als Köpfchenhaare ausgebildet.
- **Ausscheidungs(Drüsen-)gewebe** finden sich oft epidermal (E; häufig als Nektarien, D), aber auch als schizogene Sekretbehälter (B; Harzgänge S. 98 C).

Die ausgeschiedenen Stoffe
sind durch die Bedingungen der autotrophen Ernährung geprägt:
- Wegen der erzielten Kohlenhydratüberschüsse sind organ. Stoffe als Ausscheidungen verbreitet (G).
- Es fehlen dagegen die für *Tiere* typ. stickstoffhaltigen Exkrete, da für Pflanzen N fast immer Mangelstoff ist, oft sogar der begrenzende Faktor. Daher erfolgt oft aus absterbenden Pflanzenteilen Rücktransport von N-Verbindungen und Wiedereinbeziehung in den Stoffwechsel.

Gasförmige Ausscheidungen. Die Abgabe von H$_2$O-Dampf (S. 291), O$_2$ und CO$_2$ (soweit dieses nicht wieder bei der Photosynthese verbraucht wird) erfolgt über unspezialis. Gewebe (Schwammparenchym) und großenteils passiv. Äthylen (Äthen) wird oft von reifenden Früchten ausgeschieden.

Flüssige Ausscheidungen gehören bes. der Gruppe der Isoprenoide (G) an, deren Grundbaustein Isopren in Pflanzen aber nicht vorkommt. Viele von ihnen sind wirtschaftl. wichtig:
- Ätherische Öle werden von Blüten, Sprossen und Blättern ausgeschieden oder in Ölzellen und Behältern abgelagert.
- Harze (Balsame) sind Lösungen fester (höhermolekularer) in flüssigen Terpenen (Harzgänge bes. der *Nadelhölzer*). Ihre Destillation liefert Terpentinöl, der feste Rückstand ist Kolophonium.
- Kautschuk und verwandte Stoffe (Guttapercha, Balata, Chicle) sind Polyterpene, die in den Milchröhren (C) zahlreicher Pflanzen *(Wolfsmilch-, Mohngewächse, Korbblütler)* in Tröpfchenform abgelagert werden (Emulsionen). Durch Koagulation des Milchsaftes (Latex), wird der Rohkautschuk gewonnen (Hauptlieferant ist das baumförm. *Wolfsmilchgewächs Hevea brasiliensis:* jährlich bis 30 l Latex ≙ 10 kg Rohkautschuk).

Feste Ausscheidungen werden im allg. in der Pflanze abgelagert:
- Kristalle (z.B. von SiO$_2$; Ca-Oxalat, S. 76) und Cystolithen (aus CaCO$_3$, S. 82 H);
- Gerbstoffe (Phlobaphene) finden sich vor allem im Kernholz zahlr. Bäume.

Gelöste Ausscheidungen sind zahlr. und haben unterschiedl. Funktionen:
- Im Wurzelbereich dienen Säuren zum Aufschließen von Bodenmineralien.
- Bes. im Blütenbereich locken Nektarien (D) *Insekten, Vögel* oder *Fledermäuse* zur Befruchtung an.
- Bei Verdauungsdrüsen insectivorer Pflanzen (E) wird zunächst ein klebriger, duftender Stoff ausgeschieden, nach dem Fang der Beute dann Enzyme (bes. Proteasen).
- Die Mobilisierung der Stärke in Samen (F) beruht gebenf. auf Enzymausscheidung.
- Salze werden vielfältig ausgeschieden, z.B. Na$^+$- und Cl$^-$-Ionen von spezif. Salzdrüsen (mit bes. hoher Intensität bei Pflanzen kochsalzreicher Böden, sog. Halophyten).

Gruppe	% des gesamten ausgeschiedenen Stickstoffs in Form von:						
	Ammoniak	Harnstoff	Harnsäure	Allantoin	Aminosäuren	Purine	nicht identif.
Einzeller	**60–90**	0	0	–	–	–	–
Stachelhäuter	**20–40**	5–20	0–1	–	20–30	5–10	20–30
Ringelwürmer	**20–90**	4–90	0–1	–	1–20	3–20	10–30
Weichtiere							
Muscheln	**5–60**	3–5	0–2	–	10–40	5–20	**5–80**
Schnecken	**10–40**	**2–60**	1–10	–	1–30	5–30	**3–80**
Tintenfische	**30–70**	1–15	1–2	–	10–20	5–20	10–20
Gliedertiere							
Krebse	**30–99**	0–10	0–10	–	0–30	0–40	**2–70**
Insekten	2–20	0–10	**50–90**	–	0–10	–	5–40
Wirbeltiere							
Haie, Rochen	2–10	**80–90**	–	–	1–20	–	4–10
Knochenfische	**50–70**	10–20	–	–	3–15	–	1–10
Lurche (nur Harn)	2–40	**60–90**	0–0,4	–	–	–	–
Kriechtiere							
Echsen	4–10	0–2	**60–95**	0–2	1–5	0,3–2	0–40
Krokodile	**40–80**	1–20	10–65	–	–	–	0–20
Vögel	2–20	1–10	**60–90**	–	5	8	0–30
Säuger (nur Harn)	2–20	**3–90**	0–4	0–20	1–2	0,2–0,6	3–20

A Verteilung des ausgeschiedenen Stickstoffs bei verschiedenen Tiergruppen

Lebensraum	Art	Ammoniak	Harnstoff	Harnsäure
Wasser	Chelone mydas	40	6	4
Wasser	Pelusios derbianus	19	24	5
Wasser	Chrysemys pinta	11	24	14
Wasser Land	Kinosteron subrubrum	24	23	0,7
Wasser Land	Emys orbicularis	14	47	3
Land	Testudo denticulata	6	29	7
Land	Testudo graeca	4	22	52
Land	Testudo elegans	6	9	56

B Verteilung des Stickstoffs im Harn bei Schildkröten (in %)

C Stickstoffexkretion während der Embryonalzeit des Huhns

Stickstoffexkretion

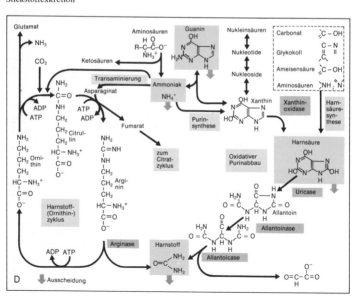

D Ausscheidung

Die Bildung stickstoffhaltiger Exkrete

Bei *Tieren* werden, nicht immer trennscharf, unterschieden:
- **Exkretion** nutzloser oder giftiger Stoffwechselprodukte;
- **Sekretion** von Stoffen, die noch eine Funktion haben (S. 88; 326ff.);
- **Defäkation** (Exkrementation) unverdaul. Stoffe, die den Organismus nur im Darmkanal passieren.

Exkrete sind nach Entstehung und chem. Zusammensetzung vielfältig.

Primäre Exkretstoffe sind die ohne weitere Veränderung ausgeschiedenen:
- Kohlendioxid und Ammoniak aus dem Abbau N-freier u/o N-haltiger organ. Stoffe;
- Harnsäure aus dem Purinabbau (D);
- Reste von Fett- und desaminierten Aminosäuren (bes. Acetonkörper) in größeren Mengen bei Störungen des Normalstoffwechsels (z. B. bei Zuckerkrankheit);
- Niedere Fettsäuren (z. B. Valeriansäure) bei unvollst. Verbrennung N-freier Substrate (z. B. bei parasit. *Nematoden*);
- Nährstoffe (Aminosäuren, bes. Glycocoll aus biol. minderwertiger Eiweißnahrung; Zukker), die den Nierenfilter passieren, wenn ihre Konz. im Blut stark ansteigt;
- Wirkstoffe und Gifte, deren schnelle Entfernung aus dem Körper notwendig ist;
- Ionen anorgan. Säuren und Salze, deren Ausscheidung das ionale Gg im Körper aufrecht hält; die abgegebene Menge hängt im allg. von der Zufuhr ab (z. B. großer Überschuß von K^+-Ionen bei Pflanzenfressern).

Sekundäre Exkretstoffe sind enzymat. unter Energieverbrauch zur Ausscheidung aufbereitet (z. B. durch Synthese entstehende Harnsäure, Harnstoff, Hippursäure).

Stickstoffhaltige Exkretstoffe
zeigen im systemat. Vergleich (A) wie in der ontogenet. Entw. (C) die Tendenz von giftigem Ammoniak zu ungiftigen Exkreten. Ähnlichkeiten sind aber nicht immer Beweis für phylogenet. Beziehungen, sie können auch umweltbedingte Konvergenzen sein (B).

Ammoniak
entsteht überwiegend aus dem Eiweißabbau (D) und wird in Form von Ammoniumsalzen abgegeben (**ammoniotelische Tiere**). Eine genügend schnelle Ausscheidung des giftigen Ammoniaks ist offenbar nur bei wasserlebenden Formen möglich:
- Bei den *Anuren* scheiden die terrestrischen *Frösche* und *Kröten* Harnstoff, ihre aquat. Kaulquappen dagegen Ammoniak aus.
- Der *Lungenfisch Protopterus* bildet beim aktiven Wasserleben überwiegend Ammoniak, im Trockenschlaf dagegen Harnstoff.

Harnsäure
entsteht im Organismus auf zwei Wegen: 1. Durch oxidativen Purinabbau (D), der bis zum Harnstoff und bis zum Ammoniak (bei Anwesenheit des Enzyms Urease; bei aquat. *Wirbellosen*, z. B. *Spritzwürmer*, marine *Muscheln*, *Krebse*)

führen kann, entsteht Harnsäure bei allen Tieren. Sie kann aus der Nahrung stammen (exogene H.) oder aus körpereigenen Stoffen (endogene H.). Die Menge endog. H. ist bei gleicher Lebensweise rel. konstant (Maß für Purinstoffwechsel). 2. Durch Synthese aus versch. Ausgangsstoffen (**uricotelische Tiere**), nachgewiesen durch Markierung mit C^{14} und N^{15} in der Leber von *Vögeln* und *Reptilien*.
Harnsäure ist ungiftig und schwerlöslich. Sie und ihre Salze (Urate) fallen bei Konzentrierung des Harns aus und können als wasserarmer kristalliner Brei abgegeben werden (gegenüber dem Blut hypoosmot. Harn bei hohem Harnsäuregehalt). Daher findet sich Harnsäure vorwiegend bei »Wassersparern«. Das Verhältnis der versch. Exkrete kann abhängen von
- Wasserbalance: bei *Alligatoren* und *Schildkröten (Chelonia)* nimmt bei steigendem Wassermangel Harnstoff ab und Harnsäure zu;
- Nahrung: *Alligatoren* im hydrierten Zustand scheiden bei regelmäßiger Fütterung gleichviel Harnsäure und Ammonium aus, bei Hunger überwiegt Ammonium.

Harnstoff
ist ebenf. selbst in hoher Konz. ungiftig. Wegen seiner Leichtlöslichkeit kann er nur zus. mit rel. großen Wassermengen ausgeschieden werden. Er wird wie Harnsäure auf zwei grundsätzlich versch. Arten gebildet:
1. Die direkte Bildung, mengenmäßig stets gering, geschieht durch
- Einwirken des Enzyms Arginase auf Arginin und einige Derivate (bei Um- und Aufbauprozessen aller *Tiere*; auch bei patholog. Wachstum von Geschwülsten);
- Einwirken des Enzyms Glykocyamase auf Glykocyamin (in der *Säuger*-Leber).
2. Die synthetische Bildung, bes. in der Leber von *Weichtieren, Fischen, Lurchen* und *Säugern* (**ureotelische Tiere**), dient der Inaktivierung des bes. im Eiweißstoffwechsel auftretenden NH_3 und vollzieht sich im endergonischen Ornithinzyklus (D), der hinsichtlich der Energielieferung und Regeneration seiner Zubringersysteme mit dem Citratzyklus (S. 302 f.) eng verbunden ist.

Guanin
(D), noch schwerer lösl. als Harnsäure, vertritt diese bei *Spinnen* fast völlig. Es wird teilweise, auch bei anderen Gruppen, in bes. Zellen abgelagert (z. B. Iridocyten der *Fische*).

Trimethylaminoxid
$[O = N (CH_3)_3]$, löslich und ungiftig, kommt neben anderen Methylaminen bes. im Harn mariner *Fische* vor. Es tritt auch in der Muskulatur auf und dient dort vermutl. der Osmoregulation (wie Harnstoff bei marinen *Selachiern*).

Hippursäure
als Verbindung von Glycin und Benzoesäure wird bes. bei *Huftieren* (in der Niere), aber auch bei *Muscheln* gebildet. Durch ähnl. konjugierte Verbindungen (Schwefelsäureester, Glucoside, Glucuronide, Amide von Aminosäuren) werden giftige Stoffe (Phenole, Alkohole) und auch Oestrogene aus dem Körper entfernt.

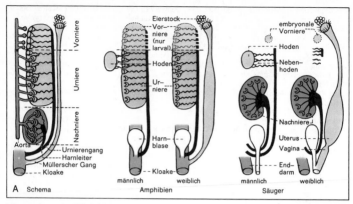

Nierenorgane der Wirbeltiere

A Schema — Amphibien — Säuger

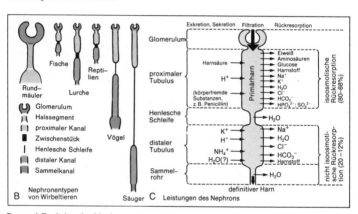

Bau und Funktion des Nephrons

B Nephronentypen von Wirbeltieren

C Leistungen des Nephrons

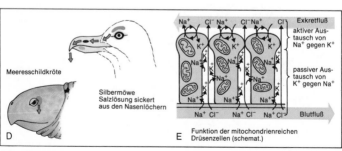

Salzdrüsen

Exkretionsorgane fehlen nur bei wenigen Tiergruppen (*Mesozoen, Schwämme, Hohltiere, Stachelhäuter, Tunicaten*), bei denen Exkrete von in dieser Hinsicht unspezialisierten Zellen oder Geweben abgegeben werden.

Zahlr. Typen von Exkretionsorganen treten auf:
– Kontraktile Vakuolen bei *Einzellern* (z.B. *Pantoffeltierchen*; S. 70f.);
– Protonephridien, blind endend mit endständiger Wimperflamme (*Plattwürmer, Rädertierchen*, Larven von *Ringelwürmern* und *Weichtieren*; S. 126 D);
– Metanephridien, mit zur Leibeshöhle offenem Wimpertrichter (*Ringelwürmer, Brachiopoden, Weichtiere*; Kapsel. S. 128 D);
– Malpighische Gefäße, blind endende, in den Darm mündende, drüsige Schläuche (*Insekten*; S. 132 B).

Renale Exkretion durch diese spezialis. Organe wird der **extrarenalen E.** (s.u.) durch andere Organe gegenübergestellt.

Die Nieren der Wirbeltiere,

von Metanephridien-Organen abgeleitet, treten gruppenabhängig in drei Typen auf:
1. Die Vorniere (Pronephros) besteht aus Metanephridien. Ihre zur Leibeshöhle offenen Trichter münden in den Vornierengang, der sich im Urnierengang (Wolffscher Gang) fortsetzt (A). Sie funktioniert (neben der Urniere) nur bei erwachsenen *Rundmäulern* und primitiven *Knochenfischen, Fisch-* und *Amphibien*-Larven; embryonal angelegt wird sie auch bei höh. *Wirbeltieren*.
2. Die Urniere (Mesonephros), bandartig, bleibendes Exkretionsorgan bei *Fischen* und *Lurchen*, hat noch offene Wimpertrichter an der Oberfläche, denen von der Aorta aus Kapillarknäuel (äußere Glomerula) gegenüberliegen (A). Diese können auch ins Innere verlagert sein und sind dann von einer seitl. Wölbung des Nierenkanälchens umhüllt (Bowmansche Kapsel; S. 106 F). Nierenkanälchen und Bowmansche Kapsel bilden zusammen das Nephron. Die Verbindung mit der Leibeshöhle kann ganz verschwinden. – Die Urniere tritt bei den *Amnioten* im ♂ Geschlecht in Beziehung zu den Hoden; ihre Reste dienen als Nebenhoden der Samenleitung, der Urnierengang wird zum Samengang.
3. Die Nachniere (Metanephros), bleibendes Organ der *Reptilien, Vögel, Säuger*, ist unsegmentiert, die Nierenkanälchen enden stets in einer Bowmanschen Kapsel. Ihr Ausführgang (sek. Harnleiter oder Ureter) geht vom Urnierengang aus, bildet das Nierenbecken (S. 106 D) und nimmt die Sammelröhrchen auf.

Die Harnbildung in der Niere

ist keine reine Diffusion, da die Exkretstoffe im Harn stärker konz. sind, aber auch Stoffe in höherer Konzentration im Blut bleiben, ohne in den Harn überzugehen. Zu unterscheiden sind:
1. Filtration im Glomerulum. Seine Wand wirkt unter dem Einfluß des Blutdrucks als Ultrafilter, der keine Bluteiweiße, wohl aber Blutplasma und

gelöste Stoffe durchläßt. Niedermolekulare Nahrungseiweiße (Eieralbumin; Mol.gew. 34000) passieren z.T. ebenfalls. Der entstehende Primärharn entspr. demnach bis auf die zurückgehaltenen hochmolekularen Stoffe weitgehend dem Blutplasma.

Änderungen im Permeabilitätsgrad und hoher Eigenstoffwechsel deuten auf Beteiligung aktiver Transportmechanismen.
2. Rückresorption in den Nierenkanälchen (Tubuli), die eng von Kapillaren umsponnen sind (S. 106 E), erfaßt bes. für den Organismus noch verwertbare Stoffe, die z.T. fast ganz resorbiert werden (z.B. Glucose, Aminosäuren). Sie verläuft z.T. passiv entspr. dem Konz.gefälle, z.T. aktiv unter Energieverbrauch. – Morpholog. und funkt. unterscheidet man drei Abschnitte:
– **Das gewundene Kanälchen I** (proximaler Tubulus) resorbiert selektiv (C).
– **Die Henlesche Schleife** staut durch ihren geringen ⌀ den Primärharn; das begünstigt den H_2O-Entzug (Eindicken zum definitiven Harn). Der Vergleich versch. Nephronen-Typen (B) zeigt, daß Abscheidung von hypertonischem Harn vom Vorhandensein einer Henleschen Schleife abhängt (*Vögel, Säuger*).
– **Das gewundene Kanälchen II** (distaler Tubulus) gleicht weitgehend dem proximalen.
3. Aktive Sekretion/Exkretion geschieht bes. in den beiden Tubuli. Sie ist z.B. für das Säuren-Basen-Gg wichtig, da resorbiertes Na^+ und K^+ gegen H^+ ausgetauscht werden (Ansäuern des Harns). – Rückresorption und Sekretion/Exkretion sind auch, hormonal gesteuert, an der Regelung des Wasserhaushalts beteiligt (S. 335).

Die extrarenale Exkretion

– Die Lungen scheiden den weitaus größten Teil des CO_2 aus.
– Die Haut, bes. die Schweißdrüsen, geben NaCl, aber auch andere anorgan. Salze und körperfremde Stoffe ab.
– Der Darm ist bes. für die Exkretion der Verbindungen mehrwertiger Metalle (Ca, Mg, Fe, Mn, Co, Cu, Ni, Hg) wichtig.
– Salzdrüsen bei *Seevögeln* und *Meeresschildkröten* (D, E) scheiden selektiv das mit der Nahrung aufgenommene NaCl in konz. Lösung (bis 7%) aus.
– Kiemen entfernen bei *Meeresfischen* den durch Trinken von Meerwasser (notwendig, da der Körper durch das hypertonische Außenmedium ständig Wasser verliert) entstehenden Salzüberschuß. Auch Ammonium wird z.T. über das Kiemenepithel ausgeschieden.

Speicherung von Exkretstoffen

im Körper ist im Tierreich relativ selten:
– bei *Kriechtieren* und *Vögeln* in der embryon. Harnblase (S. 206 F; Harnsäure);
– bei *Fischen* in Hautzellen (Guanin);
– bei *Insekten* in Fettkörper und Flügeln (Harnsäure; z.B. bei *Schmetterlingen*);
– bei *Landschnecken* während des Winterschlafs in der Niere (Harnsäure).

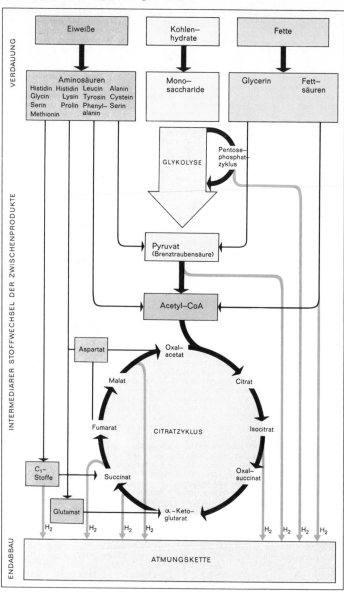

Gemeinsame Wege des Stoffwechsels der Nahrungsstoffe

Der Energie- oder Betriebsstoffwechsel
Fundamentales Kennzeichen eines lebenden Organismus ist der ununterbrochene Stoffwechsel, auch in den makromolekularen Verbindungen. Er ist Ausdruck des **Fließgleichgewichts** (S. 53). Der Energiestoffwechsel, der nur aus heuristischen Gründen von dem Bau- oder Erhaltungsstoffwechsel unterschieden wird (S. 49) und mit ihm innigst verzahnt ist, überführt die in organ. Substanzen ruhende Energie in Arbeit und Wärme, wobei die energiereichen Verbindungen in energieärmere umgeformt werden.

Energietransformation
Quell des Lebensprozesses ist allein die potentielle, chem. Energie der Nährstoffe, also letztlich die der photo- und chemosynth. gewonnenen metastabilen C-H-Verbindungen (S. 274 ff.). Wird Energie freigesetzt, ohne daß Arbeit geleistet wird, so wird sie völlig in Wärme umgeformt (»Reaktionswärme«). Diese kann jedoch in Organismen nicht mehr als Arbeit genutzt werden, da Lebewesen anders als eine Dampfmaschine keinen kalorischen, sondern einen chemodynamischen Mechanismus besitzen. Wird jedoch Arbeit geleistet, so geht dabei ein Teil der Energie als unvermeidliche »primäre Wärme« verloren; nur die »freie Energie« Δ G ist als Arbeitsenergie nutzbar. Auch sie kann durch Reibung in Wärme übergehen (»sekundäre Wärme«). Die Transformation erfolgt stets am Verbrauchsort, da ein Transport freier Energie ausgeschlossen ist. Möglich ist nur ein Transport leicht greifbarer, aber gebundener Energie, zumeist in Form der ATP.

Kalorischer Nutzwert und ATP-Ausbeute
Im Energiestoffwechsel, nicht aber im Baustoffwechsel, können die versch. Energielieferanten, Kohlenhydrate, Fette und Eiweiße, einander in gewissen Grenzen vertreten (**Isodynamiegesetz**), da sie nach dem »Prinzip der gemeinsamen Endstrecke« über den gleichen Abbauweg oxidiert werden (Abb.). Man rechnet mit folgenden abgerundeten Werten für die **»physiologische Verbrennungswärme«:**

Kohlenhydrat	17,2 kJ/g	= 4,1 kcal/g
Eiweiß	17,2 kJ/g	= 4,1 kcal/g
Fett	38,9 kJ/g	= 9,3 kcal/g

Den wahren Nutzeffekt der Nährstoffe geben die Mole ATP an, die je Mol Nährstoff gebildet werden können. Die Ausnutzung der Energie ist für die Oxydation der Hauptnährstoffe ungefähr gleich: etwa 70 bis über 85 kJ müssen zur Gewinnung von 1 Mol ATP aufgewandt werden (40 Prozent Nutzeffekt). Legt man für einen *Menschen* einen Tagesbedarf von 12000 kJ zugrunde, so ergibt sich ein tägl. Umsatz von etwa 75 kg ATP!

Die energetischen Umsetzungen werden im allg. in zwei Gruppen von Vorgängen eingeteilt:
1. Der Grundumsatz umfaßt die Energieproduktion zur Aufrechterhaltung aller lebenswichtigen Funktionen im Ruhezustand. In isolierten vergleichbaren Geweben der *Wirbeltiere* ähnlich groß und steht im intakten Organismus unter dem regulator. Einfluß vor allem der Ne-

bennierenrinden- und Schilddrüsenhormone (S. 333 ff.). Demzufolge ist die Höhe des Grundumsatzes, die z. B. beim *Menschen* zw. 5800 und 8400 kJ beträgt, vom Alter, Geschlecht, Körpergewicht (Muskelgewebe), jahreszeitl. Aktivitätszustand und der Außentemperatur abhängig:
– Schwere *Säugetiere* haben einen relativ kleineren Grundumsatz als leichte, denn die Wärmeabgabe ist nicht der Körpermasse M, sondern $M^{0,73}$ proportional; z. B. hat eine *Maus* einen relativ zwanzigfachen Umsatz gegenüber einem *Pferd* (»Gesetz der Stoffwechselreduktion«).
– Ruhestadien, z. B. encystierte *Protozoen* oder *Insekten*-Puppen, zeigen einen verminderten Umsatz, desgleichen *Säuger* im Winterschlaf (Stoffwechselreduktion beim *Murmeltier* auf 4%, beim *Gartenschläfer* auf 1%).
– Dunkelpigmentierte Warmblüter, z. B. *Vögel*, scheinen unter Sonnenstrahlung ihren Umsatz um über 20 Prozent auf »Sparflamme« drosseln zu können.

2. Der Leistungszuwachs bezieht sich auf alle Steigerungen des Energieverbrauchs über den Grundumsatz hinaus. Den größten Bedarf erfordert Körperbewegung; aber auch Nahrungsaufnahme (bes. Eiweiße) und Temperaturausgleich führen zu einem Leistungszuwachs.

Grundzüge der biologischen Oxydation
Der Hauptvorgang der Energiegewinnung in den Zellen lebender Organismen ist die biol. Oxydation, die durch einige allgemeine Grundzüge ausgezeichnet ist und sich dadurch von älteren Oxydations-Vorstellungen abhebt:
1. Wesen der Oxydation: Während ursprünglich die Verbindung eines Stoffes mit Sauerstoff als Oxydation definiert war (LAVOISIER), versteht man heute aufgrund vertiefter chem. Kenntnisse darunter die Abgabe von Elektronen.
2. Einwirkung von Enzymen: Unter Einfluß von Enzymen kann die biol. Oxydation unter Bedingungen erfolgen, bei denen die reagierenden Substanzen sonst nicht angegriffen werden (wäßrige Lösung, tiefe Temperatur).
3. Einheitl. Reaktionsablauf: Die zahlr. Substrate werden entsprechend dem Isodynamiegesetz auf einer gemeinsamen Endstrecke oxydativ abgebaut. Kohlenstoff und Wasserstoff gehen dabei getrennte Wege (Citratzyklus, S. 303 bzw. Atmungskette, S. 305).
4. Wasserstoffoxydation als Energiequelle: LAVOISIERs (1780) genialer Vergleich der biol. Oxydation mit einer Flamme trifft nur für die freiwerdenden Energiemengen und einige Endprodukte zu. Die Wege sind jedoch grundsätzl. verschieden: Die energieliefernde Reaktion in biol. Systemen ist die Oxydation des Wasserstoffs, während die Bildung des CO_2 hier ohne wesentl. Energiegewinn erfolgt.
5. Mehrstufige Energieabgabe: Die Energiegewinnung bei der H-Oxydation geschieht in einer mehrstufigen Reaktionskette und nicht in einer einstufigen wärmeliefernden Reaktion wie bei der Flamme.

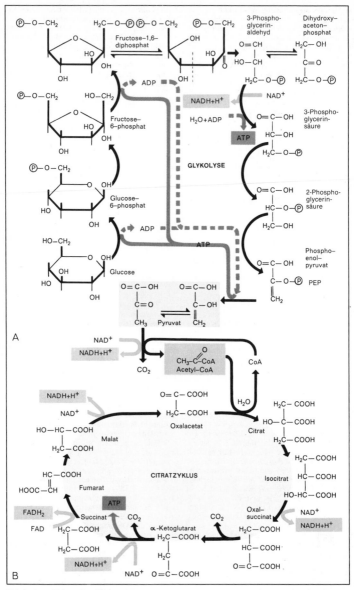

Oxydativer Abbau der Glucose

Abbauprozesse zur Energiegewinnung erfassen zwar auch Fette und Eiweiße als Betriebsstoffe (S. 300), doch steht die **Oxydation der Kohlenhydrate**, bes. der Glucose, im Zentrum des Geschehens. Während grüne *Pflanzen* die Kohlenhydrate selbst produzieren, müssen nichtgrüne Zellen von *Pflanzen, Tieren* und Mikroorganismen mit lösl. Kohlenhydraten versorgt werden: Bei *Pflanzen* durch Siebröhren, bei *Tieren* durch das Blutgefäßsystem oder durch Aufnahme aus der Umgebung wie bei Mikroorganismen. Der Vorgang der Kohlenhydratoxydation, der zahlr. Einzelreaktionen umfaßt und zu den bestuntersuchten biochem. Prozessen zählt, wird aus Gründen der besseren Übersicht in vier Abschnitte gegliedert, deren letzter den Hauptteil der gewonnenen Energie freisetzt (Atmungskette, S. 305).

Die Glykolyse (A)

Die Spaltung des Glucosemoleküls in kleinere Einheiten unter Abgabe von Wasserstoff endet mit der Bildung des im Gesamtstoffwechsel an zentraler Stelle stehenden Pyruvats, des Brenztraubensäure-Anions. Dieser Vorgang wird nicht nur im Falle des sauerstofffreien (anaeroben) Abbaus als »Glykolyse« oder EMBDEN-MEYERHOF-Weg bezeichnet, sondern auch bei aerobem Verlauf, da sich beide Möglichkeiten nur noch durch die Verwendung der reduz. Coenzyme und des Pyruvats unterscheiden (s. auch Gärungen, S. 306).

Nach Aktivierung der Glucose durch Phosphorylierung ist enzymat. Einwirkung der Transferase Hexokinase und Verbrauch von 2 ATP pro Molekül und weiteren Umlagerungen entstehen schließl. 2 Moleküle einer C_3-Verbindung. Der vom energet. Standpunkt entscheidende Reaktionsschritt ist die Dehydrierung (Wasserstoffentzug) des dabei entstandenen 3-Phosphoglycerinaldehyds zu Phosphoglycerinsäure. Die dabei frei werdende Energie wird zum Aufbau von ATP verwertet (»Substratphosphorylierung«), während H von NAD^+ übernommen wird.

Nach weiteren Umlagerungen stellt das Phosphoenolpyruvat seinen Phosphatrest zum Aufbau eines weiteren ATP-Moleküls zur Verfügung, das wieder zur Phosphorylierung der Glucose verwendet wird und somit in den Glykolysekreislauf zurückkehrt. **Der biol. Nutzeffekt** der Glykolyse liegt demnach in dem Gewinn von 2 ATP aus 1 Glucose. Außerdem wird noch das relativ energiereiche Pyruvat bereit gestellt, das im Falle aerober Atmung weiter exergonisch abgebaut werden kann.

Die oxydative Decarboxylierung

Bei Gegenwart von Sauerstoff kann das Pyruvat dehydriert und zugleich decarboxyliert werden: CO_2 wird abgegeben, der abgespaltene Wasserstoff von NAD^+ übernommen und der oxydierte C_2-Körper, der Acetylrest, mit dem Coenzym A zum energiereichen Acetyl-CoA (»aktivierte Essigsäure«) verbunden. Mitwirkende Faktoren sind dabei das Pyrophosphat des Thiamins (Vitamin B_1, S. 273) und das Amid (= Verbindung einer Säure mit Ammoniak oder Amino-Gruppe) der ebenfalls schwefelhaltigen Liponsäure.

Das Acetyl-CoA, ein kompliziertes Nukleotid aus Adenin, Ribose, Pyrophosphat, dem Vitamin Pantothensäure und der eigentl. Wirkgruppe Cysteamin, offenbart, daß neben den bekannten energiereichen Bindungen des Phosphats (S. 49) auch solche des Schwefels in der Natur vorkommen. Acetyl-CoA dient vor allem als Schlüsselsubstanz sowohl bei dem Endabbau des C-Gerüstes im Citratzyklus als auch bei Biosynthesen z. B. von Fettsäuren, Überträgerstoffen der Nervenleitung (Acetylcholin), Baustoffen (Acetylglucosamin) und Steroiden (Gallensäuren, S. 324; Nebennierenrinden- und Sexualhormone, S. 335, 331, Vitamin D).

Der Citratzyklus (B)

Die gemeinsame Endstrecke für den Stoffwechsel aller Gruppen der Nahrungsstoffe ist der nach seinen Entdeckern als KREBS-MARTIUS-Zyklus bezeichnete Citratzyklus, bei dem der in das Citratmolekül eingegangene Acetylrest des Acetyl-CoA unter wiederholter Dehydrierung und Decarboxylierung vollständig abgebaut wird.

Die Reaktionen des Citratzyklus (= Tricarbonsäure-Zyklus) ergeben vier Stufen:

– Die Vereinigung einer C_2-Verbindung (Acetylrest) mit einer C_4-Verbindung, dem Oxalacetat, unter Aufnahme von Wasser zu einem C_6-Körper.
– Der Übergang von C_6 zu C_5 unter Abgabe von CO_2 und Wasserstoff.
– Erneute Dehydrierung und Decarboxylierung in komplizierter Reaktionskette bei CoA-Einsatz bildet eine C_4-Verbindung und ATP oder GTP.
– Umwandlungen auf dem C_4-Niveau und Regeneration des Oxalacetats.

Betrachtet man den Abbau des Glucosemoleküls, so ergeben sich 6 CO_2, deren Sauerstoff aber nicht der Oxydation aus elementarem Sauerstoff, sondern dem Wasser entstammt: zunächst wird H_2O angelagert, dann H abgespalten.

Hieraus ergibt sich als Gesamtbilanz der Glykolyse und des Citratzyklus:

$$C_6H_{12}O_6 + 6 H_2O + 12 \text{ Coenzyme}$$
$$\rightarrow 6 CO_2 + 12 \text{ Coenzym-}H_2.$$

Die Energieausbeute im Citratzyklus ist relativ gering, da die Hauptmenge der Energie bei der Dissimilation nicht durch die »Verbrennung« des Kohlenstoffs zu CO_2 gewonnen wird (Substratphosphorylierung), sondern in der Atmungskette. Somit liegt die Bedeutung des Citratzyklus bes. darin, alle zum Zwecke der Energiegewinnung abgebauten Stoffe ungeachtet ihres spez. chem. Charakters in die einheitl. Energiequelle der reduz. Coenzyme umzuformen. Dazu sind aber nicht immer wieder neue Coenzym-Moleküle nötig, da sie nach der Wasserstoffabgabe in der Atmungskette regeneriert verfügbar sind. Der Citratzyklus läuft demnach nur in Verbindung mit der Atmungskette ab; damit hat er aber auch Anteil an dem dort freigesetzten hohen Energiebetrag.

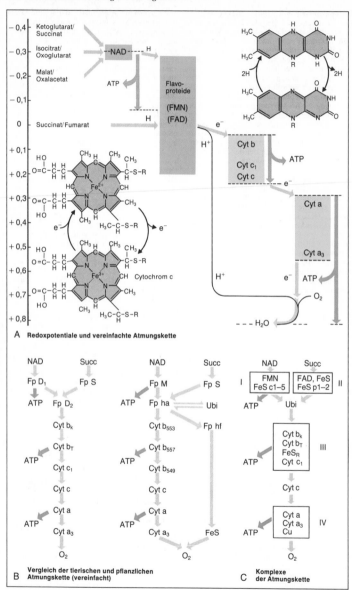

A Redoxpotentiale und vereinfachte Atmungskette

B Vergleich der tierischen und pflanzlichen Atmungskette (vereinfacht)

C Komplexe der Atmungskette

Die Atmungskette

Die zentrale energieliefernde Stoffwechselreaktion ist die Wasserbildung aus O_2 und dem Wasserstoff, der in der Glykolyse, der oxidativen Pyruvat-Decarboxylierung und im Citratzyklus gewonnen (S. 303) und von $NADH_2$ bzw. $FADH_2$ angeliefert wird. Zwischen dem **Redoxsystem** $NADH_2/NAD^+$ mit geringer Elektronenaffinität (physiol. Redoxpotential = $-0,32$ V) und dem elektronenaffinen Endsystem O_2/O^{2-} (+0,81V) besteht eine große Potentialdifferenz. Sie ist beim Elektronenübergang vom negativeren zum positiveren Redoxpotential exergon, so daß freigesetzte Energie zur **Atmungsketten-** oder **oxidativen Phosphorylierung** von ADP zu ATP bereitgestellt wird.

Die Atmungskette (A),

d. h. die Serie von Redoxsystemen mit abgestuften intermediären Redoxpotentialen, ist zunächst als Wasserstofftransportkette ($H^+ + e^-$) und dann als Elektronentransportkette bzw. Substrat und O_2 geschaltet. Sie überträgt die Elektronen schrittweise auf Sauerstoff und teilt so den großen Potentialsprung von $1,13$ V $= 220$ kJ portionsweise auf mehrere »Energiezapfstellen« auf: Beim Durchlauf von 2 Elektronen können auf dem Weg, der mit NAD^+ startet, an 3 **Phosphorylierungsstellen** 3 ATP entstehen; bei Succinat als Substrat mit schwach negativem Redoxpotential werden, beginnend mit FAD, nur 2 Phosphorylierungsstellen passiert. Eine Besonderheit bei *Pflanzen* ist ein abkürzender, zwei Phosphorylierungsstellen umgehender **cyanidresistenter Nebenweg** (B) von den Flavoproteiden unter Umgehung der Cytochrome zum O_2. Seine verminderte ATP-Bildung führt zur Temperaturerhöhung z. B. in *Araceen*-Blütenständen, bei der Fruchtreifung und bei hohem ATP-Spiegel in normalen pflanzl. Gewebe.

Die Glieder der Atmungskette

sind Oxidoreduktasen, die als Multienzymkomplexe der inneren Mitochondrienmembran *(Eukaryonten)* oder Plasmamembran *(Prokaryonten)* eingefügt sind; nur die

Dehydrogenasen, die am Beginn der Atmungskette mit zahlreichen versch. Substraten, aber jeweils substratspezifisch reagierenden Enzyme sind singulär. Ihre locker gebundenen Cosubstrate (S. 272) sind bei *Pflanzen* nur NAD, bei *Tieren* auch NADP und bei *Blaualgen* nur NADP. Sie übertragen $H^+ + e^-$ auf

Flavoproteide, deren festgebundene prosth. Gruppe (FMN oder FAD, S. 272) je nach bindendem Apoenzym Redoxpotentiale zw. $+0,20$ bis $-0,30$V aufweisen. In Pflanzenmitochondrien wurden mehrere Flavoproteide nachgewiesen, eines davon ($F_{P\ lf}$) gehört zum Komplex der Pyruvat-Dehydrogenase und überträgt H von Liponsäure auf NAD^+. Die Stellung von

Ubichinon (Coenzym Q) ist strittig. Es ist nicht obligates Atmungskettenglied, dient aber als Elektronenspeicher, zumal es relativ konzentriert vorliegt.

Cytochrome übernehmen den weiteren Elektronentransport mit ihrer prosthetischen, Fehaltigen Häm-Gruppe ($Fe^{3+} + e^- \rightarrow Fe^{2+}$). Die Gleichsetzung best. pflanzl. und tier. Cytochrome sowie ihr genauer Ort in der Redoxkette ist z. T. strittig. Cytochrom a_3 ist Cytochromoxidase, das eigentl. WARBURGsche »Atmungsferment«. Spezifisch blockierbar durch Cyanid und Kohlenmonoxid, kann sein grünes Häm Sauerstoffatome mit Elektronen beladen und damit O^{2-} herstellen, das mit Protonen zu Wasser reagiert.

Eisen-Schwefel- und Kupferproteide: Beim e^--Transport besteht Kooperation von wenigstens 7 versch. FeS-Proteiden (Nicht-Häm-Eisen) mit allen Flavoproteiden und einem c-Cytochrom, sowie zw. einem Cu-Proteid und der Cytochromoxidase.

Strukturmodelle der Atmungskette in der Mitochondrienmembran versuchen, den linearen Aufbau der Redoxkette wiederzugeben (S. 28E). Bes. für tier. Mitochondrien bestehen dagegen auch Hypothesen, nach denen die Atmungskettenglieder zu 3–4 **Komplexen** (C) zusammengefaßt sind, von denen jeder eher eine Gesamtreaktion katalysiert als mehrere Einzelreaktionen.

Die Atmungskettenphosphorylierung

hat einen Wirkungsgrad von ca. 40%, rechnet man mit einer Energiefreisetzung von 218 kJ/mol auf dem NAD- und von 162 kJ/mol auf dem Succinat-Weg bei einer Energieaufnahme von 29 kJ/mol ATP. Der Elektronenfluß durch die Atmungskette führt zwangsläufig zur ATP-Bildung (**Atmungskopplung**), nach der Hypothese der chemiosmotischen Kopplung betreibt der Elektronenfluß eine Protonen-Verlagerung (S. 26f.) und schafft so ein elektrochem. nutzbares Potential. Der Prozeß der Atmungskopplung wird nicht durch den Elektronenfluß, sondern vom Angebot des ADP begrenzt, wie sich für normales Stoffwechselgeschehen und den experimentellen Einsatz von »Entkopplern« zeigen läßt. Es liegt auf der Hand, daß das Kopplungsmechanismus selbstregulator. Eigenschaften hat und nach dem Prinzip einer **negativen Rückkopplung** arbeitet (S. 55):

Da die Oxidation der Substrate bzw. von NADH $+H^+$ mit der Atmungskettenphosphorylierung von ADP zu ATP gekoppelt ist, kann sie nur ablaufen, wenn entsprechend ADP verfügbar ist. Das bedeutet jedoch wiederum, daß zuvor ATP in entsprechendem Maße verbraucht worden ist, entweder für Muskelarbeit, Transportaufgaben oder Biosynthesen. So paßt sich der Sauerstoffverbrauch dem Energiebedarf der Zelle an durch die **Regulation der Atmungsintensität** durch die vorhandene ADP-Menge. Demnach entsteht auch kein echtes chem. Gleichgewicht, sondern der stationäre Zustand eines Fließgleichgewichtes (S. 53), der vom O_2-Angebot, von der Substratkonzentration und vor allem von der Kopplung mit dem Phosphorylierungssystem abhängt (s. auch S. 308f.).

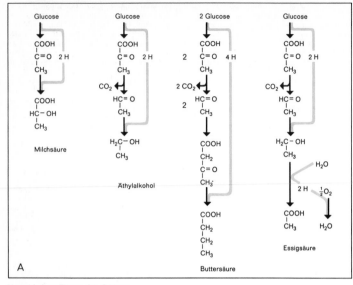

Verschiedene Typen der Gärung

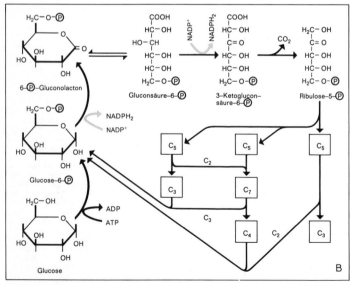

Direkte Oxydation der Glucose

Die Verwertung der Kohlenhydrate im Stoffwechsel nimmt nicht immer den bisher (S. 302ff.) dargestellten Weg. Die Abweichungen betreffen sowohl den Wasserstoffakzeptor (Atmung, Gärung) als auch das Schema des Glucoseabbaus (Direkte Oxydation).

Atmung und Gärung (A)

Als **Atmung** bezeichnet man den Stoffwechsel dann, wenn der aus den versch. Substraten stammende Wasserstoff schließlich innerhalb der Atmungskette mit **freiem Sauerstoff** zu Wasser reagiert:

Aerobe Atmung, bei der molekularer Luftsauerstoff O_2 als H-Akzeptor auftritt, ist der eigentl. Typus der »Atmung« und allg. verbreitet.

Anaerobe Atmung: Einige Mikroorganismen gewinnen den freien Sauerstoff in Abwesenheit von Luftsauerstoff aus anorgan. chem. Verbindungen und verwenden ihn als H-Akzeptor. Sie gewinnen ihn durch Reduktion von Nitraten oder Nitriten zu Stickoxiden oder N_2. Diese Denitrifikation entzieht daher in schlecht durchlüfteten Böden den *Pflanzen* die Nitrate. Ähnlich reduzieren desulfurizierende *Bakterien* Sulfat zu Schwefelwasserstoff.

Die Zersetzung organ. Materials unter Energieabgabe in **Abwesenheit von freiem Sauerstoff**, dessen Funktion der H-Übernahme von anderen, organ. Substraten wahrgenommen wird, wird als **Gärung** bezeichnet. Diesem Prozeß fehlt die hohe Energieausbeute der Sauerstoffatmung; die Deckung der Energiebedürfnisse ist daher nur durch erhöhten Verbrauch und Umsatz des Gärungssubstrates gewährleistet. Vielfach wird auch dem Substrat nicht aller Wasserstoff entzogen, sondern nur ein Teil, so daß nicht CO_2 und H_2O, sondern – eventuell neben CO_2 – die typ. Gärungsprodukte entstehen, die den versch. Gärungstypen ihren Namen gegeben haben.

Milchsäuregärung: Zahlr. *Bakterien* setzen Glucose und andere Monosaccharide zu Milchsäure um; die »reinen Milchsäuregärer« *Streptococcus lactis* sowie die Joghurt-*Bakterien* der Gattung *Lactobacillus* finden in der Milchverwertung oder bei der techn. Milchsäureproduktion Verwendung. Ihrem Chemismus nach ist die Milchsäuregärung der anaeroben Glykolyse im Muskel gleich: Glucose wird dehydriert und der Wasserstoff von dem Pyruvat aufgenommen, wodurch Milchsäure entsteht. Da eine Decarboxylierung unterbleibt, entsteht kein CO_2:
$C_6H_{12}O_6 \rightarrow 2\ CH_3\text{–}CHOH\text{–}COOH + 156\ kJ/\text{mol}$

Alkoholische Gärung: Die *Hefepilze*, z.B. die *Bierhefe (Saccharomyces cerevisiae)*, bauen Glucose ebenfalls glykolytisch bis zum Pyruvat ab, das dann aber unter dem Einfluß von Pyruvat-Decarboxylase zu Acetaldehyd decarboxyliert wird. Dieser erhält den NADH+H^+ den Wasserstoff und wird zum Äthylalkohol:
$C_6H_{12}O_6 \rightarrow 2\ CO_2 + 2\ CH_3\text{–}CH_2OH + 234\ kJ/\text{mol}$

Buttersäuregärung: Eine Anzahl obligator. anoxybiontischer *Bakterien*, z.B. die verbreiteten Rauschbrand-Erreger der Gattung *Clostridium*, bauen versch. Substrate (z.B. Pektin der Mittellamellen: Flachs- und Hanfröste) bis zum Acetaldehyd über Acetyl-CoA ab und synthetisieren dann rückläufig Acetessigsäure $CH_3\text{–}CO\text{–}CH_2\text{–}COOH$, die als H-Akzeptor dient und dabei in Buttersäure übergeht:
$C_6H_{12}O_6 \rightarrow CH_3\text{–}CH_2\text{–}CH_2\text{–}COOH + 2\ CO_2 + 2\ H_2 + 264\ kJ/\text{mol}.$
Der Energiegewinn ist gering, da ein Teil des Wasserstoffs ungenutzt entweicht (Nutzung durch *Knallgasbakterien*, S. 323).

Essigsäuregärung: Manche *Bakterien*, z.B. das *Essigsäurebakterium (Bacterium aceti)*, können den noch recht energiereichen Äthylalkohol der alkohol. Gärung aerob weiter umsetzen und so das Sauerwerden (»Weinessig«) der an der Luft stehenden alkohol. Flüssigkeit verursachen (»**Oxydative Gärung**«). Durch zweifache Dehydrierung entstehen aus 1 Molekül Äthylalkohol und Wasser über Zwischenprodukte schließlich Essigsäure und Wasserstoff; letzterer geht in die Atmungskette ein und wird mit O_2 zu Wasser verbrannt:
$CH_3\text{–}CH_2OH + O_2 \rightarrow CH_3\text{–}COOH + H_2O + 456\ kJ/\text{mol}.$

Direkte Oxydation der Glucose (B)

Neben dem Abbau der Glucose über Glykolyse und Citratzyklus führt ein alternativer Weg über die direkte Oxydation, auf dem die Dehydrierung im Cytoplasma nicht wie bei der Glykolyse gegen Ende, sondern schon zu Anfang erfolgt. Das Glucose-6-phosphat wird unter Wasseraufnahme durch $NADP^+$ dehydriert, das entstehende Gluconsäure-6-phosphat erneut von $NADP^+$ dehydriert und dadurch zu 3-Ketogluconsäure-6-phosphat. Durch Decarboxylierung bildet sich ein C_5-Körper, das Ribose-5-phosphat. Damit ist der eigentliche Oxydationsvorgang beendet: Er erfaßt nur ein einzelnes C-Atom des Glucosemoleküls, das als CO_2 abgespalten wird; dabei entstehen zwei $NADPH+H^+$.

Die Pentose häuft sich jedoch in der Zelle nicht an, da in dem **Pentosephosphat-Zyklus** durch komplizierte Reaktionen aus ihr neue Zucker entstehen:

Aus 3 Pentosen bilden sich 2 Hexosen und 1 Triose. Erstere können wieder in die direkte Oxydation einbezogen werden, letztere wird entweder auf dem EMBDEN-MEYERHOF-Weg abgebaut, oder 2 Moleküle verbinden sich erneut zu einer Hexose, die ebenfalls wieder in den Zyklus eintreten kann.

Somit besteht die Möglichkeit, letzten Endes Glucose vollständig in CO_2 und 12 $NADPH+H^+$ zu überführen. Letzteres kann nicht direkt im mitochondrialen Atmungskette oxidiert werden und ATP liefern. Die mögliche Wasserstoffübertragung auf $NADP^+$ erfolgt selten, so daß der abgespaltene Wasserstoff weniger der Energiegewinnung als vielmehr reduktiven Synthesen dient.

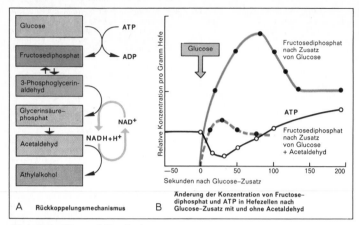

A   Rückkoppelungsmechanismus

B   Änderung der Konzentration von Fructose-
     diphosphat und ATP in Hefezellen nach
     Glucose-Zusatz mit und ohne Acetaldehyd

Alkoholische Gärung als Regelkreis

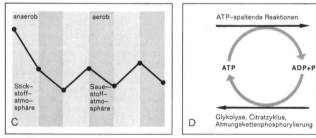

C   Phosphatspiegel in atmenden und gärenden
     Hefezellen

D   Konkurrenz um das System ATP/ADP+P

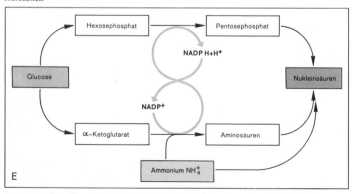

E

Koppelung der Pentosephosphat- und Aminosäurebildung in wachsenden Hefezellen

Intrazelluläre Regulation

Anpassung an Veränderungen der Umgebung ist eine unabdingbare Eigenschaft jeglichen Lebens. Viele dieser biol. Regelvorgänge beruhen auf dem **Prinzip des Regelkreises** (S. 6, 56f.) und laufen im »einfachen« Fall intrazellulär, d. h. im Inneren einer Einzelzelle, ab, dagegen erstrecken sich neurale (S. 312f.) und hormonale Regulation (S. 326ff.) interzellulär auf Organe oder den ganzen Organismus. Die intrazelluläre Regulation wirkt aufgrund versch. Mechanismen:
– **Repression** oder **Induktion** der Enzymsynthese durch Veränderung der Genaktivität (Einzelheiten s. S. 468ff.);
– Änderung der **Enzymaktivität** durch Modulation (S. 273, 327);
– **Enzymatische Regulation,** d. h. die nachfolgend an Beispielen dargelegte Änderung der Stoffwechselintensität durch Konkurrenz der Enzyme um gemeinsame Coenzyme und Substrate.

Beispiele enzymatischer Regulation

Man kennt heute viele Stoffwechselreaktionen, deren Einzelschritte durch Enzyme ermöglicht werden, die selbst um ein gemeinsames Coenzym-System konkurrieren. Dadurch wird die lineare Reaktionskette zum Kreisprozeß verknüpft.

1. Alkoholische Gärung als Regelkreis (A): Der Reaktionskette von der Glucose zu den Gärungsprodukten Äthylalkohol und CO_2 ist ein Rückkoppelungsmechanismus eingeschaltet, nämlich der durch das Coenzym-System $NAD^+/NADH + H^+$ vermittelte Wasserstoffkreislauf, der den letzten Reaktionsschritt mit einem früheren koppelt. Stört man das stationäre Gg durch Vergrößerung der Glucose-Konzentration, so häufen sich die Zwischenprodukte bis zur Stufe des 3-Phosphoglycerinaldehyd zunächst, da dessen Dehydrierung zu Glycerinsäure durch das Angebot an NAD^+ begrenzt ist. Dieser Anstau wird erst behoben, wenn nach einiger Zeit genügend Acetaldehyd entstanden und das vorhandene $NADH + H^+$ zu NAD^+ oxidiert ist. Das beobachtete »Übers-Ziel-schießen« der Triosekonzentration, das für das Zeitverhalten der meisten Regelkreise typisch ist, kann experimentell durch gleichzeitige Zugabe von Glucose und Acetaldehyd verhindert werden, wodurch die Enzymkonkurrenz um das gemeinsame Coenzym-System erkennbar wird (B).

2. Pasteur-Effekt: Bereits Mitte des 19. Jh. stellte PASTEUR fest, daß der unter anaeroben Bedingungen zu beobachtende Glucoseverbrauch der Hefezellen merklich (auf etwa 60 Prozent) verlangsamt wird, wenn Sauerstoff zugesetzt wird. Gleichzeitig häufen sich in den Zellen Äthylalkohol und manchmal auch Laktat an. Die Umsteuerung ist voll rückgängig zu machen.

O_2 scheint demnach den Glucoseabbau zu hemmen, was höchst wirtschaftlich ist, da die Atmung wesentlich mehr Energie verfügbar macht als die anaerobe Gärung (Nachweis: erhöhter Phosphatverbrauch als Folge vermehrter Bildung von ATP aus P und ADP, C). Einen ähnlichen Anpassungsmechanismus zeigen alle normalen tier. und pflanzl. Gewebe, ausgenommen die reifen roten Blutkörperchen (Erythrocyten), deren verkümmertes Atmungssystem kaum Unterschiede in der Milchsäuregärung zw. aeroben und anaeroben Zuständen zeigt.

Der Pasteur-Effekt wird allerdings nicht direkt durch Sauerstoff verursacht; vielmehr unterdrückt eine ungehemmte Sauerstoffatmung die Gärung in einem Wettbewerb um das ATP/ADP/P-System (LYNEN). Auch hier besteht ein Regelkreis (D): Phosphorylierende Enzyme, die ATP aus ADP und anorgan. Phosphat synthetisieren, konkurrieren mit ATP-spaltenden Enzymen um ATP, ADP und Phosphat. Der Kohlenhydratabbau durch Glykolyse und Citratzyklus ist mit der ATP-Bildung aus ADP und P fest gekoppelt und kann daher nur in dem Maße ablaufen, wie ATP gespalten wird. Da unter aeroben Bedingungen aber auch die Atmungskette vermehrt ATP herstellt und somit ADP und P verbraucht, mangelt es an diesen beiden Verbindungen, und der Kohlenhydratabbau wird gehemmt. Diese Theorie des Kohlenhydratabbaus durch Atmung oder Gärung wird experimentell gestützt:
– Setzt man *Bakterien*-Aufschwemmungen unter aeroben Bedingungen Phosphat zu, dann steigt der Glucoseumsatz auf den anaeroben Wert an.
– Bei Entkopplung der oxidativen Phosphorylierung durch Entkoppler (Dinitrophenol, S. 305) erreicht die aerobe Glykolyse ebenfalls anaerobe Werte, weil nun ADP und P in einem solchen Überfluß vorliegen, daß gleichzeitig Glykolyse und Atmung mit Höchstgeschwindigkeit ablaufen können.

3. Pentosephosphatzyklus und Wachstum (E): Wachsende Organismen, z. B. *Hefe,* brauchen vermehrt Aminosäuren und Nukleinsäuren für Zellvermehrung und Wachstum. Durch Vermittlung des $NADP^+/NADPH + H^+$-Systems werden die diese Baustoffe produzierenden »reduktiven Synthesen« und der Pentosephosphatzyklus miteinander gekoppelt:

Die Umwandlung z. B. des Ammoniums in den organisch gebundenen Stickstoff der Aminosäuren erfordert $NADPH + H^+$, das zu $NADP^+$ oxidiert wird und anschließend durch die Dehydrierungsreaktionen innerhalb des oxidativen Pentosephosphatzyklus wieder zu $NADPH + H^+$ regeneriert wird. Daher kann auch experimentell bei *Hefe* durch Zusatz von Ammoniumsalz die direkte Oxidation von Glucose beschleunigt werden.

Gestörte Zellregulationen

Bei Krebszellen ist das Wachstum infolge intensiver Zellteilung außer Kontrolle (Tumorbildung), die Änderung der Plasmalemmaoberfläche beeinträchtigt die Adhäsionsfähigkeit (S. 19) der Zellen (Metastasen), die Diff. zur funktionsfähigen Körperzelle unterbleibt, und trotz aerober Bedingungen herrscht Milchsäuregärung.

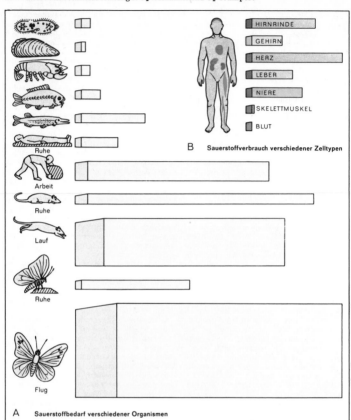

B Sauerstoffverbrauch verschiedener Zelltypen

HIRNRINDE
GEHIRN
HERZ
LEBER
NIERE
SKELETTMUSKEL
BLUT

A Sauerstoffbedarf verschiedener Organismen

Sauerstoffbedarf verschiedener Organe und Tiere

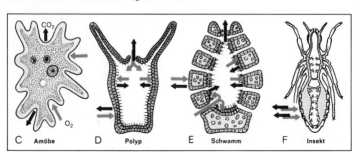

C Amöbe   D Polyp   E Schwamm   F Insekt

Typen des Atemgas-Transports

Die Zellatmung (Innere Atmung) erfordert zu ihrer Aufrechterhaltung aerobe Bedingungen. Der Organismus ist daher auf einen ständigen Gaswechsel (Äußere Atmung) angewiesen, durch den dem Gewebe Sauerstoff zugeführt und das gebildete Kohlendioxid CO_2 abgenommen wird. Die äußere Atmung bildet somit Anfang und Ende der Zellatmung.

Eine längere Einschränkung oder Unterbrechung der O_2-Zufuhr führt immer zu tiefgreifenden Funktionsstörungen oder zum Tod (S. 309), denn der **innerzellulär gebundene Sauerstoff** reicht zur Deckung des normalen Energiebedarfs nur wenige Sekunden. Nur die Muskelzelle verfügt mit dem roten Muskelfarbstoff **Myoglobin** über einen kurzfristigen O_2-Speicher. In gleicher Weise wirkt eine erhöhte CO_2-Konzentration schädigend. Demnach hängt die Lebens- und Leistungsfähigkeit des Organismus wesentlich von der Wirksamkeit der Transportmechanismen für die Atemgase ab.

Der Sauerstoffbedarf der Tiere (A)

schwankt innerhalb weiter Grenzen. Während Anaerobier von der Zufuhr gasförm. Sauerstoffs unabhängig sind, erhöht bei den Aerobiern jede mit Energiebedarf verbundene Aktivität den O_2-Verbrauch:
– Intensivierung des Stoffwechsels, z. B. Steigerung des Grundumsatzes (s. S. 301),
– funkt. bedingte Besonderheiten (Arbeitsleistung, Verdauung, »Fieber«),
– bei Kaltblütern die Temperatur, bei Warmblütern die Wärmeausstrahlung, die zur Erhaltung der Temperaturkonstanz ersetzt werden muß.

Die Sauerstoffversorgung ist unterschiedl. umweltabhängig:
– bei *Wirbeltieren, Insekten, Krebsen, Tintenfischen* und *Quallen* ist der O_2-Antransport so gut, daß das Gewebe mit Sauerstoff gesättigt ist; daher sind diese *Tiere* in gewissem Umfang von der O_2-Konzentration der Umwelt unabhängig.
– Viele *Schnecken, Stachelhäuter* und *Actinien* sind in ihrer O_2-Versorgung eng mit dem Sauerstoffangebot der Umwelt gekoppelt, da das Gewebe wegen schlechter Durchblutung, langer Diffusionswege und leistungsschwächerer Atmungsfarbstoffe keine O_2-Sättigung erreicht.

Prinzipien des Atemgas-Transportes

Die Leistung des Transport-Mechanismus für die Atemgase besteht vor allem in der
– Aufnahme des für den Gesamtenergieumsatz notwendigen Sauerstoffs aus der Umwelt,
– Verteilung entspr. dem unterschiedl. Bedarf der versch. Zelltypen (B),
– Anpassung an zeitl. veränderte Bedürfnisse des Gewebes bei Funktionswechsel.

Sinngemäß gelten diese Forderungen auch für den Abtransport des Kohlendioxids in der 0,7- bis 1,0fachen Menge des verbrauchten Sauerstoffs.

1. Die Diffusion darf heute ohne Einschränkung als grundlegender Vorgang beim Gasaustausch gelten. Sie ist ein Ausgleichsprozeß, bei dem entspr. dem 2. thermodynam. Hauptsatz Moleküle von einem Ort höh. Konzentration zu einem Ort neid. Konzentration transportiert werden. Die Transportenergie ist dabei die Bewegungsenergie der Moleküle, so daß vorteilhafterweise Zellenergie dabei nicht verbraucht wird. Nachteilig wirkt sich jedoch aus, daß so nur relativ kurze Strecken von max. einigen mm durch Diffusion überwunden werden können (S. 25). Für *Einzeller* reicht die Diffusion aus, um O_2-Versorgung und CO_2-Abgabe sicherzustellen (C).

2. Oberflächenvergrößerung wird bei größeren Organismen zwingend. Hier gelingt der Gasaustausch durch Diffusion allein nur dann, wenn für einen möglichst kurzen Diffusionsweg von der O_2-haltigen Umwelt zu den einzelnen Zellen gesorgt ist. Dies ist durch Vergrößerung der inneren und äußeren Oberfläche bei allen *Gewebepflanzen* (Blattspreite, Interzellularsystem, bei Unterwasserpflanzen Aerenchym, S. 82, 290f.) und z. B. beim *Süßwasserpolypen* erreicht (D).

3. Hilfseinrichtungen der Atmung müssen bei allen übrigen Organismentypen die Diffusion der Atemgase ermöglichen:
Das Kanalsystem der *Schwämme* wird ständig von frischem Meerwasser durchspült, das an den Poren durch Flimmerbewegungen der Kragengeißelzellen eingesaugt wird und den Gastralraum durch das Osculum verläßt (E).
Das Tracheensystem der *Insekten* erreicht in feinsten Kanälchen alle Körperzellen. In manchen Fällen findet nicht nur der Gasaustausch zw. Tracheen und Zellen, sondern auch der zw. den Kanälchen und der umgebenden Außenluft allein durch Diffusion statt (F).
Das Blutkreislaufsystem übernimmt bei vielen *höh. Tieren* die Aufgabe des Gastransportes (S. 108, 314f.). Dabei findet an einer äußeren Kontaktfläche der Gasaustausch zw. dem Blut und dem umgebenden Medium genauso durch Diffusion statt wie zw. den Gewebezellen und dem an ihnen vorbeifließenden Blut.
Vereinfacht man die Sauerstoff-Diffusion auf eine Membranpassage (wobei die Mehrschichtigkeit, Plasmadiffusion und das Verhalten gegenüber Erythrocyten außer acht gelassen wird), so ist der Gasdurchtritt abhängig von dem Druckgefälle, der Schichtdicke, der Schichtbeschaffenheit und vor allem von der Größe der Kontaktfläche:
– Bei *Würmern* genügt noch als äußere Austauschfläche die Körperoberfläche ohne bes. Differenzierungen;
– bei einigen *Anneliden,* den *Weichtieren, Krebsen* und *Fischen* treten spez. Austauschsysteme mit großen Oberflächen in Form von feinen, gut durchbluteten Ausstülpungen auf, den Kiemen.
– Bei *Reptilien, Vögeln* und *Säugern* schließlich dienen die Lungen als einzig wirksamer Atmungsapparat dem Gasaustausch mit der umgebenden Luft.

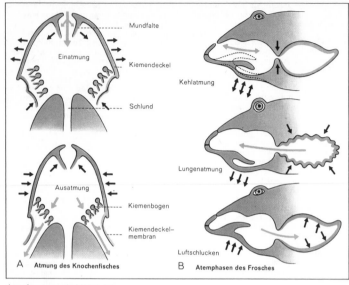

Atembewegung bei Wirbeltieren

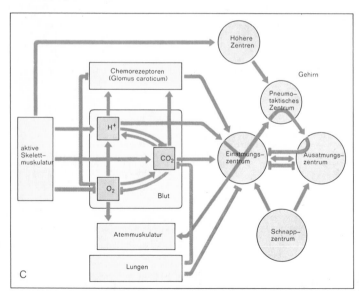

Regulation der Atembewegungen

Bei höherem Sauerstoffbedarf reicht reine Diffusion selbst bei hochentwickelten Atemhilfseinrichtungen nicht aus. Er kann dann nur durch dynamische Einrichtungen gedeckt werden, die durch Atembewegungen den Gasaustausch intensivieren und dem jeweiligen Erfordernissen anzupassen vermögen.

Die Atembewegungen

Die versch. Tierklassen zeigen eine außerordentliche Mannigfaltigkeit der Möglichkeiten, durch Ventilation einen schnelleren Gasaustausch zu erreichen; doch lassen sie sich im allg. auf wenige Grundtypen zurückführen:

- **Milieuwechsel** durch Eigenbewegung des *Tieres* in seinem Medium (rhythm. Pumpbewegungen der *Quallen*, undulierende Körperbewegungen bei *Egeln* und *Tubifex*).
- **Ventilation** im Wasser entweder durch ständig gerichteten Schlag von Cilien (*Rädertierchen, Muscheln, Acrania, Manteltiere*) oder durch Geißeln, die einen gerichteten Wasserstrom erzeugen (*Schwämme*).
- **Bewegung** kiementragender Extremitäten (*Krebse*), Parapodien (*Meeresborstenwürmer*) oder Mantelränder (*Meeresschnecken*).
- **Auspressen** des Inhalts der Atemorgane (*Landlungenschnecken, Insekten, Tintenfische, Wirbeltiere*).

Die zuletzt genannte Erscheinung tritt im Zusammenhang mit **Kiemenatmung** bei *Fischen, Weichtieren* und *Krebsen* auf, mit **Darmatmung** z.B. bei Larven großer *Libellen (Anisopteren)*, ist aber bes. in den **Tracheen** und **Lungen** verwirklicht:

Die Atemmechanik der Insekten beruht meist auf der normalen Körperbewegung, bei der die elast. Tracheen (S. 132 f.) wechselnd zusammengedrückt und geweitet werden. Arten mit bes. intensivem Stoffwechsel (z.B. *Bienen*) führen durch schnelles rhythm. Zusammenziehen des Hinterleibs Atembewegungen aus; Einatmung ist also passiv.

Die Atmungsbewegungen der Fische erzeugen durch Abheben des Kiemendeckels bei angelegter Kiemendeckelmembran einen Sog, der Frischwasser durch das Maul einzieht. Dies kann durch Schwimmen mit offenem Maul unterstützt werden. Bei *Haien* ist die Herztätigkeit mit dem Atemrhythmus gekoppelt (A).

Die Amphibien, z.B. *Frösche*, befördern bei geschlossener Luftröhre und offenen Nasenlöchern durch schnelle Bewegungen der Kehlhaut Frischluft in den Kehlraum (Kehlatmung), durchmischen sie im Kehlsack mit der aus der Lunge herausgepreßten Luft (Lungenatmung) und schlucken dann mit Hilfe der Mundbodenmuskulatur die Mischluft (B).

Die Reptilien weiten die Brusthöhle durch Rippenbewegungen, wodurch die Lungen gedehnt werden und Luft ansaugen. *Schildkröten* können nur durch Druck der Bauchmuskeln aktiv ausatmen. Als einzige *Wirbeltiere* besitzen sie, wie auch die *Eidechsen*, eine eigene quergestreifte Lungenmuskulatur.

Die Vögel haben die anatom. vollkommensten Wirbeltierlungen entwickelt: Da sie an Stelle blind endender Alveolen ein System kommunizierender Röhren, die »Lungenpfeifen«, besitzen, kann im Fliegen durch Luftdruck und Blasebalgwirkung der Luftsäcke, bei Ruhe durch Rippenmuskeltätigkeit Luft durch das ganze System gesogen werden.

Die Säuger atmen mit Hilfe der Rippen- und Zwerchfellbewegung, die einen die Lungen luftdicht umschließenden »Pleuralraum« und damit auch passiv die Lungen weitet (S. 103). – Die normale Atmung bewegt beim *Menschen* 0,5 l pro Atemzug, die Atemfrequenz beträgt bei Ruhe etwa 15 Zug/min. (*Maus* 200, *Kaninchen* 50, *Pferd* 10, *Elefant* 4–10).

Die Regulation der Atembewegungen (C)

Während viele *nied. Tiere* mit geringem O_2-Bedarf anscheinend keine oder nur eine »Diffusionsregulation« haben (*Insekten, Weichtiere*: Erweitern der Atemöffnungen) und manche Wassertiere indirekt durch Aufsuchen O_2-reicheren Wassers regulieren, können *Wirbeltiere* sich meist den jeweiligen Bedürfnissen durch Änderung der Atemfrequenz und -tiefe automatisch und quantitativ anpassen.

1. Das Atemzentrum im Nachhirn (Medulla oblongata) der *Wirbeltiere* regelt neural die Atembewegungen; *Vögel* besitzen außerdem im Mittelhirn ein Hechelzentrum (Schutz gegen Überhitzung). Im Atemzentrum sind der Inspirations- und Exspirationskern autonom und, einander gegenseitig hemmend, rhythmisch aktiv. Außerdem besteht ein Regelkreis mit dem »pneumotaktischen Zentrum« in der Brücke, das wiederum Verbindung zum Hypothalamus und Großhirn aufweist. Schließlich hemmt eine Dehnung der Lungen über sensible Vagusfasern das Inspirationszentrum (Selbststeuerung der Atmung). Bei Ausfall der Atemzentren im Nachhirn wird von tieferen spinalen Zentren, dem primitiven Atemzentrum der *Fische,* eine Schnappatmung ausgelöst. Übernormale Vaguserregung bedingt das Bronchialasthma.

2. Der Atemantrieb, d.h. die Erregung der Atemzentren, hat versch. Ursachen:

- **Erniedrigung des Sauerstoffdrucks** im Blut wird von Chemorezeptoren im Carotissinus gemessen, da die Zellen der Carotisknötchen bei O_2-Mangel sehr schnell ins zu Gärung übergehen und die ausdiffundierenden Gärungsprodukte benachbarte chemosensor. Nervenendungen erregen.
- **Erhöhung des Kohlendioxiddrucks** wirkt sich über die Erhöhung der H^+-Konzentration (aus Kohlensäure) sowohl in den Chemorezeptoren als auch in den Zellen des Atemzentrums aus; auf letztere nimmt vielleicht auch das CO_2 direkt Einfluß.
- **Muskelarbeit** läßt die Atmung proportional ansteigen. Der Antrieb wird von Rezeptoren in der Skelettmuskulatur und von höh. Zentralstellen des Zwischenhirns und der motor. Großhirnrinde vermittelt.

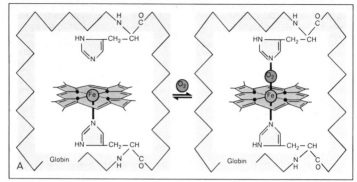

Hypothetisches Raumbild des sauerstoffbindenden Hämoglobins

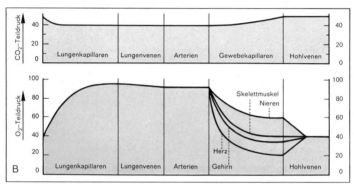

Kohlendioxyd- und Sauerstoff-Teildrucke in verschiedenen Gefäßabschnitten (ruhender Mensch)

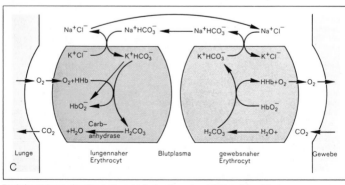

Reaktionsschema des Gasaustauschs in der Lungen- und Gewebskapillare

Übersicht über die Aufgaben des Blutes

Die Hauptfunktion des Blutes ist der Stofftransport; im einzelnen betrifft er die

- **Atmung,** d.h. den Antransport von O_2 und den Abtransport von CO_2,
- **Ernährung,** d.h. die Versorgung der Zellen mit den zum Aufbau und zur Tätigkeit notwendigen Stoffen,
- **Spülung,** d.h. den Abtransport der Stoffwechselprodukte,
- **Pufferung,** d.h. die Konstanthaltung der Wasserstoffionen-Konzentration trotz wechselnder Bindung von Säuren (S. 317),
- **Wärmeabgabe,** d.h. den Temperaturausgleich zw. Körperinnerem und Oberfläche bei den Warmblütern.

Das Blut ist Teil des unspezif. und spezif. Abwehrsystems gegen Fremdstoffe und Krankheitserreger (S. 320ff.) und durch den Transport von Hormonen schließl. in die koordinierte Regulation des Gesamtorganismus eingeschaltet (S. 326ff.).

Allgemeiner Aufbau des Blutes

Das Blut hat den Charakter eines lebenden Organs. Es besteht aus Zellen (Blutkörperchen) und Interzellularsubstanz (Blutplasma), mit dem Unterschied, daß erstere nicht zu einem Gewebe verbunden sind und letztere mengenmäßig und durch ihren Eiweißgehalt hervortritt.

1. Das Blutplasma enthält als nur **transportierte Bestandteile** Glucose als Blutzucker, Fette, Lipide, Stickstoffverbindungen und, bes. nach Muskelarbeit, Milchsäure. Unter den **Funktionsbestandteilen** überwiegt Wasser mit 90 Prozent, während die nach Menge und Art relativ konstanten anorgan. Ionen (Na^+, Ca^{++}, Cl^-, HCO_3^-) nur in geringer Konzentration vorliegen. Der durch sie bedingte osmot. Druck entspricht z.B. beim *Menschen* einer 0,9-, beim *Frosch* einer 0,6-prozentigen »physiologischen« NaCl-Lösung. Die Plasma-Proteine schließlich sind sehr mannigfaltig: Albumine dienen der Proteinreserve, dem kolloidosmot. Druck, Wassertransport durch Membranen und Fettsäuretransport im Blut; Globuline transportieren Metallionen, Hormone und Vitamine, sie sind an Gerinnung (S. 318f.) und Immunisierung beteiligt (S. 320ff.).

2. Die Blutkörperchen werden nach Funktion und Form als Leuko-, Thrombo- und Erythrocyten unterschieden (S. 80f.). Bes. der Stoffwechsel der **Erythrocyten,** die bei den *Säugern* weder Kern, Ribosomen noch Mitochondrien besitzen, weist Eigenarten auf: Die Sauerstoffzehrung ist sehr gering, die ATP-Synthese erfolgt allein durch Glucoseabbau auf einem abgewandelten Glykolyseweg. Dadurch wird die charakterist. Komponente der roten Blutkörperchen, das Hämoglobin, funktionsfähig erhalten.
Das normale **Hämoglobin Hb** (A) des *Menschen* besteht aus 4 Hämgruppen und je 2 α- bzw. β-Peptidketten aus 141 bzw. 146 Aminosäureresten bekannter Sequenz. Das stets zweiwertige Eisen des Häms vermag reversibel O_2 zu binden,

wobei es den Abstand der β-Ketten verringert und gleichzeitig zu einer stärkeren Säure wird (Bohr-Effekt). 1 g Hb bindet 1,34 ml O_2, d.h. maximal können 100 ml menschl. Blut 22 ml O_2 binden.
Der Hämoglobineinschluß in bes. Zellen ist bei *Tieren* mit intensivem Stoffwechsel zwingend (*Wirbeltiere*), da die für die hohe O_2-Kapazität notwendige Hb-Menge sonst den kolloidosmot. Druck des Blutes stark erhöhen und damit den Wasseraustausch mit dem Gewebe stören würde. Bei *Wirbellosen* ist das Hämoglobin, falls vorhanden, meist im Plasma gelöst *(Anneliden,* manche *Arthropoden* und *Mollusken).*

Die Atmungsfunktion des Blutes (B, C)

Beim Transport der Atemgase arbeiten Blutplasma und Erythrocyten eng zusammen.
1. Der O_2-Transport im Blut: Sauerstoff und andere Gase der Luft diffundieren aus den Atmungsorganen in das Blut über und lösen sich hier physikal. entspr. ihrem Teildruck (B): arterielles Blutplasma enthält in 100 ml bei 37°C nur 0,18–0,22 ml O_2. Gleichzeitig belädt sich das Hb, das eine viel höhere (40fache) Sauerstoffkapazität hat, mit Sauerstoff. Gelangt nun das O_2-gesättigte Blut in den mit O_2 zu versorgenden Gewebebereich, so tritt der Sauerstoff entspr. dem Teildruck in das Gewebe ein, das angereicherte CO_2 jedoch in das Blutplasma. Der zunehmende CO_2- bzw. Kohlensäuregehalt zwingt nun nach dem chem. Massenwirkungsgesetz das Hämoglobin, aus der sauren oxygenierten Form unter O_2-Abgabe in die weniger saure desoxygenierte Form überzugehen. Damit können die Erythrocyten den gespeicherten Sauerstoff zunächst an das Blutplasma, dann aber auch an das benachbarte Gewebe abgeben.
Auf den Bohr-Effekt nimmt außer Kohlensäure in stark arbeitenden Muskeln auch die infolge mangelhafter Sauerstoffversorgung zunächst gebildete Milchsäure Einfluß, wodurch die aeroben Bedingungen lokal am Orte größten O_2-Bedarfs wiederhergestellt werden.
2. Der CO_2-Transport im Blut: Das im Gewebe anfallende CO_2 diffundiert entspr. dem Druckgefälle in das Blut und wird hier weniger als CO_2, sondern vorwiegend als HCO_3^- gelöst. Die dazu gehörenden Alkali-Ionen stellen die Plasma-Proteine (Na^+) und das Hämoglobin (K^+). In den Atmungsorganen tauscht dann das durch O_2 aus dem desoxygenierten Hb entstehende, saurere Oxyhämoglobin das K^+ aus KHCO₃ gegen H^+ aus, so daß Kohlensäure entsteht, die hier unter dem Einfluß des Enzyms Carbanhydrase schnell in H_2O und CO_2 zerlegt wird. Der im Blutplasma als NaHCO₃ transportierte Teil gibt unter den Bedingungen der Atmungsorgane das HCO_3^- an die Erythrocyten ab, in denen ebenfalls Kohlensäure gebildet und enzymat. zersetzt wird. CO_2 tritt endlich entspr. dem Konzentrationsgefälle in die Atemluft aus.
Der Transport von CO_2 und O_2 ist also gekoppelt. Die Bedingungen der Atemorgane und versorgten Gewebe regeln jeweils den Gasaustausch.

Respirator. Farbstoff	Farbe ox. desox.	Metall Ionen	%-Gehalt	Molekül-Masse	Vorkommen (Beispiele)
Hämoglobin	hellrot	Fe^{2+}	0,3	70000	Erythrocyten aller Wirbeltiere außer Chaenichthyiden (arkt. Fische) und Leptocephalus-Aallarve.
	dunkelrot	Fe^{2+}	bis	20000	Erythrocyten der Rundmäuler.
			0,4	30000	Blutzellen der Stern-, Borsten- und Hufeisenwürmer, einiger Muscheln und Seewalzen; Tracheenuellen einiger Insekten.
				400000	Blutplasma einiger Krebse; Gewebezellen versch. Weichtiere, parasit. Fadenwürmer, Ringelwürmer.
Myoglobin	hellrot	Fe^{2+}	0,3	20000	Muskelzellen der Wirbeltiere und einiger Wirbelloser.
	dunkelrot	Fe^{2+}		3000000	Blutplasma versch. Ringelwürmer.
Chlorocruorin	grün	Fe^{3+}	1,3	3000000	Blutplasma der Borstenwürmer Sabellaria, Serpula, Spirographis.
	grün	Fe^{3+}			
Hämerythrin	violett	Fe^{3+}	0,8	70000 –	Blutzellen von Spritzwürmern (Sipunculiden),
	farblos	Fe^{2+}		1000000	Priapuliden, Zungenmuscheln (Brachiopoden).
Hämocyanin	blau	Cu^{2+}	0,15	400000	Blutplasma von Krebsen, z.B. Langusten
	farblos	Cu^+	0,17	1000000	Blutplasma von Schwertschwänzen (Xiphosuren)
			0,25	7000000	Blutplasma von Weichtieren, z.B. Tintenfische

A

Respiratorische Farbstoffe

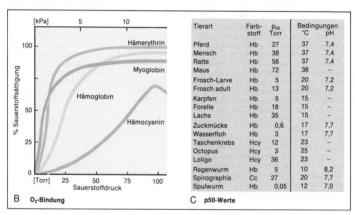

B O_2-Bindung

Tierart	Farb-stoff	p_{50} Torr	Bedingungen °C	pH
Pferd	Hb	27	37	7,4
Mensch	Hb	38	37	7,4
Ratte	Hb	56	37	7,4
Maus	Hb	72	38	–
Frosch-Larve	Hb	5	20	7,2
Frosch adult	Hb	13	20	7,2
Karpfen	Hb	5	15	–
Forelle	Hb	18	15	–
Lachs	Hb	35	15	–
Zuckmücke	Hb	0,6	17	7,7
Wasserfloh	Hb	3	17	7,7
Taschenkrebs	Hcy	12	23	–
Octopus	Hcy	3	25	–
Loligo	Hcy	36	23	–
Regenwurm	Hb	5	10	8,2
Spirographis	Cc	27	20	7,7
Spulwurm	Hb	0,05	12	7,0

C p50-Werte

Sauerstoff-Affinität verschiedener respiratorischer Farbstoffe

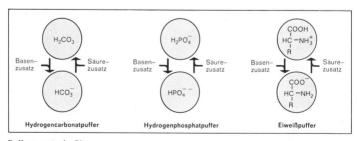

Puffersysteme des Plasmas

Respiratorische Farbstoffe (A)

Da O_2 von der Körperoberfläche nur 2 mm tief in das Gewebe eindiffundieren kann, brauchen größere *Tiere* Transportflüssigkeiten: Das **Blut** bei *Tieren* mit geschlossenem, die **Hämolymphe** bei *Tieren* mit offenem Kreislauf (S. 135).
Während sich *Hohltiere, nied. Würmer* und *nied. Weichtiere (Amphineuren), Muscheln* sowie einige *Knochenfische* wegen ihres geringen O_2-Bedarfes allein mit dem physikal. gelösten O_2 begnügen, erhöhen alle anderen *Metazoen* die O_2-Kapazität der Transportflüssigkeit durch reversibel O_2-bindende **respiratorische Farbstoffe:**
Hämoglobin (S. 314) ist am verbreitetsten; es hat sich vermutl. im Laufe der Evolution in einzelnen Gruppen unabhängig aus Cytochrom (S. 304 A) entwickelt. Hb versch. Tierarten unterscheidet sich nach Länge und Sequenz der Peptidketten. Manche Tierarten haben gleichzeitig mehrere Hb-Arten, z. B. *Ziegen* 2–3, *Zuckmücken* 10–12. In den Fällen, in denen Hb nicht zellgebunden ist, ist das Molekulargewicht wesentl. größer als bei zellulärem Hb. Diese Hb-Arten bestehen aus mehreren Untereinheiten und binden pro Molekül eine größere O_2-Menge. Dadurch wird erreicht, daß trotz großer O_2-Aufnahmekapazität der kolloidosmotische Druck gering ist.
Myoglobin, normalerweise O_2-Speicher in Muskeln, gleicht dem Hb in der Wirkgruppe, besteht aber nur aus 1 Häm und 1 Peptidkette statt 4 und bindet O_2 leichter.
Chlorocruorin ähnelt chem. dem Hb und tritt bei *Serpula* mit ihm zusammen auf.
Hämerythrin enthält Eisen, von dem je 3 Ionen 1 O_2 binden. Eisen ist direkt an das Protein gebunden und wechselt zw. Fe^{2+} und Fe^{3+} bei der Oxygenierung.
Hämocyanin enthält Cu^+/Cu^{2+} ebenfalls in direkter Bindung an Protein. 2 Cu binden jeweils 1 O_2. Dieses größte natürl. vorkommende Molekül verleiht dem Blutplasma eine hohe O_2-Kapazität bei geringer Steigerung des kolloidosmot. Druckes.
Die Wirkung der Farbstoffe liegt darin, daß sie sich bereits bei O_2-Partialdrucken (pO_2) unterhalb deren ihrer natürl. Umwelt mit O_2 sättigen und ihn in Bereichen eines niedrigen pO_2 wieder abgeben. Ihre **O_2-Bindungskurve** (B) verläuft außer bei Myoglobin S-förmig: Im O_2-zehrenden Gewebe werden auf kleine Minderungen des pO_2 hin relativ große Mengen O_2 freigesetzt.
Die Affinität zu O_2 variiert bei den Farbstoffarten sehr und ist weniger mit ihrer chem. Struktur als mit der Lebensweise und dem Lebensraum der *Tiere* verbunden. Sie läßt sich durch den p50-Wert ausdrücken, d. h. durch den pO_2, bei dem eine 50%-Sättigung des Gastransportpigments eintritt (C):
– Bei *Säugern* haben die größeren und trägeren Tiere einen kleineren p50-Wert, d. h. ein Hb mit höherer O_2-Affinität.
– *Tintenfische* zeigen Affinitätsabnahme des Hämocyanins von dem trägen *Octopus* zu dem aktiven pelagischen *Loligo*.

– Gleichwarme Tiere *(Säuger, Vögel)* haben höhere p50-Werte als wechselwarme, z. B. *Fische.*

Die Pufferfunktion des Blutes (D)

Die Konstanterhaltung der nahezu neutralen Reaktion des Blutes im Organismus ist eine lebenswichtige Notwendigkeit, da die Veränderung des Säuren-Basen-Verhältnisses nicht nur den Ionen-Antagonismus und die Atemfunktion des Blutes beeinflußt, sondern auch die Proteine des Blutes, der Zellmembranen in den Geweben und die der Enzyme völlig in ihren Eigenschaften bestimmt.
Die Reaktion einer Lösung hängt ab von der **Wasserstoffionen-Konzentration** $[H^+]$, die gewöhnlich als negativer Logarithmus formuliert wird **(pH-Wert):** neutrales Wasser besitzt z. B. 10^{-7} g H^+-Ionen in 1 l, d. h. sein pH beträgt 7. Setzt man Wasser eine Säure zu, also eine Verbindung, die H^+ abspaltet (Elektrolytische Dissoziation), so wächst $[H^+]$, während entspr. der pH-Wert fällt. Bei Einwirkung einer Base, die definitionsgemäß der wäßrigen Lösung H^+ entzieht und an sich bindet, geschieht das Gegenteil: der pH-Wert steigt.
Puffersysteme sind nun in der Lage, den pH-Änderungen einer Lösung bei Zugabe oder Verlust von Säuren oder Basen entgegenzuwirken, indem sie, selbst Gemische aus schwachen Säuren und Basen, im Gegensinn H^+ abspalten oder binden. Der ständigen Zufuhr saurer Stoffwechselprodukte wie CO_2 oder Milchsäure wirkt im Blut ein physiolog. Puffersystem entgegen, wodurch der pH-Wert des Blutes *(Mensch: 7,38)* nur geringfügig schwankt.
Die Hydrogencarbonatpufferung durch das System HCO_3^-/H_2CO_3 ist bes. wichtig und steht auch mengenmäßig im Vordergrund, vor allem durch den Anionenaustausch im Zusammenhang mit dem Gastransport (S. 315). Die Puffereigenschaft ist allerdings weniger durch die Kapazität des Systems bestimmt als vielmehr dadurch, daß die H_2CO_3 eine flüchtige Säure ist und somit als CO_2 dem Gleichgewichtssystem entweicht (Offenes System).
Die Phosphatpufferung wird im Blut und Gewebe durch $H_2PO_4^-$, eine schwache Säure, und die konjugierte Base HPO_4^{--} erreicht.
Die Eiweißpufferung schließlich reguliert am beträchtl. Umfang den pH-Wert, weil Aminosäuren und Eiweiße als »Ampholyte« bald die Rolle einer schwachen Säure, bald die einer schwachen Base übernehmen können. Bedeutungsvoll ist hier vor allem das Hämoglobin, das entspr. seinem Oxygenierungszustand wechselndes Bindungsvermögen der Wasserstoffionen zeigt (S. 315).
Die Puffersysteme des Blutes vermögen so Stöße an Säuren oder Basen abzufangen. Die endgültige Regulation des pH-Wertes erfolgt durch die koordinierte und geregelte Tätigkeit versch. der Organsysteme des Körpers, vor allem durch Variation der CO_2-Abgabe in der Lunge und der Säuren- und Basenabgabe in der Niere.

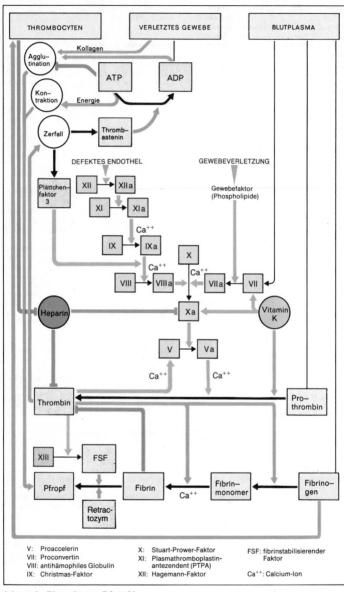

Schema der Blutgerinnung (Mensch)

Die wichtigen Funktionen des Blutes machen verständl., daß ein akuter Blutverlust bei Gefäßverletzung verhindert werden muß. Während sich *Anneliden* und *Mollusken* auf Muskelkontraktionen beschränken, tritt bei *Gliederfüßlern* und *Wirbeltieren* die Blutgerinnung hinzu.

Die Blutstillung der Gliederfüßler
Bei allen Arten scheint eine Agglutination, d. h. ein Verkleben von Blutzellen an Wunden, einzutreten. Dazu kommt bei manchen *Gliederfüßlern* eine unterstützende Blutgerinnung, die Ähnlichkeit mit den enzymat. Prozessen bei Gerinnung des Wirbeltierblutes zeigt, da Extrakte aus Wirbeltierorganen die Umwandlung fibrinogenartiger Plasmabestandteile beeinflussen.

Die Blutstillung der Wirbeltiere
Die Tatsache, daß die Blutungszeit nach einer kleinen Verletzung mit 2–3 min kürzer ist als die Gerinnungszeit des Blutes (über 5 min), verweist auf zwei versch. Mechanismen:
Die vorläufige Blutstillung (prim. Hämostase) erfolgt durch das Zusammenwirken von
– Anheftung der Thrombocyten an kollagenen Bindegewebsfasern der Wundränder und reversibler Bildung eines Thrombocytenpfropfes, an dem sich das Gerinnsel anlagert;
– wellbleichartigem, längsgerichtetem Aufrollen der Gefäßinnenschicht (Intima);
– Klebrigkeit des Endothels;
– Freisetzen mehrerer die Kontraktion kleiner Gefäße, vor allem der kleinen Venen, auslösender Mediatorstoffe (z. B. Serotonin) aus zerfallenden Thrombocyten.
Die endgültige Blutstillung (sekundäre Hämostase, s. Abb.) wird durch die Blutgerinnung herbeigeführt, einen chem.-physiolog. Vorgang, durch den aus flüssigem Blut der gallertige Blutkuchen entsteht. Der zentrale Vorgang ist dabei die Umwandlung des im Blute kreisenden Prothrombins in das proteolyt. Enzym Thrombin unter dem Einfluß von »Thrombokinase« (= »Thromboplastin«) und die dadurch bewirkte Umwandlung des löslichen Fibrinogens in das unlösl. Fibrin. »Thrombokinase« ist nicht ein einzelnes Enzym, sondern ein vorübergehender Aktivitätszustand des Blutes, der stofflich durch das Auftreten von aktiviertem Faktor X (= Xa), Faktor Va, Ca^{++} und Phospholipiden charakterisiert und die Folge eines komplexen Reaktionssystems ist.
Der Gerinnungsprozeß wird unmittelbar nach einer Gefäßverletzung auf zwei Wegen aktiviert:
Der endogene Weg (»Intrinsic-System«) beginnt mit der Aktivierung des kontaktlabilen Faktors XII durch rauhe, verletzte Oberflächen und führt über eine Enzymkaskade, in der ein aktiviertes Enzym das nächste aktiviert. Phospholipide aus den Thrombocyten, Ca^{++} und Faktor VIIIa stellen den endogenen Aktivator des Faktors X dar. Dieser Weg beansprucht einige Minuten.
Der exogene Weg (»Extrinsic-System«) setzt bei etwas größeren Verletzungen durch Phospho-

lipide aus dem verletzten gefäßumgebenden Gewebe innerhalb von Sekunden ein (Freisetzung von Gewebsfaktoren, sog. Gewebsthrombokinase) und mündet ebenfalls in die Aktivierung von Faktor X ein.
Beide Systeme aktivieren alternativ oder gemeinsam über die Faktoren X und V in positiv und negativ rückgekoppelten Regelkreisen mit versch. Trägheit den schließl. mit lawinenartiger Beschleunigung ablaufenden Vorgang der Gerinnung mit seinen typ. Phasen:
Thrombin-Entstehung: Das in der Leber unter Mitwirkung von Vitamin K gebildete Globulin Prothrombin wird ähnlich den anderen hier auftretenden Enzymaktivierungen durch eine begrenzte Proteolyse (analog zu Trypsinogen, S. 12 D) in die Proteinase Thrombin umgewandelt.
Fibrin-Bildung: Das stark saure, in der Leber gebildete, aus zwei Untereinheiten bestehende Glykoprotein Fibrinogen wird durch Thrombin in saure Peptide, Kohlenhydrate und Fibrinmonomere zerlegt. Letztere polymerisieren Seit-zu-Seit und End-zu-End reversibel zu Fibrin und unter dem Einfluß von Faktor XIII irreversibel zum intramolekular vernetzten Fibrin-Gerinnsel.
Retraktion: Die letzte Phase der Gerinnung ist das Zusammenziehen der Fibrinfäden, das das Volumen auf $1/20$ seines Anfangsvolumens verkleinert und das Gerinnsel (Thrombus) mechanisch verfestigt. Die Energie liefert ATP, das bei Thrombocytenzerfall durch freigesetzte ATPase (Retraktozym, Thrombosthenin) umgesetzt wird.

Die Fibrinolyse
umfaßt die Auflösung der Gerinnsel in den Gefäßen unter Einfluß des Enzyms Plasmin. Seine Aktivierung erfolgt in einem komplizierten, zu dem Gerinnungssystem fast spiegelbildlichen Wirkungsgefüge. Es scheint sich demnach unabhängig von der Verletzung der Gefäße ein ständiges **Gleichgewicht zwischen Fibrinbildung und Fibrinolyse** einzustellen, das durch Verletzung stark in die Richtung der Fibrinbildung, durch gerinnungshemmende oder fibrinolytische Stoffe (Heparin, Hirudin des *Blutegels*, Streptokinase der *Streptokokken*) dagegen zur Fibrinolyse hin verschoben wird. **Störungen des Gerinnungsgleichgewichtes** treten als Krankheitserscheinungen auf:
– Hämophilie A (Echte Bluterkrankheit) geht auf den genetisch bedingten Mangel an Faktor VIII zurück (S. 457), der als bei Gerinnung sich verbrauchendes und lagerungsunfähiges Globulin im Verletzungsfall ständig durch Frischblut ergänzt werden muß.
– Hämophilie B, die seltener auftritt, wird durch IX-Mangel verursacht, die noch seltenere Hämophilie C durch X-Mangel. Hämophilien werden X-chromosomal rezessiv vererbt.
– Thrombosen gehen als Gerinnung in unverletzten Gefäßen auf übermäßige Thrombinbildung zurück.

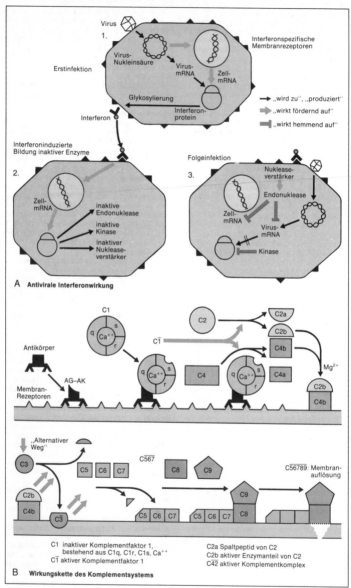

A Antivirale Interferonwirkung

C1 inaktiver Komplementfaktor 1,
bestehend aus C1q, C1r, C1s, Ca⁺⁺
$\overline{C1}$ aktiver Komplementfaktor 1

C2a Spaltpeptid von C2
C2b aktiver Enzymanteil von C2
$\overline{C42}$ aktiver Komplementkomplex

B Wirkungskette des Komplementsystems

Unspezifische Abwehr

Das biologische Abwehrsystem
gegen potentiell schädl. Mikroorganismen und Stoffe (Antigene) umfaßt die ursprüngliche
– **unspezifische Resistenz,** die in irgendeiner Form allen *Tieren* eigen ist und aus Mechanismen abgeleitet ist, die primär auch anderen Funktionen als der Abwehr dienen, sowie die evolutionär jüngere
– **spezifische Immunität** der *Wirbeltiere* mit den Kennzeichen der großen **Spezifität** der Immunreaktion, ihrer **Latenzzeit** von 1–3 Tagen zw. Erstinfektion und Ausbildung der spezif. Immunität sowie das **Erinnerungsvermögen** (»immunologisches Gedächtnis«).

An beiden Abwehrmechanismen sind sowohl zelluläre als auch humorale, d. h. in Flüssigkeit befindliche Faktoren beteiligt (spezifische humorale Abwehr s. S. 322f., spezifische zelluläre Abwehr s. S. 324f.).

Unspezifische humorale Abwehr
In den Zellen, den Sekreten und Körperflüssigkeiten befinden sich mehrere Systeme mit breitem Wirkungsspektrum gegen Fremdstoffe.
Lysozym
ist ein hydrolyt. Enzym mit bekannten Primär- bis Quartärstrukturen, das in den Sekreten des Atmungs- und Verdauungstraktes, den Tränen- und Gewebsflüssigkeiten auftritt. Es löst die mureinhaltige Zellwand grampositiver *Bakterien* (S. 61, z. B. *Streptokokken, Staphylokokken*) auf und ist, zusammen mit Antikörpern, baktericid (FLEMING 1922).
Interferon,
ein zelluläres antivirales Glykoprotein auffällig hoher Wärme- und pH-Stabilität, entsteht infolge der Wechselwirkung (»Interferenz«) von *Viren* mit Zellen (A): 2 Std. nach der Virusinfektion beginnt die Zelle, vermutl. angeregt durch die Virus-Nukleinsäure selbst, kern-codiertes Interferon-Protein zu bilden, zu glykosylieren und das Interferon für 3–4 Tage an Nachbarzellen, Blut und Lymphe abzugeben. Anlagerung an Interferon-spezif. Membranrezeptoren an art- oder sogar gewebegleichen Zellen induziert die Bildung von inaktiven Enzymen, die bei Virusinfektion sofort aktiv werden: Eine Proteinkinase blockiert die Proteinbiosynthese an den Ribosomen, die Endonuklease zerstört die zur Umsteuerung des Zellstoffwechsels (S. 57, 458f.) benötigte virale mRNA.
Das Komplementsystem
ist ein System von zunächst inaktiven Komplementkomponenten (C 1 bis C 9) im Serum, das ähnlich wie bei dem Gerinnungssystem (S. 319) in einer »Enzymkaskade« aktiviert wird, d. h. inaktive Proenzyme werden durch proteolyt. Spaltung aktiviert und spalten selbst proteolyt. das nachrangige Proenzym (aus histor. Gründen erfolgt die Numerierung nicht gemäß der Aktivierungsfolge). Die **»klassische« Aktivierung (B)** beginnt, wenn durch die Bindung eines spezif. Antigen-Antikörper-Komplexes AG-AK an der Zelloberfläche der Antikörper die Komponente C 1 bindet und aktiviert. Dieses aktive C 1 spaltet

von C 2 und C 4 Peptidteile ab. Der Komplex C $\overline{42}$ aktiviert nun an der Zelloberfläche unabhängig von AG-AK als Verstärker viele C 3-Moleküle. C $\overline{3}$ veranlaßt nach Spaltung von C 5 die Bildung von C $\overline{567}$, einem Komplex mit großer Membranaffinität, der membrangebunden C 8 und C 9 zum fertigen Komplex C $\overline{56789}$ anlagert. Dieser zersetzt die Membran und führt schließl. nach Ablauf der mehrfach kontrollierten Enzymkaskade zur Lyse einer Zelle, die zu Beginn mit dem hochspezif. AG-AK markiert worden war.
Auf einem **»alternativen Weg«** können auch C 3b-Spaltprodukte eine positive Rückkoppelung betreiben und Nichtimmunstoffe (Thrombin, Plasmin, Trypsin, Properdine) C 3 aktivieren.
Die Funktionen des Komplementsystems sind neben anderen vor allem
– die Cytolyse von *Bakterien, Viren,* fremden und lädierten körpereigenen Zellen;
– chemotakt. Anlockung von Leukocyten durch C 3a, C 3b, C 5a und C $\overline{567}$;
– Wirkung als Opsonin auf Makrophagen, Monocyten, Thrombocyten (C 3b);
– Steigerung der Gefäßpermeabilität.
Properdine
sind versch. Gamma-Globuline im Blutplasma, die aus inaktiven Vorstufen durch Lipopolysaccharide gramnegativer *Bakterien* aktiviert werden und ihrerseits über den »alternativen Weg« das Komplementsystem in Gang setzen.

Unspezifische zelluläre Abwehr
Die ursprüngl. bei amöboiden Zellen nur der Nahrungsaufnahme dienende **Endocytose** (S. 25) beschränkte sich im Laufe der Evolution auf Zellen mesenchymaler Herkunft (S. 87):
– Bei *Wirbellosen* bereits wird zw. »selbst« und »nicht-selbst« leistungsfähig unterschieden; z. B. phagocytieren bei der *Wachsmotten*-Larve die zahlreichen 0,01 mm großen Plasmatocyten der Hämolymphe in 3 Std. eine Viertelmilliarde zuvor injizierte *Viren.*
– Bei *Wirbeltieren* phagocytieren nur noch Zellen des Reticuloendothelialen Systems, einer Funktionsgemeinschaft von bes. auf Phagocytose spezialisierten Gruppe der Leukocyten und der fixierten Makrophagen (Histiocyten des Bindegewebes, Lymphocyten). Einzelheiten s. S. 80f.
Während die seßhaften Phagocyten einen »Filter« bilden, der die mit dem Blut und der Lymphe anfallenden Stoffe aufnimmt, wandern die bewegl. Zellen aktiv zum Ziel, das sie chemotakt. ansteuern. Dabei sind Spaltpeptide des Komplementsystems, Abbauprodukte von Kollagen und Fibrin, ferner Plasmin, Thrombin und Bakterientoxine richtungweisend, während andere Komplement-Anteile und AG-AK-Komplexe als **Opsonine** die Phagocytose durch ihre Membrananheftung mit Hilfe spezif. Rezeptoren fördern. Nach dem Verschmelzen der Phagosomen mit den Lysosomen (S. 23) wird der Fremdkörper hydrolyt. zersetzt.

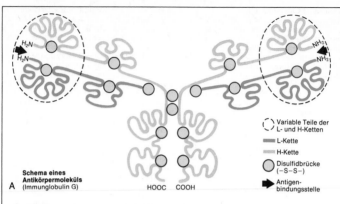

Schema eines Antikörpermoleküls (Immunglobulin G)

A

Variable Teile der L- und H-Ketten
L-Kette
H-Kette
Disulfidbrücke (−S−S−)
Antigenbindungsstelle

	IgG	IgM	IgA	IgD	IgE
Molekülmasse	150 000	900 000	160 000	170 000	190 000
Halbwertszeit in Tagen	21	5	6	3	2
Serumkonzentration mg/dl	1000	100	200	20	0,1
H-Kette (Schwere Kette)	γ	μ	α	δ	ε
Kohlehydratanteil	3%	12%	5–6%	12%	12%
Placentapassage	+	−	−	−	−
Bakterienhemmung	+	++	+	?	?
Virushemmung	+	+	++	?	?
Komplementaktivierung	+ (IgG 1)	+	−	−	−

B Eigenschaften der Immunglobuline des Menschen

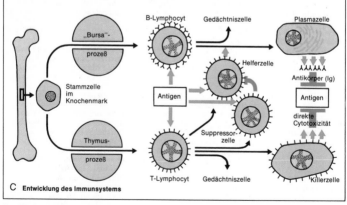

C Entwicklung des Immunsystems

Spezifische Abwehr

Die spezifische Immunität

mit ihren drei Kennzeichen (S. 321) wurde bislang nur bei *Wirbeltieren* beobachtet:

– In vielen Versuchen an *Wirbellosen (Krebsen, Insekten, Schnecken)* wurde zwar die Bindung von Substanzen an Antigene nachgewiesen, doch fehlt die Spezifität der typ. Antikörper und die vermehrte Bildung nach wiederholter Antigen-Darbietung als Ausdruck eines immunolog. Gedächtnisses.

– Unter den *Cyclostomen* zeigt der »Hagfish« weder Immunreaktionen noch Immunglobuline, Lymphocyten oder Lymphgewebe, während *Neunaugen* diese strukt. Voraussetzungen besitzen und folgl. fremde, aber arteigene Hauttransplantate nach ca. 60 Tagen, im Wiederholungsfalle schneller, abstoßen und auch gegen *Bakterien*-Antigene reagieren.

– *Knorpelfische* zeigen eindeutige Immunantworten, auffälligerweise jedoch erst nach wiederholter Antigenreizung. Sie und alle *höh. Wirbeltiere* haben Lymphorgane.

– Unter den *Lurchen* schließl. erreicht die Evolution des Immunsystems bei den *Anuren* die Entwicklungsstufe einer Spezialisierung in B- und T-Lymphocyten.

Das Immunsystem der Wirbeltiere

umfaßt die Antikörper sowie als Gesamtheit der lymphoiden Zellen und Organe vor allem Thymus, Milz, Knochenmark, Tonsillen, alle Lymphknoten und bei *Vögeln* zusätzl. die Bursa Fabricii, ein Darmanhangsorgan oberhalb der Kloake. Beim *Menschen* wiegt das Immunsystem etwa 1 kg und beherbergt ca. $2 \cdot 10^{12}$ Lymphocyten und ca. 10^{20} Antikörpermoleküle; pro Minute produziert es ca. 10^7 neue Lymphocyten und 10^{15} Antikörpermoleküle. Es kann eine Immunantwort einleiten gegen Stoffe, die es als fremd erkennt. Solche

Antigene

sind organismusfremde Substanzen, die in der Körperflüssigkeit und im Gewebe mit den spezifisch gegen sie gebildeten Abwehrstoffen (Antikörpern) eine enge, aber reversible Bindung eingehen können und einen Antigen-Antikörper-Komplex bilden (Immunkomplex). Antigene sind große Moleküle ($MG > 10^4$), Proteine, Kohlenhydrate, u. U. auch Nukleinsäure oder Lipide, mit einer für die Spezifität maßgebl. Teilstruktur. Diese Determinante sitzt auf der Oberfläche eines Trägermoleküls und ist die Bindungsstelle für den Antikörper; losgelöst vom Träger kann sie als **Hapten** zwar mit dem passenden Antikörper reagieren, seine Bildung aber nicht induzieren. Kleine Moleküle können durch Bindung an körpereigene Proteine zum Antigen werden.

Antikörper (Immunglobuline Ig)

gehören einheitl. zu den Proteinen und sind aus mindestens vier Polypeptidketten aufgebaut, die durch Disulfidbrücken (S. 10f.) untereinander verbunden sind (A). Jeweils 2 dieser Ketten sind identisch miteinander: die leichten L-Ketten aus ca. 214 Aminosäuren (MG: 25000) bzw. die schweren H-Ketten aus etwa 430 Aminosäuren (MG: 50000). Einem seiner Aminosäurese-

quenz konstanten **C-Teil** der Ketten an den C-terminalen Enden, die den Schaft des Y-förmigen Antikörpers bilden, stehen die jeweils ca. 110 N-terminale Aminosäuren umfassenden, in der Sequenz variablen **V-Teile** jeder Kette gegenüber, deren Schlingen aus H- und L-Ketten gemeinsam die Antigenbindungsstellen in eine solche Raumform bringen, daß zu ihr die Antigen-Determinanten nach dem Schlüssel-Schloß-Prinzip komplementär passen. Die Variabilität in der Spezifität der Antikörper eines Organismus ist die Folge von den ca. 10^6 Kombinationsmöglichkeiten aus je 1000 verschiedenen, genet. fixierten Sequenzabschnitten der V-Teile von L- und H-Ketten.

Im Hinblick auf die H-Ketten unterscheidet man fünf **Immunglobulin-Klassen** (B):

IgG entsteht bes. bei Sekundärreaktionen. Es allein kann beim *Menschen* Membranen passieren und verleiht durch die Placentagängigkeit dem Neugeborenen Schutz.

IgM tritt immer bei Erst-Immunisierungen zuerst auf (»Sofort-Antikörper«), wird aber, außer gegen best. Antigene wie z. B. die menschl. AB0-Blutgruppen und 0-Antigene der *Salmonellen* und *Escherichia coli*, nach 1 bis 2 Tagen durch anhaltend gebildetes IgG ersetzt.

IgA kann als einziger Antikörper sezerniert werden (Schleimhautoberflächen, Milch).

IgD: Antigenrezeptor der Lymphocyten (?).

IgE löst bei entspr. Antigen die allergische Sofortreaktion aus (Heuschnupfen).

Die Bildung der Antikörper (C)

erfolgt in Lymphocyten: Aus **Stammzellen** des Knochenmarks entstehen zunächst immunolog. inkompetente Zellen, die mit dem Blut zu ihren Prägungsstellen gelangen. Während die eine Lymphocyten-Population im Thymus geprägt wird (»T-Lymphocyten« der zellulären Abwehr, S. 325), wandelt sich der andere Teil bei *Vögeln* in der Bursa Fabricii, bei *Säugern* in Lymphknotenaggregaten (Dünndarm, Tonsillen?) in immunolog. kompetente **B-Lymphocyten** um und siedelt sich in den sog. Keimzentren von Milz und Lymphknoten an. Jede B-Lymphocyte produziert ihren eigenen, hochspezif. Antikörper, mit dem sie ihre Zelloberfläche antigenspezif. markiert (ca. 10^5 membrangebundene Rezeptormoleküle).

Bei einer Erstbegegnung mit einem best. Antigen werden nur diejenigen Zellen aktiviert, die zu diesem Antigen komplementären Rezeptormoleküle bzw. Antikörper aufweisen (Klon-Selektions-Theorie, monoklonale Antikörper):

Plasmazellen entstehen durch die induzierte Zellteilung und nachfolgende Differenzierung zu ER-reichen, ihr Antikörper-Protein synthetisierenden und sezernierenden Effektorzellen, während **Gedächtniszellen** zunächst inakt. sezernieren, den spezif. Klon aber für zukünftige Infektionen zahlenmäßig vergrößern und damit eine erneute Immunantwort des Organismus verstärkt haben. Die Plasmazellen bedürfen zur Antikörperbildung einer Kooperation mit T-Lymphocyten (»Helferzellen«).

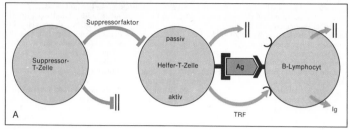

Kooperation der Lymphocyten

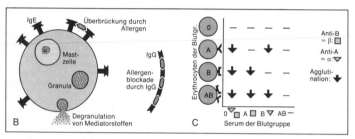

Allergenwirkung und Blutgruppenverträglichkeit

Population	0	A	B	AB	Population	0	A	B	AB
Eskimos	54,2	38,5	4,8	2,0	Buschmänner	56,0	33,9	8,5	1,6
Schotten	51,2	34,2	11,8	2,7	Kikuyu	60,4	18,7	19,8	1,1
Engländer	46,7	41,7	8,6	3,0	Perser	37,9	33,3	22,2	6,6
Finnen	34,1	41,0	18,0	6,9	Chinesen	45,5	22,6	25,0	6,1
Russen	32,9	35,6	23,2	8,1	Japaner	30,5	38,2	21,9	9,4
Polen	33,4	38,5	19,5	8,6	Ainu	17,0	31,8	32,4	18,4
Ungarn	35,7	43,3	15,7	5,3	Australier	53,2	44,7	2,1	—
Zigeuner	28,5	26,6	35,3	9,6	Papuas	40,8	26,7	23,1	9,4
Franzosen	42,9	46,7	7,2	3,0	US–Neger	17,4	81,8	—	0,7
Italiener	45,6	40,5	10,6	3,3	Navajo	72,6	26,9	0,2	0,5
Deutsche	39,1	43,5	12,5	4,9	Bororo	100,0	—	—	—

Prozentuale Häufigkeit der Blutgruppen des AB0-Systems

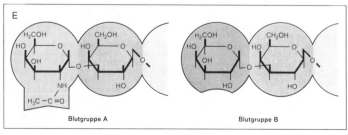

Determinante Endgruppen der Agglutinogene auf der Erythrocytenmembran

Die spezifische zelluläre Abwehr
nimmt ihren Ausgang von den jenigen Stammzellen, die ihre immunolog. Prägung im Thymus gewonnen haben (S. 322 C). Diese **T-Lymphocyten** zirkulieren ständig zw. Milz, Lymphknoten, Geweben und Gefäßsystem und stellen den Hauptanteil der Blut-Lymphocyten dar.
T-Lymphocyten tragen auf ihrer Zelloberfläche strukturspezif. **Rezeptoren**, die Antigene erkennen können. Sie scheinen keine L-Ketten zu synthetisieren und in den Rezeptoren nur zwei schwere H-Ketten zu verwenden, die in dem V-Teil ident. oder sehr ähnl. sind zu den entsprechenden, den konventionellen Ig zuzurechnenden Rezeptoren der B-Lymphocyten.
Erstkontakt mit einem Antigen ruft in best. Klonen (Zellfamilien) der T-Lymphocyten eine Zellteilung als **Primärreaktion** hervor und es entstehen zwei Arten Tochterzellen:
Die Gedächtniszellen
sind langlebig und reagieren erst bei einem erneuten, sogar Jahre später erfolgenden Kontakt mit dem gleichen Antigen in der **Sekundärreaktion** rasch und heftig, indem sie bei lebhafter Zellteilung zu zahlreichen »Killerzellen« (s. u.) aktiviert werden.
Die Effektorzellen
nehmen unmittelbar an der Immunantwort teil. Dabei lassen sich einzelnen **Subpopulationen** spezifische Oberflächenantigene und best. Funktionen zuordnen:
Killerzellen (cytotoxische Effektor-T-Zellen) wandern zur Zielzelle, d. h. sie suchen das spezif. Antigen auf, binden es bei Zellkontakt wie in einer Ag-AK-Reaktion mit ihren Rezeptoren und zerstören damit die Zielzelle. Diese Wirkung spielt eine große Rolle bei der Transplantatabstoßung, eine geringere bei Krebszellen. Killerzellen bedürfen zur Differenzierung und ihrer optimalen Funktion der Hilfe von
Helfer-T-Zellen. In einer ähnlichen antigenspezif. Reaktion ermögliche Helferzellen auch den B-Lymphocyten die Produktion der Antikörper. Die Wirkung erfolgt über den Signalsubstanz (Mediatorstoff), den Helferfaktor TRF (= T-cell replacing factor), ein Glykoprotein des MG 25 000.
Suppressor-T-Zellen unterdrücken die Funktion anderer Lymphocyten, indem sie mittels eines Suppressorfaktors selektiv und irreversibel die Helferzellen inaktivieren und so die entsprechenden Klone der B- und T-Lymphocyten in ihrer Immunantwort regulieren (A). Man nennt sie zusammen mit den Helferzellen daher auch Regulatorzellen.
Die Reaktionen der T-Lymphocyten verlaufen im Vergleich zu der raschen humoralen Abwehr der B-Lymphocyten langsamer; sie erreichen als **Immunreaktion vom verzögerten Typ** ihren Höhepunkt frühestens nach einem Tage, z. B. bei akuter Transplantatabstoßung, bei Überempfindlichkeit der Haut gegen Chrom- oder Nickelsalze (Kontaktallergie) und gegen Tuberkulin. Sie äußern sich als Hautrötung, Bläschenbildung und Nässen.

Überempfindlichkeitsreaktionen (Allergien)
Normalerweise verlaufen AG-AK-Reaktionen unmerkbar. Ist ein Organismus aber in einer veränderten (verstärkten) Reaktionslage, so zeigt er bei wiederholtem Antigenkontakt eine überschießende Reaktion (»Allergie«), entweder vom »verzögerten Typ« (s. o.) oder, bei Vorliegen humoraler Antikörper der B-Lymphocyten (S. 323) eine Allergie vom »Soforttyp«, z. B. eine **anaphylaktische Reaktion** (B):
Bei der Sensibilisierung, dem Erstkontakt mit dem Allergen, entsteht vor allem IgE, das sich mit dem Schaft auf die Oberfläche von basophilen Granulocyten oder Mastzellen (S. 80f.) setzt. Neu aufgenommene Allergene können zwei Antigenbindungsstellen überbrücken, was zur Entleerung von Granula, Ausschüttung von Mediatorstoffen (Histamin, Serotonin, Prostaglandin) und einer Sekundärreaktion führt (Anaphylaxie: Gefäßerweiterungen und -durchlässigkeit → Ödeme und Nesselsucht).

Immunität und Immuntoleranz
Nach Erstinfektion besitzt ein Organismus gegen das best. Antigen (z. B. *Masernviren*) oft eine Immunität, einen Immunschutz, weil er aufgrund vorliegender spezif. Gedächtniszellen eine pathologische Wirkung bei Folgeinfektionen verhindert. Hierauf beruht die
aktive Impfung (aktive Immunisierung): Dem Körper zugeführte tote oder abgeschwächte Antigen-Erzeuger (z. B. »Kuhpocken«) und unschädl. Mengen eines Antigens leiten eine kontrollierte Immunantwort ein und gewähren für die Zukunft eine verstärkte zelluläre und humorale Abwehrbereitschaft. – Bei der
passiven Impfung (passiven Immunisierung) werden direkt Antikörper zugeführt. Die Wirkung setzt sofort ein, hält jedoch nicht vor.
Immuntoleranz ist das Fehlen von Antikörpern bei Zufuhr von Antigenen. Sie ist gefährl., doch bei Transplantation von Fremdgewebe erwünscht induzierbar (»Immunsuppression«).

Blutgruppen
Vermischung von Blut versch. *Menschen* führt oft zu einer Zusammenballung der Erythrocyten (Agglutination, S. 81, 511), deren Ursache eine AG-AK-Reaktion zw. den zahlreich versch., als Antigen wirkenden **Agglutinogenen** auf der Erythrocytenmembran (E) und den im Blutserum vorhandenen komplementären **Agglutininen** als Antikörpern ist. Ein Erythrocyt trägt ca. 30 versch. genet. determinierte Agglutinogene, die jeweils die Zugehörigkeit zu einer Blutgruppe und insgesamt zu einer der 10^{11} möglichen Blutgruppen-Kombinationen bestimmen. Medizin. Bedeutung besitzt das
AB0-System (LANDSTEINER 1901) mit den alternativen Blutgruppen A (Agglutinogen A und Serum-Agglutinin β = Anti-B), B, AB und 0 mit typ. Verträglichkeit bei Bluttransfusion (C). Die Sensibilisierung erfolgt durch Stoffe aus Darmbakterien und der Nahrung.

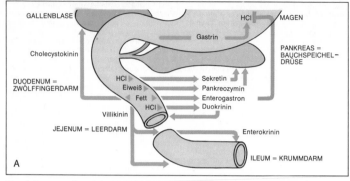

Gewebehormone: Regulation der Magen-Darm-Funktionen

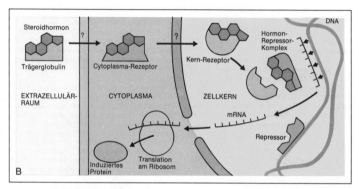

Derepression als Wirkung eines Steroidhormons

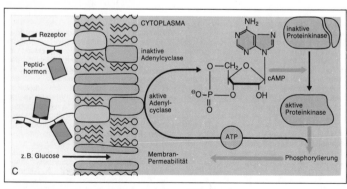

Enzymaktivierung durch ein Peptidhormon über cAMP

Die klassische Definition der Hormone

erfaßt Stoffe, die der Organismus selbst in dazu spezialisierten Zellen bildet und in kleinen Mengen sofort (Corticoide) oder nach Speicherung (Thyroxin) in die Blutbahn abgibt (Innere Sekretion), um die Funktion entfernter Zielzellen spezif. zu regeln. Hormone wirken infolge des Bluttransports langsamer, weniger scharf begrenzt, aber anhaltender als die nervöse Regulation. Sie werden nach kurzer Zeit im Intermediärstoffwechsel wieder abgebaut, da sonst ihre Regelfunktion an einer Hormonüberschwemmung scheitern würde. Eine Störung des Hormonsystems aber bedeutet immer die Minderung der Regulations- und Anpassungsfähigkeit des gesamten Organismus.

Die Einteilung der Hormone

kann unter versch. Gesichtspunkten erfolgen:
Die chemische Klassifikation nennt bei *Tieren*
1. Proteo- und Peptidhormone mit ihrer meist artspezif. Aminosäuresequenz (S. 510 A) wie Insulin, Glukagon, Neuro- und Gewebshormone.
2. Aminosäurederivate wie Adrenalin, Noradrenalin (S. 332 B), Thyroxin, Trijodthyronin.
3. Isoprenderivate wie das Juvenilhormon Neotenin der *Insekten* (S. 337).
4. Steroidhormone wie die Nebennierenrinden- und Sexualhormone der *Wirbeltiere* (S. 334 A) und die Häutungshormone der *Wirbellosen*.

Nach dem Bildungsort kann man unterscheiden
– Drüsenhormone (Glanduläre H.), die aus epithelialen Drüsenorganen ins Blut gelangen,
– Neurohormone, die von peptidergen Neuronen im ZNS produziert und teils in Axonen, teils im Blut transportiert werden (»Neurosekretion«, z. B. Hypophysenhinterlappen S. 329).
– Gewebshormone werden in spezialisierten Zellen, nicht in endokrinen Organen gebildet, z. B. die gastrointestinalen Hormone (A, Villikinin S. 287). Mediatorstoffe wirken kurzfristig und direkt auf benachbarte Zellen: Mastzellen und basophile Granulocyten z. B. können Histamin (Erhöhung der Kapillardurchlässigkeit, der Herzfrequenz), Serotonin (Kontraktion glatter Muskulatur) und Prostaglandin freisetzen (S. 324 B).

Die funktionelle Bedeutung der Hormone

liegt unter dem Aspekt der Physiologie in dem Ermöglichen und in der Förderung vor allem der
– Körper- und Verhaltensentwicklung,
– Leistungsanpassung des Organismus bei erhöhter Belastung einzelner Organe,
– Konstanthaltung best. physiolog. Größen.
Obwohl im chem. Aufbau geringe artl. Unterschiede auftreten können, verhält sich ein Hormon im allg. nicht artspezifisch, sondern es zeigt **Wirkungsspezifität:** In irgendeinem *Wirbeltier* gebildet, wirkt es in jedem anderen nach künstl. Übertragung dort gleichartig. Dies erlaubt die **medizin. Hormonbehandlung** z. B. von Zucker-

kranken mit gereinigten und standardisierten Auszügen aus den Bauchspeicheldrüsen von Schlachttieren. Die Wirkungsspezifität ist offenbar an das reagierende Erfolgsorgan gebunden; denn obgleich viele Hormone mit dem Blut in alle Organe transportiert werden, tritt die Wirkung nur in best. Zielzellen auf, die infolge ihrer Ausstattung mit spezif. Rezeptoren zu den zugrundeliegenden biochem. Primärreaktionen fähig sind.

Biochem. Wirkungsmechanismus der Hormone

geht im wesentlichen einher mit der Verstärkung und Verminderung der katalyt. Funktion best. Enzyme in den Zielzellen. Dies passiert durch zwei versch. Vorgänge:
Die hormonelle Steigerung der Enzymsynthese
ist als Enzym-Induktion (S. 471) ein Sonderfall der differentiellen Transkription (S. 215, 469), die direkt am Chromosom und mit zeitl. Verzögerung wirksam wird, und die für alle Steroidhormone vertreten wird (z. B. Ecdyson bei *Insekten,* Östradiol und Aldosteron bei *Wirbeltieren*) (B): Normalerweise ist ein Genort durch einen Repressor blockiert. Werden nun Hormonmoleküle mit Hilfe von Cytoplasma- und Kernrezeptormolekülen längs einer Einbahnstraße im Zellkern angereichert (»Selektive Akkumulation« im Kern von Zielzellen), so können sie wegen ihrer chem. Affinität den Repressor zu einem inaktiven Hormon-Repressor-Komplex binden, ihn so »wegfangen« und damit als **Derepressor** wirken. Nach der Freilegung des Genortes kann spezif. mRNA synthetisiert und damit die Proteinbiosynthese gestartet werden (S. 42 ff.).
Die Aktivierung vorhandener Enzyme (C)
ist als Modulation (S. 273) eine Sofortreaktion und basiert nach der **Theorie des zweiten Boten** (»second messenger«) auf dem cyclischen Adenosinmonophosphat (**cAMP**, S. 38 B). Sie gilt für die Proteo- und Peptidhormone als erwiesen und weitgehend aufgeklärt:
Die Zielzellen tragen außen auf ihrem Plasmalemma als Teil ihrer Glykokalix (S. 19) hochspezif. Rezeptoren (je Typ ca. 10^4/Zelle), z. B. Fettzellen nachweisl. für wenigstens acht versch. Hormone (Adrenalin, Insulin, LH, ACTH, Glukagon, Sekretin, Prostaglandin), die die gezielte Aufnahme der im ganzen Körper verteilten Hormone (»primäre Boten«, Konzentration im Serum nur 10^{-11} Mol/l) sichern. Durch die Hormonbindung wird eine membranständige **Adenylcyclase** aktiviert, ein Enzym, das aus ATP das cAMP bildet und die cAMP-Konzentration um das 10–100fache (bis 10^{-4} Mol/l) steigert. Die beachtliche Signalverstärkung vom »ersten« zum »zweiten Boten« geht einher mit einer aktivierenden Wirkung des cAMP auf Proteinkinasen, die nun solche Proteine phosphorylieren, die in der Zielzelle gemäß ihrer differentiellen Genaktivität vorliegen. Dadurch werden Enzymsysteme aktiviert oder Transportsysteme in der Zellmembran (Glucose-Permeabilität bei Insulin- und Glukagon-Wirkung). cAMP ist wegen des raschen Abbaus durch die Phosphodiesterase nur begrenzt wirksam.

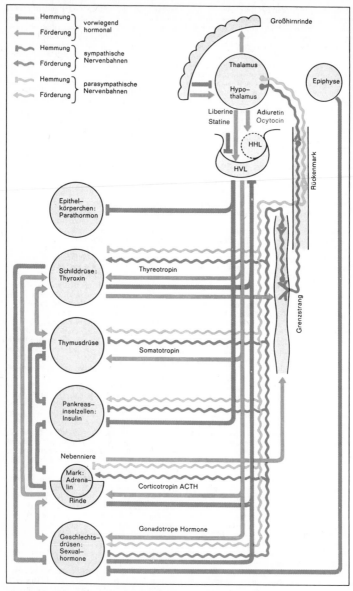

Gefüge der hormonalen und nervösen Regulation

Grundprinzipien hormonaler Regulationen
Bei der großen Wirksamkeit und weitreichenden Funktion der Hormone ist die Einstellung der physiolog. angemessenen Hormonkonzentration im Blutserum (Hormonspiegel) von außerordentl. Bedeutung.
Im einfachsten Fall regelt dies die **Substratkonzentration** selbst; so steigert ein erhöhter Blutglucosespiegel direkt proportional die Ausschüttung von Insulin, welches durch Anregung der Glykogensynthese aus Glucose deren Konzentration senkt (S. 335).
Hormone sind Glieder eines **integrativen Wirkungsgefüges**, das die Funktionen von Organen in versch. Teilen des Organismus koordiniert. Dabei wird entspr. dem **Prinzip der doppelten Sicherung** die Aktivität der Hormondrüsen oft sowohl auf Nerven- als auch auf Blutbahnen reguliert. Beide getrennt lassen häufig auch ein **Zwei-Zügel-Prinzip** erkennen: Der gleiche Aktivitätsgrad einer Hormondrüse kann entweder durch den gesteigerten fördernden Einfluß eines Synergisten oder verringerte hemmende Wirkung eines Antagonisten eingestellt werden (Antagonismus Insulin/Glukagon).
Hormone unterliegen als Glieder von hormonalen Regelungssystemen dem **Prinzip der Rückkoppelung** (S. 55): Sie sind dort selbst die **Regelgröße**, wo wie z. B. beim Thyroxin (S. 333) der Ausgleich ihres Stoffwechselabbaus durch ihre Neuproduktion angestrebt wird, also die Konstanthaltung des Hormonspiegels. Andererseits sind sie dann **Stellwerk**, wenn sie wie z. B. Adrenalin eine Stoffwechsel-Regelgröße wie z. B. den Blutglucosespiegel wechselnden Bedürfnissen durch eigene Konzentrationsschwankungen anpassen.
Neben einer Steuerung durch das Nervensystem läßt das Hormonsystem bei *Wirbeltieren*, in analoger Weise auch das der *Insekten*, einen dreistufigen **hierarchischen Aufbau** erkennen: Neurosekrete (Liberine, Statine) aus dem Hypothalamus des Zwischenhirns beeinflussen die Drüsentätigkeit der Hypophyse, deren glandotrope Hormone schließl. die peripheren endokrinen Drüsen zur Ausschüttung ihrer an den Erfolgsorganen wirkenden effektorischen Hormone veranlassen (**Prinzip der übergeordneten Drüsen**).

Das hypothalamisch-hypophysäre System
Der Hypothalamus vermittelt eine enge Kooperation zw. dem vegetativen Nervensystem und dem Hormonsystem und läßt vier Funktionsbereiche erkennen:
1. Versorgung des Gehirns mit **Endorphinen**, niedermolekul. Neurohormonen mit verhaltensregelnder und schmerzstillender Wirkung.
2. Aktivierung des **Sympathicus** und **Parasympathicus** in vegetativen Zentren.
3. Bildung und Transport der Peptidhormone **Adiuretin** und **Ocytocin** in Nervenzellen zur Neurohypophyse, dem Hypophysenhinterlappen.
4. Neurohämale Versorgung der Adenohypo-

physe, des Hypophysenvorderlappens, mit **Liberinen** (Releasing-Hormone) oder **Statinen** (Release-Inhibiting-Hormone) für alle glandotropen und effektor. HVL-Hormone.
Die Hormone der Neurohypophyse (HHL)
sind beides Oktapeptide, die sich nur in 2 Aminosäuren voneinander unterscheiden. Beide wirken als effektor. Hormone:
Adiuretin (Vasopressin) steigert in der Niere die Wasserrückresorption und unter unphysiolog. Dosen durch anhaltende Kontraktion der glatten Muskeln den Blutdruck.
Ocytocin veranlaßt die glatte Uterusmuskulatur am Ende der Schwangerschaft zu Kontraktionen (Wehen) und die Brustdrüse auf Saugreiz hin zur Milchabgabe (Laktopoese).
Die Hormone der Adenohypophyse (HVL)
wirken nur teilweise als effektor. Hormone:
Somatotropin wirkt streng artspezif. über die Steigerung von RNA- und Proteinsynthese in anaboler Wirkung auf Knorpel- und Knochenwachstum, die Depotfett-Mobilisierung und Fettverbrennung sowie Blutglucosevermehrung. Seine Freisetzung wird von Somatoliberin gefördert, von Somatostatin gehemmt.
Melanotropin bewirkt unter der Zügelung durch Melanoliberin und -statin bei *Amphibien* und *Fischen* eine Hautverdunklung durch Ausbreitung der Melanophoren (Farbwechsel).
Prolactin (LTH = Laktotropes Hormon) stimuliert die Milchproduktion der Brustdrüsen und als gonadotropes Hormon bei *höh. Wirbeltieren* Brutinstinkte und weibl. Gelbkörper.
Alle weiteren Hormone des HVL haben die Funktion, als glandotrope Hormone die peripheren Hormondrüsen zu regeln:
Thyreotropin, ein Glykoprotein, zirkuliert im Blut in Bindung an ein Gammaglobulin und fördert Schilddrüsenwachstum und Thyroxinfreisetzung, wobei es durch Thyreoliberin positiv, durch Thyroxin negativ in seiner Ausschüttung beeinflußt wird.
Corticotropin (ACTH = Adrenocorticotropes H.) wirkt in einem ähnl. Regelkreis auf die Nebennierenrinde, wobei es außer dem Corticoliberin mittelbar der Wirkung von Stressoren unterworfen ist (Belastung des Organismus durch Infektion, Verwundung, Kälte, Schock). Unter *Säugern* zeigt ACTH keine Artspezifität der Wirkung, dagegen eine direkte auf nicht-endokrine Zielgewebe (Fettmobilisierung, Hautpigmentierung).
Follitropin (FSH = Follikelstimulierendes H.) regelt die Entwicklung der Spermien und Follikel (Eibläschen) bei *Säugern*, wobei hier Gonadoliberin ebenso wie LH wirkt.
Lutropin (LH = Luteinisierendes H.), das zusätzl. von Luliberin gefördert wird und die Produktion von Sexualhormonen aktiviert. Diese regeln in negativer Rückkoppelung die LH-Ausschüttung.
FSH und LH werden als »gonadotrope Hormone«zusammengefaßt, da sie auf das Geschehen in den Keimdrüsen (Gonaden) zielen, ohne allerdings dabei selbst geschlechtsspezifisch zu sein.

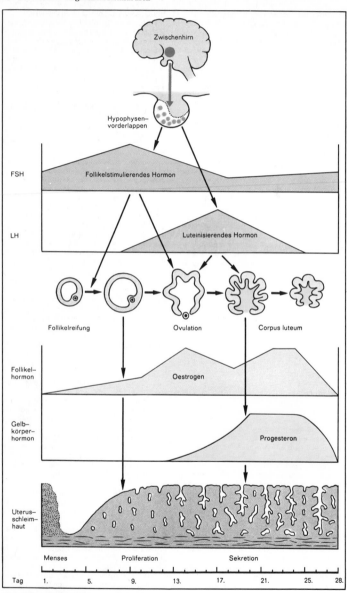

Weiblicher Genitalzyklus

Die Keimdrüsen (Gonaden)
sind zugleich Sekret- und Inkretdrüsen: Sie bilden die Eier bzw. Spermien und prägen durch Hormonausschüttung die artspezif. Sexualmerkmale und -verhaltensweisen. Ihre Steroidhormone sind in beiden Geschlechtern nahe verwandt, treten in versch. wirksamen Abkömmlingen auf und lassen sich nach der physiolog. Wirkung gliedern:

1. Das Hodenhormon Testosteron, das eigentl. vermännlichende, »androgene« Hormon, wird in den Leydigschen Zellen der Hoden, andere Androgene auch in der Nebennierenrinde gebildet. Überproduktion in der letzteren kann auch beim weibl. Geschlecht Vermännlichung bewirken (Virilismus).
Die physiologische Funktion erstreckt sich
– bei embryonalen und jugendl. *Wirbeltieren* auf die Ausbildung vieler männl. Merkmale (Hahnenkamm, Hirschgeweih), bei künstl. Testosteronbehandlung trächtiger Weibchen werden weibl. Embryonen vermännlicht;
– bei erwachsenen auf Produktion, Beweglichkeit und Lebensdauer der Spermien; lichtbedingte Auslösung der Brunst; Stimmung zu männl. Verhalten (Imponiergehabe, Kampf, Balz, Begattung); Ausbildung eines Hochzeitskleides (Kamm der *Molche,* Halskragen der *Kampfläufer,* Rotfärbung des *Stichlings*).
Diese androgenen Wirkungen werden durch **Kastration** (Gonadenentfernung) und anschließende **Hormonzufuhr** (Injektion, Gewebeimplantation) bewiesen.
Neben dieser sexualspezifischen tritt noch eine »anabolische« Wirkung auf: Förderung des Eiweißaufbaus (Muskelzunahme) und der Stickstofferhaltung im Stoffwechsel.
2. Das Follikelhormon Östradiol gehört in die umfangreiche Gruppe der period. weibl. Brunst erzeugenden »oestrogenen« Hormone. Die Bildung erfolgt zumeist im reifenden Follikel, in der Placenta, den Hoden, vielleicht auch in der Nebennierenrinde. Während des Transportes im Blut sind die Oestrogene locker an Eiweiße gebunden, werden aber schnell abgebaut (Halbwertszeit 6 min). Nur in den Zielorganen bleiben sie länger unverändert (Selektive Akkumulation, S. 329) und können dort best. Enzymsysteme durch different. Genaktivierung beeinflussen.
Die physiologische Wirkung betrifft
– in der Embryonal- und Jugendentw. die Ausbildung weibl. Sexualorgane (Eileiter, Uterus, Scheide), wobei bei *Säugern* der Einfluß mütterl. Oestrogene auf einen männl. Embryo auffällig gering ist;
– bei geschlechtsreifen *Wirbeltieren* alle Organ- und Instinktveränderungen im Zusammenhang mit den Geschlechtszyklen: Verstärkung der Uterusmuskulatur und ihrer Ansprechbarkeit auf Ocytocin, implantationsbereite Uterusschleimhaut (S. 211) und Scheidenschleimhautveränderungen (Proliferationsphase).
Bei Männchen wirken Oestrogene im Hypophysen-Hoden-Regelkreis und als Spermabestandteil (Einfluß auf Eileiterbewegung).

3. Das Gelbkörperhormon Progesteron, das wichtigste schwangerschaftserhaltende »gestagene« Hormon, entsteht zu best. Zeiten in Follikel, Gelbkörper, Chorion, Placenta und Nebennierenrinde, verschwindet jedoch schnell aus dem Blut (Halbwertszeit 13 min), ohne in den Zielorganen angereichert zu werden.
Seine **physiologische Wirkung** dient der Vorbereitung, Entw. und dem Schutz der Schwangerschaft, indem es die durch Oestrogene eingeleiteten Zustände ergänzt und vollendet:
– Aufbau der implantations- und ernährungsbereiten Uteruswand (Sekretionsphase, S. 211),
– Funktionsvorbereitung der Milchdrüsen,
– Unterdrücken der Brunst, bes. der erneuten Follikelreifung,
– Aufhebung der wehenerregenden Ocytocinwirkung (die deswegen erst nach Erschöpfung des Gelbkörpers bei der Geburt auftritt),
– Steigerung der Temperatur um $0,5$–$1°$ C.

Die Regulation des weiblichen Genitalzyklus, der period. Reifung von Follikeln in den Eierstöcken und period. Veränderungen der Uterusschleimhaut, erfolgt in einem Regelkreis, in dem Hypothalamus-, Hypophysen- und Eierstockhormone wirksam werden.
Der Zyklus beginnt, wenn das rhythmisch arbeitende Hypothalamus-Zentrum über Gonadoliberin und Luliberin die Hypophyse anregt, das follikelstimulierende Follitropin (FSH) und danach das luteinisierende Lutropin (LH) auszuschütten. FSH bewirkt direkt die Reifung eines neuen Follikels, der dann unter Einfluß des LH Östradiol erzeugt. Bei einem größeren, bestimmten Verhältnis LH/FSH tritt die **Ovulation** ein (Follikelsprung: Das Ei verläßt im Eierstock ein es umhüllendes Säckchen, den »Follikel«) und die Umwandlung des Follikelepithels in den **Gelbkörper** (Corpus luteum).
Währenddessen ist im Uterus die neue Schleimhaut unter Oestrogeneinfluß regeneriert (**Proliferationsphase**). Gleichzeitig hemmt dieses Hormon die FSH-Abgabe und fördert die LH- und LTH-Abgabe der Hypophyse, wodurch kurz vor der Ovulation die Progesteronbildung beginnt. Progesteron veranlaßt die Uterindrüsen zu verstärkter Sekretion (**Sekretionsphase**) und gewährleistet die Einpflanzung des Eies. Ist das Ei befruchtet, dann steigern Gelbkörper und Placenta die Progesteronproduktion, wenn nicht, vermindert sich der anregende Einfluß des Oestrogens auf die LTH-Abgabe der Hypophyse, und das vorhandene Progesteron wirkt hemmend auf die LH-Production zurück. Dadurch sinkt der Progesteronspiegel, der Gelbkörper schrumpft. Die Sekretionsschleimhaut kann ohne Progesteronzufuhr nicht erhalten bleiben, sie wird in der Menstruation abgestoßen. Der Zyklus beginnt von neuem.
Die hormonale Empfängnisverhütung bedient sich der Bremswirkung von Gestagenen auf die Hypophysentätigkeit. Wird kein LH gebildet, tritt keine Ovulation und damit kein befruchtungsfähiges Ei auf.

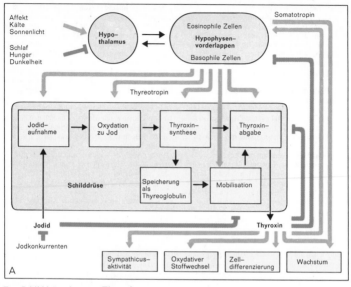

Das Schilddrüsenhormon Thyroxin

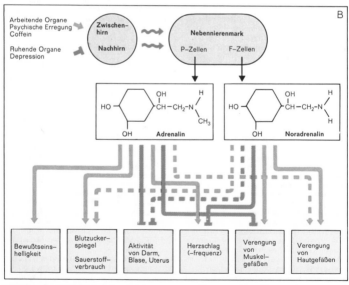

Die Hormone des Nebennierenmarks

Das Schilddrüsenhormon Thyroxin (A)
Dieses langbekannte Hormon entsteht neben Trijodthyronin in der beim *Menschen* vorn auf der Luftröhre dicht unter dem Schildknorpel liegenden Schilddrüse (Thyreoidea) durch Jodierung der proteingebundenen Stammsubst. Tyrosin. Das notwendige Jod wird aus dem Blut als Jodid aufgenommen (Jodraffungsvermögen der Schilddrüse) und zu freiem Jod oxydiert in Tyrosin eingeführt. – Dieses Thyreoglobulin wird in der Drüse gespeichert und nach Bedarf oder Reizung auf Veranlassung des Hypophysenhormons Thyreotropin gespalten, worauf Thyroxin/Trijodthyronin in das Blut übertreten. Hier wird es locker an ein Glykoproteid gebunden, das zu den α-Globulinen gehört. Nach einiger Zeit erfolgt Stoffwechselabbau.
Thyreohemmstoffe (Thyreostatica) blockieren die Thyroxinsynthese durch Behinderung des aktiven Jodidtransportes (SCN^-, NO_3^-), des Jodeinbaues (Thiouracil, Schwefelverbindungen in *Kohl*) oder durch Jodkonkurrenz (Sulfonamide).
Die Aktivität der Schilddrüse ist im Sommer, im Alter und bei winterschlafenden *Tieren* geringer; daneben besteht Ernährungsregulation, da Kohlenhydrate stimulierend, Eiweiße dagegen dämpfend wirken.
Die physiolog. Wirkung des Thyroxins und des fünfmal wirksameren Trijodthyronins erstreckt sich auf zwei Funktionskreise:
1. Die morphogenetische Funktion erweist sich vor allem in jugendl., wachsenden Geweben. Schilddrüsenhormone sind unentbehrlich für Wachstum und Entwicklung.
– Beim Jugendlichen führt Ausfall oder Unterfunktion der Schilddrüse zu schweren Entwicklungsstörungen (Kretinismus).
– Bei Entfernung der Schilddrüse reagieren Jungtiere mit Verzögerung des Wachstums und der Geschlechtsreife.
– Thyroxingaben lösen bei Amphibienlarven (Kaulquappen) frühzeitig Metamorphose aus.
2. Die Stoffwechselregulation erfaßt im erwachsenen Organismus den Gesamtstoffwechsel, aber auch das NS.
– **Überfunktion** (Hyperthyreose, Basedowsche Krankheit) äußert sich als Folge eines erhöhten Stoffumsatzes in Abmagerung (Fettverbrennung), verstärkter Atem- und Herzschlagfrequenz, feuchter Haut (Temperaturregulation), lebhaftem Temperament bis Übererregbarkeit und ist oft von hervorquellenden Augen und weichem Kropf begleitet.
– **Unterfunktion** (Hypothyreose) führt bei Jodmangel in der Nahrung zu einem harten Kropf, allgemein zur Verringerung der Stoffwechselintensität, Trägheit, Störung des Unterhautgewebes (Schleimdurchsetzung, Myxödem). Eine starke Herabsetzung der Schilddrüsentätigkeit löst bei manchen *Säugern* den Winterschlaf aus.
Die primäre Wirkung wird z. T. im Bereich der Mitochondrienvermehrung und -aktivierung (Entkoppler der oxydativen Phosphorylierung) wie in der Nukleinsäureaktivierung gesucht.

Das Nebennierenmarkhormon Adrenalin
ist das erste in Reinform isolierte Hormon (TAKAMINE, 1901). Erst viel später fand man noch das ihm sehr ähnl. **Noradrenalin.** Beide »Catecholamine« leiten sich in der Biosynthese durch Oxydation und CO_2-Absplatung (Decarboxylierung) aus dem Tyrosin ab. Vor allem das Adrenalin wird leicht weiter oxydiert, ist demnach empfindlich gegen Licht und Sauerstoff. Ascorbinsäure (Vitamin C), die auch an seinen Produktionsstätten gefunden wird, wirkt stabilisierend.
Die Bildung erfolgt hauptsächlich im Nebennierenmark, einem Gewebe, das sich entwicklungsgeschichtl. vom Nervus sympathicus ableitet und das sich oft auch als sog. Paraganglien im übrigen Gewebe verstreut findet. *Tiere* mit zahlreichen Paraganglien ertragen daher den Verlust des Nebennierenmarkes *(Ratten)*.
Die Ausschüttung wird nicht durch ein Hypophysenhormon veranlaßt, sondern durch einen Reiz des Nervus splanchnus des Sympathicus. Die Reaktion ist bei geringer Latenzzeit (Gegensatz zu Thyroxin) intensiv, aber nur kurz, da Adrenalin offenbar schnell im Stoffwechsel zerstört wird. Noradrenalin arbeitet ökonomischer und wird bevorzugt in der Ruhesekretion gebildet.
Die physiologische Wirkung beruht insgesamt auf Erregungssteigerung des Sympathicus, also desjenigen Teils des vegetat. NS, der die Regulation der inneren Organe im Sinne einer Funktionsförderung (ergotrop) des Leistungsapparates zum Zwecke einer umfassenden Körpermobilisierung übernimmt (**Notfallreaktion**).
– Organe der Erholung und des Aufbaus (Blase, Darm, Uterus) werden in ihren Funktionen gehemmt (Verdauung, Gefäßdurchblutung, oxydativer Stoffwechsel in ruhenden Organen).
– Bereits sehr geringe Adrenalinzufuhr verändert die **Blutverteilung** (Schließung nicht benötigter Haargefäße und Umleitung des Blutes). Ein stark arbeitender Muskel hat gegenüber dem ruhenden die achtfache Menge durchströmter Kapillaren.
– Der **Blutdruck** wird durch Gefäßverengung und Veränderung des Herzschlags erhöht, durch Adrenalin nur systolisch, durch Noradrenalin auch diastolisch.
– Adrenalin fördert vor allem über cAMP-Erhöhung und dadurch bedingte Phosphorylase-Aktivierung den Glykogenabbau zu Traubenzucker in der Leber, erhöht also den **Blutzuckerspiegel** (Antagonist zu Insulin; S. 335). Diese Wirkung tritt im Notfall stärker hervor und vermag dank der kurzen Latenzzeit den Organismus vor einem unphysiolog. Blutzuckermangel zu bewahren.
Catecholamine spielen auch eine Rolle in der Erregungsübertragung in adrenergischen (sympathischen) Nerven, was bei den engen Beziehungen der Produktionsstätten zur Nervensubstanz verständlich ist. Sie leiten damit über zu den Gewebshormonen und hormonähnl. Transmittern, künstl. begrenzende Begriffe, die in der Natur durch Übergänge verbunden sind.

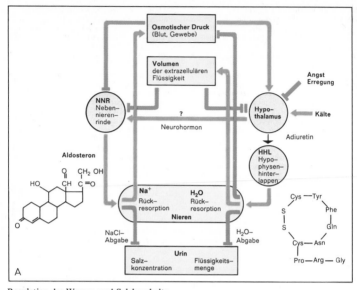

Regulation des Wasser- und Salzhaushalts

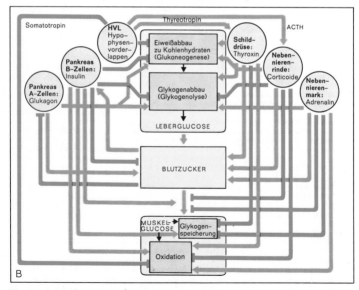

Hormonale Regulation des Blutzuckerspiegels

Die Nebennierenrindenhormone (Corticoide) sind Steroide, die durch Oxydation des Cholesterins über Progesteron entstehen. Die Syntheseleistung der Nebennierenrinde ist dabei ungeachtet ihrer sehr geringen Speicherungsfähigkeit so hoch, daß die gesamte im menschl. Organismus kreisende Corticoidmenge alle 2–3 Stunden ersetzt wird. Die **Produktionsregelung** erfolgt vor allem durch Corticoliberin und ACTH im hypothalamisch-hypophysären System (S. 329), wobei sowohl ein Tag-Nacht-Rhythmus als auch die Abhängigkeit von schwerer körperl. und seel. Belastung (Stress) beobachtet werden kann.

Innerhalb des Regelkreises (A) tritt eine Selbsthemmung dadurch ein, daß der erhöhte Cortisolgehalt des Blutes zu einer Hemmung der ACTH-Ausschüttung führt; eine Selbstförderung ist auf nervösem Wege möglich, indem der Hypothalamus das Nebennierenmark zur Adrenalinausschüttung anregt, worauf das Adrenalin als Reiz wie eine schwere Belastung auf den Hypothalamus zurückwirkt.

Unter den etwa 30 versch. Corticoiden stellen das Cortisol 70, Corticosteron 15 und Aldosteron 1–2% der Hormonmenge im Blut. Ihre biol. Bedeutung ist sehr groß und erfaßt, ohne daß sich eine strenge Aufgabentrennung durchführen läßt, zwei lebenswichtige Gebiete:

Mineralcorticoide, vor allem Aldosteron, regulieren Wasserhaushalt und Salzstoffwechsel, indem sie die Abgabe von Na^+ im Urin, Schweiß und Speichel hemmen, die von K^+ dagegen fördern. Bei Hormonmangel kommt es daher zu einem Wassereinstrom aus dem extra- in den intrazellulären Raum, der vermehrt K^+ enthält, während der Na^+-Verlust der extrazellulären Flüssigkeit zu weiterem Wasserverlust führt: Muskelquellung bei gleichzeitiger Senkung der Blutmenge (= Bluteindickung, Nachlassen der Organdurchströmung und des Blutdruckes).

Glucocorticoide, bes. Cortisol, weniger Corticosteron, wirken sich hauptsächl. auf den Eiweiß- und Kohlenhydratstoffwechsel aus: Sie bedingen einen erhöhten Ab- und Umbau der Proteine zu Glucose (**Gluconeogenese**) und gleichzeitig eine gesteigerte Glykogenspeicherung in der Leber, während der Kohlenhydratumsatz im Gewebe gedrosselt werden kann. Künstl. Zufuhr von Cortisol erhöht jedoch nicht den Blutzuckerspiegel (Kompensation durch vermehrte Insulinausschüttung!), hemmt aber entzündliche Prozesse.

Außer den Corticoiden bildet die Nebennierenrinde noch androgene Hormone (S. 331).

Die Hormone der Bauchspeicheldrüse,

das Glukagon und Insulin, sind beide Polypeptide artl. leicht variierender Aminosäuresequenz (S. 10, 510), die in den A- bzw. B-Zellen der Langerhansschen Inseln produziert werden. *Vögel* bilden Insulin auch in anderen Organen als dem Pankreas.

Glukagon aktiviert über cAMP die Phosphorylierung des Leberglykogens und löst damit Glykogenabbau zu Glucose (Glykogenolyse) und Erhöhung des Blutzuckerspiegels aus. Es steigert ferner Fettsäureoxydation und Fettspeicherung. Glukagon-Ausschüttung erfolgt bei niedr. Blutzucker- und Blutfettsäurespiegel, Aminosäure-Überangebot und allg. Sympathicus-Erregung.

Insulin dagegen senkt den Blutzuckerspiegel, indem es die Durchlässigkeit der Zellmembranen für Glucose steigert und gleichzeitig ihre Verwertung durch stärkere Glucoseoxydation wie durch Steigerung der Glykogendeponierung und Fettbildung aus Zucker erhöht. Dieser vermehrte Zuckerabbau drängt dann sekundär den Fett- und Eiweißumsatz zurück.

Bei **Insulin-Mangel,** der Ursache der Zuckerkrankheit (Diabetes mellitus), tritt ein entspr. Krankheitsbild auf:
– Die herabgeminderte Glucoseoxydation im Gewebe erhöht den Blutzuckerspiegel.
– Bei vermehrter Harnmenge wird Zucker ausgeschieden (Glukosurie).
– Dadurch verhält sich der gesamte Organismus, bes. die Leber, wie im schwersten Hunger: Es werden alle verfügbaren Glucosequellen herangezogen, nämlich
– der Eiweißumsatz wird gesteigert, wobei Stickstoff im Harn ausgeschieden wird, und
– der Fettabbau ist erhöht. Dabei fallen vermehrt Ketonkörper an (Aceton, Acetessigsäure, β-Oxybuttersäure), die ein Ansäuern des Blutes (Acidose) bedingen.
– Die Ausscheidung der Säuren im Urin entzieht dem Organismus Na^+ und K^+, wodurch die Membranfunkt. gestört wird.

Die hormonale Regelung des Blutzuckers (B) erfolgt direkt sowohl durch
– **glucoseliefernde Vorgänge** wie Glykogenabbau, Galaktose- oder Fruktose-Umbau und Glukoneogenese als durch
– **glucosezehrende Vorgänge** wie Glykogenbildung, Oxydation und Fettbildung.

Während das **Insulin** vor allem im peripheren Gewebe die verbrauchenden Vorgänge fördert und gleichzeitig in der Leber die glucoseliefernden Prozesse hemmt, wirken ihm entgegen: das **Glukagon** durch erhöhten Glykogenabbau in der Leber, das **Adrenalin** durch Glykogenabbau in Leber und Muskeln.

Neben der Gg-Verschiebung Glykogen/Glucose spielt natürlich auch die Höhe der Oxydation eine Rolle. Die Bedeutung des stoffwechselsteigernden **Thyroxins** ist dabei nur gering, groß dagegen die der Nebennierenrindenhormone, bes. **Cortisol** (?).

Das HVL-Hormon **Somatotropin** hemmt als Wachstumshormon die Gluconeogenese, also einen glucoseliefernden Vorgang, zugleich aber auch die Glucose-Oxydation, also einen glucoseverbrauchenden Prozeß.

Durch die versch. Regelmechanismen wird also insgesamt nicht nur der Blutzuckerspiegel sehr konstant gehalten, sondern gleichzeitig der Stoffwechsel in versch. Bahnen gelenkt.

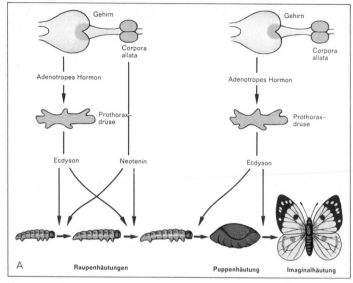

Häutungshormone der Insekten

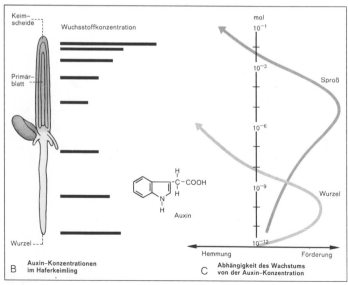

Wuchsstoffe der Pflanzen

Die Hormonsysteme wirbelloser Tiere

Die Häutungshormone der Insekten (A)
kontrollieren während der Häutung das Stoffwechselgeschehen und damit Wachstum und Jugendentw., die über eine Reihe von Häutungen (Larven-H., bei vollständiger Verwandlung auch Puppen-H.) zur fertigen Imago führt (z. B. Raupe–Puppe–Schmetterling):
– Blut verpuppungsreifer Schmetterlingsraupen löst in Jungtieren Verpuppung aus.
– Wird eine Raupe einen Tag vor der planmäßigen Verpuppung durch eine Fadenschlinge eingeschnürt, so daß das Blut vom Vorderende nicht mehr zum Hinterende gelangt, dann verpuppt sich nur das Vorderende: Hormone konnten den Kopfbereich nicht verlassen.
Jede Häutung wird von neurosekretor. Gehirnzellen eingeleitet. Ihr **adenotropes Hormon** reizt die Prothoraxdrüse zur Abgabe des eigentl. Häutungshormons **Ecdyson**, eines Steroidhormons. Wirkt es allein auf die Epidermis ein, so ist die Häutung mit ausgeprägtem Gestaltwandel verbunden: Die Raupe häutet sich zur Puppe, diese zur Imago.
Wenn jedoch daneben noch das »Juvenilhormon« **Neotenin** der Corpora allata (im Kopf direkt hinter dem Gehirn zu beiden Seiten des Schlundes gelegenes Drüsenpaar) ausgeschüttet wird, treten nur Larven-H. auf, das Raupenstadium bleibt erhalten; Implantation zusätzl. Corpora allata in ältere Larven läßt sogar Riesenlarven entstehen.
Daneben lösen die beiden Antagonisten auch typ. Verhaltensweisen aus: Unter Einfluß des Neotenin sind Raupen positiv phototaktisch, unter dem des Ecdyson dagegen negativ; sie spinnen Larvengespinste bzw. Puppenkokons.
Bei **erwachsenen Insekten** ist die Prothoraxdrüse verkümmert. Die C. allata bleiben für Eiweißsynthese und Reservestoffspeicherung weiterhin verantwortlich, haben daneben aber vielleicht Bedeutung für das Sexualverhalten: Bei der *Schabe Leucophaea* läßt das Weibchen die Begattung nur unter Einfluß der C. allata zu.
Sexualhormone bei Krebsen
sind sicher nachgewiesen. Nach Kastration durch radioaktive Strahlung unterbleibt die Ausbildung sek. Geschlechtsmerkmale. Parasitäre Kastration (*Sacculina*, S. 256f.) verwandelt *Inachus*-Männchen in Weibchen.
Sozialkastenhormone bei Termiten
werden in der Ventraldrüse und den C. allata gebildet. Überwiegt in den frühen Larvenstadien erstere, so entsteht ein Geschlechtstier, verringert sich das Übergewicht, ein Arbeiter. In den 2 letzten Stadien werden Arbeiter zu Soldaten, wenn beide Drüsen verhältnisgleich fünffach vergrößert sind.
Der physiologische Farbwechsel einiger Tiere,
d. h. die Fähigkeit, sich versch. Beleuchtungsverhältnissen und Umgebungen innerhalb kurzer Zeit anzupassen, beruht auch bei den *Wirbellosen* auf der Ausbreitung und Ballung von Farbstoffen in Farbzellen (Chromatophoren). Während dabei für *Tintenfische* nervöse Steuerung erwiesen ist, treten bei *Würmern, Krebsen* und *Insekten* Neurohormone auf:
– Der **Fischegel** (*Piscicola*) wird durch einen vom Gehirn erzeugten Faktor verdunkelt.
– Der X-Organ-Sinusdrüsen-Komplex im Augenstiel der **Sandgarnele** (*Crangon*) schüttet ein Aufhellungshormon aus, während nach Zerstörung eines best. Cephalothoraxgewebes die Verdunkelung unmöglich wird.
– Im ZNS der **Stabheuschrecke** erzeugte, antagonist. wirkende Neurohormone regulieren teils endogen, teils lichtabhängig den Tag-Nacht-Rhythmus des Farbwechsels.
Die Farbwechselhormone sind nicht artspez., sie wirken in gewissem Umfang auch auf die Chromatophoren der *Wirbeltiere*.

Wuchsstoffe höherer Pflanzen (Phytohormone)
Da bei *Pflanzen* die Koordination der Organe durch ein NS entfällt, übernehmen chem. Botenstoffe allein diese Funktion, wobei hier auffällt, daß die Wirkung der Phytohormone
– nicht nur auf Transport in entfernten Zielzellen, sondern auch am Bildungsort mögl. ist;
– in Abhängigkeit vom Genmuster der Zielzelle und der Hormonkonzentration versch. ist;
– eher die Homöostase der Entwicklung als die des Stoffwechsels betrifft (s. S. 217).
Die Primärreaktion ist der Hormonbildung durch cytoplasmat. oder membranständige Rezeptoren der Zielzelle. Schnelle Hormoneffekte bei Bewegungsreaktionen und Streckungswachstum können auf Modulationen beruhen, langsame Effekte in der Entwicklungssteuerung auf differentieller Genexpression (S. 215).
Auxin (Indol-3-Essigsäure IES), ein Tryptophan-Abkömmling, wirkt bes. als Streckungswuchsstoff, indem es die Dehnbarkeit der Zellwand erhöht. Die optimale Konzentration liegt im allg. bei Wurzeln tiefer als beim Sproß, so daß von sproßfördernden Mengen die Wurzelstreckung gehemmt wird (B).
Im Getreidekeimling steigt inaktivierte IES vom Endosperm in die Spitze der Keimscheide (Koleoptile) und regt von hier, nach Aktivierung, abwärtsströmend das Koleoptilenwachstum an (C).
Gibberelline werden in unreifem Samen und jungen Blättern gebildet und wirken auxinähnl., ohne jedoch dabei in den Zellwandstoffwechsel einzugreifen; sie fördern auch die Auxinsynthese.
Cytokinine, Adenin-Derivate aus Synthesezentren der Wurzelspitzen, stimulieren allg. die RNA- und Proteinsynthese und dadurch Zellteilung, Knospenbildung und Resistenz.
Abscisine (AbA) werden in allen Teilen *höh. Pflanzen,* bes. in alten Blättern synthetisiert und im Parenchym, sehr rasch im Phloem transportiert. Ihre hemmenden, teils langsamen, teils schnellen Effekte zielen auf Ruhezustände: Zellaltern, Blatt- und Fruchtabfall, Schließbewegung der Spaltöffnungen, Knospen- und Samenruhe.

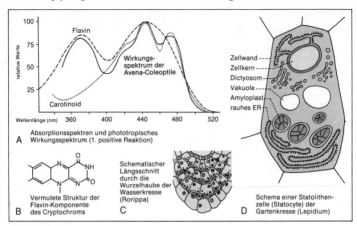

Zellwand
Zellkern
Dictyosom
Vakuole
Amyloplast
rauhes ER

A Absorptionsspektren und phototropisches Wirkungsspektrum (1. positive Reaktion)

Flavin
Wirkungsspektrum der Avena-Coleoptile
Carotinoid

B Vermutete Struktur der Flavin-Komponente des Cryptochroms

C Schematischer Längsschnitt durch die Wurzelhaube der Wasserkresse (Rorippa)

D Schema einer Statolithenzelle (Statocyte) der Gartenkresse (Lepidium)

Reizperzeption

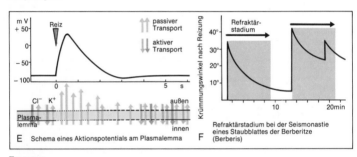

passiver Transport
aktiver Transport

Cl⁻ K⁺
außen
Plasmalemma
innen

E Schema eines Aktionspotentials am Plasmalemma

Refraktärstadium

F Refraktärstadium bei der Seismonastie eines Staubblattes der Berberitze (Berberis)

Erregung

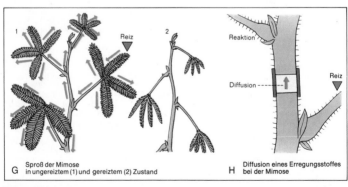

Reiz

G Sproß der Mimose in ungereiztem (1) und gereiztem (2) Zustand

Reaktion
Diffusion
Reiz

H Diffusion eines Erregungsstoffes bei der Mimose

Erregungsleitung

Die **Reizbarkeit (Irritabilität)** als Grundeigenschaft lebender Systeme kommt auch den Pflanzen zu. Als **Reiz** bezeichnet man dabei eine äußere (chem. oder physikal.) Einwirkung, die eine Bewegung induziert. Der Reiz liefert oder entzieht nur die Energie zur Betätigung eines Auslösemechanismus, während die Energie für die oft komplexe Reaktion vom Organismus geliefert wird. Daher muß keine Proportionalität zw. Reiz- und Reaktionsstärke bestehen: oft folgt die Reaktion dem AoN-Gesetz.

Keinen Reizcharakter hat z. B. das Licht in der Photosynthese, da es als direkte Energiequelle einwirkt.

Die Reizaufnahme (Perzeption)

Für jede Art von Reiz (Licht, Schwerkraft, Temperatur, Berührung, Feuchtigkeit, chemische Stoffe) ist die Existenz eines intrazellulären Mechanismus zu fordern, der auf die spezif. Energieform des betreffenden Reizes anspricht. Die bisher hierzu vorliegenden Kenntnisse sind noch unvollständig.

Die Perzeption von Lichtreizen wurde bes. am *Hafer*-Keimling (*Avena*-Coleoptile) untersucht. Das Wirkungsspektrum für die pos. Reaktion (A) zeigt die Wirksamkeit von UV- und kurzwelligem sichtbarem Licht (Blaulicht). Danach sind grundsätzl. ein Carotinoid u/o Flavin als Photorezeptor möglich. Experimentelle Befunde (auch an anderen Objekten: *Dicotylen*-Keimling, *Phycomyceten*-Sporangiophore), die die Mehrgipfligkeit der Absorptionskurve erklären können, deuten aber eher auf ein vielleicht universell verbreitetes, nicht-covalent an Protein gebundenes Flavin hin (Cryptochrom; B). Es ist wahrscheinl. dem Riboflavin ähnl., aber im Aufbau zweier funkt. Gruppen an C und einer Seitenkette an N noch unklar.

Die Perzeption von Schwerkraftreizen. Zellbestandteile hoher Dichte (in Rhizoiden von *Chara*: BaSO$_4$-Körner; bei *Reis*-Rassen: Proteinkristalloide; in den meisten Fällen: mit Stärkekörnern gefüllte Amyloplasten, C, D) werden im Gravitationsfeld verlagert. Sie üben dabei einen differentiellen Druck auf einen schüsselförm. Kanalkomplex des rauhen ER aus. Dabei werden die Golgi-Vesikel zum Aufbau der Zellwand z. T. mechan. umgelenkt (*Chara*-Rhizoid), meist wird aber vermutl. auch die Intensität der Vesikel-Bildung der Dictyosomen beeinflußt.

Der geoelektrische Effekt (negative Aufladung der Zelloberseite im Gravitationsfeld um bis zu 10 mV) ist nicht Ursache, sondern Folge der Perzeption von Schwerkraftreizen.

Die Perzeption von Berührungsreizen wurde bes. an hochempfindl. Ranken untersucht. Unwirksam ist Reizung mit Wasser- oder Quecksilberstrahl oder mit einem glatten Glasstab; wirksam aber ein Wasserstrahl mit suspendierten Tonteilchen, ein rauher Stab, selbst ein Wollfaden von $0.25 \cdot 10^{-6}$ g Gewicht. Die Reaktion erfolgt also auf örtl. u/o zeitl. Druckdifferenzen, wobei vermutl. Verformung plasmat. Strukturen die prim. chem. Reaktionen auslöst.

Fühltüpfel, -papillen und -borsten (S. 120 E) treten oft als Perzeptionsorte auf.

Die Erregung

Reizperzeption führt zu einem veränderten physiol. Zustand der Zelle (Erregung), oft gekennzeichnet durch Auftreten eines Aktionspotentials. Dieses kann aber auch fehlen; andererseits treten manchmal Aktionspotentiale auf, ohne daß reizinduzierte Bewegungen folgen.

Das Membranpotential der ungereizten Pflanzenzelle (**Ruhepotential**; -50 bis -200 mV, Plasma gegenüber der Zellaußenfläche neg. aufgeladen) ist im wesentl. ein Diffusionspotential; es sind aber aktive Ionenpumpen beteiligt (E). Seine Höhe ist wesentl. bestimmt durch den Überschuß von Cl$^-$-Ionen im Plasma, der im Gg zw. akt. Einstrom und pass. Ausstrom besteht.

Bei Erregung wird die Permeabilität des Plasmalemmas kurz erhöht, durch Cl$^-$-Ausstrom tritt Positivierung des Zellinnern ein (**Aktionspotential**). Durch Wiederherstellung der Normalpermeabilität und durch die Ionenpumpen wird das Ruhepotential wieder aufgebaut (langsamer als in tier. Zellen; vgl. S. 367 f.).

In der Restitutionsphase kann neue Reizung kein oder kein volles Aktionspotential erzeugen (F; **Refraktärstadium**).

Kausale Verknüpfung von Erregung und Reaktion ist für einige schnelle Bewegungen (*Mimosa*; *Dionaea*, S. 120) nachgewiesen; für andere wird sie vermutet. Weitere Reaktionen der Kausalkette Reiz-Reaktion (Reizkette) sind nur in wenigen einfachen Fällen bekannt.

Die Erregungsleitung

Da Perzeptions- und Reaktionsort oft getrennt sind, ist Erregungsleitung notwendig (am deutlichsten bei der Mimose: bis > 50 cm weit, mit 10 cm/s Geschwindigkeit; G). Dabei sind zwei Mechanismen zu unterscheiden:
– Fortgeleitete Aktionspotentiale (E), bes. in langgestreckten Parenchymzellen (Leitungsgeschwindigkeit 2–5 cm/s).
– Chem. Signaltransport (bei *Avena*-Coleoptile: Auxin; bei *Mimose*: N-haltige Oxysäure als spezif. Erregungssubstanz, wirkt bei $< 10^{-8}$ g/l) überwindet tote Gewebezonen, Gelenke, im Experiment auch Wassersäule (H).

Die Reaktion

Intrazelluläre Bewegungen können reizinduziert sein (Plasmaströmung, S. 51; Kern- und Chloroplastenverlagerung).

Freie Ortsbewegung tritt als Geißelbewegung (S. 51) bei Einzellern, Zellkolonien, Gameten und Sporen auf (S. 341 f.).

Organbewegungen höherer Pfl. sind vielfältig (S. 343 ff.). Sie beruhen auf zwei Mechanismen:
– Wachstums-(Nutations-)bewegungen sind irreversible Krümmungsbewegungen, an Meristeme gebunden.
– Turgor-(Variations-)bewegungen sind dagegen reversible Bewegungen an ausdiff. Organen.

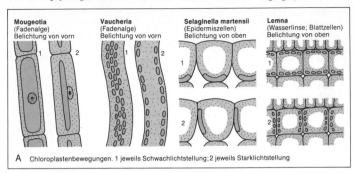

Mougeotia (Fadenalge) Belichtung von vorn

Vaucheria (Fadenalge) Belichtung von vorn

Selaginella martensii (Epidermiszellen) Belichtung von oben

Lemna (Wasserlinse; Blattzellen) Belichtung von oben

A   Chloroplastenbewegungen. 1 jeweils Schwachlichtstellung; 2 jeweils Starklichtstellung

Intrazelluläre Bewegungen

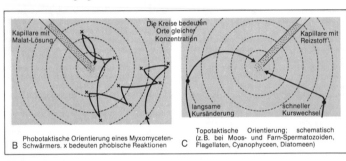

Kapillare mit Malat-Lösung

Die Kreise bedeuten Orte gleicher Konzentration

Kapillare mit Reizstoff

langsame Kursänderung

schneller Kurswechsel

B   Phobotaktische Orientierung eines Myxomyceten-Schwärmers. x bedeuten phobische Reaktionen

C   Topotaktische Orientierung; schematisch (z.B. bei Moos- und Farn-Spermatozoiden, Flagellaten, Cyanophyceen, Diatomeen)

Phobotaxis und Topotaxis

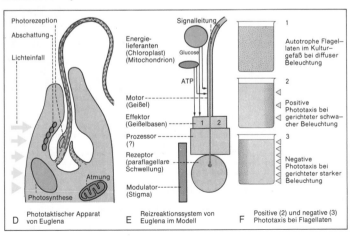

Photorezeption

Abschattung

Lichteinfall

Signalleitung

Energielieferanten (Chloroplast) (Mitochondrion)

Glucose

ATP

Motor (Geißel)

Effektor (Geißelbasen)

Prozessor (?)

Rezeptor (paraflagellare Schwellung)

Modulator (Stigma)

Photosynthese

Atmung

D   Phototaktischer Apparat von Euglena

E   Reizreaktionssystem von Euglena im Modell

1   Autotrophe Flagellaten im Kulturgefäß bei diffuser Beleuchtung

2   Positive Phototaxis bei gerichteter schwacher Beleuchtung

3   Negative Phototaxis bei gerichteter starker Beleuchtung

F   Positive (2) und negative (3) Phototaxis bei Flagellaten

Phototaxis

Intrazelluläre Bewegungen

Die Plasmaströmung kann durch Reize (Licht, Chemikalien, Wärme, Verletzungen) induziert oder beschleunigt, seltener verzögert werden. Eine Beziehung zur Reizrichtung ist im allg. nicht deutlich (vgl. Nastien; S. 344f.).

Kernbewegungen zu Orten intensiven Wachstums oder als Verletzungsfolge können durch chem. Einflüsse induziert werden.

Chloroplastenbewegungen zeigen oft deutl. Beziehungen zur Reizrichtung (vgl. Taxien): bei Starklicht wird eine geringe, bei Schwachlicht eine große Fläche für Photosynthese geboten (A).

Taxien

Die Taxis umfaßt hier, im Gegens. zur Verhaltensbiologie (S. 403), auch die lokomotor. Komponente neben der (den) orientierenden Wendung(en); der Begriff bezeichnet also den gesamten Orientierungsvorgang.

Taxien finden sich im Pflanzenreich:
– bei Formen mit freier Ortsbewegung (viele *Algen, Schleimpilze*);
– bei frei bewegl. Fortpflanzungszellen (Zoosporen vieler *Algen* und *Pilze*; Gameten von *Algen* und *Pilzen*; Spermatozoide bei manchen *Algen*, bei *Moosen, Farnen* und einigen *Nacktsamern*).

Auch *Bakterien*, tier. Organismen gleicher Organisationshöhe und tier. Gameten zeigen gleiche Reizreaktionen.

Die Bewegungsmechanismen sind, neben amöboider (S. 50f.), Geißel- und Cilienbewegung (S. 50f.), seltener
– Schleimabscheidung durch Membranporen, die Schub ausübt (*Desmidiales*; S. 279);
– Plasmaströmung in einer Längsrinne (Raphe) der Schale nach dem Raupenkettenprinzip (*Diatomeae*; S. 549).

Die Einstellmechanismen sind zwei Grundtypen zuzuordnen:
– **Phobotaxis** beruht auf »Schreck«reaktionen, stereotypen Wendungen, die auch ohne Reizwirkung auftreten, sich aber bei Wahrnehmung unterschiedl. Reizintensität im zeitl. Nacheinander so häufen (Unterschiedsreaktion), daß schließl. die Optimalzone (Indifferenzzone des Reizes) erreicht wird (B).
– **Topotaxis**, beruhend auf Wahrnehmung der räuml. Verteilung unterschiedl. Reizintensitäten, bewirkt, wenn Reize einseitig stärker einwirken, sowie bei allmähliche gezielte Einstellung zur Reizquelle (C).

Bei beiden Mechanismen unterscheidet man pos. und neg. Taxien, je nach Bewegung zur Reizquelle hin oder von ihr weg.

Die Phototaxis

kommt bes. bei autotrophen Organismen, aber auch bei *Flagellaten* ohne Chlorophyll vor. Oft ist sie bei geringer Lichtintensität pos., bei hoher neg. und sichert so den Verbleib in physiolog. günstigen Bereichen.

Purpurbakterien reagieren phobotaktisch (durch kurzen Geißelstillstand oder Umkehr der Gei-ßelbewegung) beim Übergang vom Licht ins Dunkel (Lichtfalle). Die Reaktion wird schon durch Abnahme der Lichtintensität um den Faktor 1,01 bis 1,03 erreicht.

Bei *Myxomyceten* reagieren die zunächst neg. phototaktischen Plasmodien vor Beginn der Sporangienbildung positiv.

Die topotakt. Orientierung ist nur in wenigen Fällen genauer analysiert:

Die Phototaxis von *Euglena* (S. 65) erfordert außer der Beschattung durch das Stigma die Perzeption der Lichtreize durch eine an der Geißelbasis liegende Photorezeptorstruktur, eine elektronenoptisch farblos und kristallin erscheinende Verdickung (D). Für das reizverarbeitende System (Prozessor; E) sind die morphol. Äquivalente noch unbekannt, als Effektoren gelten die Geißelbasen, als Motor die Geißel. Die Art der Informationsübertragung durch chemische (u/o elektrische?) Signale ist noch weitgehend unklar.

Außerdem mißt der Photorezeptor offenbar die Beleuchtungsstärke und schaltet bei Überschreiten eines best. Wertes auf neg. Phototaxis um (F). Hierbei wird im orientierten Zustand der Rezeptor ohne Beteiligung des Stigmas durch die Chloroplasten des Zelleibes dauernd beschattet.

Die Chemotaxis

Bei saprophytischen oder parasitischen Formen (*Pilze*, soweit bewegl.; *Bakterien*) ermöglicht sie das Auffinden von Nahrungsquellen. Anlockend wirken hier Proteine, Aminosäuren, Ammoniumsalze, Kohlenhydrate, Phosphate, Alkali- und Erdalkalisalze. Die Spezifität der Chemosensoren wurde getestet durch den Gewöhnungseffekt (längerer Aufenthalt in homogener Lösung eines Reizstoffes), der jeweils nur eine Art von Chemorezeptoren betrifft:
– Aminosäuren werden von Ammoniumsalzen unterschieden, zw. einzelnen Vertretern jeder dieser Gruppen wird meist nicht differenziert.
– In Einzelfällen werden selbst Stereoisomeren eines Stoffes unterschieden.

Autotrophe Flagellaten reagieren auf CO_2, Phosphate und Nitrate.

Geschlechtszellen reagieren auf spezif. Lockstoffe (Gamone; S. 152f.) sehr unterschiedl. Art (*Chlamydomonas*: Glycoproteide; Spermatozoiden von *Lycopodium*: Citrat, von *Laubmoosen*: Saccharose, von *Marchantia*: Proteine, von *Farnen*: Ca-Malat), die z. T. hochspezifisch sind (bei *Ectocarpus*: Ectocarpen, bei *Fucus*: Serraten, beim Pilz *Allomyces*: Sirenin).

Die **Reizschwelle** kann sehr niedrig sein: *Farn*-Spermatozoide reagieren noch auf 0,01‰ Malat, bei spezif. Gamonen werden noch geringere Konzentrationen vermutet.

Die **Konzentrationsdifferenz** als richtender Faktor muß dagegen meist hoch sein: bei Malat wirkt erst die 30fache Konz. in einer Kapillare gegenüber der umgebenden Lösung richtend.

Hydrotaxis, Thermotaxis und Thigmotaxis

wirken grundsätzl. gleich und sichern ebenf. die Beziehung zu wichtigen Umweltfaktoren.

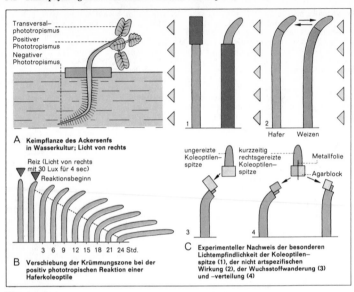

A Keimpflanze des Ackersenfs in Wasserkultur; Licht von rechts

B Verschiebung der Krümmungszone bei der positiv phototropischen Reaktion einer Haferkoleoptile

C Experimenteller Nachweis der besonderen Lichtempfindlichkeit der Koleoptilenspitze (1), der nicht artspezifischen Wirkung (2), der Wuchsstoffwanderung (3) und -verteilung (4)

Phototropismus

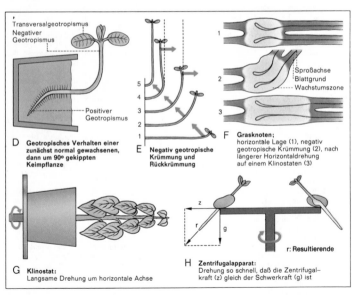

D Geotropisches Verhalten einer zunächst normal gewachsenen, dann um 90° gekippten Keimpflanze

E Negativ geotropische Krümmung und Rückkrümmung

F Grasknoten; horizontale Lage (1), negativ geotropische Krümmung (2), nach längerer Horizontaldrehung auf einem Klinostaten (3)

G Klinostat: Langsame Drehung um horizontale Achse

H Zentrifugalapparat: Drehung so schnell, daß die Zentrifugalkraft (z) gleich der Schwerkraft (g) ist

Geotropismus

Tropismen sind Bewegungen von Teilen ortsfester Pflanzen, abhängig von der Reizrichtung und so die räuml. Orientierung entspr. den Bedingungen der Umwelt sichernd (A):
- positive Tropismen (zum Reiz hin);
- negative Tropismen (vom Reiz weg);
- plagiotrope Einstellung (in best. Winkel zur Reizrichtung; Sonderfall: transversale Einstellung im Winkel von 90°).

Sie sind meist Wachstums-, selten Turgorbewegungen (S. 339; letzteres z.B. an Blättern von *Schmetterlingsblütlern*).

Der Phototropismus
ist entspr. der Bedeutung des Lichtfaktors weit verbreitet.
Positiv reagieren z.B. viele oberird. Sprosse und Blattstiele. Die Keimscheide (Koleoptile) der *Gräser* ist wegen bes. guter Reaktionsfähigkeit bevorzugtes Studienobjekt (C).
Negativ reagieren manche Wurzeln, bes. Luft-*(Araceen)* und Haftwurzeln (z.B. *Efeu*); auch die Rhizoide der *Farn*-Prothallien und *Lebermoose*.
Transversal reagieren bes. dorsiventrale Pflanzenteile, z.B. Thalli von *Lebermoosen* und Blätter. Auch Parallelstellung zum Mittags-Lichteinfall kommt vor (z.B. *Kompaßpflanze*).
Umstimmung eines Organs kann im Laufe der Entw. erfolgen: Die Blütenstiele des *Efeublättr. Leinkrautes* sind während der Blühzeit positiv, danach negativ phototropisch, wodurch die Samen in Mauerritzen u.ä. gelangen.
Untersuchungen an der Hafer-Koleoptile
zeigten die Existenz mehrerer Reaktionsbereiche, getrennt durch Indifferenzbereiche (z.T. sogar mit neg. Reaktion):
- Die 1. pos. Reaktion zw. 10 und 10000 lx·s gehorcht dem Reizmengengesetz $R = f(i \cdot t)$; die Krümmung beginnt apikal und schreitet basal fort (B).
- Die 2. pos. Reaktion (ab ca. 100000 lx·s) entspricht der Reaktion unter natürl. Bedingungen. Sie beginnt bei apikaler Reizung gleich basal (induzierte Reaktion) und gehorcht nicht dem Reizmengengesetz.
- Die 3. pos. Reaktion bei sehr hohen Beleuchtungsstärken ist wenig untersucht; sie ist unter natürl. Bedingungen bedeutungslos.
Der Reaktionsmechanismus wird durch folgende Untersuchungen beleuchtet (C):
- Abdunklungsversuche zeigen, daß Reizaufnahme fast nur an der Spitze erfolgt.
- Dekapitieren der gereizten Koleoptile bewirkt Ausbleiben der Reaktion. – Zwischenschalten eines der Diffusion nicht hemmenden Agarstücks verhindert die Krümmung nicht, wohl aber Einschalten einer Metallfolie (stoffl. Prinzip des Signaltransports).
- Einseitiges Aufsetzen eines Agarblocks auf eine dekapitierte ungereizte Koleoptile führt zur Krümmung, da der im Block enthaltene Erregungsstoff ungleichmäßig verteilt wird.
Grund der Reaktion ist demnach eine Querpolarisierung durch lichtinduzierte Ablenkung des basipetalen Wuchsstoff-(Auxin-)stroms (bestätigt durch ^{14}C-markiertes Auxin).

Sproßachsen zeigen komplexe Verhältnisse: Querverschiebung und basipetaler Transport sind in untersuchten Fällen nicht nachgewiesen; dagegen ist die relat. Wachstumshemmung der belichteten Flanke (lichtinduzierte Inaktivierung des Wuchsstoffes) offenbar wichtiger.

Der Geotropismus
Die geotrop. Reaktionsweisen der Pflanzenteile ähneln den phototropischen (D):
- Hauptsprosse sind meist neg. geotropisch. Die Reaktion wird erklärt durch Auxinquertransport zur Sproßunterseite, die dann stärker wächst (Streckungswachstum, Plasmawachstum, Zellteilungen).
- Hauptwurzeln wachsen pos. geotropisch. Die Krümmung wird hier auf eine Hemmwirkung der Wuchsstoffkonzentration an der Organunterseite zurückgeführt, die das (niedrige) Optimum übersteigt. In anderen Fällen wird schwerkraftinduzierter Quertransport von Hemmstoffen (z.B. Abscisinsäure) aus der Kalyptra angenommen.
- Nebensprosse und -wurzeln 1. Ordn., viele Blattorgane und Rhizome stellen sich plagiogeotrop. ein. Nebenwurzeln 2. Ordn. sind meist geotropisch unempfindlich.
Der Nachweis der Schwerkraftwirkung ist auf zwei Arten zu führen:
1. Der Klinostat (G) hebt die einseitige Schwerkraftwirkung durch langsames Drehen horizontal gelagerter *Pflanzen* auf. Die dadurch allseitig wirkenden Schwerkraftreize bringen z.B. Knoten von *Gräsern* zu verstärktem Wachstum (F). Durch Fortfall des neg. Geotropismus wird die epinastische Komponente der plagiogeotropen Einstellung von Blättern sichtbar (G).
2. Der Zentrifugalapparat (H) ersetzt die Schwer- durch die Fliehkraft. Bei Einwirkung beider Kräfte wachsen *Pflanzen* in Richtung der Resultierenden.
Autotropismus heißt die Tendenz jedes Pflanzenteils, nach einer Krümmung in die gestreckte Lage zurückzukehren (E), auch wenn man sie danach auf einem Klinostaten jeder Reizwirkung entzieht.
Der Lateralgeotropismus, eine noch nicht näher geklärte Sonderform, findet sich bei manchen windenden *Pflanzen*.
Der Thigmotropismus (Haptotropismus),
die Reaktion auf Berührungsreize, kommt bes. bei Ranken vor, aber auch bei Blattstielen und -spitzen, Stengeln und Blütenständen. – Berührung bewirkt meist eine Wachstumsförderung der Gegenseite, der berührende Gegenstand wird umgriffen.
Der Chemotropismus
kommt gegenüber vielen Stoffen vor (z.B. bei Pilzhyphen, Wurzeln und Pollenschläuchen höh. Pflanzen). Hier liefern Störungen der Beziehungen zw. Griffelgewebe und Pollenschlauch die Erklärung für die gametophyt. Inkompatibilität (Unverträglichkeit des Pollen-Genotyps).
Hydro- und **Traumatotropismus**, wohl auch **Thermo-** und **Galvanotropismus,** sind als Sonderformen des Chemotropismus aufzufassen.

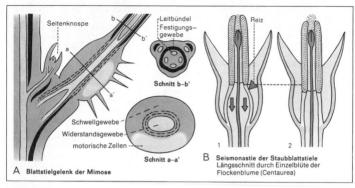

A Blattstielgelenk der Mimose

B Seismonastie der Staubblattstiele
Längsschnitt durch Einzelblüte der
Flockenblume (Centaurea)

Seismonastie

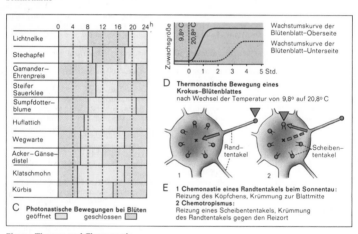

C Photonastische Bewegungen bei Blüten
geöffnet ☐ geschlossen ☐

D Thermonastische Bewegung eines
Krokus–Blütenblattes
nach Wechsel der Temperatur von 9,8° auf 20,8° C

E 1 Chemonastie eines Randtentakels beim Sonnentau:
Reizung des Köpfchens, Krümmung zur Blattmitte
2 Chemotropismus:
Reizung eines Scheibententakels, Krümmung
des Randtentakels gegen den Reizort

Photo-, Thermo- und Chemonastie

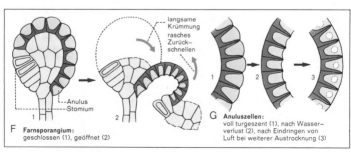

F Farnsporangium:
geschlossen (1), geöffnet (2)

G Anuluszellen:
voll turgeszent (1), nach Wasserverlust (2), nach Eindringen von
Luft bei weiterer Austrocknung (3)

Rein physikalische Bewegung

Nastien sind in der Bewegungsrichtung reizunabhängig, sondern durch den physiolog., oft auch morpholog. dorsiventralen Bau der reagierenden Organe festgelegt. Sie dienen demnach nicht der räuml. Orientierung, sondern erfüllen meist spezielle Aufgaben. Bewegungsmechanismen sind:
– Wachstumsbewegungen (sie treten selten auf; sind oft nur begrenzt wiederholbar; E);
– Turgorbewegungen (reversibel; an ausdiff. Pflanzenteilen: Gelenken; A).

Die Seismonastie
ist Reaktion auf Erschütterung, immer verbunden mit Berührungsempfindlichkeit. Dagegen sind berührungsempfindl. Pfl. (s. Thigmonastie) nicht immer erschütterungsempfindlich. Die Reaktion setzt meist bei Überschreiten eines Schwellenwertes voll ein (AoN-Gesetz).
Die Mimose zeigt zahlr. seismonastische, auch durch chem., therm., elektr. und Wundreize auslösbare Bewegungen. Bei Reizung einer Endfieder z. B. reagieren durch Turgoränderung nacheinander (S. 338 E):
– die Fiedergelenke (Zusammenklappen der Fiedern nach oben),
– die sek. Blattgelenke oder Fiederstrahlgelenke (Senken der sek. Blattstiele),
– das prim. Blattgelenk oder Blattstielgelenk (Senken des Blattstiels).
Die Latenzzeit beträgt unter optim. Bedingungen nur 0,08 sec, die Refraktärzeit 15–20 Minuten. In dieser Erholungsphase werden Semipermeabilität der Protoplasten und osmot. Werte der Vakuolen (durch aktiven Ioneneinstrom) wiederhergestellt. Daraus folgt insbes. erneute Turgeszenz der Zellen an den Gelenkunterseiten (Schwellgewebe, s. u.).
Die Gelenke (A) bestehen aus:
– Widerstandsgewebe (zentraler Leitgewebestrang; nicht dehnbar, aber leicht biegbar);
– Schwellgewebe (dünnwandig, parenchymatisch) an der Ober- und Unterseite. Seine Zellen sind an der Unterseite sog. motorische Zellen, die bei Reizung durch Permeabilitätssteigerung plötzlich H_2O in die Interzellularen abgeben. Diese Volumenabnahme entlastet die Zellen der Oberseite vom Gegendruck, die sich unter H_2O-Aufnahme stark ausdehnen.
Eine Beteiligung kontraktiler Proteine an der schnellen seismonast. Reaktion der Mimose wird diskutiert. Sie kann nacheinander bewirken: Druckanstieg der Vakuole, Permeabilitätsänderung der Plasmamembranen, Ausstrom von K^+-Ionen, Wasserverlust der Zelle.
Staubblätter zeigen seismonast. Bewegungen von meist blütenbiol. Bedeutung. – Bei *Centaurea*-Arten kontrahieren sich bei Erschütterung die Stiele (Filamente) der Staubblätter reversibel (mehrfach wiederholbar) um 20–30% ihrer Länge, wodurch die Narbe Pollen aus der Staubblattröhre preßt (B). – Andere Staubblätter (*Berberitze*, *Zimmerlinde*, *Helianthemum*-Arten) krümmen sich seismonastisch.
Narben mit weit klaffenden Lippen klappen oft bei Berührung der Innenseite zusammen und schließen den abgestreiften Pollen ein.

Insektivore Pflanzen zeigen die schnellsten nastischen Bewegungen. Bei der *Venusfliegenfalle* (S. 120 E) klappen nach Berührung einer Sinnesborste die Blatthälften nach 0,02 sec zusammen. Der Bewegungsmechanismus ist der gleiche wie bei der Mimose, wobei die Mittelrippe des Fangblattes das Gelenk bildet. Am weiteren Verlauf der Bewegung sind auch Wachstumsvorgänge beteiligt.
Die Thigmonastie (Haptonastie)
ist bei Ranken häufig. An eine einleitende Turgorbewegung schließen sich im allg. starke Wachstumsbewegungen an.
Randtentakel des Sonnentaus reagieren schon auf ein Gewicht von $0,8 \cdot 10^{-6}$ g (E). Rezeptor ist nur das Köpfchen, die Krümmung zur Blattmitte erfolgt durch Wachstum der basalen Tentakelunterseite (Erregungsleitung rd. 8 mm/sec). – Bei Reizung eines Innententakels reagieren die Randtentakel thigmotropisch: Sie krümmen sich zur Stelle der Reizung (E).
Die Chemonastie
ist bei insektivoren Pflanzen noch wichtiger. Sie ist auslösbar durch Eiweiße, Aminosäuren, Ammoniumsalze oder Phosphate (Reize, die sicher auch vom Beutetier ausgehen). Sie verläuft hier wie nach thigmischer Reizung. In 1 Min. wird eine Krümmung bis 180° erzielt; 2–3malige Wiederholung erschöpft das Reaktionsvermögen.
Die Thermonastie
ist bes. deutlich bei Organen der Blütenhülle: *Krokus*-Blüten antworten schon auf Temperaturänderung von 0,2°, *Tulpen* von 1° mit Öffnungs- und Schließbewegungen. Es sind meist Wachstumsbewegungen, wobei die Oberseite ein höh. Wachstumsoptimum hat (D). Blütenblätter der *Tulpe* verlängern sich bei einmaligem Öffnen und Schließen um rd. 7%, der Gesamtzuwachs bei mehreren Wiederholungen beträgt bis 100%.
Die Photonastie,
auf Schwankungen der Lichtintensität beruhend, findet sich ebenfalls meist bei Blütenorganen; oft wirken gleichzeitig thermische Einflüsse mit. Die Reaktion auf best. Lichtintensitäten ist artspezifisch: Neben Tagblühern kommen auch Nachtblüher vor (C). – An den durch den Wechsel von Tag und Nacht bedingten period. Schließ- und Öffnungsbewegungen (Nyctinastie) sind neben Reizreaktionen auch reizunabhängige (autonome) Bewegungen beteiligt (S. 392f.).
Rein physikalische Bewegungen
sind keine Reizreaktionen, da der Organismus nicht im Sinne einer Reizbeantwortung mitwirkt (S. 339). Hierher gehören:
– Schleuderbewegungen aufgrund des Turgors (z. B. Frucht des *Springkrautes*, Sporangienträger von *Pilobolus*); sie sind gegen Reizreaktionen z. T. nicht scharf abgrenzbar.
– Hygroskopische Bewegungen, beruhend auf Quellung, Entquellung und Austrocknung von Membranen (Öffnungsmechanismen von Samenkapseln, Sporenbehältern).
– Kohäsionsmechanismen, u. a. die auf Austrocknung beruhenden Öffnungsmechanismen mancher *Farn*-Sporangien (F, G).

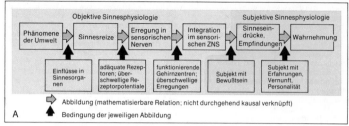

Objektive und subjektive Sinnesphysiologie

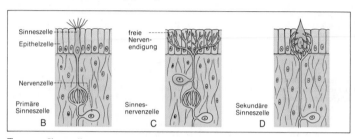

Typen von Sinneszellen

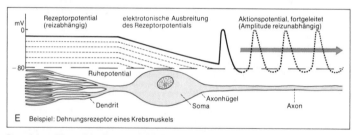

Potentiale und Potentialänderungen bei Reizung einer Sinneszelle

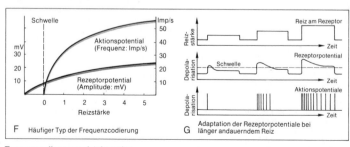

Frequenzcodierung und Adaptation

Reizaufnahme und -verarbeitung bei mehrzelligen Tieren (*Einzeller* S. 70 C, D) ist im Vergl. mit den Pflanzen durch stärkere Spezialisierung und Komplexität der beteiligten Strukturen und Funktionen gekennzeichnet:

– Die Rezeptoren sind bei Tieren stets spezif. Sinneszellen (B), deren viele oft zusammenwirken und, oft zus. mit Hilfseinrichtungen, hochkomplizierte Sinnesorgane bilden.
– Organe der Erregungsleitung sind bei allen *Eumetazoen* Nerven (S. 364ff.).
– Die Reaktionsorgane sind neben inneren Organen oft Bewegungsorgane (S. 388ff.).

Objektive und subjektive Sinnesphysiologie
Gegenstände der Sinnesphysiol. sind (A):
– objektiv beobachtbare und analysierbare Leistungen von Sinnesorganen bei allen Tieren (objektive Sinnesphysiologie);
– nur subjektiv erfahrbare eigene Sinneseindrücke, Empfindungen etc., allenfalls ergänzbar durch von anderen Menschen berichtete Phänomene (subjektive Sinnesphysiologie).
Die Sinnesphysiol. als naturwiss. Disziplin hat sich aller Aussagen über Wesensverschiedenheit oder -gleichheit von Physis und Psyche zu enthalten, da sie nicht durch Beobachtungen u/o Experimente überprüfbar sind. Es sind daher keine Kausalbeziehungen zw. Inhalten der obj. und subj. Sinnesphysiol. zu postulieren, sondern nur beobachtbare Korrelationen (z. B. zw. Vorgängen im ZNS und Empfindungen) festzustellen.

Qualitäten der Sinneseindrücke
Eine Einteilung der Sinne nach der Energieform der Reize, auf die Rezeptoren ansprechen, ist für Tiere brauchbar (Chem. Sinn, Temperatursinn, Lichtsinn, Mechan. Sinn), für den Menschen aber ungeeignet, da aufgrund versch. zentraler Verarbeitung gleichartiger Reizungen versch. Wahrnehmungsqualitäten (**Modalitäten**) zugeordnet sein können:
Gehör, Tastsinn der Haut, Dehnungssinn der Muskeln sind alle mechan. Sinne; hinzu kommen noch z. B. Blutdruckrezeptoren, deren Erregungen nicht empfunden werden.
Es ist daher neben den klassischen »fünf Sinnen« eine nicht genau festzulegende Zahl weiterer Modalitäten zu unterscheiden (z. B. Temperatur-, Vibrations-, Schmerzsinn).

Die Sinneszellen
sind Grundelemente aller Sinnesorgane; sie treten in drei morphol. Typen auf:
– **Prim. Sinneszellen,** spezialis. Nervenzellen (S. 94), mit zentrifugalem, manchmal dendritisch gestaltetem reizaufnehmendem Fortsatz und zentripetalem Axon (B).
– **Sinnesnervenzellen,** ebenf. spezialis. Nervenzellen, mit langem, zur Oberfläche ziehendem reizaufnehmendem Fortsatz (»freie Nervenendigung«) und zentripetalem Axon (C).
– **Sek. Sinneszellen,** spezialis. Epithelzellen, mit reizaufnehmendem zentripetalem Fortsatz, ohne Axon; vom Dendriten einer nachgeschalteten Nervenzelle umsponnen (D).

Nach der Herkunft der Reize werden zwei Arten von Sinneszellen unterschieden:
– **Exterozeptoren** (nehmen Umweltreize auf);
– **Enterozeptoren** (nehmen Reize aus dem Organismus auf; z. B. Änderungen von Muskelspannung, Blutdruck, Körpertemperatur).

Die Arbeitsweise einzelner Sinneszellen
ist Grundlage für das Verständnis der Leistungen auch komplizierter Sinnesorgane (E).
Das Membranpotential der ungereizten Zelle (Ruhepotential) ist überall -60 bis -120 mV (Plasma gegenüber der Außenseite negativ aufgeladen).
Der Primärprozeß ist die Übertragung der oft sehr geringen Reizenergie in Permeabilitätsänderungen der Membran. Diese Vorgänge sind erst in einigen Fällen bekannt (z. B. bei Sehzellen; S. 357).
Bei der **Spezifität** der Rezeptoren, die auf je eine best. Energieform gut, auf alle anderen nur mit hohen Schwellenwerten reagieren, müssen aber versch. Reaktionsmechanismen angenommen werden, die durch physikal. (z. B. Verformung) u/o chem. Prozesse Permeabilitätsänderungen für best. Ionen und damit Potentialschwankungen auslösen.
Das Rezeptorpotential (Generatorpotential) ist eine Depolarisation im reizaufnehmenden Bereich; sein Ausmaß ist grundsätzl. der Reizstärke proportional. Die Depolarisation breitet sich passiv und trägheitsfrei (elektrotonisch) unter Abschwächung bis zum Soma der Zelle oder bis zum Axonbeginn aus (vgl. Postsynaptisches Potential; S. 371).
Bei sek. Sinneszellen wird das Rezeptorpotential synaptisch (S. 371) auf einen Dendriten einer nachgeschalteten Nervenzelle übertragen, in der dann die weiteren Prozesse ablaufen.
Das Aktionspotential wird als plötzlicher Zusammenbruch des Axon-Membranpotentials ausgelöst, sobald das fortgeleitete Rezeptorpotential dort einen best. Schwellenwert überschreitet. Das einzelne Aktionspotential ist reizstärke-unabhängig, gehorcht also dem Alles-oder-Nichts-Gesetz. Da aber nach erfolgter Wiederherstellung des Ruhepotentials die Auslösung des nächsten Aktionspotentials von der Höhe des Rezeptorpotentials und damit von der Reizstärke abhängt, gibt die Frequenz der Aktionspotentiale Intensität und Dauer des überschwelligen Reizes an (**Frequenzkodierung**; F).

Adaptation
Die Höhe des Rezeptorpotentials sinkt bei fast allen Rezeptortypen mit zunehmender Reizdauer (Adaptation; G):
– sehr langsam bei Rezeptoren, die für den Organismus wichtige Dauerzustände registrieren (z. B. Muskeldehnung oder H-Ionenkonzentration);
– sehr schnell bei Rezeptoren, die Änderungen der Reize registrieren (z. B. Vibrationsrezeptoren).

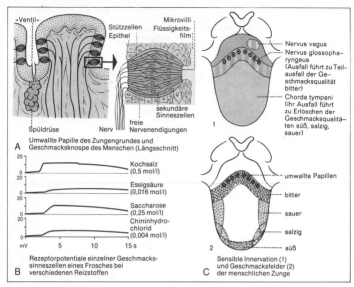

A Umwallte Papille des Zungengrundes und Geschmacksknospe des Menschen (Längsschnitt)

B Rezeptorpotentiale einzelner Geschmackssinneszellen eines Frosches bei verschiedenen Reizstoffen

C Sensible Innervation (1) und Geschmacksfelder (2) der menschlichen Zunge

Geschmackssinn

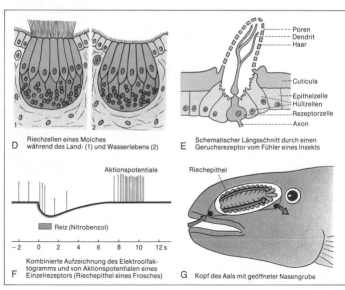

D Riechzellen eines Molches während des Land- (1) und Wasserlebens (2)

E Schematischer Längsschnitt durch einen Geruchsrezeptor vom Fühler eines Insekts

F Kombinierte Aufzeichnung des Elektroolfaktogramms und von Aktionspotentialen eines Einzelrezeptors (Riechepithel eines Frosches)

G Kopf des Aals mit geöffneter Nasengrube

Geruchssinn

Chemorezeptoren arbeiten auch als Enterozeptoren (z. B. CO_2-Konz. im Blut). Im folgenden werden aber nur Exterozeptoren behandelt.

Chemischer Sinn

ist, meist aufgrund von Verhaltensstudien, bei vielen Tiergruppen nachgewiesen; vermutet wird er wegen seiner biolog. Bedeutung bei allen. Spezif. Chemorezeptoren sind aber nur bei *Mollusken, Arthropoden* und *Wirbeltieren* nachgewiesen.

Als **Primärprozeß** wird allgemein die Bindung eines Reizstoffmoleküls an ein spezif. Rezeptorprotein angenommen. Solche Proteine, deren Stoffspezifität und Reaktionsdynamik denen der Rezeptoren entspr., wurden aus chem. Sinnesorganen isoliert.

Wichtig sind dabei wohl Größe und Ladungsverteilung (funktionelle Gruppen) der Reizmoleküle; ungeklärt ist aber, warum z. T. sehr verschiedene Molekülarten gleiche Sinneseindrücke erzeugen. Manche Beobachtungen sprechen für die Existenz spezif. Reaktionsorte für versch. Stoffgruppen am gleichen Rezeptor.

Die **Lage der Rezeptoren** kann unterschiedl. sein, wobei im allg. daneben noch Rezeptoren im Mundbereich vorliegen:
- an Antennen und Mundgliedmaßen *(Krebse)*;
- an den Vorderbeinen *(Milben, Schmetterlinge, Fliegen)*;
- in der Mantelhöhle *(Schnecken)*;
- an den Fangarmen *(Kopffüßer)*.

Differenzierung in Geschmacks- und Geruchssinn

kann sich nicht auf den Unterschied zw. gelösten (Geschmack) und gasförm. Reizstoffen (Geruch) gründen. Diese Unterscheidung versagt bei Wassertieren ohnehin, und auch bei Landtieren gelangen die Moleküle oft in einem Feuchtigkeitsfilm gelöst zu den Rezeptoren. Geeignete Kriterien sind:
- Reizschwellen: beim Geschmack hoch ($> 10^{16}$ Moleküle/ml), beim Geruch niedrig (für manche Stoffe 10^7 Moleküle/ml beim *Menschen*, 10^2 bei *Tieren*);
- Zahl unterscheidbarer Qualitäten (wenigstens für die *Wirbeltiere*): beim Geschmack 4 Qualitäten, beim Geruch > 1000 schwer abgrenzbare Qualitätsklassen.

Die Differenzierung ist nur für *Wirbeltiere* und *Insekten* gesichert, bei allen anderen Gruppen ist ein undiff. chem. Sinn anzunehmen.

Geschmackssinn

Die Wirbeltiere haben sek. Sinneszellen als Rezeptoren, zu Geschmacksknospen vereinigt und oft in größere Organe eingefügt (A), in der Mundhöhle und bes. auf der Zunge; bei manchen *Fischen* ist reduz. Schuppen sind sie am ganzen Körper verteilt. – Die einzelnen Rezeptoren reagieren auf Vertreter mehrerer oder aller Geschmacksqualitäten mit spezif. Erregungsmustern (Geschmacksprofile; B); bei den ableitenden Nervenfasern ist die Erregungshöhe für je eine Qualität bes. hoch. Der Vergleich von Erregungen einzelner Fasertypen informiert über die Qualität, die Gesamterregung der Fasern über die Intensität des Reizes.

Von den 4 Qualitäten, die der *Mensch* wahrnimmt (C), werden einzelne von *Tieren* (fast) nicht wahrgenommen: Bitterstoffe (z. B. Chinin) bei *Karpfen, Kröten, Eidechsen, Tauben;* auch die Wahrnehmungsschwellen schwanken artspezif. stark. Der Geschmackssinn der *Insekten* (Rezeptoren in Haarsensillen; vgl. E), bes. an der *Honigbiene* untersucht, zeigt bei Geschmacksqualitäten und Reizschwellen artspezif. große Unterschiede: »süß« wird, entspr. der biol. Bedeutung meist wahrgenommen, bei den übrigen Qualitäten ist das Bild uneinheitlich.

Geruchssinn

Vom Riechepithel der *Wirbeltiere* können Summenpotentiale (Elektroolfaktogramme) abgegriffen werden, denen sich in Einzelfällen Reaktionsspektren von Einzelrezeptoren zuordnen lassen (F). Neben dem verbreiteten, auf zahlr. Stoffe reagierenden Rezeptortyp (Generalist) gibt es den nur auf einen Stoff spezialisierten (Spezialist; z. B. bei *Schmetterlingen*). Eine neurophysiol. Grundlage für die Zuordnung der Duftstoffe zu Qualitätsklassen ist bisher nicht gegeben; ebensowenig eine Entsprechung von Molekülbau und Duftqualität.

Bei *Wirbeltieren* umfaßt das Riechepithel einen versch. großen Teil der Schleimhaut der unterschiedl. großen, z. T. stark gefalteten Nasenhöhlen. Dadurch unterscheiden sich:
- Mikrosmaten (u. a. der *Mensch* und alle *Primaten*);
- Makrosmaten (u. a. *Hunde*: > 100 Mill. Riechzellen; Schwelle 1000- bis 1 Mill.-mal geringer als beim *Menschen*).

Außer bei *Fischen* (G) sind die Nasenhöhlen mit dem Rachenraum durch Choanen verbunden ($\Rightarrow$ den Landtieren Zufuhr der Reizstoffe mit der Atemluft). – *Reptilien* haben das Jacobsonsche Organ zusätzl. als Geruchsorgan im Gaumendach; es wird durch »Züngeln« mit Duftstoffen versorgt. – *Amphibien* haben zu Wasser wie zu Lande dieselben Rezeptoren (D). – *Fische* sind z. T. Makrosmatiker (*Lachs, Aal*). Dieser reagiert auf Phenyläthylalkohol noch bei einer Verdünnung von $1 : 2,9 \cdot 10^{-18}$.

Die *Insekten* haben Geruchsorgane anderer Art (E), meist auf den Fühlern, deren oft vergrößerte Oberfläche (S. 168 E) zahlr. Rezeptoren trägt. Manche Gruppen sind stark spezialisiert (*Aaskäfer* auf Scatol und Ammoniak, Phytophagen auf ätherische Öle der Nährpflanzen). Höchstleistungen zeigen manche Schmetterlingsmännchen (z. B. *Seidenspinner*, die die Sexuallockstoffe der ♀ bis auf 11 km wahrnehmen). Hier reagieren die nur auf einen Stoff ansprechenden Rezeptoren schon auf ein einziges Molekül; zur Reaktion des Tieres müssen aber 200 der insges. 35 000 Rezeptoren gleichzeitig gereizt werden, da nur dann das Signal sich von dem durch Spontanentladungen gebildeten »Rauschpegel« hinreichend abhebt.

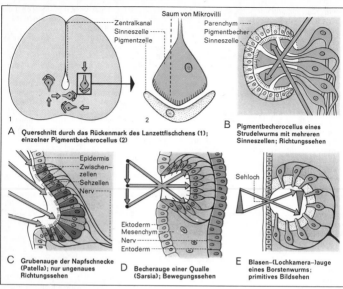

A Querschnitt durch das Rückenmark des Lanzettfischchens (1); einzelner Pigmentbecherocellus (2)

B Pigmentbecherocellus eines Strudelwurms mit mehreren Sinneszellen; Richtungssehen

C Grubenauge der Napfschnecke (Patella); nur ungenaues Richtungssehen

D Becherauge einer Qualle (Sarsia); Bewegungssehen

E Blasen–(Lochkamera–)auge eines Borstenwurms; primitives Bildsehen

Typen von Lichtsinnesorganen

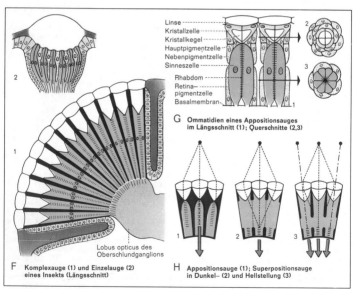

G Ommatidien eines Appositionsauges im Längsschnitt (1); Querschnitte (2,3)

F Komplexauge (1) und Einzelauge (2) eines Insekts (Längsschnitt)

H Appositionsauge (1); Superpositionsauge in Dunkel– (2) und Hellstellung (3)

Bau und Funktion des Komplexauges

Der Lichtsinn ist das Vermögen, auf elektromagnet. Schwingungen best. Wellenlängen zu reagieren. Sie liegen nicht immer in dem vom *Menschen* wahrnehmbaren Bereich:
– Ultraviolett nehmen z. B. *Bienen,*
– Infrarot *Grubenottern* mit bes. Sinnesgruben vor den eigentl. Augen wahr.
Der Lichtsinn kann beruhen auf:
– allgemeinem Reaktionsvermögen der Hautzellen (Hautlichtsinn, z. B. bei *Hohltieren, Muscheln, Insektenlarven*);
– spezif. Photorezeptoren; sie sind stets prim. Sinneszellen.
Die Rezeptoren sind meist zu Lichtsinnesorganen (Augen) vereinigt; Hilfseinrichtungen erhöhen deren Leistungsfähigkeit:
– Pigmentzellen verhindern allseitigen Lichteinfall;
– lichtbrechende Systeme konzentrieren aus best. Richtungen kommende Strahlen.
Die tier. Augentypen sind ein bes. deutl. Beispiel für die stammesgeschichtl. Entw. komplizierter Organe. – Ihre Leistungssteigerung gründet sich auf vier Komplexe:
– Entwicklung des dioptrischen Apparates (Einrichtungen, die das Bild im Auge entstehen lassen);
– Verfeinerung des Sinneszellen-Rasters zur Verbesserung der Bildaufnahme;
– Diff. der Sinneszellen (Farbsehen, S. 356 f.);
– Verbesserung der zentralnervösen Erregungsverarbeitung.

Das Helligkeitssehen,
Unterscheidung versch. Lichtintensitäten, leisten schon einzelne Sinneszellen. Sie sind z. B. beim *Regenwurm* über den ganzen Körper verteilt. Grobe Wahrnehmung der Lichtrichtung ist durch Zusammenwirken solcher Rezeptoren möglich, wenn sie z. T. vom Körper beschattet werden. – Derartige Rezeptoren ermöglichen dem Tier im allg. nur ungerichtete (phobische) Reaktionen (z. B. Belichtungs-, Beschattungsreflex). Topische Reaktionen setzen kompliziertere Augentypen (s. u.) und entspr. neurale Mechanismen voraus:
– Tropotaxis (Erregungsgleichgewicht in symm. angeordneten Sinnesorganen);
– Telotaxis (direktes Ansteuern der Reizquelle);
– Menotaxis (Einstellen in einem Winkel zur Reizquelle; Lichtkompaßreaktion).

Das Richtungssehen
wird schon durch eine Sinneszelle möglich, die in einer becherförm. Pigmentzelle liegt (**einfache Pigmentbecherocellen;** z. B. bei *Turbellarien,* beim *Lanzettfischchen*; A). Eine Zelle ermittelt stets nur eine Lichtrichtung; Zusammenwirken vieler steigert die Leistung. – Bei **zusammengesetzten Pigmentbecherocellen** (B), bei denen nur die Endabschnitte der Sinneszellen Reize aufnehmen, unterscheidet schon ein Organ versch. Lichtrichtungen, da durch die Becheröffnung einfallendes Licht versch. Zellen reizen kann. –

Grubenaugen (Becheraugen), bei denen die Sinneszellen in Epitheleinsenkungen liegen, leisten das gleiche (C), wenn abschirmendes Pigment in bes. Zellen oder in den Sinneszellen selbst liegt; z. T. schon mit linsenartigen Sekretschichten.

Das Bewegungssehen
wird bei entspr. nervösen Voraussetzungen von allen Sinnesorganen geleistet, die Richtungssehen garantieren, wenn nämlich von einem Objekt ausgehendes Licht nacheinander versch. Rezeptoren reizt; Voraussetzung ist eine gewisse Geschwindigkeit der Bildverschiebung. Bei engerer Öffnung des Auges sind die Voraussetzungen für Bewegungs-(und Richtungs-)sehen besser (D), die Lichtstärke aber geringer.

Das Bildsehen (Formsehen)
leisten zwei grundsätzl. versch. Augentypen:
1. Komplexaugen (Netz- oder Facettenaugen), konvergent entwickelt bei *Insekten, Krebsen* und einigen *Muscheln,* bestehen aus zahlr. Einzelaugen (Ommatidien; F, G). Der dioptrische Apparat jedes Ommatidiums besteht aus cuticularer Linse (Cornea) und vierzelligem Kristallkegel; der Rezeptor eines jeden ist eine Gruppe von meist 8 Sehzellen (Retinula): Ihre Säume aus Mikrovilli (Rhabdomere) sind zu einem axialen Stab (Rhabdom) verschmolzen. Durch Pigmentzellen sind die Ommatidien ± optisch isoliert. Danach unterscheidet man zwei Typen von Komplexaugen (H):
– **Das Appositionsauge** mit opt. völlig isolierten Ommatidien. Vorteil: hohes Auflösungsvermögen (da jedes Ommatidium einen Lichtpunkt abbildet, der auf seiner opt. Achse liegt); Nachteil: geringe Lichtstärke (kleine Lochblende im Pigmentmantel).
– **Das Superpositionsauge** (bes. bei Nachttieren) hat unvollständig isolierte Ommatidien. Vorteil: lichtstärkeres Bild; Nachteil: geringere Bildschärfe. – Durch Pigmentwanderung wird tagsüber das Superpositionsauge dem Appositionsauge ähnlich (Adaptation).
2. Kameraaugen sind phylogenet. aus Grubenaugen abzuleiten, die am Vorderpol nur ein enges Sehloch haben (E). Solche Blasen- oder Lochkameraaugen entwerfen auch durch dioptrische Systeme umgekehrte Bilder auf der Innenseite der Augenblase, in der die Sehzellen liegen (Netzhaut oder Retina). – **Linsenaugen,** die Weiterentw. dieses Typs, sind die höchstdiff. Sehorgane, in mehreren Tiergruppen konvergent entw. (*Wirbeltiere, Kopffüßer, Gliederwürmer*). Bes. die Augen der *Cephalopoden* und *Vertebraten* bestehen aus gleichen funktionellen Teilen, die aber morpholog. ungleichwertig sind (S. 352):
– Pigmente liegen bei *Wirbeltieren* in einem bes. Epithel, bei *Kopffüßern* in den Sehzellen;
– die Retina ist bei *Wirbeltieren* mehr- (S. 352), bei *Kopffüßern* einschichtig;
– die Sinneszellen sind mit ihren reizaufnehmenden Fortsätzen bei *Wirbeltieren* vom Lichteinfall weg- (invers), bei den *Kopffüßern* dem Licht zugewandt (evers).

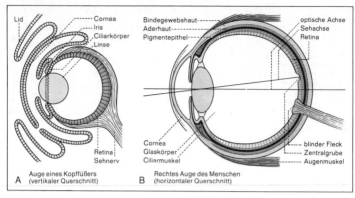

A Auge eines Kopffüßers (vertikaler Querschnitt)

Lid
Cornea
Iris
Ciliarkörper
Linse
Retina
Sehnerv

B Rechtes Auge des Menschen (horizontaler Querschnitt)

Bindegewebshaut
Aderhaut
Pigmentepithel
optische Achse
Sehachse
Retina
Cornea
Glaskörper
Ciliarmuskel
blinder Fleck
Zentralgrube
Augenmuskel

Konvergente Formen von Linsenaugen

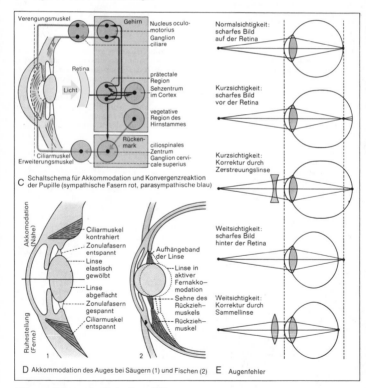

Verengungsmuskel
Gehirn
Retina
Licht
Ciliarmuskel
Erweiterungsmuskel
Nucleus oculo-motorius
Ganglion ciliare
prätectale Region
Sehzentrum im Cortex
vegetative Region des Hirnstammes
Rückenmark
ciliospinales Zentrum
Ganglion cervicale superius

C Schaltschema für Akkommodation und Konvergenzreaktion der Pupille (sympathische Fasern rot, parasympathische blau)

Akkommodation (Nähe)
Ruhestellung (Ferne)

Ciliarmuskel kontrahiert
Zonulafasern entspannt
Linse elastisch gewölbt
Linse abgeflacht
Zonulafasern gespannt
Ciliarmuskel entspannt

Aufhängeband der Linse
Linse in aktiver Fernakkommodation
Sehne des Rückziehmuskels
Rückziehmuskel

D Akkommodation des Auges bei Säugern (1) und Fischen (2)

Normalsichtigkeit: scharfes Bild auf der Retina

Kurzsichtigkeit: scharfes Bild vor der Retina

Kurzsichtigkeit: Korrektur durch Zerstreuungslinse

Weitsichtigkeit: scharfes Bild hinter der Retina

Weitsichtigkeit: Korrektur durch Sammellinse

E Augenfehler

Akkommodation und optische Augenfehler

Die Linsenaugen der *Wirbeltiere* sind trotz artspezif. Anpassungen als Typ sehr einheitlich.

Der lichtbrechende (dioptrische) Apparat beseitigt einen Nachteil des Blasenauges: dieses entwirft ein Bild, das bei engem Sehloch scharf aber lichtschwach, bei weitem Sehloch lichtstark aber unscharf ist. Der dioptrische Apparat des Linsenauges bündelt die durch ein weites Sehloch (Pupille) einfallenden Strahlen gerade so, daß sie auf der Retina scharfe Bildpunkte liefern. Der Strahlengang wird dabei beeinflußt: vom Brechungsindex der versch. Medien (Verhältn. der Lichtgeschwindigkeiten in ihnen), von der Stärke der Krümmung der lichtbrechenden Flächen, von deren Entfernung zueinander, von der Zentrierung des opt. Systems (Krümmungsmittelpunkte der brechenden Flächen auf einer opt. Achse).

Die wesentlichen Bestandteile des dioptrischen Apparates im Wirbeltierauge sind:
– die von der Iris gebildete variable Pupillenöffnung (»Blende«; s. Adaptation, S. 355);
– die Grenzfläche Luft/Hornhaut, die eine Sammellinse vor der Blende bildet;
– die biconvexe Linse hinter der Blende.

Zur Bildkonstruktion wird das zusammengesetzte optische System des Auges vereinfacht nach physikal. Gesetzen (reduziertes Auge; E).

Die Gesamtbrechkraft schwankt beim menschl. Auge zw. ca. 70 Dioptrien (Nähe) und ca. 58 (Ferne). Davon ist der Hornhautanteil fast konstant (ca. 43 Dioptrien), der der Linse schwankt.

Bei Wassertieren *(Neunaugen, Fischen, Amphibien, Robben, Walen)* sind die Linsen nahezu kugelig. Die dadurch sehr hohe Brechkraft ist notwendig, weil das Außenwasser fast denselben Brechungsindex hat (1,333) wie Hornhaut, Kammerwasser und Glaskörper, wodurch die Fokussierung des Strahlenganges fast nur von der Linse zu leisten ist.

Abbildungsfehler treten auch beim normalen Auge auf: sphärische und chromat. Aberration (Linsenfehler), Astigmatismus (Hornhaut vertikal und horizontal versch. stark gekrümmt; sie werden aber auf dem Wege der nervösen Verarbeitung ausgeglichen.

Nicht kompensierbar sind dagegen:
– Trübungen oder Vernarbungen der Hornhaut (nach Verletzungen, Entzündungen), die nur durch Transplantation zu beseitigen sind;
– Trübung der Linse (Grauer Star, Katarakt) erfordert ihre Entfernung und Korrektur durch starke Brille (> 13 Dioptrien).

Die Akkommodation
gleicht unterschiedl. Gegenstandsweiten so aus, daß auf der Retina stets ein scharfes Bild entsteht. Bei den meisten *Landwirbeltieren* ist das Auge in Ruhe auf die Ferne eingestellt, daher aktive Einstellung auf die Nähe erforderlich. Fische müssen dagegen aktiv auf die Ferne akkommodieren.

Der Mechanismus der Akkommodation läßt sich zwei Typen zuordnen:
– Abstandsänderung zw. starrer Linse und Retina erfolgt durch Muskeldruck auf den Glaskörper, der die Linse nach vorn schiebt (z. B. bei *Kopffüßern*), oder durch direkt an der Linse

ansetzende Muskeln (Retraktor bei *Fischen* [D]; Protraktor bei *Lurchen*).
– Formänderung der elast. Linse. Bei *Vögeln* und *Kriechtieren* schnürt der ringförm. Ciliarmuskel die Linse aktiv ein, die sich dann stärker wölbt. – Bei *Säugern* ist die Linse bei schlaffem Ciliarmuskel durch den Zug radialer elast. Fasern des Linsen-Aufhängebandes abgeflacht (Ferneinstellung; D); bei Kontraktion des Ciliarmuskels erschlaffen die Fasern, die Linse wölbt sich elast. stärker (Naheinstellung).

Beim *Menschen* beträgt die Akkommodationsbreite (Differenz zw. Einstellung auf den Nah- und Fernpunkt) in der Jugend max. 14 Dioptrien; sie nimmt im Alter ab, da die Linse durch Wasserverlust weniger elastisch wird. Dadurch rückt der Nahpunkt von zunächst ca. 7 cm Augenabstand immer weiter weg (s. Presbyopie).

Die Regulation der Akkommodation erfolgt über das parasympath. System: unscharfe Abbildung auf der Retina bewirkt über das Sehzentrum der Großhirnrinde, den Nucleus oculomotorius und das Ganglion ciliare Kontraktion oder Erschlaffung des Ciliarmuskels (C).

Dieser Mechanismus ist über eine Region des Mittelhirns verschaltet mit einem Regulationsmechanismus, der bei Nahakkommodation gleichzeitig Pupillenverengung und damit Steigerung der Tiefenschärfe bewirkt (**Konvergenzreaktion**; wegen Konvergenz der Sehachsen), durch Beeinflussung zweier antagonist. Muskeln in der Iris durch sympath. und parasympath. Fasern. Die beteiligten peripheren Synapsen sind durch Drogen beeinflußbar:
– Atropin blockiert die parasympath. Synapsen (Fernakkommodation; Pupillenerweiterung);
– Neostigmin bewirkt Nahakkommodation und Pupillenverengung.

Augenfehler können die vollständige Akkommodation verhindern (E):
– Kurzsichtigkeit (Myopie): Augapfel zu lang, die Strahlen schneiden sich vor der Retina, Punkte werden als Zerstreuungskreise abgebildet (unscharfes Bild). Korrektur durch Zerstreuungslinsen.
– Weitsichtigkeit (Hyperopie): Augapfel zu kurz. Korrektur durch Sammellinsen.
– Alterssichtigkeit (Presbyopie): Verlust der Linsenelastizität und damit der Fähigkeit zur Nahakkommodation. Korrektur durch Sammellinsen (»Lesebrille«).

Entfernungs-(räumliches) Sehen
beruht im wesentl. auf dem Zusammenwirken beider Augen (binoculares Sehen). Beim binocularen Fixieren eines Gegenstandes entsteht ein einheitl. Bild (Abbildung auf korrespondierenden Netzhautstellen); die Teilbilder haben aber, wegen des Augenabstandes, auf beiden Retinae eine horizontale Differenz (**Querdisparation**), die den Eindruck räuml. Tiefe bestimmt.

Beim Schielen ist Verschmelzung beider Bilder nicht möglich (Doppelbilder). Wegen zentralnervöser Unterdrückung eines dieser Bilder können chronisch starke Schäden an einem Auge auftreten (**Schielamblyopie**).

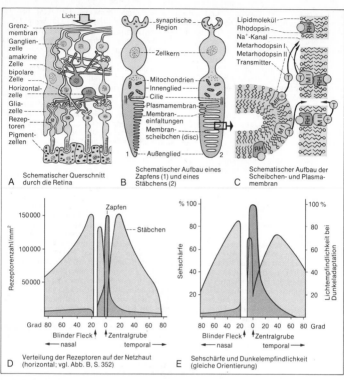

A Schematischer Querschnitt durch die Retina

B Schematischer Aufbau eines Zapfens (1) und eines Stäbchens (2)

C Schematischer Aufbau der Scheibchen- und Plasmamembran

D Verteilung der Rezeptoren auf der Netzhaut (horizontal; vgl. Abb. B, S. 352)

E Sehschärfe und Dunkelempfindlichkeit (gleiche Orientierung)

Aufbau der Retina

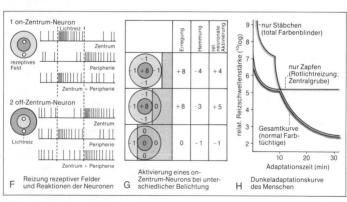

F Reizung rezeptiver Felder und Reaktionen der Neuronen

G Aktivierung eines on-Zentrum-Neurons bei unterschiedlicher Belichtung

H Dunkeladaptationskurve des Menschen

Informationsverarbeitung in der Retina

Schichten der Retina

Die Netzhaut, in der die Sinneszellen lichtabgewandt liegen (invers), ist morphol. und funkt. in drei Schichten zu gliedern (A):

1. Die Schicht der Rezeptoren enthält beim Menschen zwei Typen prim. Sinneszellen, Stäbchen und Zapfen (B). Sie grenzen an das Pigmentepithel, dessen Zellen sich zw. die Rezeptorzellen schieben und an deren Ernährung wesentl. beteiligt sind.

Tiere unter ungünstigen Lichtverhältnissen zeigen Anpassungen, die die allgem. Lichtempfindlichkeit des Auges steigern:

– reine (z. B. *Tiefseefische, Geckos, Fledermäuse, Maulwurf*) oder fast reine **Stäbchenretina** (z. B. *Rotbarsch, Eulen, Ratte, Katze*) mit hoher Stäbchendichte (bis 20 Mill. Stäbchen/mm^2); der reizaufnehmende Teil der Rezeptoren ist oft sehr lang;

– eine stark reflektierende Zellschicht (Tapetum lucidum) vor der Pigmentschicht, die einen Teil des einfallenden Lichtes ein zweites Mal durch die Retina lenkt.

2. Die Schicht bipolarer Nervenzellen enthält mehrere Zelltypen:

– Bipolare Nervenzellen haben synapt. Verbindung zu den Sinneszellen, ihre Axone ziehen zu den großen Neuronen der nächsten Schicht. Nur in der Zentralgrube (Stelle schärfsten Sehens) verbindet eine bipolare Zelle je einen Rezeptor mit je einer Ganglienzelle; in der übrigen Retina sind mehrere Rezeptoren konvergent auf eine bipolare Zelle, mehrere von diesen auf eine Ganglienzelle geschaltet.

– Horizontalzellen bilden Querverbindungen zw. Rezeptoren (Assoziationszellen);

– Amakrine Zellen haben die gleiche Funktion auf der Ebene der bipolaren Zellen u/o Ganglienzellen.

3. Die Schicht großer Ganglienzellen: Hier liegen die Ganglienzellen des Sehnerven. Ihre Neuriten ziehen marklos bis zur Durchtrittsstelle durch die Retina (Blinder Fleck), nach Verlassen der Bindegewebshaut markhaltig (S. 94 F) als Sehnerv zum Gehirn. Gliazellen ziehen radiär durch alle drei Schichten; sie bilden zum Glaskörper hin die abschl. innere Grenzmembran.

Der Feinbau der Rezeptoren

ist bei Stäbchen und Zapfen ähnlich (B):

1. Das Außenglied ist der reizaufnehmende Teil der Zelle. Es enthält bis zu ca. 1000 Membraneinfaltungen bzw. Membranscheibchen (discs), die basal dernof. noch mit der Zellmembran verbunden sind. In die Lipid-Doppelschicht der Membranen sind neben anderen Membranproteinen die Sehfarbstoffe eingelagert, die Zellmembran weist »Na-Kanäle« (S. 357) auf (C).

2. Das Innenglied enthält bes. Mitochondrien, daneben auch andere wichtige Zellorganelle.

3. Der basale Teil gliedert sich in:

– die Kernregion mit dem Zellkern;

– die synaptische Region, deren synapt. Endigungen die Verbindung zu den bipolaren Nervenzellen herstellen.

Die Verteilung der Rezeptoren

ist bestimmt durch die Lage von Zentralgrube (S. 352 B) und Blindem Fleck (D); sie bestimmt zwei wesentl. Leistungen des Auges:

1. Die Sehschärfe (Visus), geprüft bei Helladaptation, ist in der Zentralgrube maximal (E), da die Erregung jedes Rezeptors dort einzeln abgeleitet wird. Das menschl. Auge unterscheidet noch Punkte, die eine Winkelminute (1') auseinander liegen. Das entspr. auf der Retina 4–5 μm Abstand (etwas mehr als der ∅ eines Zapfens). Punkte werden also noch getrennt gesehen, wenn durch sie Zapfen belichtet werden, zw. denen ein weniger oder nicht belichteter Zapfen liegt.

Die Sehschärfe bei Tieren, durch Dressurexperimente bestimmbar, schwankt stark:

Primaten	< 1'	*Wanderfalke*	0,4'
Katze	5,5'	*Eidechse*	11,5'
Ratte	20'	*Grasfrosch*	6,9'
Fledermaus	3–6°	*Elritze*	10,8'

Zur Peripherie der Retina wird die Sehschärfe zunehmend geringer (geringere Rezeptorendichte, stärkere Konvergenz der Verschaltung).

2. Das Dämmerungssehen der dunkeladaptierten Retina (Adaptation s. u.) wird ganz durch die Stäbchenverteilung bestimmt: die Lichtempfindlichkeit ist rings um die Zentralgrube am größten (E), wobei aber Verlust an Sehschärfe unvermeidl. ist.

Informationsverarbeitung in der Retina

Durch die Verschaltungen in der Retina (A) tritt Konvergenz und Divergenz der Erregungsleitung auf; dabei zeigt schon die Zellenzahl das Überwiegen der Konvergenz: 125 Mill. Rezeptoren/1 Mill. Ganglienzellen.

Als **rezeptive Felder (RF)** bezeichnet man die Retina-Areale, von denen je eine Ganglienzelle ihre Impulse empfängt; sie umfassen wenige Zapfen im Zentrum der Zentralgrube bis mehrere 1000 Stäbchen am Retinarand. Amakrine und Horizontalzellen übertragen hemmende Impulse (laterale Hemmung; S. 373). Die funkt. Organisation der RF ist an der Reaktion der zugeordneten Ganglienzellen abzulesen:

– on-Zentrum-Neurone antworten auf Reizung des RF-Zentrums mit Impulssteigerung, der Peripherie mit Impulssenkung und -steigerung nach Reizende (F).

– off-Zentrum-Neurone reagieren auf Reizung ihrer RF umgekehrt. Bei gleichzeitiger Reizung von Zentrum und Peripherie überwiegt immer der Einfluß des Zentrums.

Dies ist Grundlage des **Simultankontrasts** (Kontraststeigerung an Hell-Dunkel-Grenzen): max. Aktivierung eines on-Zentrum-Neurons erfolgt, wenn ein Großteil der Peripherie im Dunkeln, das Zentrum noch im Hellen liegt (G; bei off-Zentrum-Neuronen umgekehrt).

Durch **Adaptation** paßt sich die Empfindlichkeit des Sehapparats der Lichtstärke an. Beteiligt sind neben Lidverengung, Pupillenreflex und retinomotor. Bewegungen (von Rezeptoren und Pigmentzellen; bes. bei *Fischen*) hauptsächl. Schwellenwertänderungen der Rezeptoren (H).

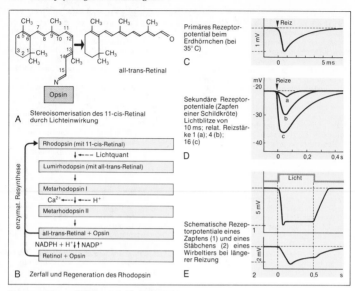

A Stereoisomerisation des 11-cis-Retinal durch Lichteinwirkung

all-trans-Retinal

B Zerfall und Regeneration des Rhodopsin

C Primäres Rezeptorpotential beim Erdhörnchen (bei 35°C)

D Sekundäre Rezeptorpotentiale (Zapfen einer Schildkröte) Lichtblitze von 10 ms; relat. Reizstärke 1 (a); 4 (b); 16 (c)

E Schematische Rezeptorpotentiale eines Zapfens (1) und eines Stäbchens (2) eines Wirbeltiers bei längerer Reizung

Reizperzeption und Erregung in Photorezeptoren

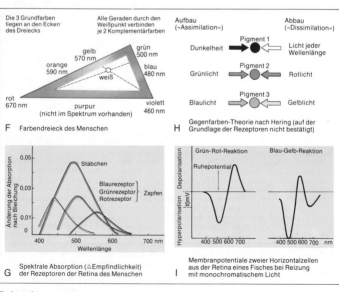

F Farbendreieck des Menschen

G Spektrale Absorption (≙Empfindlichkeit) der Rezeptoren der Retina des Menschen

H Gegenfarben-Theorie nach Hering (auf der Grundlage der Rezeptoren nicht bestätigt)

I Membranpotentiale zweier Horizontalzellen aus der Retina eines Fisches bei Reizung mit monochromatischem Licht

Farbensehen

Funktionsweise der Rezeptoren

Der Sehfarbstoff der Stäbchen (Rhodopsin) besteht aus dem Glycoprotein (Opsin) und dem 11-cis-Retinal (A) als chromophorer Gruppe, geb. kovalent an eine Aminogruppe des Opsins.

Retinal entsteht aus mit der Nahrung aufgenommenem Vitamin A (Retinol; als Ester in der Leber speicherbar) oder Provitamin A (Carotinoide). Vitamin A-Mangel kann daher die Rhodopsin-Regeneration stören (Nachtblindheit).

Absorption eines Photons regt das Rhodopsin an, so daß sich in einem mehrstufigen Prozeß 11-cis-Retinal zu all-trans-Retinal umlagert, das sich vom Opsin trennt (B). Dabei werden bei Umwandlung von Metarhodopsin I in Metarhodopsin II, wahrscheinl. im Austausch gegen H-Ionen, locker gebundene Ca-Ionen aktiviert. Die Ca-Ionen oder durch sie aktivierte Transmitter (S. 354 C) bewirken an der Plasmamembran der Zapfen eine Verminderung der Permeabilität, bes. für Na-Ionen.

Aus den Endprodukten des Zerfallsprozesses (Retinal bzw. Retinol und Opsin) wird enzymat. Rhodopsin resynthetisiert.

Bei anderen *Wirbeltieren* haben Sehfarbstoffe, z. T. lebensunabhängig, andere Absorptionsmaxima (z. T. Unterschiede der Eiweißkomponente, z. T. der chromophoren Gruppe), z. B. Retinal$_2$, von Vitamin A$_2$ abgeleitet.

Das prim. Rezeptorpotential (C) tritt nach Reizung fast ohne Latenzzeit auf ($\ll 1$ ms) und beruht auf Ladungsverschiebungen bei der Konstitutionsänderung des Rhodopsins (für den Informationsfluß im Rezeptor wohl ohne Bedeutung).

Das sek. Rezeptorpotential ist die gegenüber dem Ruhepotential (-25 bis -40 mV) auftretende Hyperpolarisierung, deren Größe von der Lichtintensität abhängt (D). Sie kann erklärt werden durch »Verstopfung« der Na-Kanäle (S. 354C) durch aktivierte Transmitter-Moleküle. Die Latenzzeit ist bei Zapfen und Stäbchen unterschiedl. (E):

- bei Zapfen liegen die Farbstoffe in der Plasmamembran selbst;
- bei Stäbchen überwiegend in der Membran der Scheibchen (längere Diffusionswege).

Die Hyperpolarisation wird frequenzcodiert (S. 347) an Horizontal- und bipolare Nervenzellen weitergegeben.

Bei *Wirbellosen* tritt im Gegens. hierzu eine Depolarisation der Rezeptormembran ein.

Die spektrale Absorption versch. Rezeptortypen, meßbar durch Absorptionswerte vor und nach Bleichung der Sehfarbstoffe (G), ist Grundlage für die **Duplizitätstheorie des Sehens:**
Die Stäbchen (Absorptionskurve entspr. der des Rhodopsins) sind Rezeptoren des Helligkeitssehens, die Zapfen (versch. Absorptionskurven, erklärt mit versch. Eiweißkomponenten der Sehfarbstoffe) sind Träger des Farbensehens. Die Theorie wird durch Beobachtungen an Wirbeltieren gestützt:

- Erlöschen des Farbensehens bei Fischen, wenn die Zapfen im Pigment liegen;
- nur Helligkeitssehen bei reiner Stäbchenretina (z. B. *Geckos, Fledermäuse*).

Das Farbensehen
(bei *Wirbeltieren, Insekten, Kopffüßern*) beruht auf intensitätsunabhängiger Farbwahrnehmung aufgrund der Wellenlänge. Beim Helligkeitssehen werden dagegen versch. Lichtintensitäten in Grauwerte übersetzt.

Elektrophysiol. Methoden werden für die Untersuchung immer wichtiger:
- Elektroretinogramme (Aktionsströme der ganzen Retina;
- Elektrogramme von Einzelelementen (I).

Die trichromatische Theorie des Farbensehens (YOUNG, HELMHOLTZ) fußt auf der Beobachtung, daß durch Mischung der drei Grundfarben (rot, grün, violett) alle Farbempfindungen beim Menschen auslösbar sind (F). Im Einklang damit steht die Entdeckung von drei Rezeptortypen (G), deren Empfindlichkeitsmaxima sich mit ihren Absorptionsmaxima decken und die die Farbempfindungen durch additive Mischung ihrer Erregungen bedingen.

Die Dominator-Modulator-Vorstellung (GRANIT) erweitert diese Grundlage durch Einbeziehung des Helligkeitssehens.

Als **Modulator-System** faßt sie diese drei nur auf enge Spektralbereiche ansprechenden Rezeptoren zusammen. Die Sehfarbstoffe enthalten vermutl. ebenf. Retinal, ihre Engbandwirkung beruht vermutl. auf spezif. Eiweißkomponenten.

Das **Dominator-System** spricht dagegen auf fast den ganzen sichtbaren Spektralbereich an; je nach Lichtintensität sind zu unterscheiden:
- Skotopischer Dominator bei Dunkeladaptation (max. Empfindlichkeit bei 500 nm; vorwiegend Stäbchen; Sehfarbstoff Rhodopsin);
- Photopischer Dominator bei Helladaptation (max. Empfindlichkeit bei 560 nm; vorwiegend Zapfen; Sehfarbstoff wahrscheinl. Jodopsin).

Reizung mit monochromat. Licht erregt demnach neben dem zuständ. Modulator auch den jeweils aktivierten Dominator; sie vermittelt also zugleich Farb- und Helligkeitsempfindung.

Die Theorie der Gegenfarben (HERING), die in drei Teilsystemen jeweils Zerfall des Pigments und Synthese postuliert und sich antagon. Reizqualitäten postuliert (H), kann manche Empfindungsphänomene (farbiger Simultan- und Sukzessivkontrast) besser erklären als die trichromat. Theorie. Auf der Ebene der Rezeptoren hat sie keine Grundlage; bei nachgeschalteten Nervenzellen sind aber Erregungsmuster bekannt, die der Gegenfarben-Theorie entsprechen:
- bei Horizontalzellen (I);
- bei Ganglienzellen, wo die Organisation der rezeptiven Felder (S. 355) z. T. Farbenpaare codiert (rot-grün, gelb-blau).

Die Umwandlung der trichromat. verschlüsselten Information in eine der Gegenfarben-Theorie entsprechende ist eine Leistung des retinalen synapt. Netzes. Einzelheiten sind nicht bekannt; hypothet. neuronale Schaltschemata liefern aber befriedigende Erklärungen.

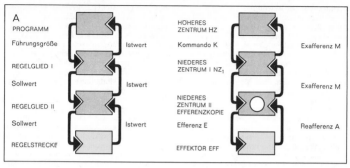

System vermaschter Regelkreise und System mit Reafferenz

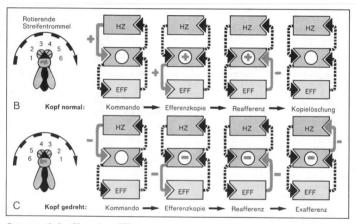

Optomotorischer Versuch an Fliegen

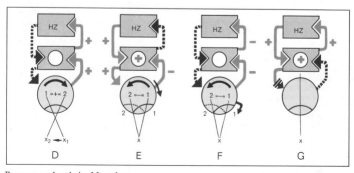

Bewegungssehen beim Menschen

Das Reafferenzprinzip (A)

Die klass. Physiologie konnte nicht erklären, wie ein Organismus die gleichen Erregungsmuster der Sinnesorgane versch. auswertet, wenn die Beziehung zw. erkennendem Subjekt und erkannter Umwelt unterschiedlich ist:
- Warum wird die objektiv gleiche Bildverschiebung auf der Netzhaut des Auges bei aktiver Augenbewegung als »Standbild«, bei Veränderungen der Umwelt als »Bewegungsbild« gedeutet?
- Warum wird ein vom Auge klein abgebildeter, weil entfernter großer Gegenstand richtig als solcher erkannt?

Die Klärung gelang durch das auf dem Regelkreis (S. 6f.) aufbauende Reafferenzprinzip (VON HOLST), das auch Erklärungsmöglichkeiten für optische Täuschungen und modellhafte Grundlagen für die moderne Neuro-Ethologie bot:

Das **höhere Nervenzentrum** HZ sendet ein **Kommando** K aus, das sich als Änderung des nach dem **nied. Zentrum** NZ$_1$ absteigenden Impulsstroms äußert und den **Effektor** EFF aktivieren soll. Dieser Impulsstrom veranlaßt in NZ$_1$ erstens eine nach EFF strömende Erregung, die **Efferenz** E, und zweitens eine E streng zugeordnete, sich in den benachbarten Nervenmassen verzögert ausbreitende Aktivitätsänderung, die **Efferenzkopie** EK. Die Efferenz E setzt den Effektor in Gang; diese Bewegung wird jedoch sofort durch Sinneszellen in den Muskeln an NZ$_1$ zurückgemeldet. Diese Rückmeldung oder **Reafferenz** A tritt in NZ$_1$ mit der Efferenzkopie in Wechselbeziehung: Sind Kommando und Reafferenz gleich groß, dann heben sie sich gegenseitig auf und die Efferenzkopie wird gelöscht (die erwartete Afferenz bekommt das Vorzeichen »minus«, wenn die Efferenz »plus« ist). Sobald infolge äußerer Einwirkung die gesamte Afferenz, bestehend aus der normalen, erwarteten Reafferenz und der von außen stammenden unerwarteten **Exafferenz**, zu groß oder klein ist, bleibt in NZ$_1$ ein Rest der EK übrig. Dieser Rest wird aufwärts, manchmal bis zu den höchsten Zentren in Form einer **Meldung** M weitergeleitet. Sie kann in einem übergeordneten nied. Zentrum NZ$_2$ wieder mit dem absteigenden Kommando in Beziehung treten, so daß K und schließlich die Reaktion von EFF im Sinne der Meldung M abgeändert werden. Ist z.B. die ausgeführte Bewegung stärker geworden, als von K verlangt wurde, dann wird der Überschuß an Energie in der Meldung an K so einwirken, daß sich dessen Energie verringert und die Bewegung auf das geplante Maß eingeliert wird. Es ist aber auch zugleich möglich, daß M in HZ das Auftreten der Exafferenz meldet und so dem Organismus die unvorhergesehene Veränderung in der Beziehung zw. Umwelt und ihm als Wahrnehmung bewußt macht.

Die durch Eigenaktivität entstehenden Reize werden so auf der unteren Ebene der nervösen Hierarchie als vorausgesehen und daher wenig bedeutsam getrennt von denjenigen, die als tatsächliche Veränderungen der Umwelt höheren Instanzen zur »Beurteilung« gemeldet werden

müssen. Durch diese Arbeitsteilung wird eine Überforderung der versch. hohen Zentren vermieden. VON HOLST stützte die Reafferenztheorie mit folgenden Experimenten (B):
- Wird eine *Fliege* in einem **optomotorischen Versuch** in einen sich von links nach rechts drehenden Streifenzylinder gesetzt, so folgt sie, wie viele andere Tiere unter dieser Bedingung, dieser Bewegung durch eine gleichlaufende Rechtsdrehung: Das HZ gibt Kommando »+«. Das über das Raster des Facettenauges von links nach rechts hinweglaufende Streifenmuster ruft über eine scheinbare, subjektive Linksverschiebung der Umwelt durch Eigenbewegung (EFF »+«) die Reafferenz »−« und so eine sinnvolle Lagekorrektur hervor.
- Wird nun der Fliegenkopf um 180° gedreht (C), so fällt das Muster der vom rechten zum linken Facettenauge: Das Tier dreht sich nach links, und zwar in steigendem Maße, da die gegensinnige Drehung des Streifenzylinders die Abweichung noch vergrößert (A und EK addieren sich mit gleichem Vorzeichen).

Bewegungssehen beim Menschen läßt ebenfalls das Reafferenzprinzip deutlich werden:
- Gegenstand bewegt sich ($x_1 \rightarrow x_2$), Abbildung auf dem ruhenden Augenhintergrund ($x'_1 \rightarrow x'_2$) ist definiert als »Rechtsbewegung«, »+«). Da kein Verlöschen durch Efferenzkopie erfolgt, geht Meldung »Bewegung nach rechts in Umwelt« nach HZ (D).
- Gegenstand unbewegt, Auge aktiv bewegt (E): Bei »Augen rechts« springt Abbild erwartungsgemäß nach links. Die EK »+« wird durch A »−« gelöscht, d.h. der Gegenstand erscheint unbewegt.
- Gegenstand unbewegt, Auge passiv gedreht (F): Keine EK, aber Reafferenz; dadurch wird eine Gegenstandsbewegung im Sinne der Bildverschiebung registriert.
- Auge unbeweglich gemacht durch experiment. Lähmung, dann Kommando »Augen rechts« (G): Keine Bildverschiebung auf der Netzhaut, aber Efferenzkopie »+«. Da EK nicht durch eine Reafferenz gelöscht wird, springt die Umwelt »erwartungsgemäß« entsprechend der Meldung von NZ nach HZ nach rechts.

Das Phänomen der Größenkonstanz, d.h. daß ein Gegenstand trotz versch. Entfernung in seiner Größe richtig eingeschätzt wird, beruht ebenfalls auf Reafferenz:

Beim Fixieren eines Gegenstandes führen die Augen zwei aktive Bewegungen durch, nämlich Akkomodation und Konvergenzbewegung der beiden Augen (S. 352). Je näher der Gegenstand, desto größer die Konvergenz. Sowohl die Muskelbewegung zur Einstellung der Konvergenz wie die der Akkomodation besitzen entsprechende Efferenzkopien. Die Reafferenz löscht diese wieder aus: Der Gegenstand wird bei wechselndem Abstand gleich groß empfunden.

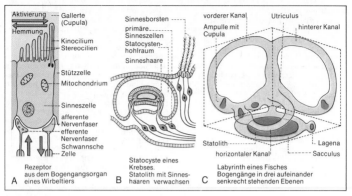

Statischer Sinn

A Rezeptor aus dem Bogengangsorgan eines Wirbeltiers

B Statocyste eines Krebses. Statolith mit Sinneshaaren verwachsen.

C Labyrinth eines Fisches Bogengänge in drei aufeinander senkrecht stehenden Ebenen

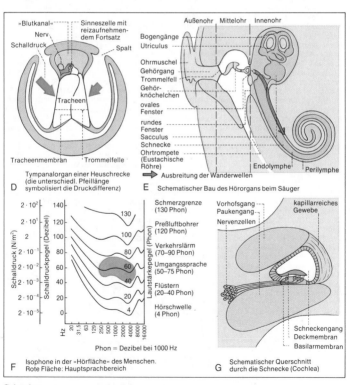

D Tympanalorgan einer Heuschrecke (die unterschiedl. Pfeillänge symbolisiert die Druckdifferenz)

E Schematischer Bau des Hörorgans beim Säuger
➡ Ausbreitung der Wanderwellen

F Isophone in der »Hörfläche« des Menschen. Rote Fläche: Hauptsprachbereich

Phon = Dezibel bei 1000 Hz

G Schematischer Querschnitt durch die Schnecke (Cochlea)

Gehörsinn

Mechan. Sinne haben Reizung der Rezeptoren durch mechan. Deformation gemeinsam.

Der statische Sinn
informiert über die Lage des Körpers im Raum. Die Rezeptoren sind Sinneszellen mit spezif. submikroskop. Cilien (A) als perzipierendem Apparat. Sie reagieren, oft richtungsspezif., auf Abbiegen durch oberflächenparallele (Scherungs-)-Kräfte unterschiedl. Ursprungs.

Der Schweresinn
spricht auf Gravitationskräfte als Reize an. Statocysten (Rezeptoren bei *Wirbellosen*) sind offene oder geschlossene, meist paarige Bläschen. Ein oder mehrere schwere, bewegl. Körper (Statolithen) berühren eine Gruppe von Sinneshaaren, auf die sie bei Lageänderung unterschiedl. einwirken. Sie sind frei beweglich (reizen dann jeweils nur einen Teil der Rezeptoren) oder mit den Sinneshaaren verwachsen (B; reizen alle Rezeptoren, aber mit unterschiedl. Scherungskräften).
Statolithenorgane im Labyrinth der *Wirbeltiere* arbeiten auf die zweite Art (C).
Funkt. sind die Schweresinnesorgane in zwei Gruppen aufzuteilen:
- **Doppelsinnig wirkende:** Jedes der paarigen Organe hält allein das Gg aufrecht (oft bei schwimmenden Formen).
- **Einsinnig wirkende:** Die Dauererregungen beider Organe heben sich auf; jede Statocyste steuert nur die Muskulatur nur einer Körperseite. Bei Abweichungen aus der Normallage sind die Impulse von einem Organ stärker und bewirken Ausgleichsbewegungen. Einseitige Ausschaltung führt zu Gg-Störungen. Auch die *Wirbeltier*-Statolithenorgane arbeiten so.

Der Rotationssinn der Wirbeltiere
Seine Rezeptoren sind in den Ampullen der Bogengänge (C) sind nach Bau und Leistung den Seitenlinienorganen der *Fische* vergleichbar (S. 362 D, E); Bei Kopfbewegungen in der Ebene eines Bogengangs bleibt die Flüssigkeit (Endolymphe) in ihm hinter der Bewegung zurück, die Cupula wird abgebogen. Spezif. Erregungen der einzelnen Cupulae lösen nach zentralnervöser Verarbeitung Ausgleichsbewegungen aus (nicht bei Willkürbewegungen; vgl. Reafferenz (S. 358f.).

Der Gehörsinn
hat unter den mechan. Sinnen durch Feinheit und Bedeutung (Fernsinn) eine Sonderstellung. Gehörorgane reagieren auf longitudinale Schwingungen von Massenteilchen (Schallwellen), die best. Körperstrukturen in Resonanz versetzen. Sie sprechen an auf:
- Schallschnelle (gerichtete Geschwindigkeit der Teilchen). Bei *Krebsen, Spinnentieren, Insekten* (Vibrationssinn; S. 362 C).
- Schalldruck (Folge der Teilchenverschiebung, direkt gemessen z. B. bei *Wirbeltieren*; G).
- Druckgradienten (z. B. *Insekten*; D).
Bau und Funktion des menschlichen Ohres sind durch Hilfseinrichtungen kompliziert (E):
1. Das Außenohr (Ohrmuschel, Gehörgang,

Trommelfell) ist schallfangender Apparat.
2. Das Mittelohr (Paukenhöhle), luftgefüllt, überträgt durch Gehörknöchelchen die Schwingungen modifiziert zum ovalen Fenster, dem der Steigbügel bewegl. eingepaßt ist.
3. Das Innenohr, in einem Hohlraum des Felsenbeins (knöchernes Labyrinth), besteht aus dem häutigen Labyrinth, das von Flüssigkeit erfüllt (Endolymphe) und umgeben ist (Perilymphe). Es gliedert sich in:
- Utriculus (oberes Bläschen) mit den drei Bogengängen;
- Sacculus (unteres Bläschen);
- Cochlea (Schnecke), dem eigentl. Sitz des Gehörsinnes.
Der häutige Schneckengang trennt zwei am Ende verbundene Röhren (G), Vorhof- und Paukengang, der am elast. verschlossenen runden Fenster endet. – Der Basilarmembran des Schneckenganges ist das Cortische Organ aufgelagert, in dem innere (1 Reihe, 3500 Zellen beim *Menschen*) und äußere (3 Reihen, 12000 Zellen) Haarzellen liegen. Ihre Stereocilien berühren die gallertige Deckmembran, mit der sie vermutl. eine feste Verbindung haben.
Die Theorie der Frequenzdispersion von BEKESY und RANKE, nach der heute die Reizung best. Rezeptoren erklärt wird, modifiziert die von HELMHOLTZ aufgestellte Ortstheorie: Durch Vibrationen des Steigbügels entstehen Druckdiff. in der Perilymphe, die am elast. runden Fenster ausgeglichen werden. Dadurch gerät der Schneckengang in Schwingungen, die sich als Wanderwellen fortpflanzen. Aufgrund abnehmender Steife der Basilarmembran nimmt die Amplitude der Wellen zunächst zu, später durch physikal. Dämpfung wieder ab. Das Amplitudenmaximum liegt frequenzabhängig: je höher die Frequenz, desto näher am ovalen Fenster. An diesen Stellen werden die Cilien der Haarzellen durch rel. Bewegungen zur Deckmembran gebogen, neuronale Erregungen entstehen. Diese periphere Klanganalyse wird durch zentralnervöse Mechanismen ergänzt.
Leistungen des menschlichen Ohres
Wahrnehmbare Frequenzen und Lautstärken begrenzen die »Hörfläche« des Menschen (F). In ihr lassen sich Isophone festlegen, indem objektiv gemessenen Schalldrücken (aus prakt. Gründen wird eine logarithm. Maßeinheit, der Schalldruckpegel, bevorzugt) subjektiv empfundene Lautstärkepegel zugeordnet werden. Der Frequenzbereich umfaßt 16 Hz-20000 Hz (im hohen Alter bis 5000 Hz). Die Empfindlichkeit ist bei Frequenzen zw. 500 und 3000 Hz am größten: von $2 \cdot 10^{-5}$ (Absolutschwelle) bis 10^2 N/m^2 (Schmerzwelle). In diesem Bereich ist auch die Frequenzunterscheidung bes. gut (0,3–0,5%); Lautstärkenunterscheidung bei Tönen gleicher Frequenz ist noch von Diff. von 1 Dezibel möglich. Bei ca. $2 \cdot 10^{-5}$ Nm^2 Schalldruck ist die Auslenkung der Basilarmembran < 1 nm. Der Wert liegt im Bereich der Brownschen Molekularbewegung, die damit das »Grundrauschen« des Hörsystems liefert.

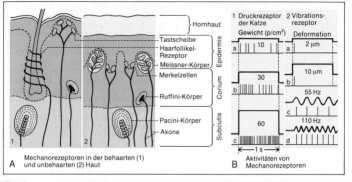

A Mechanorezeptoren in der behaarten (1) und unbehaarten (2) Haut

B Aktivitäten von Mechanorezeptoren

Tastsinn

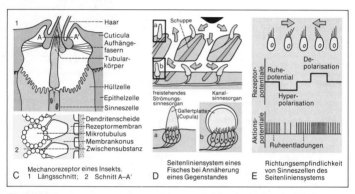

C Mechanorezeptor eines Insekts. 1 Längsschnitt; 2 Schnitt A–A'

D Seitenliniensystem eines Fisches bei Annäherung eines Gegenstandes

E Richtungsempfindlichkeit von Sinneszellen des Seitenliniensystems

Ferntastsinn

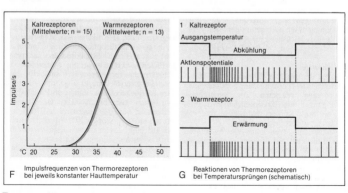

F Impulsfrequenzen von Thermorezeptoren bei jeweils konstanter Hauttemperatur

G Reaktionen von Thermorezeptoren bei Temperatursprüngen (schematisch)

Temperatursinn

Auch die Rezeptoren der folgenden Sinne, deren Einteilung nicht überschneidungsfrei ist, werden durch mechan. Deformation gereizt.

Der Tastsinn
faßt die Leistungen versch. Rezeptoren in Haut und Unterhaut zus., die von freien Nervenendigungen bis zu komplexen Strukturen (Meissner- und Pacini-Körper) reichen (A). Beim *Menschen* werden funkt. drei Typen unterschieden:
1. Druckrezeptoren. Die Impulsfrequenz ist proport. der Reizintensität (B); sie adaptieren nur langsam, registrieren daher auch die Reizdauer.
2. Berührungsrezeptoren, z.T. mit Haaren gekoppelt, sprechen amplitude-unabhängig auf Geschwindigkeit der Deformation an. Sie adaptieren, länger gereizt, mittelschnell (in 50–500 ms).
3. Vibrationsrezeptoren reagieren auf längere, auch stark überschwellige Reize wegen sehr schneller Adaptation mit nur einem Impuls, auf Sinusreize innerh. best. Frequenzen mit einem Aktionspotential je Schwingung. Reagiert wird auf die Beschleunigung der Deformation, wobei die Schwelle bei 200 Hz (bei *Insekten* z.T. bei 1000–1500 Hz) am niedrigsten liegt.

Bei *Insekten* sind die Tastsinnesorgane cuticulare Haare (Trichobothrien), in denen schon bei geringer Abbiegung des Haares (*Grillen:* bei 0,01 Winkelgrad) konische Verdickungen der Rezeptormembran (C) wirksam deformiert werden (*Grillen:* Reaktion schon bei Verformung um 0,1 nm).

Die Dichte der Tastpunkte in der Haut ist an exponierten Stellen bes. groß. Beim *Menschen* ist der Abstand, in dem Berührungsreize noch getrennt wahrgenommen werden (simultane Raumschwelle), an der Zungenspitze 1 mm, an den Fingerspitzen 2 mm, an den Lippen 4–5 mm, am Handrücken 31–32 mm, am Rücken 60–70 mm. Die sukzessiven Raumschwellen sind in allen Fällen deutl. niedriger.

Die biolog. Funktionen des Tastsinnes, der allen Tieren zugeschrieben wird, sind vielfältig. Berührungsreize lösen Ausweichbewegungen, Flucht, Abwehrbewegungen (Biß, Stich, Schlag), Totstellreflexe (z.B. bei *Insekten, Schlangen*) u/o Autotomie (Abschnüren von Gliedmaßen; z.B. bei *Weberknechten, Krebsen*) aus.

Dabei ist die Reaktion oft abhängig von der Reizintensität: Beim *Ohrwurm* führt leichte Berührung eines Beines zu Putz-, stärkere zu Ausweich-, sehr starke zu Abwehrbewegungen mit den Zangen.

Fehlen von Berührungsreizen kann ebenf. Bewegungen auslösen; z.B. posit. Thigmotaxis (Aufsuchen von Spalten, Eingraben in den Untergrund) oder spez. Reflexe bei Fehlen an den Gliedmaßen (Schwimmreflex bei *Krebsen,* Flugreflex bei *Insekten,* Fallreflex bei *Insekten*).

Der Ferntastsinn ermöglicht Tieren das Orten von Objekten aufgrund von Luft- oder Wasserströmungen. Neben den Trichobothrien der *Insekten* (C) sind die Seitenlinienorgane (*Fische,* wasserlebende *Lurche*) am besten untersucht. Die Rezeptoren, ursprüngl. frei in der Epidermis liegend, sind bei *Fischen* z.T. in durch Poren mit dem freien Wasser verbundene Kanäle verlagert, wobei die Cupula plattenförmig wird (D). Adäquate Reize sind Wasserströme und Änderungen des Stauungsdrucks (z.B. bei Annäherung fester Körper), wobei die Rezeptoren eine Richtungsempfindlichkeit zeigen (E).

Tiefensensibilität
beruht auf der Wirkung von Propriozeptoren, die ihre Reize aus dem Organismus selbst erhalten (Muskelspindeln, Sehnenorgane, S. 394 f.; Gelenkkapsel-Rezeptoren). An Leistungen werden unterschieden:
Der Stellungssinn informiert über die Winkelstellung der Gelenke (geringe Adaptation der Rezeptoren).
Der Bewegungssinn informiert über
– aktive Bewegungen von Gelenken mit Hilfe von Muskeln;
– passive Bewegungen durch andere Personen. Diese Unterscheidung beruht auf zentralnervösen Verrechnungsvorgängen (S. 358 f.).
Der Kraftsinn informiert über die Muskelkraft, die für eine Bewegung gegen Widerstand aufzuwenden ist.

Der Temperatursinn
wird bei allen Tieren vermutet, ist bei vielen nachgewiesen, bes. untersucht bei *Wirbeltieren.*
Die Rezeptoren, histolog. noch unidentifiziert, bilden zwei Typen, deren Erregungsbildung auf hochspezif. temperaturabhängigen physicochem. Prozessen beruht:
1. Kältepunkte, sie liegen oberflächennah.
– Bei konst. Hauttemperatur zeigen sie typ. Impulsfrequenzen (F); Grenzen bei ca. $10°$ und $45°$, Max. je nach Rezeptor zw. $17°$ und $36°$.
– Bei Temperatursenkung tritt zunest stark erhöhte Frequenz auf, dann Abfall auf die der neuen Temp. zugeordnete Frequenz; nach Erhöhung zunächst starke Senkung bzw. Erlöschen der Frequenz (G).
2. Wärmepunkte liegen verstreut tiefer in der Haut. Sie arbeiten zw. rd. 30 und $50°$, mit Max. zw. 41 und $47°$. Sie reagieren auf Temp.-erhöhung mit Frequenzsteigerung, d.h. spiegelbildlich zu den Kälterezeptoren.
Die Funktion der Thermorezeptoren besteht in der Ermöglichung bewußter Wahrnehmung von Temp.-reizen, aber auch als Meßfühler bei der Temperaturregulation.

Bei *Klapperschlangen* liegen an den Kopfseiten zwei Gruben zur gerichteten Fernwahrnehmung von Wärmestrahlen (Reaktion schon bei Erhöhung um $0,003°$).

Der Schmerzsinn
informiert über schädigende Einflüsse. Spezif. Rezeptoren sind nachgewiesen (Schmerzpunkte in der Haut; Nocizeptoren mit hohen Schwellen in vielen Organen). Schmerzreize sind außer mechan. auch thermin. oder chem. Natur (darunter auch zahlr. körpereigene Substanzen, z.B. Histamine, noch unbekannte Polypeptide).

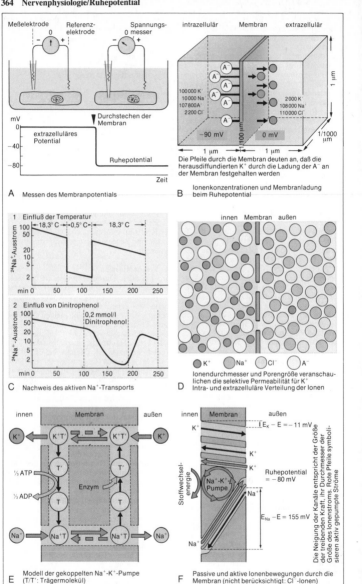

A Messen des Membranpotentials

B Ionenkonzentrationen und Membranladung beim Ruhepotential

Die Pfeile durch die Membran deuten an, daß die herausdiffundierten K^+ durch die Ladung der A^- an der Membran festgehalten werden

C Nachweis des aktiven Na^+-Transports

1 Einfluß der Temperatur

2 Einfluß von Dinitrophenol

D Intra- und extrazelluläre Verteilung der Ionen

Ionendurchmesser und Porengröße veranschaulichen die selektive Permeabilität für K^+

E Modell der gekoppelten Na^+-K^+-Pumpe (T/T': Trägermolekül)

F Passive und aktive Ionenbewegungen durch die Membran (nicht berücksichtigt: Cl^--Ionen)

Die Neigung der Kanäle entspricht der Größe der treibenden Kraft, ihr Durchmesser der Größe des Ionenstroms. Rote Pfeile symbolisieren aktiv gepumpte Ströme

Ruhepotential und Ionentransport

Aufgabe der Nervenzellen (S. 94 f.) ist die Informationsverarbeitung. Sie umfaßt:
- Aufnahme der Information von einer oder mehreren anderen Nervenzellen oder von bes. Rezeptoren (S. 346 ff.);
- Fortleitung über größere Entfernung;
- Weitergabe an eine oder mehrere andere Zellen (Nervenzellen, Effektoren, S. 370 ff.).

Neben dieser spez. Funktion ist die Organisationswirkung auf Nachbarzellen wichtig:
    durch Kontakte werden bei Nachbarzellen synaptische Strukturen ausgebildet (S. 370 f.). Diese Vorgänge haben Bedeutung für die funktionsgerechte Entw. des NS und der Organinnervation, für Lernen (S. 416 ff.) und Gedächtnis (S. 386 f.).

Die Information liegt in den Nervenzellen als chem. u/o elektr. Signal vor.

Das Ruhepotential

besteht als Membranpotential der unerregten Zellen an der Eiweiß-Lipoid-Zellmembran zw. Plasma und extrazellulärer Flüssigkeit.

    Gemessen wird es zw. zwei Elektroden (A): eine (Referenzelektrode) in der Außenflüssigkeit, eine (Meßelektrode; meist eine mit leitender Lösung gefüllte Glaskapillare von $< 1 \; \mu m \; \varnothing$) im Zellinnern.

Es ist bei Nerven- und Muskelfasern von Warmblütern stets negativ (-55 bis -110 mV; bei Muskelzellen auch bis -30 mV).

Ursache des Ruhepotentials

Die Membran kann als Kondensator aufgefaßt werden, bei dem zwei Salzlösungen durch die Isolierschicht (Membran; Dicke 6 nm) getrennt sind. Bei diesem »Plattenabstand« muß der Kondensator bei einem Potential von -75 mV mit ca. 5000 Paaren pos. und neg. Ladungen je μm^2 Fläche besetzt sein.

Träger der Ladungen sind in der Zelle Ionen, wobei aber das Potential verursachende ungleichgewichtige Anteil gegenüber der Ladungsgesamtzahl nur gering ist (B). Den Konzentrationsausgleich der einzelnen Ionenarten verhindert die Membran, die nur für K^+-Ionen gut permeabel ist.

Die K^+-Ionen-Verteilung kann durch ein Poren-Modell der Membran (D; Annahme: permeabel nur für K^+) veranschaulicht werden. Der höhere osmot. Druck würde durch K^+-Ausstrom zum Konz.-Ausgleich führen, wenn nicht das sich aufbauende Membranpotential den Ausstrom behindert. Ladungen bestehen, bis beide Kräfte im Gg sind. Das ist der Fall beim sog. K^+-Gleichgewichtspotential E_K. Es errechnet sich nach der Nernstschen Gleichung, die für Diffusionspotentiale allgemein gilt:

$$E_{ion} = \frac{R \cdot T}{z \cdot F} \cdot \ln \frac{\text{extrazelluläre Konz. des Ions}}{\text{intrazelluläre Konz. des Ions}}$$

Dabei bedeuten
- R: Gaskonstante;
- T: absolute Temperatur;
- z: Wertigkeit des Ions (für Anionen negativ);
- F: Faraday-Konstante.

Gemessene Ruhepotentiale entsprechen in er-

ster Näherung den errechneten Werten für E_K.

    Die hiernach zu vermutende Abhängigkeit des Membranpotentials von der extrazellulären K^+-Konz. ist experimentell belegt. Änderungen der K^+-Konz. im Blutplasma, z. B. bei Nierenfunktionsstörungen, können daher auch die Funktion der Nervenzellen beeinträchtigen.

Die intrazelluläre K^+-Konz. liegt weitgehend fest, da die K^+-Ionen das Ladungsgleichgewicht zu den Anionen bilden müssen, die als überwiegend große Eiweiß-Anionen nicht durch die Membran treten können. Das Ruhepotential ist also die Folge der hohen intrazellulären Konz. großer Anionen.

Die Beteiligung der Cl^--Ionen am Ruhepotential ist dadurch mitbestimmt: die geringe intrazelluläre Konz. der Cl^--Ionen (ca. 5 mmol/l) ist durch Permeation leicht veränderbar. Es stellt sich daher nach der Nernstschen Gleichung das Cl^--Gleichgewichtspotential reziprok zum K^+-Gleichgewichtspotential ein.

Der passive Na^+-Einstrom aufgrund einer, wenn auch geringen, Permeabilität der Membran für Na^+ und aufgrund des starken Konz.-gefälles, außerdem begünstigt durch das negat. Membranpotential, ist der Grund dafür, daß das Ruhepotential bei niedrigen extrazellulären K^+-Konz. bis zu 30 mV weniger negat. ist als das K^+-Gleichgewichtspotential.

Aktive Transportvorgänge

sind zu fordern, da bei nur passiven Ionenströmen das System instabil wäre:
- K^+-Verlust der Zelle, gleichzeitig mit einem Na^+-Zustrom, führt zum Sinken der Konzentrationsdifferenz und damit zur Abnahme des Ruhepotentials ($\triangleq$ näherungsweise E_K);
- die Abnahme des Membranpotentials führt zur Steigerung des Cl^--Einstroms, zu erhöhtem osmot. Wert der Zelle und zu verstärkter Wasseraufnahme.

Diese müßte zu weiterer Senkung der intrazellulären K^+-Konz. mit ihren eben gezeigten Konsequenzen führen, so daß die Zellfunktionen bald erhebl. gestört sein würden.

Aktiver Na^+-Transport aus der Zelle wurde mit radioaktiv markiertem Na^+ nachgewiesen:
- Temperatursenkung zeigt, daß eine komplizierte chem. Reaktion beteiligt ist (C);
- Zugabe von Dichlorphenol (die Substanz blockiert in der Zelle energieliefernde Prozesse) zeigt den Verbrauch von Stoffwechselenergie beim Transport.

Ein solcher gegen elektr. und Konz.-Gradienten transportierender Mechanismus wird als **Ionenpumpe** bezeichnet.

Da an diesem Transportvorgang auch der Einstrom von K^+-Ionen beteiligt ist, liegt hier eine gekoppelte Na^+-K^+-Pumpe vor, deren Funktionieren nach dem abgebildeten Modell erklärt werden kann (E).

Der stabile Zustand des Systems wird deutlich, wenn die für das Ruhepotential wesentl. Ionenströme insgesamt betrachtet werden (F).

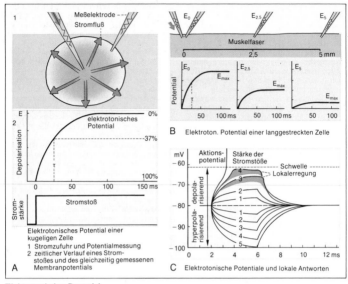

Elektrotonisches Potential

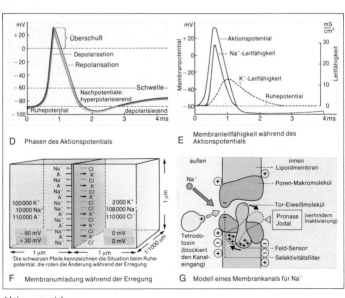

Aktionspotential

Die Aktivität einer (Nerven-)Zelle wird meist ausgelöst durch einen elektr. Strom:
– im Zellverband von benachbarten Nervenzellen oder Rezeptoren (S. 346 f.);
– im Experiment durch kontrollierte Zufuhr über Elektroden (elektr. Reizung).

Elektrotonisches Potential
ist die Membranreaktion auf zugeführten Strom. Bei kugeligen Zellen fließt er gleichmäßig ab (homogene Stromverteilung; A). Dabei sind zu unterscheiden:
– kapazitiver Strom (Ladungsverschiebung an der Membran ohne Ladungsdurchtritt), bringt Verringerung des Membranpotentials;
– Ionenstrom, hauptsächl. von K^+-Ionen getragen, verstärkt sich mit zunehmender Depolarisation, so daß diese immer langsamer wird.

Der exponentielle Verlauf des elektrotonischen Potentials ist in seiner Steilheit charakterisiert durch die Membranzeitkonstante τ (Zeit bis zur Potentialänderung auf 37% des Endwertes; an versch. Membranen Werte von 10–50 ms).

Der Endwert (Ionenstrom durch die Membran gleich zugeführtem Reizstrom) ist proportional dem Membranwiderstand gegen die Ionenströme (reziprok der Membranleitfähigkeit).

Bei langgestreckten Zellen (bes. Nerven-, Muskelzellen) ist die Verteilung des zugeführten Stroms nicht homogen, sondern die Durchflußdichte durch die Membran sinkt mit der Entfernung vom Reizpunkt. Die inhomogene Stromverteilung bewirkt in Reizpunktnähe einen steileren Anstieg des elektroton. Potentials als in Abb. A, in zunehmender Entfernung wird infolge des Längswiderstandes des Zellinnern der Anstieg langsamer und der Endwert bleibt auch bei längerer Reizung niedriger (B). An Nervenzellen sind daher elektroton. Potentiale maximal einige cm vom Ursprungsort entfernt meßbar.

Extrazelluläre Stromzufuhr erhöht an der Anode durch Zuführen pos. Ladungen zur Außenseite das Membranpotential (Hyperpolarisation, Anelektrotonus), wodurch einströmende K^+-Ionen den Strom durch die Membran tragen. An der Kathode entsteht eine entspr. Depolarisation (Katelektrotonus). An einer Stelle lassen sich so durch Umkehr der Stromrichtung spiegelbildliche Potentiale erzeugen (C).

Die Reizschwelle ist dadurch definiert, daß bei ihrem Überschreiten eine aktive Reaktion der Zelle einsetzt (Aktionspotential; C), während das elektroton. Potential eine rein passive Reaktion ist. Reize in Schwellennähe bewirken über das elektroton. Potential hinaus eine zusätzl. Depolarisation durch die ansteigende Na^+-Leitfähigkeit der Membran; sie wird als Lokalerregung (lokale Antwort) bezeichnet. Die sehr langs. Depolarisierung kann sich die Reizschwelle verschieben (Inaktiv. des Na^+-Systems; s. u.):
– **Akkommodation** (Reaktion erst ab höherem Schwellenwert);
– **Reizeinschleichung** (völliges Unwirksambleiben von sonst überschwelligen Reizen).

Das Aktionspotential
entsteht als aktive Antwort spezialis. (erregba-

rer) Zellen (Nerven-, Muskelzellen). Seine Auslösung unterliegt dem AoN-Gesetz.

Die Auslösung des Aktionspotentials erfolgt, wenn die Membran auf ca. −50 mV depolarisiert wird (Schwelle). Bei diesem Wert wird die Membranladung instabil und baut sich selbsttätig ab. Dieser Aktivitätszustand heißt Erregung; er hält explosionsartig meist nur < 1 ms an.

Der Ablauf des Aktionspotentials, gemessen nach der gleichen Methode wie das Ruhepotential (S. 364 A), zeigt mehrere Phasen (D):
Die Depolarisation (Aufstrich) verläuft sehr schnell (bei Warmblütern 0,2–0,5 ms) vom Ruhepotential bis auf ca. +30 mV (Überschuß).
Die Repolarisation, am Ende oft verlangsamt, stellt das normale Polarisation wieder her.
Nachpotentiale treten häufig auf:
– hyperpolarisierende (den Wert des Ruhepotentials übersteigend) oder
– depolarisierende (positiver als das Ruhepotential bleibend).

Die Ursachen des Potentialverlaufs
wurden durch das Messen der Ionenströme in Abhängigkeit vom Membranpotential ermittelt, aus denen die zugeordneten Leitfähigkeiten errechnet werden können (E). Auch hier sind die Ionenverschiebungen gegenüber den intra- und extrazell. Gesamtkonzentrationen gering (F).
Die Erhöhung der Na^+-Leitfähigkeit (g_{Na}) bietet nach Lage des Gleichgewichtspotentials (E_{Na} = + 60 mV) die einzige Erklärung für das Ausmaß der Depolarisation. Der exp. Befund, daß Aktionspotentiale nur bei hoher extrazell. Na^+-Konz. auslösbar sind, bestätigt das.
Die Erhöhung der K^+-Leitfähigkeit (g_K) ist entscheidend für die Repolarisation. Wird die Erhöhung durch best. Stoffe (z. B. Tetraäthylammonium) verhindert, ist die Repolarisation stark verlangsamt.

Das zeitl. Verhältn. dieser beiden Abläufe bestimmt das Aktionspotential im einzelnen:
– Nicht-Erreichen der Spitzenwerte von + 60 mV (= E_{Na}) liegt an der Kürze der Erhöhung von g_{Na} und dem frühen Einsetzen der Erhöhung von g_K.
– Hyperpolarisierende Nachpotentiale entstehen, wenn g_K über dem Ruhewert bleibt und das Potential sich näher an E_K (−90 mV) einstellt.

Die Inaktivierung des Na^+-Systems, Grundlage für die Entstehung von Aktionspotentialen, erklärt folgendes Modell (G). Der Membrankanal für Na^+ hat zwei Strukturen:
– das Selektivitätsfilter, das durch neg. Ladungen Anionen abweist und aufgrund des $\varnothing$ fast nur Na^+ (und Li^+; weniger gut Ca^{++}, K^+) durchläßt;
– das Tor wird über einen Sensor vom Membranpotential gesteuert und gibt bei Überschreiten der Schwelle den Kanal für ca. 1 ms frei. Die dann folgende Inaktivierung des Kanals kann intrazellulär verhindert werden durch Pronase (eiweißspaltend) oder Jodat.
K^+-Kanäle sind ähnl. organisiert, ihnen fehlt aber ein Inaktivierungsmechanismus.

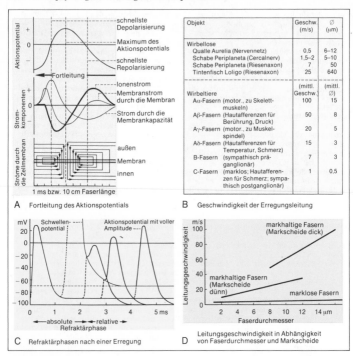

A   Fortleitung des Aktionspotentials

B   Geschwindigkeit der Erregungsleitung

Objekt	Geschw. (m/s)	Ø (μm)
Wirbellose		
Qualle Aurelia (Nervennetz)	0,5	6–12
Schabe Periplaneta (Cercalnerv)	1,5–2	5–10
Schabe Periplaneta (Riesenaxon)	7	50
Tintenfisch Loligo (Riesenaxon)	25	640
	(mittl. Geschw.)	(mittl. Ø)
Wirbeltiere		
Aα-Fasern (motor., zu Skelettmuskeln)	100	15
Aβ-Fasern (Hautafferenzen für Berührung, Druck)	50	8
Aγ-Fasern (motor., zu Muskelspindel)	20	5
Aδ-Fasern (Hautafferenzen für Temperatur, Schmerz)	15	3
B-Fasern (sympathisch präganglionär)	7	3
C-Fasern (marklos; Hautafferenzen für Schmerz; sympathisch postganglionär)	1	0,5

C   Refraktärphasen nach einer Erregung

D   Leitungsgeschwindigkeit in Abhängigkeit von Faserdurchmesser und Markscheide

Fortleitung in marklosen Nerven

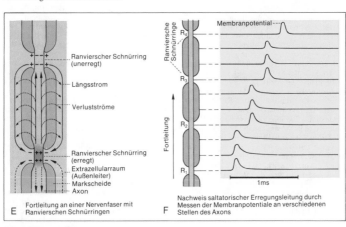

E   Fortleitung an einer Nervenfaser mit Ranvierschen Schnürringen

F   Nachweis saltatorischer Erregungsleitung durch Messen der Membranpotentiale an verschiedenen Stellen des Axons

Saltatorische Erregungsleitung

Fortleitung von Erregung gibt es im Körper auch direkt von Zelle zu Zelle (z. B. Herzmuskel); in spezialisierter Form erfolgt sie über weite Entfernungen in Nervenfasern.

Der Mechanismus der Fortleitung
umfaßt zwei grundlegende Vorgänge:
– von einer erregten Stelle der Membran, an der ein Aktionspotential erfolgt, fließt Strom in einen noch nicht depolarisierten Membranbereich;
– er erzeugt dort ein elektrotonisches Potential, das den Schwellenwert erreicht und an dieser Stelle nach dem AoN-Gesetz die Auslösung eines Aktionspotentials gleicher Amplitude bewirkt. So pflanzt sich die Erregung über die ganze Faser ohne Änderung des Signals fort (Leitung ohne Dekrement).

Die Ströme an der Membran während der Fortleitung eines Aktionspotentials an einer marklosen Nervenfaser lassen sich entspr. der Abb. S. 366 E darstellen (A).

Die Abb. kann als Zeitverlauf an einer Stelle der Faser gedeutet werden (Abszisse dann: 1 ms); oder als räuml. Darstellung eines Potentials (Abszisse dann: 10 cm; bei 100 m/s Leitungsgeschwindigkeit und 1 ms Dauer).

Die den Leitfähigkeitsänderungen (S. 366 E) entsprechenden Na^+- und K^+-Ströme sind in ihrer Summe als Gesamtstrom i_i dargestellt, dessen negativer Teilbereich im wesentl. dem Na^+-Einstrom, dessen pos. dem K^+-Ausstrom entspricht. Im Gegensatz zum stationären Aktionspotential (kugelige Zelle; vgl. S. 366 A, C), wo i_i ganz zur Umladung der Membrankapazität dient, fließen bei langgestreckten Zellen neben dem Strom durch die Membrankapazität (i_c) noch Ströme entlang der Faser zum Ausgleich von Ladungsdifferenzen: der Überschuß der eingeströmten pos. Ladungen (Na^+-Einstrom) fließt nach beiden Seiten ab. Die Komponente dieses Stromes, die die Membran quert, heißt Membranstrom (i_m). Die Fortleitung wird bewirkt durch den links in der Abb. A ausströmenden Teil von i_m, der die Membran elektrotonisch stark depolarisiert, so daß die Schwelle erreicht wird. Voraussetzung für die Fortleitung ist also ein starker Na^+-Einstrom.

Im rechten Teil der Abb. tritt eine ähnl. Depolarisation ein, bleibt aber geringer, da hier die Membranleitfähigkeit für K^+ (g_K) in der Folge des Aktionspotentials hoch ist (S. 366 E).

Ein Umkehren der Erregung auf der Faser wird so verhindert; ist aber g_K hier niedrig oder treten andere depolarisierende Einflüsse auf, können auch am Ende fortgeleiteter Aktionspotentiale sog. repetitive Erregungen vorkommen.

Messungen von Aktionspotentialen mit extrazellulären Elektroden (z. B. im ZNS) zeigen entspr. dem Kurvenverlauf von i_m triphasische »Spikes«: pos., stark neg., schwach positiv.

Refraktärphasen
als Folge der Inaktivierung des Na^+-Systems (S. 367) schränken im Anschluß an ein Aktionspotential ebenfalls die Erregbarkeit der Faser ein (C):

– Die **absolute** Refraktärphase, Dauer ca. 2 ms, erlaubt wegen zu hoher Schwelle gar keine neue Erregung.
– Die **relative** Refraktärphase, Dauer ca. 2 ms, ermöglicht durch hohe Depolarisation (noch erhöhte Schwelle) erneute Erregung, aber mit verminderter Potentialamplitude.

Durch die absol. Refraktärphase wird die Frequenz der Aktionspotentiale in der Zelle begrenzt: bei 2 ms Dauer auf maximal 500/s. Nur selten kommen, bei kürzeren Refraktärzeiten, bis 1000 Aktionspotentiale/s vor.

Die Leitungsgeschwindigkeit
in Nervenfasern läßt sich berechnen aus
– Potential- und Zeitabhängigkeiten der Ionenströme;
– Bedingungen für die elektroton. Ausbreitung (∅ der Faser, Membranwiderstand und Membrankapazität).

Die Übereinstimmung von errechneten und gemessenen Werten liefert eine Bestätigung für die Ionentheorie der Erregung.

Die Höhe des Na^+-Einstroms ist proportional der Leitungsgeschwindigkeit, da die Depolarisation von Nachbarbereichen von der Strommenge abhängt, die nach Umladung der Membran noch verfügbar ist.

Wird der Na^+-Einstrom gesenkt (Senkung der extrazellulären Na^+-Konz.; Inaktivierung des Na^+-Systems durch Potentiale, die 20–30 mV positiver sind als das Ruhepotential; lokale Betäubungsmittel wie Novocain und am Herzmuskel Digitalis-Glycoside), sinkt auch die Leitungsgeschwindigkeit, u. U. bis zur völligen Blockierung der Fortleitung.

Der Faserdurchmesser bestimmt die elektrotonische Ausbreitung der Membranströme, da der innere Leitungswiderstand umgekehrt proportional dem Quadrat des inneren Faser-∅ ist. Mit wachsendem ∅ der Faser greifen also die Membranströme weiter aus; die Geschwindigkeit steigt etwa mit der Quadratwurzel des Faser-∅:
$$v = k_1 \text{ (Konstante)} \cdot \sqrt{d}$$
Zum Erreichen hoher Leitgeschwindigkeiten müssen also große ∅ vorliegen, die dann nur bei jeweils wenigen Fasern möglich sind (*Wirbellose*; B).

Die saltatorische Erregungsleitung
in markhaltigen Fasern (S. 94 F) ist dagegen bei rel. geringem ∅ der Faser sehr schnell (D). Nur die **Ranvierschen Schnürringe** haben eine normale Zellmembran, in den dazwischen liegenden Abschnitten (Internodien) ist durch zahlr. Myelinschichten der Membranwiderstand stark erhöht, so daß hier bei einer Potentialänderung kaum Strom durch die Membran abfließt (E). Ein Aktionspotential an einem Schnürring breitet sich daher ohne große Verluste zum nächsten Schnürring aus. Erst dort tritt eine merkbare Verzögerung ein (F), da das elektrotonische Potential die Schwelle erreichen muß, um das neue Aktionspotential auszulösen.

Die Leitungsgeschwindigkeit nimmt bei markhaltigen Fasern stärker zu (mit dem ∅ der Faser; D): $v = k_2 \text{ (Konstante)} \cdot d$

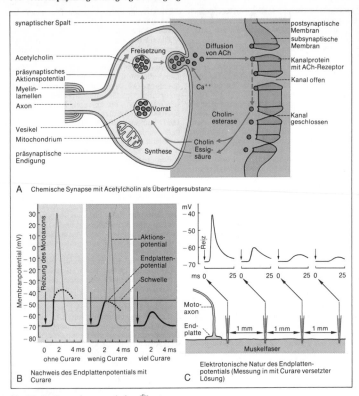

A Chemische Synapse mit Acetylcholin als Überträgersubstanz

B Nachweis des Endplattenpotentials mit Curare

C Elektrotonische Natur des Endplattenpotentials (Messung in mit Curare versetzter Lösung)

Der Mechanismus der synaptischen Übertragung

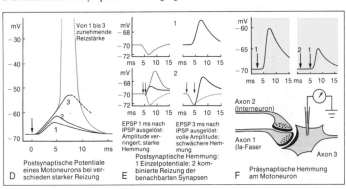

D Postsynaptische Potentiale eines Motoneurons bei verschieden starker Reizung

E EPSP 1 ms nach IPSP ausgelöst: Amplitude verringert; starke Hemmung. EPSP 3 ms nach IPSP ausgelöst: volle Amplitude; schwächere Hemmung
Postsynaptische Hemmung: 1 Einzelpotentiale; 2 kombinierte Reizung der benachbarten Synapsen

F Präsynaptische Hemmung am Motoneuron

Erregende und hemmende Synapsen

Die Übertragung der Information auf andere (Nerven-, Muskel-, Drüsen-) Zellen geschieht in Synapsen (Kontaktstellen axonaler Endigungen mit diesen Zellen).

Elektrische Synapsen, an denen bei direktem Membrankontakt die fortgeleitete Erregung direkt durch übergreifende Stromschleifen (S. 368 A) übertragen wird, sind selten.

Chemische Synapsen (S. 94 f.), bei denen zw. den Membranen ein elektronenopt. sichtbarer synapt. Spalt (10–50 nm) liegt, fordern wegen der hohen Stromverluste chem. Übertragung. Sie erfüllen folgende Funktionen:
- Verstärkerwirkung (zuverlässige Erregung der nachgeschalteten Zelle);
- Ventilwirkung (Übertragung meist nur vom Axon zur folgenden Zelle), die die geordnete Tätigkeit des ZNS erst sichert;
- Modifizierbarkeit der Übertragungseffizienz (wesentl. für Lernen, Gedächtnis; S. 386 f.).

Der Mechanismus der synapt. Übertragung (A) Die Klärung des Übertragungsmodus erfolgte an motor. Endplatten (neuromuskuläre Synapsen).

Die präsynapt. Endigung enthält zahlr. Bläschen (Vesikel), die Überträgerstoffe (Transmitter; s. u.) enthalten. Die Freisetzung der Transmitter auch im Ruhezustand in einzelnen Quanten (je 10^3–10^4 Moleküle) wird durch ein einlaufendes Aktionspotential für < 1 ms auf den mehrtausendfachen Wert vergrößert.

Experimentell bewiesen wurde Proportionalität von Transmitterausschüttung und Potential der präsynapt. Membran durch Erhöhung der extrazellulären K^+-Konz. und Depolarisation durch von außen zugeführten Strom, die zu erhöhter Freisetzung führen.

Herabsetzen der Ca^{++}-Konz. oder Steigern der Mg^{++}-Konz. (vermutl. kompetitive Verdrängung der Ca^{++}-Ionen aus ihrem Eintritts- oder Wirkort) verringert die Transmitterfreisetzung; der genaue Mechanismus ist noch unbekannt.

Der synapt. Spalt wird von den Transmittermolekülen (hier: Acetylcholin) in ca. 0,2 ms (synapt. Latenz) überbrückt. Sie wirken nur kurz auf die postsynapt. Membran, bevor sie gespalten und resynthetisiert werden (vgl. A).

Die subsynapt. Membran ist der unter der Synapse liegende Teil der postsynapt. Membran (größere Dicke weist auf funkt. Besonderheiten). An ihr bewirkt der Transmitter für 1–2 ms eine Leitfähigkeitserhöhung für Na^+-, K^+- und Ca^{++}-Ionen durch Öffnen von Ionenkanälen. Der weitere Verlauf des so entstehenden Endplattenpotentials (EPP; allgemein: postsynaptisches Potential, PSP) wird durch pass. Membraneigenschaften (Kapazität, Widerstand) bestimmt. Erreicht dies elektroton. Potential den Schwellenwert, entsteht ein Aktionspotential (B).

Durch Curare (Pfeilgift) wird die Acetylcholinwirkung blockiert, so daß unterschwellige EPP erzeugt und hinsichtl. ihrer Ursachen analysiert werden können (vgl. A).

Zentrale (neuro-neurale) Synapsen unterscheiden sich von neuro-muskulären durch ihre Zahl je Zelle (bis mehrere 1000) und meist Unterschwelligkeit der Einzelerregung, die das Entstehen einer fortgeleiteten Erregung vom Zusammenwirken zahlr. Synapsen abhängig macht (räuml. Summation; S. 372 f.).

Zentrale erregende Synapsen, untersucht bes. an Motoneuronen, zeigen subsynapt. Membrandepolarisation ähnl. dem EPP; die Amplituden sind proportional der Zahl der erregten afferenten Fasern, d. h. bei elektr. Reizung eines Nerven von der Reizstärke (D). Diese Potentiale heißen erregende postsynapt. Potentiale (EPSP), da sie beim Neuron eine fortgeleitete Erregung erzeugen können (meist nur im Zusammenwirken mehrerer Synapsen; s. o.). Die EPSP werden bei Motoneuronen durch einen anderen Transmitter, aber nach dem gleichen Wirkungsmechanismus ausgelöst (vgl. A).

Bei insgesamt überschwelligem EPSP werden, da dort die Schwelle am niedrigsten ist, an der Membran des Axonhügels fortgeleitete Aktionspotentiale ausgelöst (vgl. Rezeptoren; S. 346 E). EPSP grundsätzl. gleichen Typs entstehen auch an anderen Neuronen des ZNS.

Zentrale hemmende Synapsen. An der Reduktion der Aktivität von Neuronen sind beteiligt:
- Refraktärphasen (die Erscheinung wird als Depression bezeichnet);
- aktive Prozesse zur Erregungsminderung (Hemmung oder Inhibition), die den Erregungsprozessen gleichrangig sind (bei ihrer Ausschaltung durch Strychnin kommt es zu tödlichen Krämpfen).

Man unterscheidet zwei Typen von Hemmung:
1. Die postsynaptische Hemmung beruht darauf, daß Transmitter in der subsynapt. Membran Kanäle öffnen, woraus starke Leitfähigkeitserhöhung für K^+ und Cl^- folgt, die zur Hyperpolarisierung führt (inhibitorisches postsynapt. Potential; IPSP). Diese Entfernung von der Erregungsschwelle bewirkt die Hemmung auf ein EPSP (E): stärker während der Transmitterwirkung, schwächer während des pass. elektroton. IPSP-Rückganges.

2. Die präsynapt. Hemmung bewirkt, vermutl. über eine Reduzierung der Amplitude des präsynapt. Potentials, eine Reduzierung der Transmitterfreisetzung. Blockieren der präsynapt. Hemmung durch Bicuculin führt zu Krämpfen, wie die der postsynapt. durch Strychnin.

Überträgerstoffe (Transmitter) sind an allen präsynapt. Endigungen eines Neurons gleich (Dale'sches Prinzip); die Eigenschaft der Synapse kann aber durch die subsynapt. Membran modifiziert werden.

Neben Acetylcholin sind nachgewiesene Transmitter adrenerge Stoffe (Adrenalin, Noradrenalin, Dopamin), vermutl. auch Serotonin, versch. Aminosäuren, Histamin. Neuroaktive Peptide (Vasopressin, Oxytocin, Endorphine) und Prostaglandine haben neben neuromodulator. Wirkung (auf humoralem Wege) vermutl. auch lokal Transmitterfunktion.

Pharmakologische Beeinflussung der Übertragungsvorgänge ist vielfach und z. T. gezielt zu klinischen Zwecken möglich.

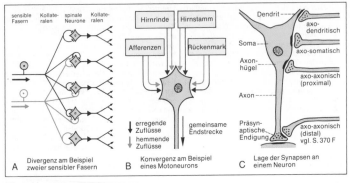

A Divergenz am Beispiel zweier sensibler Fasern

B Konvergenz am Beispiel eines Motoneurons

C Lage der Synapsen an einem Neuron

Divergenz und Konvergenz

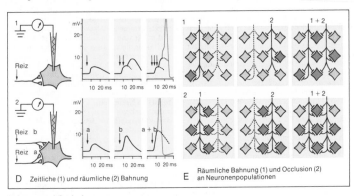

D Zeitliche (1) und räumliche (2) Bahnung

E Räumliche Bahnung (1) und Occlusion (2) an Neuronenpopulationen

Bahnung und Occlusion

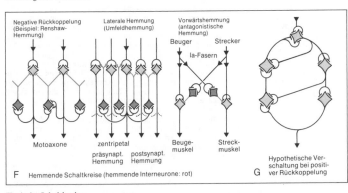

F Hemmende Schaltkreise (hemmende Interneurone: rot)

G Hypothetische Verschaltung bei positiver Rückkoppelung

Typische Schaltkreise

Die bisher behandelten Leistungen des einzelnen Neurons werden im NS (bes. im ZNS; S. 378ff.) durch vielfält. Verknüpfungen mit anderen Neuronen zu z. T. sehr komplexen Fähigkeiten gesteigert, wobei Grundprinzipien und best. Schaltungstypen deutlich werden.

Das Divergenzprinzip
der neuronalen Verschaltung ist, daß ein Neuron Informationen an viele Nervenzellen weitergibt. Das Axon teilt sich dabei in Äste (Kollateralen), die alle die volle Erregung weiterleiten (A); die Information wird so vervielfältigt und kann gleichzeitig an viele Stellen geleitet werden:
  Afferente Fasern versorgen nach dem Eintritt ins RM zahlr. spinale Neuronen, wodurch Motoneuronen (Reflexe; S. 380f.), Kleinhirn (S. 383) und Großhirnrinde (S. 383ff.) informiert werden.
Divergenz tritt in allen Teilen des ZNS auf; quantit. Erfassung ist meist weder histolog. noch physiol. möglich. Bei Motoaxonen läßt sie teilweise durch Vergleich von Axonzahl und Faserzahl des versorgten Muskels:
  Die Werte liegen beim *Menschen* zw. 1:15 (äußere Augenmuskeln) und 1:1900 (Extremitätenmuskel).
Unbekannt ist dagegen die Zahl der schon im RM abgezweigten Kollateralen des Motoaxons.

Das Konvergenzprinzip
ergibt sich aus der Zahl von Kollateralen und Neuronen (A): durchschnittl. muß jedes Neuron von mehreren anderen Neuronen Kollateralen erhalten; im ZNS sind dies bei den meisten Neuronen ca. 100 bis zu mehreren 1000.
  Ein Motoneuron z. B. erhält ca. 6000 Kollateralen (erregende und hemmende) von der Peripherie und aus Teilen des ZNS (B).
Solche Neurone verrechnen einlaufende erregende und hemmende Impulse (S. 371) zu einer Gesamtinformation, die über die Schwelle am Axonhügel den Aktivitätszustand des Neurons bestimmt. Dabei geht die Lage der Synapsen (C) quantifizierend in die Verrechnung ein.

Die Bahnung
ist die Erscheinung, daß die Gesamtwirkung mehrerer Erregungen größer ist als die Summe der Einzelerregungen. Zwei Typen existieren:
1. Zeitliche Bahnung ist Erregbarkeitssteigerung durch aufeinanderfolgende EPSP (D 1):
  Folgen Reizungen so schnell aufeinander, daß die einzelnen EPSP noch nicht wieder abgeklungen sind, verstärken sich die Depolarisationen der postsynapt. Membran, so daß trotz unterschwelliger Einzelerregungen ein fortgeleitetes Aktionspotential entst. kann.
Zeitl. Bahnung ist häufig, da viele Rezeptoren auf Reizung Impulsserien produzieren.
2. Räumliche Bahnung ist Erregbarkeitssteigerung durch gleichzeitig über zwei oder mehrere Synapsen ausgelöste EPSP (D 2): unterschwellige Einzelpotentiale können zusammen eine fortgeleitete Erregung auslösen. – In Gruppen funkt. verbundener Neuronen (Neuronenpopulation) wirkt räuml. Bahnung so, daß aufgrund von Konvergenz gleichzeitige Zuflüsse mehr Bahnen er-

regen als die Summe der bei Einzelreizungen aktivierten Neurone beträgt (E 1).
Die Occlusion
tritt umgekehrt auf, wenn in einer Neuronenpopulation schon bei Einzelreizung viele Neuronen überschwellig erregt werden (E 2): bei gleichzeit. Mehrfachreizung ist dann die Zahl der aktivierten Neurone kleiner als die Summe aller bei Einzelreizungen aktivierten.
Es ist im NS selten, daß der Erfolg gleichzeitiger oder schnell folgender Einzelreize genau so groß ist wie die Summe der Einzelwirkungen. Der hier eigentl. ungenaue Begriff **Summation** (Addition) bezeichnet daher in Reflexlehre und Ethologie vermutl. auf zeitl. oder räuml. Bahnung beruhende Phänomene:
  z. B. Auslösen von Reaktionen (Nies-Reflex) durch längerdauernde unterschwellige Reize (Kitzeln in der Nase).

Hemmende Schaltkreise
sind versch. Typen zuzuordnen:
1. Rückwärtshemmung (Feedback-H.). Schaltkreise dieser Art arbeiten nach dem Prinzip der negat. Rückkoppelung: je stärker eine Erregung, desto stärker ist die auf diese zurückwirkende Hemmung, die im allg. über kurze hemmende Interneurone geschaltet wird:
  Ein Beisp. ist die **Renshaw-Hemmung** (F) der Motoneurone im RM, die Kollateralen zu hemmenden Renshaw-Zellen abgeben, so daß bei geeigneter Lage der Schwellenwerte geringe Erregungen an die Muskeln weitergeleitet, starke Erregungen aber durch mit geringer Latenz folgende Hemmung gedämpft werden.
Ein Sonderfall ist die **Umfeldhemmung** (laterale H.), bei der die Interneurone Zellen gleicher Funktion, die der erregten benachbart sind, prä- oder postsynapt. stark hemmen, so daß um einen erregten Bereich eine Hemmzone entsteht (F). Sie findet sich bes. in afferenten Systemen, wo sie die Kontrastierung von Wahrnehmungen fördern kann:
  Bei rezept. Feldern der Retina (S. 354f.) entspricht einem on-Zentrum dem erregten Bereich, die zugehörige off-Peripherie der Hemmzone.
2. Vorwärtshemmung. (Feedforward-H.). Sie ist im NS verbreitet, wo Förderung best. Erfolgsorgane und gleichzeitig Hemmung antagonist. arbeitender Systeme notwendig ist:
  Werden an Muskelspindeln (S. 394f.) eines Beugers die I a-Fasern gereizt (F), erregen sie die Motoneurone dieses Beugers und hemmen die der antagonist. Strecker.

Fördernde Mechanismen
zur Erhaltung einer ausgelösten Aktivität sind z. B. für das Kurzzeitgedächtnis zu fordern.
– **Positive Rückkoppelung** (G), die Kreisen von Erregungen ermöglicht, wird nur vermutet.
– **Synapt. Potenzierung** (Vergrößerung der synapt. Potentiale bei mehrf. Reizung) kann während (tetanische P.) oder nach der Reizung (posttetan. P.) auftreten (Dauer: bis mehrere Std.), bes. im Hippocampus des Gehirns.

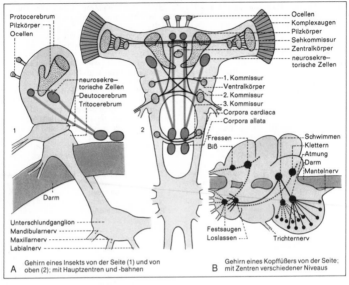

A Gehirn eines Insekts von der Seite (1) und von oben (2); mit Hauptzentren und -bahnen

B Gehirn eines Kopffüßers von der Seite; mit Zentren verschiedener Niveaus

Gehirntypen bei Wirbellosen

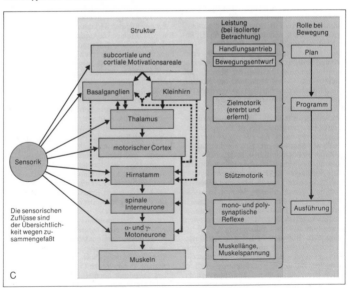

Überblick über die Zentren des motorischen Systems und ihrer Funktionen

Nervenzellen sind immer zu Nervensystemen zusammengeschlossen, die mehrere, nicht immer scharf trennbare Funktionen erfüllen:
– sie koordinieren die Funktionen der Organe (S. 376f.) zus. mit Hormonen (S. 326ff.);
– sie verbinden Sinneszellen (S. 346ff.) mit Erfolgsorganen (meist Muskeln; S. 388ff.), so daß situationsgemäße Reaktionen des Organismus mögl. sind (S. 402ff.). Entspr. der Organisationshöhe der Organismen werden versch. NS-Typen unterschieden.

Nervennetze
bestehen bei einf. organis. *Hohltieren (Hydroidpolypen)* aus gleichmäßig verteilten multi- u/o bipolaren Nervenzellen (S. 124 B). Erregung wird allseitig fortgeleitet (Synapsen z.T. in beiden Richtungen durchlässig; vgl. S. 371), sie wird mit steigender Entf. vom Reizort schwächer (Dekrement). – Da isolierte Körperteile (z.B. Tentakel) sich wie im Körperverband verhalten, ist auf Fehlen eines ausdiff. Zentrums zu schließen.
Bei größeren *Hohltieren (Seeanemonen, Medusen)* tritt zunehmende Differenzierung auf:
– schnell leitende Bahnen durch parallel laufende und längere Axone, regionale Vermehrung der Neuronen (Mundscheibe bei *Seeanemonen*, Glockenrand bei *Medusen*);
– lokale Konzentration von Nervenzellen (Ganglien) in der Nähe von Sinnesorganen.
Schon einf. Nervennetze zeigen eine Grundeigenschaft aller NS: Auftreten meist rhythm. Impulse ohne Außenreize (**Spontanaktivität**):
– Schwimmbewegungen von *Medusen*;
– bei der *Seenelke Metridium* tritt ein mehrstündiges, period. Aktivitätsmuster auf: Verlängerung des Körpers, Ausbreiten der Mundscheibe, Tentakelaktivität, Verkürzung des Körpers, Öffnen des Mundes, Ausstoßen des Gastralraum-Inhalts, Erschlaffung.
Schrittmacherfunktion einzelner Zellansammlungen (Ganglien) ist z.B. bei Schwimmbewegungen von *Medusen* nachgewiesen.
Bei *höheren Tieren* dienen Nervennetze nur noch der Steuerung einzelner Organe (z.B. intramurales NS; S. 111).

Zentralnervensysteme
sind durch stärkere Zentralisierung von Nervenzellen gekennzeichnet. Oft sind Stränge diff., die in urspr. Form auf der ganzen Länge Zellkörper enthalten (Markstränge; S. 126 A). Bei höheren Formen liegt klare Trennung vor:
– Ganglien, die die Zellkörper enthalten und
– Nerven, in denen die Axone verlaufen.
Solche **ganglionäre Nervensysteme** sind, unter starker Konzentration von Nervenzellen im Kopfbereich (Gehirnbildung; im Zus.hang mit der Konz. von Sinnesorganen am Vorderende), in drei Entwicklungsreihen zu hoher Komplexität entwickelt:
Die Weichtiere erreichen in den *Kopffüßern* die höchste Stufe (B). Das NS ermöglicht hohe Lern- und Gedächtnisleistungen (vgl. S. 386f.).
Die Gliedertiere mit typ. segmentalem NS

(S. 128 D, ff.), am höchsten entw. bei den *Insekten* (A), verfügen über zahlr. Verhaltensprogramme, bes. bei den staatenbildenden *Insekten*, und kompliz. Verrechnungsmechanismen (S. 432f.). Bei der Steuerung physiol. Vorgänge kann, analog zu den *Wirbeltieren*, Zusammenwirken mit Hormonen stattfinden (S. 336f.).
Die Wirbeltiere, bei deren NS die Segmentierung noch erkennbar ist (S. 110 A), haben eine bes. starke Tendenz zur Gehirnbildung, die beim *Menschen* den Höhepunkt erreicht (S. 378ff.).
Alle ZNS haben Gemeinsamkeiten:
Morphol.-anatom. Prinzipien
– Zusammenfassung der Nervenzellen zu zentralen Ganglienmassen;
– Gliederung dieser Ganglien in Einzelkomplexe (Zentren);
– Ausbildung langer Leitungsbahnen;
– Trennung afferenter und efferenter Nerven durch einsinnige Erregungsleitung.
Funktionelle Prinzipien
– Erzeugung spezif. Impulsmuster in den Zentren (endogen entstehend oder durch Umformung sensibler Impulse).
– Hierarchische Ordn. einzelner Teile unter wechselseitigem förderndem oder hemmendem Einfluß (Fähigkeit der Selbstregulation; S. 376f.).
– Komplexe Schaltmechanismen bewirken, daß gleiche Reizsituationen unter dem Einfluß innerer Faktoren im ZNS versch. Wirkungen haben (Plastizität).
– Engrammbildung, Entstehung bleibender Veränderungen in Nervenzellen als Folge durchlaufender Erregungen, die spätere Erregungsabläufe beeinflussen.
– Psychische Vorgänge, Empfindungen und Bewußtseinsbildung, nachweisbar beim *Menschen*, in weniger differ. Vorstufen auch bei *Tieren* anzunehmen (S. 385). Sie sind kausaler Untersuchung nicht zugänglich (S. 401).

Gliederung des ZNS der Wirbeltiere
Das anatom.-morphol. reichgegliederte ZNS (S. 110 B, 378ff.) ist, entspr. seiner Aufg. der Reizbeantwortung, funktionell im wesentl. in zwei Systeme zu gliedern:
Die Motorik umfaßt Zellen und Zellgruppen (Zentren: oft nur funkt. abgrenzbar), die im RM und in versch. Gehirnteilen in deutl. hierarchischer Ordn. vorliegen (C), mit den verbindenden Bahnen. Sie ist zu trennen in:
– Stützmotorik (Aufrechterhaltung gegen die Schwerkraft, Stellung des Körpers im Raum), die vom RM und von Zentren des Hirnstammes kontrolliert wird (S. 381);
– Zielmotorik (für alle zielgerichteten Bewegungen), die die Beteiligung höherer Zentren voraussetzt (S. 383).
Die Sensorik (S. 378f.) stellt ein vergleichbares System hierarch. geordneter »Zentren« dar. Sie ist mit der Motorik auf allen Ebenen verknüpft.
Integrative Systeme des ZNS lassen sich von Motorik und Sensorik abgesetzt behandeln (S. 384ff.).

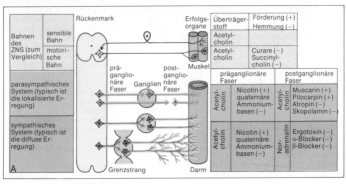

Bahnen und Überträgerstoffe im vegetativen Nervensystem

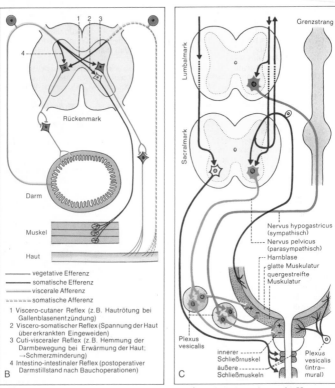

vegetative Efferenz
somatische Efferenz
viscerale Afferenz
somatische Afferenz

1 Viscero-cutaner Reflex (z.B. Hautrötung bei Gallenblasenentzündung)
2 Viscero-somatischer Reflex (Spannung der Haut über erkrankten Eingeweiden)
3 Cuti-visceraler Reflex (z.B. Hemmung der Darmbewegung bei Erwärmung der Haut; →Schmerzminderung)
4 Intestino-intestinaler Reflex (postoperativer Darmstillstand nach Bauchoperationen)

Vegetative Reflexbögen (Interneurone im Rückenmark nicht berücksichtigt)

Antagonistische Innervierung der Harnblase (+ = Kontraktion; − = Erschlaffung)

Die Aufg. der Koordination der inneren Organe erfüllt bei den *Wirbeltieren* das vegetative NS (S. 110f.). Es wird dem somatischen NS gegenübergestellt; beide Syst. sind aber zentral integriert und in diesem Bereich auch strukt. nicht klar zu trennen. Es wird auch als autonomes (unwillkürl.) NS bezeichnet, da es nicht unter willkürl. Kontrolle steht. Diese Unterscheidung ist jedoch nicht trennscharf:
– vegetativ gesteuerte Prozesse (z. B. Herzfrequenz) sind willkürl. beeinflußbar;
– die zerebrospinal gesteuerte Skelettmuskelmotorik verläuft z. gr. T. unwillkürlich.

Das periphere vegetative Nervensystem
besteht aus zwei oft antagonist. Systemen. In ihnen tritt im Gegens. zu motor. und sensiblen Bahnen die efferenten Bahnen zw. ZNS und Erfolgsorganen durch vegetat. Ganglien unterbrochen (A). Man unterscheidet daher:
– präganglionäre Neuronen (sympath. meist myelisiert; parasympath. unmyelisiert);
– postganglionäre Neuronen (unmyelisiert, dünn; Leitgeschwindigkeit ca. 1m/s).

Das periphere sympathische System beginnt an Nervenzellen des RM, die in paarigen Streifen im Seitenhorn-Gebiet der grauen Substanz liegen. Da bei der Umschaltung auf die postganglionäre Faser, meist schon im Grenzstrang, die verzweigte präganglionäre Faser zahlr. Zellen aktiviert, breitet sich die Erregung stark aus. Diese diffuse Ausbreitung wird weiter begünstigt durch Verzweigung der postganglionären Fasern (die Vorstellung ganglionärer Netze in diesem Bereich ist nach elektronenoptischen Befunden nicht haltbar) und Verbindung vieler Seitenhorn-Segmente durch Reflexkollateralen. Trotzdem sind einzelnen Fasern bes. Versorgungsgebiete zugeordnet.

Das periphere parasympathische System umfaßt die den sympathischen Bahnen antagonistischen Fasern. Sein Ursprung liegt in Mittelhirn, Medulla und Sakralmark (S. 110 E). Die Umschaltung auf die postganglionäre Faser erfolgt spät, oft erst im Innervationsgebiet selbst. Das parasympathische System neigt daher zur spezif. Erregung einzelner Organe (lokalisierte Reaktion).

Auch **viszerale Afferenzen** aus dem Eingeweidebereich gehören zum peripheren vegetat. NS; sie sind aber morphol. nicht gegenüber den somat. Afferenzen abgrenzbar.

Der Antagonismus im vegetativen NS
kommt in der doppelten Innervierung zahlr. Organe zum Ausdruck (C; vgl. S. 110 E). – Er ist aber nicht immer verwirklicht: Ein Partner kann ganz fehlen (z. B. an den rein sympath. innervierten Herzkammern); auch innerhalb eines Systems kann antagonist. Innervierung vorkommen, z. B. bei Schweißdrüsen-Sekretion (gesteigerter Sympathicus-Einfluß) bei gleichzeitiger Erweiterung der Hautgefäße (verringerter Sympathicus-Einfluß).

Die Übertragerstoffe im vegetativen NS spiegeln den Antagonismus der Teilsysteme (A). Während die präganglionären Fasern stets cholinerg sind, sind die postganglionären

– beim Parasympathicus cholinerg;
– beim Sympathicus dagegen adrenerg (Freisetzen von Noradrenalin); daher fördern Stoffe, die die Noradrenalin-Bildung steigern, die Sympathicus-Aktivität.
Ausnahmen von dieser Regel gibt es im sympathischen System (z. B. cholinerge Innervation von Uterus und Schweißdrüsen) und im parasympathischen (z. B. bei Vagus-Fasern).

Vegetative Leistungen des Rückenmarks
Sind statt somat. Motoneurone vegetative präganglionäre Fasern in Reflexbögen (S. 380f.) eingeschaltet, liegen **vegetative Reflexe** vor. Ein vegetat. Reflexbogen hat mindestens zwei Synapsen im RM und eine im vegetat. Ganglion. Vegetat. Reflexe sind segmental organisiert: sie empfangen ihre afferenten Impulse über in das gleiche RM-Segment eintretende Fasern; bei Reizung über benachbarte Segmente ist die Reaktion erhebl. geringer.
Je nach Verschaltung mit somat. oder viszeralen (von inneren Organen) Afferenzen unterscheidet man versch. Reflextypen (B):
– Eingeweide-Haut (viscero-cutaner Reflex);
– Eingeweide-Muskulatur (viscero-somat. R.);
– Haut-Eingeweide (cuti-visceraler R.);
– Darm-Darm (intestino-intestinaler R.).
Ob auch Axon-Reflexe (afferente und efferente Collateralen des gleichen Neurons) bei Hautrötung nach gewebsschädigender (noxischer) Reizung mitwirken, ist umstritten.

Höhere Zentren des vegetativen NS
liegen auf mehreren Ebenen: im verlängerten Mark, in Brücke, Mittelhirn und Hypothalamus (der vegetative, somat. und hormonale Wirkungen integriert; S. 380f.), im limbischen System; auch eine Beeinflussung durch Felder der Großhirnrinde ist gegeben. Von ihnen gehen z. T. lokalisierte Wirkungen aus (z. B. willkürl. Steuerung des Blasenentleerungs-Reflexes; C), z. T. generelle Wirkungen, die auf Konstanthaltung des inneren Milieus (**Homöostase**) bei unterschiedl. Belastungen des Organismus hinwirken. Auch dabei wird Arbeitsteilung zw. den Teilsystemen deutlich:
Die ergotrope Reaktion bei erhöhtem Sympathicotonus steigert die Fähigkeit zu Arbeitsleistung, Angriff oder Flucht: Aktivierung von Herz und Kreislauf, Mobilisierung von Glykogen, Hemmung der Aktivität des Verdauungssystems.
Die trophotrope Reaktion bei überwiegendem Parasympathicotonus bringt Vorgänge der Erholung (Restitution): Minderung der Kreislaufleistung, Senkung der Herzfrequenz (»Schongang«), Steigerung der Leistung von Verdauungsdrüsen und Darmmuskulatur. – Die Aktivierung der beiden Systeme verläuft bei emotioneller Auslösung (Angst, Wut) gleichsinnig, es überwiegt aber der Sympathicus-Einfluß infolge seiner Tendenz zu diffuser Erregung.
Emotionale Störungen (vgl. limbisches Syst., S. 387) können von vegetat. Störungen und bei längerer Dauer von **vegetat. Dystonien** (Fehlsteuerung von Organfunktionen) begleitet sein.

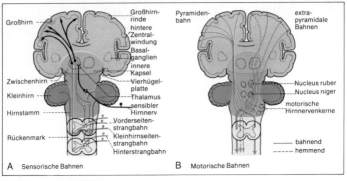

A Sensorische Bahnen

B Motorische Bahnen

Bahnen im Zentralnervensystem

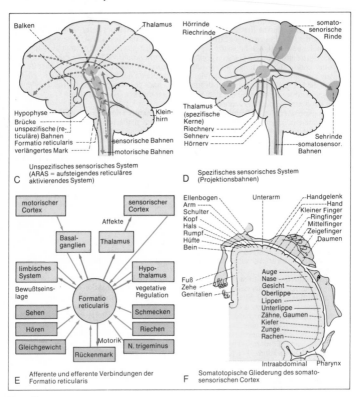

C Unspezifisches sensorisches System
(ARAS = aufsteigendes retikuläres
aktivierendes System)

D Spezifisches sensorisches System
(Projektionsbahnen)

E Afferente und efferente Verbindungen der
Formatio reticularis

F Somatotopische Gliederung des somato-
sensorischen Cortex

Sensorik

Die Einteilung auf den folgenden Seiten ist keine funkt. Gliederung, sondern dient der besseren Übersicht. Jede behandelte Struktur wirkt mit zahlr. anderen zusammen:
– sensorischen mit motorischen zum Ablauf einer situationsgemäßen (Re-)Aktion;
– Strukturen versch. hierarchischer Stufen bei komplexen Abläufen.
Da Nervenverbindungen zw. den Systemen hierfür Voraussetzung sind, werden zunächst einige wichtige Bahnen behandelt.

Leitungsbahnen im ZNS
1. Sensorische Bahnen (A)
Die Informationen von Haut (Oberflächensensibilität) und Bewegungsapp. (Tiefensensibilität) erreichen das RM über die Hinterwurzel (1. Neuron) und steigen danach in folgenden Bahnen auf:
Vorderseitenstrangbahn. Die 2. Neuronen ziehen zur anderen Körperseite hinüber und verlaufen in einem breiten Feld (Mitte des Seitenstranges bis in den Vorderstrang hinein) zum Hirnstamm. Dort führt ein Teil in die Vierhügelplatte, die meisten zum Thalamus. Von hier aus ziehen die 3. Neuronen zu versch. Bereichen des Cortex.
Hinterstrangbahn (phylogenet. jung, fehlt bei niederen *Wirbeltieren*). Die 1. Neuronen ziehen ungekreuzt bis ins verlängerte Mark. Die 2. Neuronen führen z. T. im Kleinhirn (S. 383), meist in der Schleifenkreuzung zur Gegenseite in den Thalamus. Auch hier ziehen die 3. Neuronen zum Cortex (hintere Zentralwindung).
Auch die dem Stammhirn zugeordneten, ganz oder teilw. sensor. **Hirnnerven** verlaufen über den Thalamus zum Cortex: z. B. der Gleichgewichts-Hör-Nerv (N. stato-acusticus; VIII) und der Geschmacksnerv (N. glossopharyngeus; IX); ebenso der dem Vorderhirn zugeordnete Sehnerv (N. opticus; II).
2. Motorische Bahnen (B)
Die Pyramidenbahn: lange, ununterbrochene Fasern, laufen meist gekreuzt in der Seitenstrangbahn, z. T. ungekreuzt in der Vorderstrangbahn zu den motor. Zellen der RM-Segmente (oft über Interneuronen vom Hinterhorn aus). Sie kann so das sensor. System blockieren (die isolierte Betrachtung motor. und sensibler Bahnen ist also eine Vereinfachung). – Ihre Fasern entspringen z. T. den Riesenzellen der prim. motor. Region der Großhirnrinde; sie enden z. T. an den Kernen der Brücke (Pons), über die das Kleinhirn in jede bewußte Muskelinnervation eingeschaltet wird.
Auch die motor. Kerne der Hirnnerven im Haubengebiet von Mittel- und Rautenhirn werden von Bahnen versorgt, die der Pyramidenbahn entsprechen.
Die extrapyramidalen Bahnen: kein einheitl. System, aber alle zw. ihren Ursprungsgebieten und dem RM mindestens einmal unterbrochen. – Ihre Leistungen: Einleitung, Förderung oder Dämpfung grober willkürl. Bewegungskomplexe, Verteilung des Muskeltonus, Auslösung unwillkürl. Bewegungen.

Sensorische Systeme
Im RM sind sensible Fasern afferente Teile in vegetat. (S. 377) und motor. (S. 381) Reflexbögen. Subspinal sind zwei sensor. Syst. vorhanden:
Das unspezifische sensor. System (C)
Aufsteigende sensor. Bahnen und afferente Hirnnerven leiten über Kollateralen Impulse zur Formatio reticularis.
Die F.r. durchzieht den Hirnstamm als Netz von Neuronen mit eingestreuten Kernen (S. 380 C). Neben sensor. hat sie auch vegetat. und motor. (S. 381) Funktionen, ablesbar an zahlr. Ein- und Ausgängen (E). Mehrere versch. Afferenzen konvergieren hier auf ein Neuron (polysensor. Konvergenz). Charakterist. ist Unbestimmtheit der Antwort auf einlaufende Reize bei langer Latenz.
Die integrierten sensor. Erregungen kommen zu medianen Thalamuskernen und von dort zum gesamten Cortex, bes. des Stirnhirns (unspezif., »reticuläre« Bahnen). – Sie bewirken durch Aktivierung corticaler Neuronen Bewußtseinserhaltung bzw. Steigerung der Bewußtseinshelligkeit; sie beeinflussen auch den Schlafrhythmus.
Das spezifische sensorische System (D)
Die letzte Umschaltung der im RM aufsteigenden somatosensor. Bahnen erfolgt für dies System in den spezif. Thalamuskernen (S. 381).
In ihnen besteht räuml. Zuordnung von Neuronen und best. rezeptiven Feldern, so daß durch einlauf. Erregungen Reizkonstellationen projiziert werden (Projektionskerne). Dabei wird jedes Neuron nur von einer Rezeptorart erregt, die Reizintensität ist in der Entladungsfrequenz des Neurons codiert.
In ebenso exakter Projektion gehen die Impulse weiter an zwei Rindenbezirke:
– Der Gyrus postcentralis jeder Hemisphäre liefert ein Bild der gegenseitigen Körperhälfte, dessen Verzerrung durch Dichte und Größe der peripheren rezept. Felder bestimmt ist (F). Er ermöglicht bes. die somatosensor. Leistungen, die auf gutem räuml. Unterscheidungsvermögen beruhen.
– In einem zweiten Rindenbezirk sind in jeder Hemisphäre beide Körperhälften repräsentiert (bilaterale Projektion).
Sensor. Projektionsfelder (»Wahrnehmungs«-felder; S. 382 A) mit ähnl. Punkt-zu-Punkt-Projektion gibt es auch für Seh- und Hörbahn; solche mit starker Erregungskonvergenz für Geschmacks- und Geruchsnerven. – Zerstörung des sensor. Projektionsfeldes stört die jeweils zugeordnete Wahrnehmung (z. B. »Rindenblindheit« beim opt. Projektionsfeld), wobei nach Teilausfall die Defekte z. T. reversibel sind (Kompensation durch andere Rindenbereiche).
Sek. sensor. Felder (Assoziations-, »Erinnerungs«felder; S. 382 A) sind mit den zugeordneten prim. sensor. Feldern und mit Thalamuskernen verbunden. Sie dienen der Informationsverarbeitung (wichtig für bewußte Wahrnehmung von Sinneseindrücken). – Bei Ausfall: **Agnosie** (Verlust des Erkennungsvermögens bei erhaltener Wahrnehmung; z. B. »Seelenblindheit«).

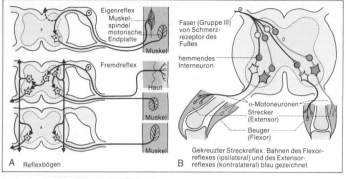

Eigenreflex
Muskel-
spindel
motorische
Endplatte
Muskel

Fremdreflex
Haut
Muskel
Muskel

A Reflexbögen

Faser (Gruppe III)
von Schmerz-
rezeptor des
Fußes

hemmendes
Interneuron

α-Motoneuronen
Strecker
(Extensor)
Beuger
(Flexor)

Gekreuzter Streckreflex: Bahnen des Flexor-
reflexes (ipsilateral) und des Extensor-
reflexes (kontralateral) blau gezeichnet

B

Rückenmarks-Motorik

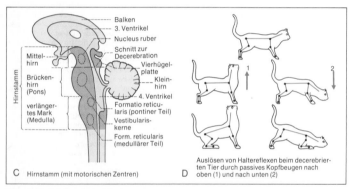

Balken
3. Ventrikel
Nucleus ruber
Schnitt zur
Decerebration
Vierhügel-
platte
Kleinhirn
4. Ventrikel
Formatio reticularis (pontiner Teil)
Vestibularis-
kerne
Form. reticularis (medullärer Teil)

Mittelhirn

Brückenhirn
(Pons)

verlängertes Mark
(Medulla)

Hirnstamm

C Hirnstamm (mit motorischen Zentren)

Auslösen von Haltereflexen beim decerebrier-
ten Tier durch passives Kopfbeugen nach
oben (1) und nach unten (2)

D

Motorische Leistungen des Hirnstammes

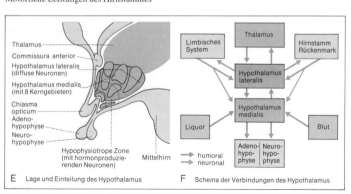

Thalamus
Commissura anterior
Hypothalamus lateralis
(diffuse Neuronen)
Hypothalamus medialis
(mit 8 Kerngebieten)
Chiasma
opticum
Adeno-
hypophyse
Neuro-
hypophyse
Hypophysiotrope Zone
(mit hormonproduzie-
renden Neuronen)
Mittelhirn

E Lage und Einteilung des Hypothalamus

Limbisches
System
Thalamus
Hirnstamm
Rückenmark

Hypothalamus
lateralis

Hypothalamus
medialis

Liquor
Blut

Adeno-
hypophyse
Neuro-
hypophyse

→ humoral
→ neuronal

F Schema der Verbindungen des Hypothalamus

Hypothalamus

Motorische Leistungen des Rückenmarks

Das RM hat neben seiner Leitungsfunktion auch die Funktion, Muskelaktivität auf äußere Bedingungen abzustimmen.

Dazu dienen **Reflexe** (stereotype Reaktionen auf Außenreize), die durch synapt. Verbindung afferenter mit efferenten Neuronen möglich werden. An der Bildung solcher Reflexbögen sind zahlr. Neuronen des RM beteiligt, die nur kurze Strecken überbrücken. Sie verlaufen meist in den Grundbündeln und absteigend im Hinterstrang.

Der monosynapt. Reflexbogen (A)

mit bes. kurzer Reflexzeit (ca. 20 ms) tritt z. B. auf bei Auslösen von Muskelkontraktionen durch Impulse ihrer eigenen Muskelspindeln. Die Bedeutung dieser Dehnungsreflexe (S. 394 D) liegt darin, durch negat. Rückkoppelung eine vorgegebene Muskellänge konstant zu halten.

Der polysynapt. Reflexbogen

mit Interneuronen und Kollateralverzweigung ermöglicht komplexe und situationsangepaßte Reaktionen. Dabei tritt durch auf- u/o absteigende Kollateralen im allg. eine intersegmentale Verschaltung auf (A; unten).

Wird beim spinalisierten *Tier* (mit ausgeschaltetem Gehirn) eine (Hinter-)Extremität schmerzhaft gereizt (Rezeptoren in der Haut), tritt reflektor. Beugung im Sprung-, Knie- und Hüftgelenk ein (**Flexorreflex**; B) und führt zu Wegziehen der Extremität. Da die Streckmuskeln während der Bewegung erschlaffen, muß auf eine Hemmung der entspr. Motoneurone geschlossen werden. Starke und anhaltende Reizung dieser Art löst eine koordinierte Bewegung der anderen Hinterextremität aus (**Extensorreflex**; B) und sogar bei beiden Vorderextremitäten.

Bedeutung haben polysynapt. Reflexe bes. als Lokomotions-, Nutritions- (z. B. Schluck-) und Schutzreflexe.

Die Beeinflussung von spinalen Reflexen durch supraspinale Zentren zeigt sich bei Querschnittslähmung: zunächst tritt völlige Areflexie auf (spinaler Schock; 4–6 Wochen); danach treten motor. und vegetat. Reflexe in wechselndem Umfang wieder auf. Der beim menschl. Neugeborenen vorhandene Schreitreflex kommt bei Reifung des NS offenbar unter so starke supraspinale Kontrolle, daß eigene Aktivität nicht mehr mögl. ist (keine Lokomotion bei Querschnittsgelähmten).

Motorische Leistungen des Hirnstammes

Motor. Zentren liegen im Hirnstamm an mehreren Stellen (C). Sie erhalten Zuflüsse von übergeordneten motor. Zentren (S. 378 B) und erzielen über ihre zahlr. efferenten Bahnen bei motor. Reflexbögen des RM und der motor. Hirnnerven grundsätzl. zwei antagonist. Wirkungen. Je eine Gruppe wirkt
- erregend auf Motoneurone der Beuger und hemmend auf die der Strecker;
- erregend auf Motoneurone der Strecker und hemmend auf die der Beuger.

Die motor. Zentren des Hirnstammes kontrollieren die **Stützmotorik.** Dazu zeigen Ausschaltungsexperimente an Tieren (Decerebration; C), daß die Zentren in verl. Mark und Brücke **Haltereflexe** steuern, die die Haltung des ruhig stehenden *Tieres* bestimmen:

Passives Aufwärtsbiegen des Kopfes (D bei ausgeschalteten Labyrinthen) bewirkt beim Strecktonus Steigerung in der Vorder-, Senkung in der Hinterextremität (Einknicken).

Die motor. Zentren im Mittelhirn steuern zusätzl. **Stellreflexe,** die aus allen Lagen das aktive Einnehmen der Normalhaltung ermöglichen.

In den motor. Zentren des Hirnstammes ist die Stützmotorik außerdem so eng mit der Zielmotorik (S. 383) verknüpft, daß strukturell keine klare Trennung erkennbar ist.

Leistungen des Hypothalamus

Der Hypothalamus, ein phylogenet. alter und bei allen *Wirbeltieren* ähnl. organis. Hirnteil, liegt im Zwischenhirn (E) ventral vom Thalamus (S. 378) und oberhalb der Hypophyse; er ist von Strukt. des Mittelhirns und des urspr. Vorderhirns (Riechhirn) nicht scharf zu trennen, hat außerdem zahlr. afferente und efferente Verbindungen zu anderen Hirnteilen (F), die zus. mit der starken inneren Diff. auf die Vielfalt der Funktionen hinweisen.

Vegetative Leistungen des Hypothalamus

sind integrativer Natur: sie zielen auf Aufrechterhaltung des inneren Milieus durch Regulation zahlr. vegetativer Prozesse (S. 377). Dabei können die Regulationen schon zu Beginn der jeweiligen Belastung zentralnervös, vielleicht durch corticale Kontrolle, eingeleitet werden.

Hormonale Leistungen des Hypothalamus

Axone des medialen Hypothalamus setzen stimulierende und inhibitorische Releasing-Hormone frei, die humoral auf die Adenohypophyse wirken (HVL; S. 329). Die Anpassung dieser Freisetzung an best. innere und äußere Bedingungen regelt das ZNS (z. B. erhöhte Ausschüttung von Cortisol unter Stress). Zur Neurohypophyse (HHL) bestehen neuronale Verbindungen.

Somatische Leistungen des Hypothalamus

bestehen bes. in der Steuerung von Verhaltensweisen. Durch lokale Hirnreizung (S. 412 ff.) und Läsionen im Tierversuch wurde im Thalamus die Existenz neuronaler Systeme nachgewiesen, die spezif. Verhalten steuern.

Ausschaltung des Bezirks im medialen Hypothalamus, in dem elektr. Hemmung des Freßverhaltens auslösbar ist, bewirkt übermäßige Nahrungsaufnahme.

Es liegen zahlr. Programme vor, die durch Signale von Sinnesorganen, Propriozeptoren u/o von übergeordneten Hirnsystemen (limbisches System; S. 385) aktivierbar sind.

Ihre neuronalen Entsprechungen sind allerdings anatom. nicht fest umrissen und stimmen mit den Kerngebieten des Hypothalamus nicht oder nur ungenau überein. Ihre Organisation (exakte und efferente Verknüpfungen, Spezifität der Übertragerstoffe, Zahl und Art der synapt. Kontakte) ist noch ungeklärt.

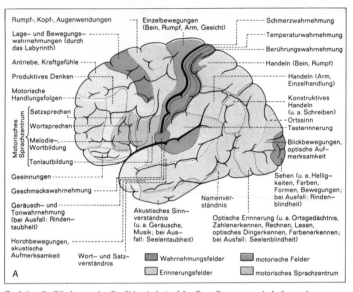

Rumpf-, Kopf-, Augenwendungen
Lage- und Bewegungswahrnehmungen (durch das Labyrinth)
Antriebe, Kraftgefühle
Produktives Denken
Motorische Handlungsfolgen
Motorisches Sprachzentrum
  Satzsprechen
  Wortsprechen
  Melodie-, Wortbildung
  Tonlautbildung
Gesinnungen
Geschmackswahrnehmung
Geräusch- und Tonwahrnehmung (bei Ausfall: Rindentaubheit)
Horchbewegungen, akustische Aufmerksamkeit

Einzelbewegungen (Bein, Rumpf, Arm, Gesicht)

Schmerzwahrnehmung
Temperaturwahrnehmung
Berührungswahrnehmung
Handeln (Bein, Rumpf)
Handeln (Arm, Einzelhandlung)
Konstruktives Handeln (u. a. Schreiben)
Ortssinn
Tasterinnerung
Blickbewegungen, optische Aufmerksamkeit
Sehen (u. a. Helligkeiten, Farben, Formen, Bewegungen; bei Ausfall: Rindenblindheit)
Optische Erinnerung (u. a. Ortsgedächtnis, Zahlenerkennen, Rechnen, Lesen, optisches Dingerkennen, Farbenerkennen; bei Ausfall: Seelenblindheit)

Wort- und Satzverständnis
Akustisches Sinnverständnis (u. a. Geräusche, Musik; bei Ausfall: Seelentaubheit)
Namensverständnis

Wahrnehmungsfelder — motorische Felder
Erinnerungsfelder — motorisches Sprachzentrum

A

Funktionelle Gliederung der Großhirnrinde (auf der Grundlage anatomisch abgrenzbarer Rindenfelder)

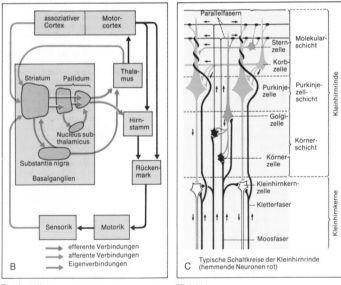

B

assoziativer Cortex — Motorcortex
Striatum — Pallidum
Nucleus subthalamicus
Substantia nigra
Basalganglien
Thalamus
Hirnstamm
Rückenmark
Sensorik — Motorik

→ efferente Verbindungen
→ afferente Verbindungen
→ Eigenverbindungen

C Typische Schaltkreise der Kleinhirnrinde (hemmende Neuronen rot)

Parallelfasern
Sternzelle
Korbzelle
Purkinjezelle
Golgizelle
Körnerzelle
Kleinhirnkernzelle
Kletterfaser
Moosfaser

Molekularschicht
Purkinjezellschicht
Körnerschicht
Kleinhirnrinde
Kleinhirnkerne

Basalganglien   Kleinhirn

Zielmotorik (Durchführung zielgerichteter Bewegungen) setzt Beteiligung höh. Hirnstrukt. voraus; sie ist aber, bes. auf dem Niveau des Hirnstammes (S. 381) eng mit der Stützmotorik verknüpft: jede gezielte Bewegung erfordert gleichzeit. Neueinstellung der Stützmotorik.

Der motorische Cortex

Vom motor. Cortex einer Hemisphäre können durch lokale elektr. Reizungen zugeordnete Beweg. der anderen Körperhälfte erzeugt werden:
- die **somatotopische Organisation** gleicht der der sensor. Projektionsfelder (Körperteile mit feiner Motorik stark repräsentiert),
- die **multiple Repräsentation** ebenf.: im Anschluß an den prim. motor. Cortex (Gyrus praecentralis) liegt der ebenf. somatotop. gegliederte sek. motor. Cortex.

Der zelluläre Aufbau des motor. Cortex ist gekennzeichnet durch Riesenpyramidenzellen (V. Rindenschicht) und Pyramidenzellen (III. Schicht, vgl. S. 384 B, C), die Dendriten vorw. zur Oberfl. senden, während die Axone nach innen ziehen. Pyramidenzellen und zugeordnete Interneurone bilden senkr. zur Oberfl. stehende histolog. Säulen, deren viele zu funkt. Säulen zusammenwirken (∅ ca. 1 mm), die Grundlage der somatotopischen Organis. sind: eine Säule erregt oder hemmt jeweils eine zusammengehörige Gruppe von Motoneuronen.

Die Pyramidenzellen einer Säule zeigen komplexe Entladungsmuster (gleich-, gegensinnig oder unkorreliert) je nach Bewegung des zugeordneten Gelenks. Es sind also nicht Einzelmuskeln, sondern alle einem Gelenk zugeordneten Muskeln in den Säulen repräsentiert.

Efferenzen des motor. Cortex wirken auf drei Wegen auf die Motorik ein:
- direkt auf Motoneurone (ca. 1 Mill. Fasern; corticospinale oder Pyramidenbahn; meist fördernd auf Beuger, hemmend auf Strecker);
- indirekt über andere motor. Zentren (z.B. Pars intermedia des Kleinhirns);
- über Einwirkung auf Informationen in sensor. Projektionsbahnen (z.B. Thalamus; S. 379).

Die extrapyramidalen Bahnen aus etwa den gleichen corticalen Gebieten dienen vermutl. zur Einleitung der für die Zielmotorik notw. halte- und stellmotorischen Vorgänge.

Die Basalganglien (B)

sind Kernstrukturen am Grund der Hemisphären, klar abgegrenzt und aus Striatum und Pallidum zusammengesetzt. Die wichtigsten ihrer afferenten und efferenten Verbindungen sind (B):
- Afferenzen vom Cortex zum Striatum;
- weiterführende Bahnen von dort zum Pallidum;
- Efferenzen zum Thalamus.

Von dort wieder Bahnen zum Cortex, daher Basalganglien die wichtigste Verbindung zw. motor. Cortex und assoziativer Rindenfeldern.

Die Funktion der Basalganglien, Einleitung und Durchführung langsamer, gleichmäßiger (»rampenförm.«) Bewegungen, ist im Tierexp. durch Impulsaktivität einzelner Pallidum-Neurone belegt. Vom Thalamus her kann zur Vorbereitung

der Bewegung die somato-sensor. Information integriert werden.

Die motor. Funktionen werden beim *Menschen* bei Ausfall einzelner Elemente deutl.: während Ausfall von Motoneuronen (z.B. **Kinderlähmung**) zu »schlaffer Lähmung« führt (verringerter Tonus, Muskelatrophie, Minderung oder Ausfall der Kraft- und Feinmotorik), bewirken Ausfälle in den Basalganglien versch. Bewegungsstörungen. Beim **Parkinson-Syndrom** z.B. treten in wechselnder Ausprägung auf:
- Akinese (Schwierigkeiten bei Durchführung langsamer Bewegungen); beruht wohl auf Schädigung der Bahn vom Nucleus niger zum Striatum (Transmitter: Dopamin; daher therapierbar durch dessen Vorstufe L-Dopa, die die Blut-Hirn-Schranke passieren kann);
- Rigor (erhöhter Muskeltonus: Starre);
- Ruhetremor (Zittern, bes. der Extremitätenenden, läßt bei Bewegungen zeitw. nach).

Das Kleinhirn (Cerebellum)

hat eine stark gefaltete, aber einheitl. organisierte Rindenschicht (C).

Afferente Kletterfasern bilden zahlr. erregende Synapsen mit dem Dendritenbaum der Purkinje-Zelle, so daß diese sich bei einem Impuls mehrfach entlädt. Afferente Moosfasern erregen die Körnerzellen, diese über die Parallelfasern dann die übr. Zelltypen (alle hemmend):
- Golgi-Zellen (Rückwärtshemmung auf Körnerzellen);
- Sternzellen und Korbzellen (Vorwärtshemmung auf Purkinje-Zellen).

Die Purkinje-Zellen, einziger Ausgang der Kleinhirnrinde, bewirken mit Ruheentladungen eine tonische Hemmung der Kleinhirnkerne. Reizung der Purkinje-Zellen bewirkt also verstärkte Hemmung, ihre dir. oder indir. Hemmung bewirkt geringere Hemmung der Kerne. Jeder erregende Zufluß wird durch die versch. Hemmungen nach 100 ms gelöscht, das Syst. ist zu neuer Informationsverarbeitung bereit (wichtig für Beteiligung an **schnellen Bewegungen**).

Afferenzen des Kleinhirns stammen aus RM, verlängertem Mark und (absteigend) Cortex. Efferenzen, zu Hirnstamm und Großhirn, sind in drei Längszonen gegliedert, denen im wesentl. drei Aufgabenbereiche entsprechen:
- Steuerung und Korrektur der Stützmotorik;
- Kurskorrektur langsamer gezielter Bewegungen und ihre Koordination mit Stützmotorik;
- Durchführung der schnellen Zielmotorik (entworfen vom Großhirn).

Handlungsantrieb und Bewegungsentwurf

können nur auf der Ebene von Potentialen behandelt werden; Zusammenhänge zw. »Wollen« und corticalen Impulsmustern entziehen sich (noch) dem Verständnis.

800 ms vor Beginn einer geplanten Handlung ist über der ges. Schädeldecke ein langsam steigendes neg. **Bereitschaftspotential** abzuleiten, dem sich schnellere Potentiale über den (contralateralen) motosensor. Arealen anschließen, die die Aktivität zur Einleitung und Durchführung der Bewegung widerspiegeln.

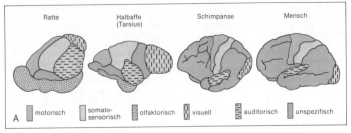

Wachsender Anteil des unspezifischen Cortex (Gehirne in Seitenansicht)

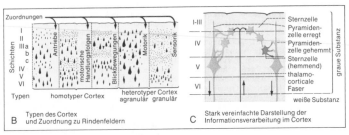

B Typen des Cortex und Zuordnung zu Rindenfeldern

C Stark vereinfachte Darstellung der Informationsverarbeitung im Cortex

Cytoarchitektonik und Erregungsverarbeitung im Cortex

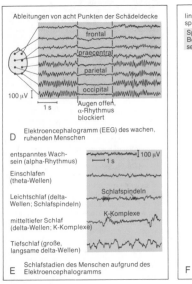

D Elektroencephalogramm (EEG) des wachen, ruhenden Menschen

E Schlafstadien des Menschen aufgrund des Elektroencephalogramms

Elektroencephalogramm

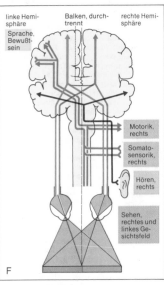

F

Split-Brain-Patienten

Integrative Leistungen des ZNS gibt es auf versch. Ebenen (z. B. Hypothalamus; S. 381). Hier werden darunter Leistungen verstanden, an denen der Cortex maßgeblich beteiligt ist und die sich nicht eindeutig der Tätigkeit sensor., motor. oder vegetat. Zentren zuordnen lassen, obgleich alle dabei mitwirken.

Die Großgliederung des Cortex
nach funkt. Aspekten (A) ist gekennzeichnet durch starke Zunahme des unspezif. (assoziativen) Cortex gegenüber motor. und sensor. Arealen. Der bes. hohe Anteil beim Menschen spiegelt die Bedeutung für integrative Leistungen.

Die Cytoarchitektonik des Cortex
ist Grundlage aller seiner Leistungen (vgl. S. 382 C). Sie ist unterschiedl. (B), so daß danach ca. 50 Felder abgrenzbar sind (Hirnkarten; S. 382 A), doch gelten gemeinsame Grundzüge. Drei Neuronenklassen sind zu unterscheiden (C): Pyramidenzellen (vgl. S. 383); Körner- oder Sternzellen; Spindelzellen.
Nach Lage der Zellen und nach Verlauf der Dendriten und Axone sind sechs Rindenschichten unterscheidbar (B). Dabei sind zuzuordnen:
– agranulärer Cortex (Schicht II und IV reduziert) den motor. Arealen;
– granulärer Cortex (Anteil großer Zellen reduziert) den sensor. Arealen;
– homotyper Cortex (alle Schichten wohlausgebildet) den unspezif. Arealen.

Physiologische Abläufe im Cortex
sind stark vereinfacht so darzustellen (C): Aufnahme der Information und Verarbeitung bes. in den oberen Schichten (I–IV); Schaltkreise zur Informationsverarbeitung (erregende und hemmende Interneurone) verlaufen meist senkr. zur Oberfläche; die efferenten Neurone (Projektions-, Assoziations-, Kommissurfasern; S. 110) liegen vorw. in den Schichten V und VI.
Einzelheiten der Verschaltung und Verarbeitung sind wegen des komplizierten Baues (große Neurone haben bis 10000 Synapsen) nur unvollst. bekannt.
Daher wird das **Elektroencephalogramm (EEG)**, die Ableitung von Sammelpotentialen von der Kopfhaut an standardisierten Punkten (D) oft als Verfahren gewählt, die elektr. Gehirnaktivität beim Menschen zu prüfen. Ausschaltungsexperimente im Tierversuch beweisen die Entstehung der Aktivitätsrhythmen im Thalamus (seinerseits beeinflußt von der F. reticularis).

Der Schlaf-Wach-Rhythmus
unterliegt wie > 100 Erscheinungen beim Menschen einer circadianen Periodik. Läuft diese frei (Ausschaltung aller Umwelteinflüsse), ist sie oft kürzer oder länger als 24 Std.; sie wird durch Zeitgeber (Hell-Dunkel-Wechsel; soziale Faktoren) mit dem Tagesrhythmus synchronisiert.
Die Schlafstadien mit versch. Schlaftiefe, je Nacht 3–5mal durchlaufen, prägen sich im EEG deutl. aus (E). Bes. wichtig sind die REM-Phasen (mit schnellen Augenbewegungen: rapid eye movements), deren EEG der Einschlaf-Phase entspricht, in denen der Muskeltonus aber wie im Tiefschlaf stark sinkt; Träume treten hier gehäuft

auf. Längerer REM-Schlaf-Entzug bewirkt vorübergehende phys. u/o psych. Störungen (fehlendes »Aufarbeiten« von Erlebnissen im Traum?).
Theorien des Schlaf-Wach-Rhythmus
Die **Reticularis-Theorie** nimmt Cortex und Zwischenhirn als Sitz der verantwortl. Strukturen an, die durch Impulse von der F. reticularis (S. 379) über unspezif. Projektionsbahnen die für den Wachzustand notw. Erregung erreichen. Dieser Zustrom hängt wieder ab von sensor. Impulsen über Collateralen der spezif. Bahnen in die F. reticularis; auch innerhalb des Wachzustandes sind so unterschiedl. Zustände (z. B. erhöhte Aufmerksamkeit) zu erzeugen.
In Tierexperimenten wurden zusätzl. Einflüsse von Transmittern festgestellt (**Biochem. Theorie**; mit Untersuchungen am Menschen jedoch nicht im Einklang):
– Serotonin liegt hochkonz. in best. Neuronen des Hirnstammes vor. Sinken der Konz. oder Zerstören dieser Kerne bewirkt starke Schlaflosigkeit (REM- und Nicht-REM-Schlaf).
– Noradrenalin liegt hochkonz. in Teilen der F. reticularis vor. Ausschaltung dieser Teile verhindert nur den REM-Schlaf.
Man schließt daher, daß Serotonin für Nicht-REM-Schlaf, Noradrenalin für REM-Schlaf wesentl. ist, und daß REM-Schlaf nur im Anschluß an Nicht-REM-Schlaf mögl. ist.

Bewußtsein
als psych. Gegebenheit ist nur durch Selbstbeobachtung (introspektiv) erlebbar und nicht direkt mit naturw. Methoden untersuchbar. Es lassen sich aber neurophysiol. Bedingungen nennen, unter denen (nur?) Bewußtsein mögl. ist:
– es setzt Zusammenwirken corticaler mit subcorticalen Strukt. voraus (S. 378 E);
– es ist an best. Aktivitäten der beteiligten ZNS-Strukturen gebunden (E).
Beobachtungen an Split-Brain-Patienten (Trennung der Großhirnhemisphären; unterschiedl. Bahnversorgung; F) zeigte Unterschiede in der Leistung beider Hemisphären:
– Mit der rechten Gesichtsfeldhälfte gesehene Dinge werden benannt, durch Betasten mit der rechten Hand identifiziert, die Namen aufgeschrieben (Reaktion wie normale Person).
– Mit der linken Gesichtsfeldhälfte gesehene Dinge werden nicht benannt; sie können aber durch Betasten mit der linken Hand identifiziert werden (Benennung ist aber selbst dann unmöglich).
– Mit der linken Gesichtsfeldhälfte gesehene Worte können nicht laut gelesen werden; mit der linken Hand nach dem gesehenen Wort identifizierte Dinge können nicht benannt werden.
Der Patient verhält sich, als hätten die über die rechte Hemisphäre durchgeführten Handlungen nicht stattgefunden. Demnach ist die linke Hemisphäre mit ihren subcorticalen Ergänzungen die neuronale Grundlage für menschl. Bewußtsein. Die von der rechten Hemisphäre gesteuerten Prozesse werden nicht »bewußt«, der Patient kann sie nicht verbalisieren.

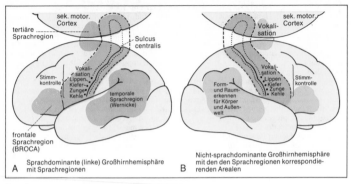

A Sprachdominante (linke) Großhirnhemisphäre mit Sprachregionen

B Nicht-sprachdominante Großhirnhemisphäre mit den den Sprachregionen korrespondierenden Arealen

Sprache

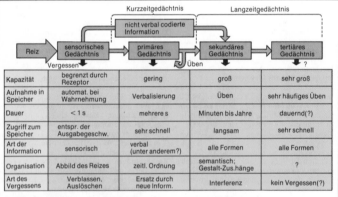

	Kurzzeitgedächtnis		Langzeitgedächtnis	
	sensorisches Gedächtnis	primäres Gedächtnis	sekundäres Gedächtnis	tertiäres Gedächtnis
Kapazität	begrenzt durch Rezeptor	gering	groß	sehr groß
Aufnahme in Speicher	automat. bei Wahrnehmung	Verbalisierung	Üben	sehr häufiges Üben
Dauer	< 1 s	mehrere s	Minuten bis Jahre	dauernd(?)
Zugriff zum Speicher	entspr. der Ausgabegeschw.	sehr schnell	langsam	sehr schnell
Art der Information	sensorisch	verbal (unter anderem?)	alle Formen	alle Formen
Organisation	Abbild des Reizes	zeitl. Ordnung	semantisch; Gestalt-Zus.hänge	?
Art des Vergessens	Verblassen, Auslöschen	Ersatz durch neue Inform.	Interferenz	kein Vergessen(?)

(Diagramm oben: Reiz → sensorisches Gedächtnis → primäres Gedächtnis → sekundäres Gedächtnis → tertiäres Gedächtnis; nicht verbal codierte Information; Vergessen; Üben; ?)

C Gedächtnisformen und Informationsfluß

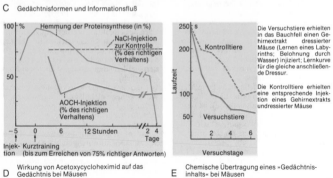

D Wirkung von Acetoxycycloheximid auf das Gedächtnis bei Mäusen

E Chemische Übertragung eines »Gedächtnisinhalts« bei Mäusen

Die Versuchstiere erhielten in das Bauchfell einen Gehirnextrakt dressierter Mäuse (Lernen eines Labyrinths; Belohnung durch Wasser) injiziert; Lernkurve für die gleiche anschließende Dressur.

Die Kontrolltiere erhielten eine entsprechende Injektion eines Gehirnextrakts undressierter Mäuse

Gedächtnis

Sprache hat für die Leistungen des menschl. Gehirns wesentl. Bedeutung: bei bewußtem Verarbeiten von Sinneseindrücken sind Begriffsbildung und Entwicklung verbalisierter Konzepte Voraussetzungen für ökonom. Speicherung (Gedächtnis) und Verknüpfung (Denken).
Die neurophysiol. Grundlagen der Sprache wurden bes. durch Beobachtung von Unfall- und Operationsfolgen (auch bei Split-Brain-Patienten; S. 385) ermittelt.
Die **linke Hemisphäre** enthält bei Rechtshändern die sprachrelevanten Areale (A); bei Linkshändern liegen sie ebenf. meist links, selten bilateral oder rechts.
Die frontale Sprachregion (Brocasche Region) schließt an die Teile des motor. Cortex an, die den Muskeln zur Artikulation kontrollieren.
  Motor. Aphasie nach Schäden dieses Zentrums; bei intaktem Sprachverständnis Reduktion expressiver Leistungen (kein spontanes Sprechen, zögernde Artikulation, Telegrammstil). Innere Sprache und Denken intakt.
Die temporale Sprachregion (Wernickesche R.) hat Verbindungen zur Hörrinde. Nach Läsionen:
  Sensor. Aphasie, führt zu Störungen des Sprachverständnisses bei grundsätzl. erhaltener Sprechfähigkeit; manchmal verbunden mit Denkstörungen.
Die tertiäre Sprachregion, mit dem sek.motor. Areal verbunden, führt bei elektr. Reizung wie die beiden anderen Regionen zu Aphasie; Auslösung von Sprache tritt dabei nie ein.
In der **rechten Hemisphäre** (B) führen Schäden entspr. Areale zu räuml. **Agnosien** (Desorientierung in vertrauter Umgebung; Unfähigkeit zu räuml. Zeichnung von Gegenständen).
Bei Kindern bis zum 6.–8. Lebensjahr wird nach Zerstörung der Sprachregionen nach ca. einem Jahr die Funktion von der anderen Hemisphäre übernommen (Plastizität).

Lernen und Gedächtnis umfassen die Vorgänge von **Aufnahme** (Lernen) und **Speicherung** (Gedächtnis) von individuell erhaltenen Informationen durch das ZNS. Das **Abrufen** der gespeicherten Information ist noch wenig untersucht. Anders als bei programmierten Verhaltensweisen (s. Hypothalamus; S. 381) dienen diese Informationen der Verhaltensanpassung an bes. Umweltbedingungen; sie sind, im Gegens. zur Sprache, auch im Tierreich verbreitet (S. 416ff.).
Auswahl aus den über die Sensorik gelieferten bewußt werdenden Informationen (nach kybernet. Berechnungen ca. 1%) ist wegen der begrenzten Speicherkapazität des Gehirns notwendig.
Vergessen schon gespeicherter Informationen schützt ebenso wie die Auswahl vor schädlicher Datenüberflutung.
Formen von Gedächtnis
Grundvorstellungen von Lern- und Gedächtnisphänomenen sind weitgehend anerkannt:
– Die Lernschwierigkeit steigt mit der Menge aufzunehmender Information (anders als bei elektron. Speichern, die bis zur Kapazitäts-

grenze mit gleicher Leichtigkeit speichern).
– Meist werden nicht Einzelinformationen additiv gespeichert, sondern (nach Verarbeitung) Generalisationen. Für das menschl. Gedächtnis charakterist. ist die zusätzl. Möglichkeit der Abstraktion von Begriffen und Konzepten durch Verbalisierung (s. Sprache).
– Die Speicherung geschieht in mehreren Schritten, experimentell abgrenzbar und erst z. T. in ihren neuralen Mechanismen bekannt.
Die frühere Unterscheidung in **Kurz- und Langzeitgedächtnis** ist nach neueren Erkenntnissen zu differenzieren und zu ergänzen (C):
1. Sensorisches Gedächtnis. Sensor. Erregungen werden automat. darin gespeichert (Dauer < 1 s), bewertet, weiterverarbeitet oder vergessen.
2. Primäres Gedächtnis (entspr. etwa dem Kurzzeitgedächtnis) zur Aufnahme verbal codierter Informationen. Vergessen erfolgt durch Ersetzen durch neugespeicherte Daten, daher ist die Verweildauer kurz (einige s), die Kapazität gering. – **Üben,** d. h. Zirkulieren der Information im prim. Gedächtnis, erleichtert den Übergang ins sek. Gedächtnis. Dieser Übergang ist abhängig von intakter Proteinbiosynthese (D). – Nicht verbalis. Informationen werden über einen bes. Zwischenspeicher oder direkt vom sensor. ins sek. Gedächtnis übertragen.
3. Sekundäres Gedächtnis. Es ist ein großer Speicher, daher dauert der Abruf der Information deutl. länger als beim prim. Gedächtnis. Vergessen beruht hier weitgehend auf Verdrängung oder Störung durch vorher (proaktive Hemmung) oder nachher (retroaktive H.) Gelerntes.
4. Tertiäres Gedächtnis. Bestimmte Informationen (persönl. Daten, tägl. Verrichtungen) werden, wahrscheinl. durch langes, dauerndes Üben, auch bei fast völligem Gedächtnisverlust nicht vergessen; ihre Abrufzeit ist außerdem sehr kurz. Daher wird Speicherung in einer bes. Gedächtnisform angenommen. Sek. und tert. Gedächtnis zus. entspr. etwa dem Langzeitgedächtnis.
Neuronale Mechanismen des Lernens wurden z. T. schon erwähnt:
– kreisende Erregungen (S. 372 G; dynam. Engramm).
– Änderung der synapt. Wirkung als Folge durchlaufender Erregungen (z. B. posttetan. Potenzierung; S. 373), die als Anzeichen für strukturelle Engramme zu deuten sind;
– biochem. Mechanismen der Engrammbildung sind erst in Ansätzen untersucht (E); in Betracht kommen DNA, RNA, Amine, Lipide, Proteine (bzw. Änderungen ihrer Sek.-, Tert.- u/o Quartärstrukturen).

Emotionen sind ebenf. nur introspektiv erfaßbar (s. Bewußtsein; S. 385); ihr Ausdruck im vegetat. Bereich und im motor. Verhalten ist aber objektiv untersuchbar. Bei den neuronalen Strukturen, auf denen sie beruhen, hat das **limbische System** eine zentrale Stellung: es ist der ringförm., phylogenet. älteste Teil des Großhirns mit corticalen Anteilen, versch. Kernen und vielfält. Verbindungen (S. 380 F).

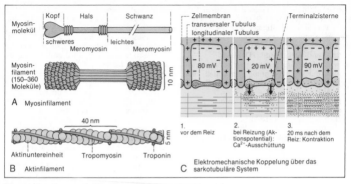

Filamente und sarcotubuläres System

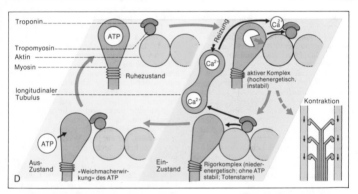

Molekulare Prozesse bei der Muskelkontraktion

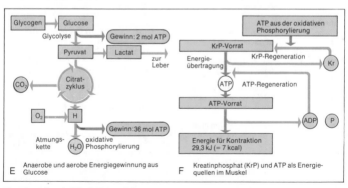

Energiequellen der Muskelkontraktion

Bei Bewegungen versch. Organismengruppen treten unterschiedl. Mechanismen auf;
- Bei mehrzelligen *Pflanzen* sind meist Wachstumsvorgänge u/o osmotische Prozesse die Grundlage, bei geringer Zell- und Gewebespezialisierung (S. 342ff.).
- bei einzelligen Organismen ermöglichen spezialisierte Organellen (Filamente; S. 17) Bewegungen nach den Gleitfilamenttheorie (S. 16f.). Typ. Bewegungsformen der *Einzeller* finden sich auch bei Zellen vielzelliger Organismen: Leukocyten (amöboide Bew.; S. 51); Spermatozoiden (Geißelbew.; S. 51); Flimmerepithelzellen (Cilienbew.; S. 51).
- Bei *Metazoen* (außer *Hohltieren;* S. 124f.) bilden hochdiff. Muskelzellen und -fasern (S. 93) die Grundlage der Bewegungen. Sie bilden, vereinigt zu versch. diff. Muskelgeweben und zus. mit Zusatzeinrichtungen, oft hochkomplexe Bewegungsapparate (S. 396ff.).

Molekul. Mechanismen der Muskelkontraktion
Nach der Gleitfilamenttheorie gleiten Actin- und Myosinfilamente aneinander entlang, ohne sich selbst zu verkürzen, und verkürzen so die einzelnen Sarkomere, da die Actinfilamente an den die Sarkomere begrenzenden Z-Linien, plattenförm. Proteinstrukturen, verankert sind (C). Aus der Verkürzung zahlr. hintereinanderliegender Sarkomere in jeder Fibrille resultiert die Verkürzung des Gesamtmuskels.
Die Proteine Actin (B; Molekulargew. 42000) und Myosin (A; Molekulargew. 500000) machen im Skelettmuskel ca. 100 mg/g aus.
Im ruhenden Muskel überlappen sie sich meist nur wenig; am Kontraktionsvorgang, der durch die Depolarisation über die motor. Endplatte (S. 370f.) eingeleitet wird **(Reizung)**, wirken zahlr. Mechanismen mit.
Das Aktionspotential erreicht über die transversalen Tubuli, die im Bereich der I-Banden *(höh. Wirbeltiere)* oder Z-Linien *(Frosch)* vom extrazellulären Raum ausgehen, die terminalen Bläschen der longitudinalen Tubuli des sarkoplasmat. Reticulums, die sich ihnen eng anlegen (Triadenstruktur). Es setzt aus ihnen Ca^{2+}-Ionen ins Zellinnere frei, deren Konz. sich in 20 ms um das ca. 500fache erhöht, und die die folgenden mechan. Veränderungen auslösen (elektromechan. Kopplung).
Ca^{2+} verbindet sich mit den kugeligen Troponinmolekülen, die in ca. 40 nm Abstand den Actinketten aufsitzen (B). Dadurch (Deformation des Troponins) werden die fadenförm. Tropomyosinmoleküle, die längs der Actinstränge verlaufen und die Anheftung von Myosinquerbrücken blockieren, in den Rinnen zw. den Actinsträngen gedrängt und die Anheftungsstellen für die Myosinquerbrücken werden frei (D).
Durch Bindung der Myosinköpfe und nachfolgendes Abknicken gleitet das Actinfilament ein Stück weiter (Gleitzyklus).
Nach der Kontraktion (Ruderschlag) wird das Ca^{2+} aktiv unter ATP-Verbrauch in die longitudinalen Tubuli zurückgepumpt. Dadurch ent-

steht ein stabiler **»Rigor«-Komplex** (wenn nach Absterben der Zelle die ATP-Konz. einen krit. Wert unterschreitet; Totenstarre).
Da normalerweise aber in 1–2 ms ATP nachgeliefert wird, spaltet es bei gesunkener Ca^{2+}-Konz. und dadurch gehemmter ATPase-Aktivität durch Anlagerung an die Querbrücke den »Rigor«-Komplex (»Weichmacherwirkung« des ATP).
Ungeklärt ist, ob die Bindung oder die Lösung der Actin-Myosin-Bindung der energiefordernde Prozeß ist. – Die zur Spaltung von ATP zu ADP notw. ATPase-Aktivität, die Mg^{2+}-abhängig ist, ist beim *Menschen* an die Myosinköpfe, bei manchen *Tieren* an Actin gebunden; gesteuert wird sie über den Ca^{2+}-Troponin-Tropomyosin-Mechanismus.
Jetzt sind die vom Actin getrennten Myosinköpfe für einen neuen Gleitzyklus verfügbar.
Da eine normale Zuckung den Muskel max. um 30% verkürzt, in Abknicken der Querbrücken das Sarkomer aber nur um ca. 1% seiner Länge ($2 \cdot 10$ nm) verkürzt, muß der Gleitzyklus vielfach durchlaufen werden, wobei sich die molekularen Vorgänge in den zahlr. hintereinanderliegenden Sarkomeren zur makroskop. Muskelkontraktion addieren.
Bei Erschlaffung des Muskels (Ende der Reizung; Absinken der Ca^{2+}-Konz.) lösen sich die Myosinköpfchen vom Actinfaden. Wegen leichter Verschiebbarkeit ist der Dehnungswiderstand gering, der Muskel wird schon durch geringe Kräfte passiv auf Ruhelänge gedehnt.

Energiequellen für die Kontraktion
Die mechan. Energie der Kontraktion stammt direkt aus der chem. Energie, die bei der anaeroben Spaltung von vorhandenem ATP (ca. 5 µmol/g; für ca. 10 Kontraktionen) frei wird.
Verbrauchtes ATP kann durch drei Prozesse wieder regeneriert werden:
1. Durch **anaerobe Spaltung von Kreatinphosphat** (KrP; ca. 25 µmol/g; für ca. 50 Kontraktionen), wobei die energiereiche Phosphatbindung auf ADP übertragen wird (F; ausreichend für Kurzzeit-Höchstleistungen, z.B. 100 m-Läufe).
2. Durch **anaerobe Glykolyse** des Muskel-Glykogens (E) zu Milchsäure, die aber durch Anhäufung von Lactat begrenzt ist, da dadurch der pH-Abfall im Muskel die für die Kontraktion notw. Reaktionen hemmt.
Bei beiden anaeroben Prozessen geht der Organismus eine O_2-Schuld von max. > 20 l ein. Sie erlaubt für ca. 40 s eine dreimal höhere Leistung als mit dem langsameren aeroben Glucoseabbau. In der anschließenden Ruhe muß das Lactat unter erhöhtem O_2-Verbrauch im Leberstoffwechsel verarbeitet und die ATP- und KrP-Speicher aufgefüllt werden.
3. Durch **oxidative Phosphorylierung** (E), die zwar viel ATP liefert, aber langsam verläuft.
Sie ist Voraussetzung für Dauerleistungen. Die Umstellung auf die erhöhte O_2-Zufuhr des Muskels erfordert ca. 1–2 min (Überwindung des »toten Punktes«).

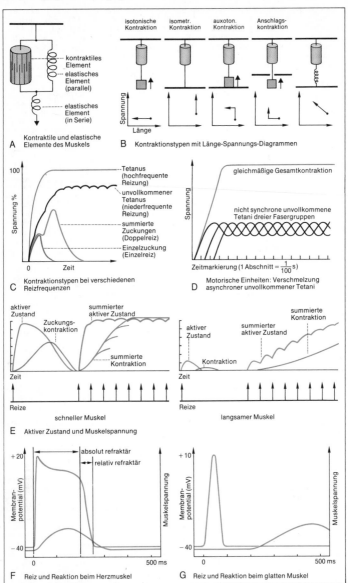

A Kontraktile und elastische Elemente des Muskels

B Kontraktionstypen mit Länge-Spannungs-Diagrammen

C Kontraktionstypen bei verschiedenen Reizfrequenzen

D Motorische Einheiten: Verschmelzung asynchroner unvollkommener Tetani

E Aktiver Zustand und Muskelspannung

F Reiz und Reaktion beim Herzmuskel

G Reiz und Reaktion beim glatten Muskel

Eigenschaften des Muskels

Der quergestreifte Muskel setzt sich aus zwei Elementen zusammen (A):

1. Die kontraktilen Elemente sind die Myofibrillen (ca. 50% des Muskelgewichts).

2. Die elastischen Elemente bildet das Bindegewebe, ca. 10–15% des Muskels, das die Muskelfasern (als Sarkolemm), die Faserbündel (als Perimysium) und Muskelgruppen (als Faszie) umschließt und an den Muskelenden als Sehne fortsetzt. Da sie sowohl parallel als auch hintereinander geschaltet sind, sind zwei elastische Komponenten zu unterscheiden:

– Die **parallel-elast. Komponente** (PK) führt bei Dehnung eines ruhenden Muskels trotz des geringen Widerstands der Filamente (S. 389) zu einem wachsenden Widerstand (Ruhedehnungskurve).

– Die **serienelastische Komponente** (SK; Sehnen und endständige Sarkomeren) bewirkt, daß die Kontraktion der Fibrillen nach Reizung erst in vollem Umfang wirksam wird, da die SK sich dehnt.

Bei **isotonischer Kontraktion** (B), Verkürzung bei gleichbleibender Belastung, wird diese Dehnung des SK als gering vernachlässigt; isoton. Kontr. tritt im Organismus aber rein nicht auf.

Bei **isometrischer Kontraktion** (B) wird die Fibrillenkontraktion durch die SK-Dehnung kompensiert, so daß die Gesamtlänge des Muskels gleichbleibt.

Bei **auxotonischer Kontraktion** (B) sind die beiden vorigen Typen kombiniert (z. B. beim Heben eines Gewichtes): isometr. Phase bis zum Abheben des Gewichts, dann fast isoton. Kontraktion (nicht exakt, da Hebelarm sich ändert).

Der Tetanus

Eine durch einen einzigen Reiz ausgelöste Einzelzuckung führt nicht zur maximal mögl. Kontraktion, da der Reiz zu kurz ist, um hinreichend viele Gleitzyklen bis zur Endstellung auszulösen (C). – Trifft ein zweiter Impuls vor Abklingen der ersten Kontraktion ein, summieren sich noch vorhandener Kontraktionsrest und zweite Kontraktion (Summation). – Bei schneller Reizfolge kommt es zu einem unvollkommenen oder schließlich zu einem vollkommenen (glatten) Tetanus. Hierbei ist die Muskelkraft gegenüber einer Einzelzuckung auf das ca. Vierfache erhöht.

Der **Herzmuskel** ist dagegen nicht tetanisierbar, da bei ihm der Refraktärperiode durch das langdauernde Aktionspotential bis fast zum Ende der Kontraktion dauert (F).

Schnelle und langsame Muskeln

Die Geschwindigkeit der Kontraktion ist abhängig vom Typ des Muskels:

Schnelle Muskeln (E) enthalten (überwiegend) sog. schnelle oder Zuckungsfasern, die auf einen Einzelreiz insgesamt (fortgeleitete Erregung) mit einer starken, kurzen Kontraktion reagieren: sie gehorchen dem AoN-Gesetz.

Langsame Muskeln enthalten (überwiegend) langsame oder tonische Fasern, die auf Reizung nur mit einer lokalen, nicht fortgeleiteten Depolarisation am Innervationsort antworten. Aktivierung der ganzen Fasern wird über zahlr. Synapsen (multiterminal) erreicht. Langsame Fasern folgen nicht dem AoN-Gesetz, sondern kontrahieren sich entspr. dem Ausmaß der Depolarisation. Diese und die aus ihr result. Kontraktion klingen nur langsam wieder ab (Dauerkontraktion oder **Kontraktur**).

Sie kann auch durch hohe extrazelluläre K^+-Konz. auftreten, ebenso durch Ca^{2+}-Freisetzung in der Zelle durch Pharmaka (Coffein).

Die zur Tetanisierung notw. Frequenzen sind bei beiden Fasertypen sehr verschieden: bis zu 350 Impulse/s bei schnellen, ca. 30 Impulse/s bei langsamen Fasern. – Die entwickelte Muskelkraft reicht von 10–40 N/cm² Querschnittfläche (schnelle Muskeln bei den *Wirbeltieren*) bis 100 N/cm² (langsame Schließmuskeln bei *Muscheln*).

In manchen Muskeln sind beide Fasertypen etwa gleich vertreten (manche *Wirbeltier*-Skelettmuskeln). Oft sind beide Eigensch. auch in einer Faser vereinigt. Dann löst ein (meist dickeres) Motoneuron die schnelle, ein zweites die langsame Reaktion aus (doppelte Innervation).

Der Tonus

tritt in zwei Typen auf:

1. Der kontraktile Tonus beruht auf mäßiger tetanischer Dauerverkürzung durch ständig einlaufende Aktionspotentiale. Alle Haltemuskeln sind auch in scheinbarer Ruhe in diesem Spannungszustand, der über Reflexe regelbar ist (Reflextonus; S. 394f.) und z. B. bei erhöhter Aufmerksamkeit zunimmt.

2. Der plastische Tonus beruht auf Veränderung kontraktiler Elemente, die die aktive Verkürzung überdauert. Er wird den Paramyosinfilamenten (wesentl. dicker als Myosinfilamente) zugeordnet. Er tritt bes. bei Schließmuskeln von *Muscheln* auf, die z. T. tagelang den Kontraktionszustand gegen Zugkräfte von 1–4 kg/cm² halten können (Sperrtonus).

Bei manchen *Muscheln* (z. B. *Pecten*) ist der Schließmuskel morphol. und funkt. zweigeteilt: eine Hälfte leistet schnelle Schließbewegungen, die andere den Sperrtonus.

Motorische Einheiten des Muskels

sind alle von je einem Motoneuron innervierten Fasern. Da sie unabhängig voneinander arbeiten,

– können durch asynchrone Erregung unvollkommene Tetani zur gleichmäßigen Gesamtkontraktion verschmolzen werden (D);

– ist durch die Anzahl den aktivierten Einheiten die Kontraktionsstärke situationsgemäß variabel (graduierte Muskelarbeit).

Dem Herzmuskel fehlt die funkt. Gliederung in motor. Einheiten. Da sich die Erregung über den ganzen Herzmuskel ausbreitet, resultiert jeweils eine AoN-Reaktion.

Der glatte Muskel ist aus Muskelzellen (S. 93) aufgebaut. Ihr Membranpotential ändert sich rhythmisch und mit geringer Amplitude (wenige mV) und Frequenz; es bewirkt so leichte Dauerkontraktion (Tonus). Unregelmäßig treten hohe Depolarisationen auf (Spikes) von 50 ms Dauer, denen nach jeweils 150 ms langsame Kontraktion und Erschlaffung folgen (G).

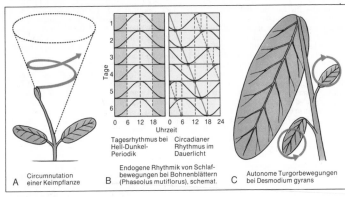

A Circumnutation einer Keimpflanze

B Endogene Rhythmik von Schlafbewegungen bei Bohnenblättern (Phaseolus mutiflorus), schemat.

Tagesrhythmus bei Hell-Dunkel-Periodik

Circadianer Rhythmus im Dauerlicht

Uhrzeit

Tage

C Autonome Turgorbewegungen bei Desmodium gyrans

Autonome Bewegungen bei Pflanzen

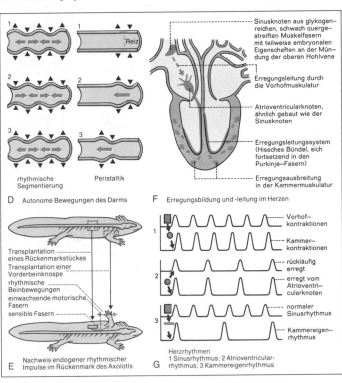

D Autonome Bewegungen des Darms

rhythmische Segmentierung

Peristaltik

Reiz

F Erregungsbildung und -leitung im Herzen

Sinusknoten aus glykogenreichen, schwach quergestreiften Muskelfasern mit teilweise embryonalen Eigenschaften an der Mündung der oberen Hohlvene

Erregungsleitung durch die Vorhofmuskulatur

Atrioventricularknoten, ähnlich gebaut wie der Sinusknoten

Erregungsleitungssystem (Hissches Bündel, sich fortsetzend in den Purkinje–Fasern)

Erregungsausbreitung in der Kammermuskulatur

E Nachweis endogener rhythmischer Impulse im Rückenmark des Axolotls

Transplantation eines Rückenmarkstückes
Transplantation einer Vorderbeinknospe
rhythmische Beinbewegungen
einwachsende motorische Fasern
sensible Fasern

G Herzrhythmen
1 Sinusrhythmus; 2 Atrioventricularrhythmus; 3 Kammereigenrhythmus

Vorhof–kontraktionen
Kammer–kontraktionen
rückläufig erregt
erregt vom Atrioventricularknoten
normaler Sinusrhythmus
Kammereigenrhythmus

Autonome Bewegungen bei Tieren

Bei Bewegungen ganzer Organismen oder einzelner ihrer Teile sind zu unterscheiden:
- **Endogene (autonome) Bewegungen,** die aufgrund innerer Bedingungen auftreten; sie können zwar von Außenfaktoren beeinflußt sein (z. B. RGT-Regel), werden aber von ihnen nicht ausgelöst und nicht in ihrem Ablauf gesteuert.
- **Induzierte Bewegungen,** die vielfältig als Reaktionen auf Außeneinflüsse ausgelöst werden (S. 396ff.; Verhalten, S. 400ff.).

Endogene Bewegungen bei Pflanzen
Autonome Wachstumsbewegungen (Nutationen), bes. bei jungen Sprossen und Blütenteilen, beruhen auf ungleichem Wachstum der Organ-Flanken.
1. Pendelnde Bewegungen (gegenüberliegende Organflanken abwechselnd gefördert): u. a. bei Blütenschäften der *Küchenzwiebel* und bei Keimscheiden mancher *Gräser*.
2. Kreisende Bewegungen (Circumnutationen: Wachstumszone wandert regelmäßig um den Sproß):»Such«bewegungen bes. bei Ranken und windenden Sprossen (A).
Autonome Turgor-(Variations-)Bewegungen erscheinen wohl am häufigsten bei den
Nyctinastischen (Schlaf-)Bewegungen. Diese sind unter natürl. Bedingungen induziert (S. 345); ihre autonome Komponente war aber deutlich bes. konst. Bedingungen, unter denen die period. Bewegungen noch längere Zeit andauern. *Bohnen*-Pflanzen, in Dauerdunkel gezogen und in Dauerschwachlicht übertragen, zeigen einen circadianen Rhythmus von 27 Std. (B).
Kreisende Bewegungen (bei ca. 35 °C Umlauf in 30 s) zeigen die Seitenblätter eines ostindischen *Schmetterlingsblütlers* (C); weniger intensive Bewegungen haben auch andere Pflanzen (z. B. *Sauerklee, Averrhoa*).
Der Mechanismus der autonomen Turgorbewegungen wird auf Permeabilitätsschwankungen des Plasmas zurückgeführt, die ihrerseits auf rhythm. Stoffwechselprozessen beruhen (z. B. tagesperiod. Schwankung der CO_2-Assimilation).

Endogene Bewegungen bei Tieren
treten ebenfalls, infolge innerer Aufladungsvorgänge, als oft rhythm. »spontane« Entladungen auf.
Die Motorik des Dünndarms
ist Beispiel für zahlr. ähnl. Vorgänge (Peristaltik der übrigen Darmabschnitte, Kontraktionen von Blutgefäßen).
Der Kontraktionsmechanismus der glatten Wandmuskulatur (S. 391) bildet ihre Grundlage. Bei Hohlorganen werden Spikes und dadurch Kontraktionen oft durch Wanddehnung ausgelöst (unabhängig von motor. Nerven).
Die Ausbreitung der Erregung erfolgt über benachbarte Muskelzellen (myogene Leitung) auf oft große Gebiete. Statt festliegender motor. Einheiten bei quergestreiften Muskeln (S. 391) gibt es beim glatten Muskel nur in Größe und Synchronisation wechselnde funkt. Einheiten.

Die Koordinierung der Erregungen geschieht bes. durch das zw. Quer- und Längsmuskeln liegende Nervennetz (Plexus myentericus); der Plexus submucosus unter der Schleimhaut überträgt nervöse Erregungen zu den Darmdrüsen und regelt die Rhythmik der Zottenbewegung.
Typen von Dünndarmbewegungen sind (D):
1. Die rhythmische Segmentierung beruht auf segmentaler Ringmuskel-Kontraktion und Erschlaffung der dazwischen liegenden Darmstücke. Da bis 22 mal/Min. die einzelnen Abschnitte ihren Zustand wechseln, wird der Nahrungsbrei hin- und herbewegt.
2. Das Pendeln beruht auf rhythm. Kontraktionen der Längsmuskulatur, durch die ganze Darmschlingen Pendelbewegungen ausführen; der Inhalt wird dabei auf der Schleimhaut verschoben.
3. Die peristaltische Wellenbewegung zum Transport des Darmbreies ist auszulösen durch Erhöhung des Wanddruckes: Oberhalb dieser Stelle kontrahiert sich der Muskulatur, unterhalb erschlafft sie; Kontraktions- und Erschlaffungsring wandern dann abwärts.
Die Autonomie des Säugerherzens
Anders als der Skelettmuskel, der sich nur bei Erregung von außen kontrahiert, produziert das Herz auch isoliert Erregungen und schlägt unter geeigneten Bedingungen weiter. Nervöse Einflüsse modifizieren nur diese autonome Erregungsproduktion.
Der Sinusknoten (»Schrittmacher des Herzens«), Ort der prim. Erregungsbildung, liegt an der Mündung der oberen Hohlvene (F). Die durch Depolarisationen entst. Erregungen werden weitergeleitet zum **Atrioventricularknoten,** von dem aus leitende Strukturen die Erregung auf die Kammermuskulatur übertragen.
Der Rhythmus der Herztätigkeit kann experimentell, aber auch durch Krankheit verändert werden (G):
- Der Sinusrhythmus prägt sich dem Atrioventricularknoten und damit dem ganzen Herzen auf; die Kammern kontrahieren sich kurz nach den Vorhöfen.
- Der langsamere Atrioventricular-Eigenrhythmus tritt bei Zerstörung des Sinusknotens auf; Vorkammern und Kammern kontrahieren sich gleichzeitig.
- Der Kammer-Eigenrhythmus, noch langsamer, stammt von einem tertiären Erregungszentrum bei Ausfall des Atrioventricularknotens (unterbrochene Erregungsleitung: totaler Herzblock); die Vorkammern zeigen dann bei intaktem Sinusknoten den ursprüngl. Sinusrhythmus.
Endogene Aktivierung von Skelettmuskeln
Werden einem *Axolotl* ein Bein und ein Stück RM in die Rückenmuskulatur implantiert, beginnt das Bein mit rhythm. Bewegungen, sobald motor. Fasern eingewachsen sind (E), noch bevor sensible Fasern es erreichen. Dadurch werden von sensiblen Zuflüssen unabhängige, vom RM ausgehende endogene rhythm. Impulse bewiesen (Automatiezentren; s. auch S. 405).

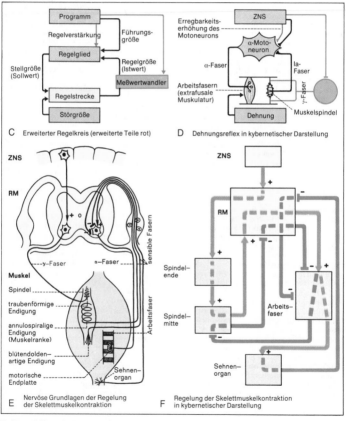

	Fremdreflex	Eigenreflex
Synapsenzahl	polysynaptisch	mono- oder polysynaptisch
Reflexbahn	Ausbreitung abhängig von der Reizintensität	isoliert
Reflexzeit	relativ lang; abhängig von der Reizintensität	relativ kurz; konstant
Reflexerfolg	Tetanus	Einzelzuckung
Reizsummation	deutlich	gering
Ermüdbarkeit	deutlich	sehr gering

A Unterschiede zwischen Fremd- und Eigenreflexen

B Kniesehnenreflex als Beispiel eines monosynaptischen Eigenreflexes

afferente Bahn
Rezeptor (Muskelspindel)
Reizung
afferente kollaterale Hemmung über hemmendes Interneuron
efferente Bahn α-Motoneuron

Eigen- und Fremdreflexe

C Erweiterter Regelkreis (erweiterte Teile rot)

Programm
Führungsgröße
Regelverstärkung
Regelglied
Regelgröße (Istwert)
Stellgröße (Sollwert)
Meßwertwandler
Regelstrecke
Störgröße

D Dehnungsreflex in kybernetischer Darstellung

ZNS
Erregbarkeitserhöhung des Motoneurons
α-Motoneuron
α-Faser
Ia-Faser
γ-Faser
Arbeitsfasern (extrafusale Muskulatur)
Dehnung
Muskelspindel

E Nervöse Grundlagen der Regelung der Skelettmuskelkontraktion

ZNS
RM
sensible Fasern
γ-Faser
α-Faser
Muskel
Spindel
traubenförmige Endigung
annulospiralige Endigung (Muskelranke)
blütendoldenartige Endigung
motorische Endplatte
Arbeitsfaser
Sehnenorgan

F Regelung der Skelettmuskelkontraktion in kybernetischer Darstellung

ZNS
RM
Spindelende
Spindelmitte
Arbeitsfaser
Sehnenorgan

Reflexe als Regelkreise

Reflexe (S. 380 f.) sind nach versch. Kriterien zu gliedern:
– Motor. (effektor. Faser: motor.) und trophische Reflexe (effektor. Faser: vegetat.; S. 376);
– Eigen- und Fremdreflexe (nach der Lage von Rezeptor und Effektor; S. 380);
– mono- und polysynaptische Reflexe (nach der Zahl der eingeschalteten Synapsen; A, B).

Die Funktion von Reflexen ist, Abweichungen von Sollwerten bei inneren und äußeren Faktoren zu korrigieren. Sie sind daher als Regelkreise aufzufassen (C, D).

Motorische Eigenreflexe
sind bes. wichtig für die Regelung von Tonus und Kontraktionen der Muskulatur (E, F).
Die Regelung der Skelettmuskelkontraktion ist ein Beispiel für das Regelkreis-Prinzip der Reflexe: Rückmeldung vom Effektor ermöglicht dem ZNS, Soll- und Istwerte aufeinander abzustimmen. Der Reflexmechanismus arbeitet hier auf drei Funktionsebenen:
– **Das ZNS** (Motor. Cortex) sendet bei Einleitung einer Willkürbewegung (z. B. Heben eines Gewichts) ein entspr. Programm über Pyramidenbahnen ins RM.
– **Im Rückenmark** wird die Erregung über eine Vorderhorn-Zelle zum Effektor geleitet.
– **Der Muskel** (Effektor) wird zunächst gereizt über leicht erregbare, dünne γ-Nervenfasern, die Muskelspindel-Enden zur Kontraktion bringen, ohne daß sich zunächst der Gesamtmuskel kontrahiert. – Vom Mittelteil der Muskelspindel (nicht kontraktil) senden spezif. Dehnungsrezeptoren (Muskelranken) erhöhte Impulsfrequenzen ins RM. Die motor. Bahnen dieses Reflexbogens sind dickere, schwerer erregbare α-Fasern; sie erregen nun die eigentl. Arbeitsmuskelfasern und bringen die Kontraktion des Muskels (hier dosiert als bei direkter Erregung über das α-System). Diese entlastet die Spindeln, was zum Absinken der Muskelranken-Frequenz führt und damit zur reflektor. Entspannung der Arbeitsfasern (Einstellen eines Gg-Zustandes).
Dieses Regelsystem dosiert die vom Muskel nach dem Willkür-Programm zu entwickelnde Kraft optimal (reflektor. Zuschaltung von Einzelfasern: Servomechanismus).
Sehnenorgane u. ähnl. die blütendoldenartigen Endigungen der Spindeln hemmen reflektor. zu starke Kontraktionen (Überlastungsschutz).
Schnelle Bewegungen durch Erregung über α-Fasern können zu heftig werden; zwei Hemmreflexe werden aktiviert:
– **Im Antagonisten** werden die Spindeln gedehnt und seine Arbeitsmuskelfasern zur Kontraktion veranlaßt; sie wirken dann der Bewegung des ursprüngl. gereizten Muskels (Agonisten) entgegen.
– **Im Agonisten** werden Spannungsrezeptoren (Sehnenorgane) gereizt und bewirken reflektor. eine Kontraktionshemmung (E).

Der kontraktile Tonus der Skelettmuskulatur (S. 391) wird über Reflexe des Hirnstammes (S. 380 D) und über das RM von Muskelspindeln und Sehnenorganen reflektor. kontrolliert. Eigenreflexe der Skelettmuskeln beeinflussen daher:
– Aufrechterhaltung des Körpers (Überwindung der Schwerkraftwirkung beim Stehen);
– Stellung der einzelnen Gelenke;
– Feinregulierung der Bewegungen.
Ausfall der ständigen sensiblen Kontrolle zeigt bes. deutl. bei Gehbewegungen die Bedeutung sensibler Rückmeldungen:
– der Gang wird unkontrolliert stampfend:
– das Kniegelenk wird übermäßig nach hinten durchgedrückt.
Auch der Einfluß höh. Zentren auf die Motorik wird modifiziert, da ja oft die Erregung der Muskeln auf dem Umweg über die Muskelspindeln reflektorisch erfolgt.
Motorische Fremdreflexe
erfassen meist zahlr. Muskeln, wobei Reflexkollateralen oft mehrere RM-Segmente erregen (plurisegmentale Reflexe), so daß die Muskulatur fast die gesamte Organismus reagieren kann. Entsprechend ist die Funktion sehr vielfältig (Schutz-, Fluchtbewegungen).
– **Kratzreflexe** zeigen die Fremdreflex-Natur bes. deutlich: Lokalisierte Juckreize führen zu Erregungen der Gesamtmuskulatur einer oder mehrerer Extremitäten, die gezielte Bewegungen unter Rückmeldungskontrolle (Regelkreis-Prinzip) bewirken.
– **Beugereflexe** führen oft zu komplizierten Bewegungsabläufen: Bei starkem Druck auf die Sohle eines Fußes wird über sensible Nerven der Kniegelenk-Beuger des gleichen Beines erregt, sein Antagonist gehemmt. Am Kniegelenk des anderen Beines werden umgekehrt der Strecker gefördert und der Beuger gehemmt (reziproke Innervation; gekreuzter Streckreflex; S. 381). – Schließlich werden weitere Muskelgruppen erfaßt; der Reflex liefert Innervationsmuster, die über das Wegziehen hinaus zu Fluchtbewegungen führen.
Bei einem »Spinaltier«, dessen Reflextätigkeit durch Ausschaltung des Hirns erhöht ist, läßt sich so durch wechselseitige Druckreizung der Beine eine grobe Laufbewegung erzeugen. Möglicherweise liegt in diesem Mechanismus eine Urform der Bewegung vor, auf der sich die höh. Motorik aufbaut und die durch Einflüsse höh. Zentren vielseitig modifiziert ist (willkürl. Komponenten)
Vermaschung von Regelkreisen
tritt dabei auf versch. Ebenen auf:
– Auf der Ebene von RM-Segmenten sind bei der Bewegung von Scharniergelenken z. B. die Dehnungsreflexe von Beuger und Strecker zweifach gekoppelt: mechanisch (Muskelkontraktion als Störgröße für den Antagonisten) und neural (Antagonistenhemmung).
– Im Gehirn erfolgt weitere Vermaschung der Regelkreise versch. Gelenke, die am Ablauf der gleichen Bewegung mitwirken.

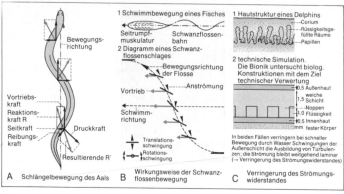

1 Schwimmbewegung eines Fisches

Seitrumpf-
muskulatur   Schwanzflossen-
            bahn

2 Diagramm eines Schwanz-
flossenschlages

Bewegungsrichtung
der Flosse

Anströmung

Vortrieb

Schwimm-
richtung

↕ Translations-
schwingung
↕ Rotations-
schwingung

A   Schlängelbewegung des Aals

Bewegungs-
richtung

Vortriebs-
kraft
Reaktions-
kraft R
Seitkraft
Reibungs-
kraft

Druckkraft

Resultierende R'

B   Wirkungsweise der Schwanz-
flossenbewegung

1 Hautstruktur eines Delphins

Corium
flüssigkeitsge-
füllte Räume
Papillen

2 technische Simulation.
Die Bionik untersucht biolog.
Konstruktionen mit dem Ziel
technischer Verwertung

0,5 Außenhaut
1,5 weiche
    Schicht
    Noppen
1,0 Flüssigkeit
0,5 Innenhaut
mm fester Körper

In beiden Fällen verringern bei schneller
Bewegung durch Wasser Schwingungen der
Außenschicht die Ausbildung von Turbulen-
zen; die Strömung bleibt weitgehend laminar
(→ Verringerung des Strömungswiderstandes)

C   Verringerung des Strömungswiderstandes

Schwimmen

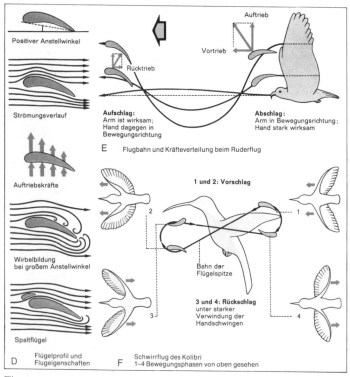

Positiver Anstellwinkel

Strömungsverlauf

Auftriebskräfte

Wirbelbildung
bei großem Anstellwinkel

Spaltflügel

D   Flügelprofil und
    Flugeigenschaften

Auftrieb

Vortrieb

Rücktrieb

Aufschlag:
Arm ist wirksam;
Hand dagegen in
Bewegungsrichtung

Abschlag:
Arm in Bewegungsrichtung;
Hand stark wirksam

E   Flugbahn und Kräfteverteilung beim Ruderflug

1 und 2: Vorschlag

2   1

Bahn der
Flügelspitze

3 und 4: Rückschlag
unter starker
Verwindung der
Handschwingen

3   4

F   Schwirrflug des Kolibri
    1–4 Bewegungsphasen von oben gesehen

Fliegen

An den vielfältigen Bewegungen, die das Verhalten der *Tiere* (S. 400ff.) kennzeichnen, hat die freie Ortsbewegung (Lokomotion) bes. großen Anteil. – Sie kann stattfinden
– in den Medien Wasser u/o Luft u/o Erdboden;
– an den Grenzflächen zw. zwei Medien (Wasseroberfläche, Erdoberfläche; S. 398f.).

Schwimmen
bezeichnet hier nur die aktive Fortbewegung im Wasser.

Ausgenommen ist das passive **Schweben**, das wegen der etwas höheren Dichte der Körpersubstanzen (1:1,02–1,06) Ausgleichseinrichtungen erfordert (Fett, Öl oder Gas zum Gewichtsausgleich; Oberflächenvergrößerung zur Erhöhung des Reibungswiderstandes). Auch pass. Örtsveränderung (**Verdriftung, Verfrachtung**) gilt nicht als Lokomotion.

Rückstoßschwimmen ist durch systembedingte Diskontinuität des Antriebs (Wiederauffüllen des Reservoirs) gekennzeichnet. Das ergibt bei kleinen Tieren ruckartige Bewegung, bei größeren resultiert durch Trägheitskräfte eine fast konstante Geschwindigkeit. – Der Lokomotionstyp hat sich mehrfach analog entwickelt:
– bei *Quallen* (Kontraktionen des Schirms);
– bei *Cephalopoden* (durch den Trichter);
– bei *Krebsen* (Fluchtschwimmen: Schlagen des Schwanzfächers gegen die Bauchseite);
– bei Insektenlarven (z. B. *Libellen*: Auspressen des Wassers aus dem Enddarm).

Ruder-(Paddel-)schwimmen durch Schlagbewegungen von Extremitäten (ebenf. diskontinuierlich) ist häufig. Synchrones Schlagen (Rudern) tritt z. B. auf:
– bei Kleinkrebsen (z. B. *Daphnia, Cyclops*) mit Antennen;
– bei Wasserinsekten (z. B. *Gelbrandkäfer*) mit dem dritten Beinpaar;
– bei *Wirbeltieren* mit den Hinterextremitäten *(Frösche, Taucher, Biber)* oder Vorderextremitäten *(Pinguine)*.
Alternierendes Schlagen (Paddeln) tritt z. B. auf:
– bei den meisten Wasservögeln;
– bei nur gelegentlich schwimmenden *Säugern* (Beibehaltung des Laufrhythmus);
– bei manchen *Fischen* (mit den Brustflossen).

Schlängeln erzeugt einen kontinuierlichen Antrieb. Es kann durchgeführt werden
– mit dem ganzen Körper (z. B. *Egel, Wasserschlangen*, manche *Fische*, z. B. *Aal*; A);
– mit Flossensäumen (*Sepia*) oder einzelnen Flossen (*Seenadel, Seepferdchen*);
– mit der Schwanzflosse, die die Kräfte der Seitenrumpfmuskulatur übernimmt und die in fast jeder Stellung Vortrieb liefert (B).

Hydrodynam. Anpassungen bei Flossen, Körperform und -oberfläche fördern die Leistung. Hautstruktur (*Delphine*; C) und spez. Schleimschicht (*Barracuda*) verhindern bremsende Wirbel (auch techn. nachgeahmt; »Bionik«).

Graben
als Lokomotion tritt bei hochangepaßten Formen auf (z. B. *Würmer, Skinke, Maulwurf*); als gelegentl. Tätigkeit mit Sonderfunktion ist es weiter verbreitet (z. B. Bau von Wohnhöhlen).

Fliegen
hat sich analog bei *Insekten*, fossilen *Reptilien*, *Vögeln* und *Fledermäusen* entwickelt.
Der Sprungflug ist nur eine Verlangsamung des freien Falls durch fallschirmartige Gleitflächen (ursprünglichste Form).
Der Segelflug der Vögel beruht auf dem gleichen Prinzip, doch ist durch das Flügelprofil (D) die Sinkgeschwindigkeit weiter verlangsamt, durch Ausnützen aufsteigender Luftströme wird oft sogar Höhe gewonnen.
Der Ruderflug der Vögel, höchste Form des Fliegens, setzt bes. intensive Bewegungen voraus (aktive Fortbewegung in einem Medium mit wesentl. geringerer Dichte). – Neben Einrichtungen zum Erreichen einer geringen Dichte des Körpers wirken bes. folgende Faktoren:
– Starke Flugmuskulatur (Brustbeinkamm als Ansatzfläche), hohe Leistungsfähigkeit von Kreislauf und Atmungssystem.
– Das Flügelprofil bewirkt im Zus.hang mit dem Anstellwinkel an der Flügeloberseite, wo die Luft schneller strömt, einen Unterdruck, an der Unterseite, wo die Luft langsamer wird, einen Überdruck; beide Komponenten addieren sich zum »Auftrieb«.
– Die Flügelbewegungen erzielen zusammen mit dem Flügelbau (Drehbarkeit um die allein durch Knochen versteifte Vorderkante: Verwindung) bei Ab- und Aufschlag eine fast gleichmäßige Vorwärtsbewegung und ein Verbleiben in fast gleicher Höhe (E). – Beim Abschlag (Flügel bildet eine gestreckte, geschlossene Fläche) hat bes. der Handteil gegenüber der Bewegungsrichtung einen positiven Anstellwinkel und damit starken Auf- und Vortrieb. Bei großem Anstellwinkel verhindert Abspreizen des Daumenfittichs Wirbelbildung (Spaltflügel-Prinzip). – Beim Aufschlag, dem durch Rückbiegen der Hand und Drehen der Schwungfedern in Parallelstellung viel Wirkung genommen wird, erhält der Arm einen positiven Anstellwinkel; der geringe Rücktrieb wird durch die Trägheit der Körpermasse überwunden.
– Steuerbewegungen von Flügeln und Schwanz korrigieren die Fluglage reflektorisch oder beeinflussen sie aktiv.
Der Rüttelflug (*Greifvögel, Eisvögel*) wird mit aufgerichtetem Körper und größerem Anstellwinkel der Flügel durchgeführt. Dadurch wirkt der Aufschlag stark bremsend; Vor- und Rücktrieb gleichen sich aus, der Auftrieb hält der Schwerkraft die Waage.
Der Schwirrflug der *Kolibris*, Anpassung an den Blütenbesuch (F), erreicht durch horizontale Flügelbewegung am aufgerichteten Körper unter Verwindung der langen Handschwingen (beim Rückschlag zeigt die Unterseite nach oben), daß in jeder Phase Auftrieb gewonnen wird. Voraussetzung ist die hohe Schlagfrequenz (30 bis 50/sec). Es besteht Konvergenz zum Flug der *Insekten* (Hubschrauberprinzip).

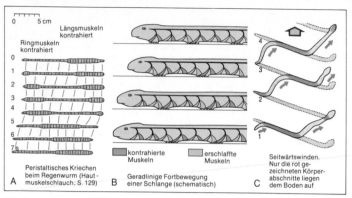

A Peristaltisches Kriechen beim Regenwurm (Haut-muskelschlauch; S. 129)

Längsmuskeln kontrahiert
Ringmuskeln kontrahiert

B Geradlinige Fortbewegung einer Schlange (schematisch)

kontrahierte Muskeln   erschlaffte Muskeln

C Seitwärtswinden. Nur die rot gezeichneten Körperabschnitte liegen dem Boden auf

Kriechen

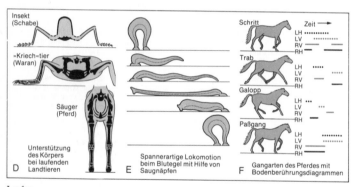

Insekt (Schabe)

»Kriech«tier (Waran)

Säuger (Pferd)

D Unterstützung des Körpers bei laufenden Landtieren

E Spannerartige Lokomotion beim Blutegel mit Hilfe von Saugnäpfen

Schritt   Zeit →
LH
LV
RV
RH

Trab
LH
LV
RV
RH

Galopp
LH
LV
RV
RH

Paßgang
LH
LV
RV
RH

F Gangarten des Pferdes mit Bodenberührungsdiagrammen

Laufen

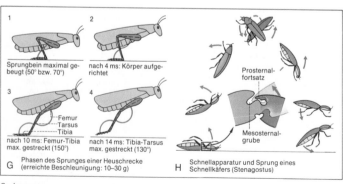

1 Sprungbein maximal gebeugt (50° bzw. 70°)

2 nach 4 ms: Körper aufgerichtet

3 nach 10 ms: Femur-Tibia max. gestreckt (150°)
Femur
Tarsus
Tibia

4 nach 14 ms: Tibia-Tarsus max. gestreckt (130°)

G Phasen des Sprunges einer Heuschrecke (erreichte Beschleunigung: 10–30 g)

Prosternal-fortsatz

Mesosternal-grube

H Schnellapparatur und Sprung eines Schnellkäfers (Stenagostus)

Springen

Anders als die bisher behandelten Lokomotionstypen sind die folgenden an Grenzflächen zweier Medien gebunden (Boden-Luft; Boden-Wasser; Wasser-Luft). Dabei bildet jeweils das untere, dichtere Medium das Widerlager für die Lokomotionsorgane (hoher Reibungswiderstand), die den Körper durch das obere, weniger dichte Medium vorwärtsschieben.

Eine Sonderstellung haben Formen wie z. B. die *Schwimmvögel*, die sich zwar an der Grenzfläche bewegen können (Regelung des Auftriebs durch teilw. Eintauchen), bei denen aber der Lokomotionsapparat im Medium Wasser arbeitet (alternierendes Paddeln der Hinterextremitäten).

Kriechen

ist bei *Tieren* weit verbreitet; bei kriechenden Formen fehlen Extremitäten oder haben für die Lokomotion kaum Bedeutung. Das Tier hat dabei an stets wechselnden Stellen Kontakt oder unterschiedl. festen Kontakt zum Untergrund.

Peristaltisches Kriechen, bes. bei *Würmern*, beruht auf wechselnder Verdünnung/Verdickung durch Ring-/Längsmuskelkontraktion (A). Die Verankerung der verdickten Abschnitte erfolgt unterschiedl. (z. B. durch Borsten; vgl. S. 129).

Sohlenkriechen, bes. bei meisten *Schnecken*, geschieht durch Kontraktionswellen (alternierende Kontr. von Längs- und Quermuskeln), deren Wellenlänge durch starke Bodenhaftung beim Verlagern eine rückwärtsgerichtete Druckkraft ausüben, die den Körper vorwärtsschiebt.

Schlangen können entspr. ihrem komplexen Bewegungsapparat versch. Formen des Kriechens zeigen, teils bei einer Art nebeneinander, teils artspezif. und biotopangepaßt.

– Schlängeln tritt bei langen, dünnen Arten und bei *Wasserschlangen* auf (vgl. S. 396 A).
– Geradlinige Fortbewegung durch Rippenmuskeln, die die Bauchhaut unter Abhebung vom Boden nach vorn (Ausschalten der Gleitreibung) und dann mit abgespreizten Bauchschilden (Haftreibung) wieder nach hinten ziehen (B); auch in engen Höhlen und zw. Gras möglich.
– Seitwärtswinden bei mehreren Gattungen (z. B. *Klapperschlangen*) als Anpassung an Sandboden, der wenig Reibungswiderstand bietet (weitgehendes Ausschalten der Seitkräfte). Der Körper wird rasch abgerollt, wobei die den Boden berührenden Teile ruhen, die dazwischenliegenden, vom Boden abgehobenen Schlingen sich bewegen (C). Die Spur besteht aus Eindrücken von etwa der Länge der Schlange.

Laufen

geschieht durch abwechselnd den Boden berührende Extremitäten. Diese dienten zunächst dem besseren Bodenkontakt beim Kriechen (z. B. Parapodien der *Polychäten*; S. 130 C), wodurch der Anteil des Vortriebs an der aufgewendeten Lokomotionskraft wächst. Da für die Kraftübertragung auf festes Substrat kleine Kontaktflächen genügen, kann der Körper vom Boden abgehoben werden (D) zur Verringerung des Reibungswiderstandes. Die Gesamtbilanz ist dann positiv, wenn die für das Abheben aufzuwendende Energie geringer ist als die für das Nachschleppen des Körpers (Erreichen höherer Geschwindigkeiten).

Bei kleinen Tieren kann auch die Wasseroberfläche aufgrund der Oberflächenspannung zum Laufen benutzt werden (z. B. *Wasserläufer*, einige *Spinnen*, einige *Collembolen*).

Bei den meisten Formen, auch den ursprüngl. Landwirbeltieren (D), sind die seitl. eingelenkten Beinen aufgehängt (stabile Lage, aber Muskelkraft zum Abheben vom Boden notw.). Die bes. bei *Säugern* und *Vögeln* realisierte Stellung der Extremitäten unter dem Körper ist energetisch günstiger (geringer Kraftaufwand zum Tragen des Körpers), erfordert aber in Ruhe und Bewegung höheren statischen und regelungstechnischen Aufwand.

Die **Spannerbewegung**, bei der der ganze Körper »Schritte« ausführt, ist als Laufbewegung einzuordnen. Die Verankerung kann durch Extremitäten (*Spannerraupe*) oder Saugnäpfe (*Egel*; E) geschehen. Bei **hoher Beinzahl** (*Diplopoden*) arbeiten die Beine eines Paares synchron; die Gesamtzahl der Paare arbeitet funkt. wie eine Kriechsohle: durch metachrone Bewegungen laufen Wellen über die Extremitätenreihe.

Mit **Reduktion der Beinzahl** arbeiten die Beine eines Paares alternierend:
– Bei *Insekten* (drei Laufbeinpaare) oft nach dem Prinzip »alternierender Dreibeine«.
– Bei Vierfüßern sind versch. Rhythmen (Gangarten) mögl., z. B. beim *Pferd*: Schritt, Trab und Galopp (F), wobei mit zunehmender Geschwindigkeit die Füße den Boden immer kürzer berühren. Neben der **Kreuzgangkoordination** (Schritt, Trab) tritt die **Paßgangkoordination** auf (oder Mischformen, z. B. *Tölt*), gedeutet als Anpassung an lockeren Sand- oder Schneeboden (*Kamele, Giraffen*, zahlr. *Pferderassen*).
– Zweibeinigkeit als regulärer Lokomotionstyp ist selten (*Laufvögel, Känguruhs, Springmäuse, Mensch*); sie setzt wegen des labilen Gg bes. gute Lage- und Stellreflexe voraus.

Mechanismen zur Energieeinsparung sind bes. wichtig bei energieaufwendigen hohen Geschwindigkeiten (> 100 km/h beim *Gepard*):
– periodische Energiespeicherung bei jedem Schritt in dehnbaren Elastinbändern;
– Verringerung des Trägheitsmoments der Extremitäten durch rumpfnahe Anordnung der Muskeln und leichten Bau der distalen Extremität (z. B. *Gazellen*).

Springen

ist deutl. Abheben des Körpers bei nur kurz wirkendem Antrieb, meist durch die Hinterbeine, die dabei aus stark gewinkelter Stellung bis fast 180° gestreckt werden (G). *Schnellkäfer* springen durch Abknicken des Vorderkörpers (vorgespannte Muskulatur, Abgleiten des Dorns in eine Grube; H), wobei hohe Beschleunigung erreicht wird (380 g; Sprunghöhe bis 30 cm).

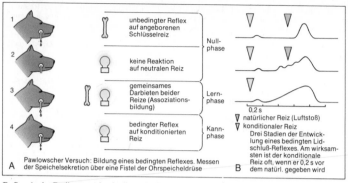

A Pawlowscher Versuch: Bildung eines bedingten Reflexes. Messen der Speichelsekretion über eine Fistel der Ohrspeicheldrüse

1 unbedingter Reflex auf angeborenen Schlüsselreiz — Nullphase

2 keine Reaktion auf neutralen Reiz

3 gemeinsames Darbieten beider Reize (Assoziationsbildung) — Lernphase

4 bedingter Reflex auf konditionierten Reiz — Kannphase

B

0,2 s

▽ natürlicher Reiz (Luftstoß)
▽ konditionaler Reiz
Drei Stadien der Entwicklung eines bedingten Lidschluß-Reflexes. Am wirksamsten ist der konditionale Reiz oft, wenn er 0,2 s vor dem natürl. gegeben wird

Reflexologie: Bedingte und unbedingte Reflexe

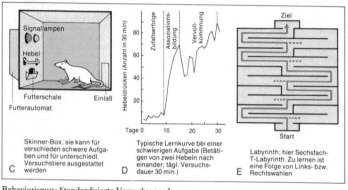

C Skinner-Box; sie kann für verschieden schwere Aufgaben und für unterschiedl. Versuchstiere ausgestattet werden

Signallampen
Hebel
Futterschale
Einlaß
Futterautomat

D Typische Lernkurve bei einer schwierigen Aufgabe (Betätigen von zwei Hebeln nacheinander; tägl. Versuchsdauer 30 min.)

Hebeldrücken (Anzahl in 30 min)
Zufallserfolge / Assoziationsbildung / Vervollkommnung
Tage 0 10 20 30

E Labyrinth; hier Sechsfach-T-Labyrinth. Zu lernen ist eine Folge von Links- bzw. Rechtswahlen

Ziel
Start

Behaviorismus: Standardisierte Versuchsanordnungen

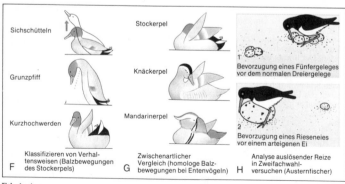

Sichschütteln
Grunzpfiff
Kurzhochwerden

F Klassifizieren von Verhaltensweisen (Balzbewegungen des Stockerpels)

Stockerpel
Knäckerpel
Mandarinerpel

G Zwischenartlicher Vergleich (homologe Balzbewegungen bei Entenvögeln)

1 Bevorzugung eines Fünfergeleges vor dem normalen Dreiergelege

2 Bevorzugung eines Rieseneies vor einem arteigenen Ei

H Analyse auslösender Reize in Zweifachwahlversuchen (Austernfischer)

Ethologie

Der Standort der Ethologie wird bes. deutlich durch Vergleich mit anderen Disziplinen, die sich ebenf. mit Erforschung des Verhaltens befassen oder befaßten.

Teleologische Erklärung des Verhaltens

Manche Biologen haben die unbestrittene Tatsache, daß Verhalten zielgerichtet ist, so interpretiert, daß der Zweck als »Kausal«faktor eine Handlung bestimme:

»Das objektive Ziel, der ›Zweck‹ der Tätigkeit, bestimmt ihren Ablauf in seinen Einzelheiten ...« (RUSSELL)

Diese teleologische Erklärung wurde deduktiv gewonnen aus einem vorweg definierten, ganzheitlich gefaßten Instinktbegriff, der einer kausalen Erforschung unzugänglich sei:

»Wir erkennen den Instinkt, aber wir erklären ihn nicht.« (BIERENS DE HAAN)

Die Ethologie dagegen setzt voraus, daß Verhalten grundsätzlich kausal analysierbar ist; sie gewinnt ihre Aussagen auf dem Weg induktiver Begriffsbildung (S. 5).

Tierpsychologie

Sie schließt von psych. Vorgängen, die menschl. Verhalten gewöhnlich begleiten, analog auf Tiere und schreibt ihnen gleiche oder ähnl. Erlebnisqualitäten zu. Das führte zu stark vermenschlichten (anthropomorphistischen) Vorstellungen:

Der *Löwe* sei, schreibt BREHM, »seit den ältesten Zeiten seines Mutes, seiner Kühnheit und Kraft, Tapferkeit und Stärke, seines Heldensinnes, Adels und seiner Großmut, seines Ernstes und seiner Ruhe halber berühmt«.

Manche Tierpsychologen werteten sogar psych. Vorgänge als Kausalfaktoren; dagegen lehnt die Ethologie »mit Schärfe die Behauptung ab, psychische Vorgänge könnten Ursachen physiologischer Vorgänge sein« (TINBERGEN). Sie versteht beide Bereiche als zwei Verhaltenskomponenten, die parallel laufen (Parallelgesetzlichkeit nach RENSCH), deren Verknüpfung aber grundsätzlich akausal ist. – So darf also die Aussage: »Der *Wolf* jagt, weil er hungrig ist«, nicht kausal verstanden werden, da dann Psychisches Ursache physiolog. Vorgänge wäre. Da Psychisches nur subjektiv erfahrbar ist (Introspektion), bei anderen, bes. bei artverschiedenen Subjekten aber nur vermutet werden kann, untersucht die Ethologie als Naturwissenschaft nur die objektiv faßbare physiolog. Verhaltenskomponente, ohne aber die Existenz psych. Vorgänge anzuzweifeln.

Reflexologie

Sie führt, in der Methode kausal wie die Ethologie, alles Verhalten auf Reflexe zurück; auch komplexe Verhaltensabläufe werden als Kettenreflexe gedeutet.

Unbedingter Reflex: Untersuchungen von PAWLOW über die Speichelsekretion von *Hunden* zeigten deren reflektor. Auslösbarkeit durch Geruch und Geschmack von Nahrung (natürl. oder unkonditionierte Reize).

Bedingter Reflex: Wird zus. mit einem natürl. Reiz ein neutraler, wirkungsloser Reiz geboten (Lichtsignal, Ton, Berührung), löst dieser nach mehrfacher Wiederholung den Reflex auch allein aus. Diese Reize sind im Gegensatz zu den natürlichen erfahrungsabhängig (konditionale Reize). Zw. natürl. und konditionalem Reiz hat sich eine Assoziation gebildet (A, B).

Der einseitigen Aussage der Reflextheorie gegenüber betont die Ethologie, daß neben reaktivem Verhalten als Antwort auf Außenreize auch spontanes Verhalten als Wirkung innerer Kausalfaktoren wichtig ist.

Behaviorismus

Von WATSON begründet und bes. in Amerika verbreitet, stimmt er mit der Ethologie in konsequenter Anwendung der naturwiss. Methode überein.

Aus vorherrschendem Interesse am *Menschen* folgte aber eine Überbewertung höh. (»vormenschlicher«) Verhaltensweisen, bes. des Lernverhaltens, und eine Vernachlässigung des angeborenen Verhaltens. – Das führte zus. mit der Verwendung standardisierter Versuchsanordnungen (C, D, E) und der Beschränkung auf wenige Arten von Versuchstieren (meist *Säuger*, oft domestiziert [S. 427] und im Verhalten möglicherweise verändert) zu unberechtigten Verallgemeinerungen, so zu der Behauptung, daß

»es nicht zwei Arten von Faktoren gibt, die lernen bestimmen, und daß der Begriff ›Instinkt‹ völlig irreführend ist, da er die Existenz eines nervösen Vorgangs oder Mechanismus bedeutet, der unabhängig von Umweltfaktoren ist und verschieden von jenen Nervenvorgängen, in die Lernen eingeht.« (HEBB)

Andere Behavioristen bestreiten zwar die Existenz lernunabhängiger Verhaltensanteile nicht, erklären aber den Begriff des »Angeborenen« für wertlos, da nie nachzuweisen sei, ob und wie weit nicht an epigenetischen Prozessen (S. 199) in Ei oder Uterus Lernvorgänge beteiligt seien (LEHRMAN).

Umweltlehre

Ihr Begründer v. UEXKÜLL hatte großen Einfluß auf die Entw. der Ethologie. Trotz exakter experiment. Untersuchungen wurden aber viele wichtige Folgerungen von ihm nicht gezogen. Erst seit ca. 1935 erarbeiteten LORENZ und TINBERGEN wesentl. Grundbegriffe der Ethologie.

Ethologie

Sie untersucht mit naturwiss. Methoden das Verhalten von *Tier* und *Mensch* im weitesten Sinn (Bewegungen, Lautäußerungen, Farbänderungen, Absonderung von Duftstoffen).

Die beschreibende (deskriptive) Ethologie (F) führt zur Erfassung aller Verhaltensweisen einer Art (Ethogramm) oder, bei vergl. Methode (G), zu Gruppenethogrammen (z. B. Balz der *Entenvögel*; S. 508).

Die erklärende Ethologie, stark experimentell arbeitend (H), verfolgt im wesentl. drei Aspekte:

– **kausal** (verursachende physiol. Mechanismen; Ethophysiologie; S. 402 ff.);

– **funktional** (Anpassungswert, biolog. Bedeutung; Öko-Ethologie, Sozio-Ökologie; S. 428 ff.);

– **phylogenetisch** (stammesgeschichtliche Entstehung; Etho-Phylogenie; S. 424 ff.).

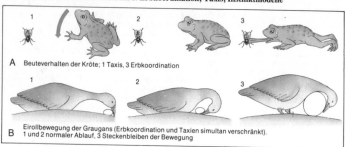

A Beuteverhalten der Kröte; 1 Taxis, 3 Erbkoordination

B Eirollbewegung der Graugans (Erbkoordination und Taxien simultan verschränkt).
1 und 2 normaler Ablauf, 3 Steckenbleiben der Bewegung

Erbkoordination und Taxis

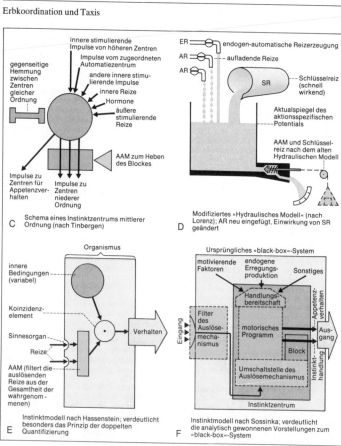

innere stimulierende Impulse von höheren Zentren

Impulse vom zugeordneten Automatiezentrum

andere innere stimulierende Impulse

innere Reize

Hormone

äußere stimulierende Reize

gegenseitige Hemmung zwischen Zentren gleicher Ordnung

AAM zum Heben des Blockes

Impulse zu Zentren für Appetenzverhalten

Impulse zu Zentren niederer Ordnung

C Schema eines Instinktzentrums mittlerer Ordnung (nach Tinbergen)

ER — endogen-automatische Reizerzeugung

AR — aufladende Reize

AR

SR — Schlüsselreiz (schnell wirkend)

Aktualspiegel des aktionsspezifischen Potentials

AAM und Schlüsselreiz nach dem alten Hydraulischen Modell

D Modifiziertes »Hydraulisches Modell« (nach Lorenz); AR neu eingefügt, Einwirkung von SR geändert

Organismus

innere Bedingungen (variabel)

Koinzidenzelement

Sinnesorgan

Reize

AAM (filtert die auslösenden Reize aus der Gesamtheit der wahrgenommenen)

Verhalten

E Instinktmodell nach Hassenstein; verdeutlicht besonders das Prinzip der doppelten Quantifizierung

Ursprüngliches »black-box«-System

motivierende Faktoren

endogene Erregungsproduktion

Sonstiges

Handlungsbereitschaft

Filter des Auslösemechanismus

Eingang

motorisches Programm

Block

Ausgang

Appetenzverhalten

Umschaltstelle des Auslösemechanismus

Instinkthandlung

Instinktzentrum

F Instinktmodell nach Sossinka; verdeutlicht die analytisch gewonnenen Vorstellungen zum »black-box«-System

Instinktmodelle

Die **Verhaltensphysiologie** untersucht bes. die das Verhalten verursachenden, steuernden und regelnden Mechanismen.

Angeborenes (ererbtes, instinktives) Verhalten
ist die Gesamtheit aller Verhaltensweisen,
– die auf der Wirkung von im Erbgut verankerten Mechanismen beruhen;
– daher unabhängig von individueller Erfahrung sind (Kaspar-Hauser-Experimente).

Den Instinktbegriff definierte TINBERGEN am umfassendsten, als
»hierarchisch organisierten nervösen Mechanismus, der auf bestimmte vorwarnende, auslösende und richtende Impulse, sowohl innere wie äußere, anspricht und sie mit wohlkoordinierten, lebens- und arterhaltenden Bewegungen beantwortet«.
Das beobachtbare instinktive Verhalten ist hiergegen scharf abzugrenzen.

Die Erbkoordination (Instinktbewegung)
Verhalten äußert sich meist in Bewegungen und komplexen Bewegungsfolgen. Die Analyse zeigt immer wieder streng artspezif., starre Bewegungen, die LORENZ Erbkoordinationen oder Instinktbewegungen nannte. Sie sind nicht exakt definierbar, aber mit folgenden Kriterien zu charakterisieren:
– Die Auslösung durch spezif. Außenreize (S. 406 f.), die nach Anlaufen der Bewegung fortfallen können.
– Die stereotype Bewegungsgestalt, deren Variationsbreite bei Individuen einer Art oft geringer ist als bei morpholog. Merkmalen. Die Erbkoordination ist daher arttypisch und wichtig für Systematik (S. 542 ff.) und phylogenet. Untersuchungen (S. 508 f.).
– Der innere Drang zur Durchführung der Bewegung (= Stau aktionsspezif. Erregung) zeigt sich z.B. in period. Schwankungen der Frequenz der Fächelperioden beim *Stichling,* unter konstanten Außenbedingungen.
– Das Appetenzverhalten (S. 408 f.), das zum Aufsuchen der auslösenden Situation führt. – Die beiden letzteren Kriterien beweisen zugleich die innere Bedingtheit instinktiven Verhaltens (vgl. dagegen: Reflexologie; S. 401).
Typ. Beispiele solcher Erbkoordinationen finden sich in vermutl. allen Tiergruppen:
– Das Balzverhalten der *Entenvögel* zeigt innerhalb einer Art deutl. versch. Instinktbewegungen (S. 400 F), aber auch bei verschiedenen Arten ähnliche, sicher homologe, Bewegungen (S. 400 G).
– Das Fächeln des *Stichlings,* das die Eier im Nest mit O₂-reichem Wasser versorgt, ein Beispiel für den häufigen Fall, daß Lokomotionsbewegungen Bestandteil von Erbkoordinationen sind. Die den Wasserstrom erzeugenden Brustflossen-Bewegungen bewirken einen Rücktrieb, dem normale Schwimmbewegungen der Schwanzflosse die Waage halten.
– Die Schreckstellungen bei Raupen zeigen beispielhaft das Vorkommen von Erbkoordinationen bei *Wirbellosen.*

Die Taxis (Orientierungsbewegung)
ist im Gegens. zur Erbkoordination variabel und wird im Ablauf von Außenreizen ständig gesteuert. Taxien sind demnach situationsbezogen und richten auf das jeweilige Objekt aus. Taxien und Erbkoordination können unterschiedl. zusammenwirken:
1. Zeitliche Aufeinanderfolge liegt z.B. vor bei der Beutefanghandlung von *Lurchen* (A). Im einfachsten Fall tritt hier die orientierende Wendung am Ort als reine Taxis auf. Ihr folgt, wenn die Beute nah genug ist, die starre Erbkoordination (Schnappen unter Vorschnellen der Zunge), die von Außenreizen nicht mehr gesteuert ist. Bewegt sich die Beute noch in dieser Phase von der Stelle, wird sie verfehlt. Wechselt sie vorher den Ort, verschränken sich orientierende Wendungen mit Erbkoordination zu einer komplizierten Handlung (Jagdverhalten).
2. Gleichzeitiger Ablauf (simultane Verschränkung) findet sich z.B. bei der Eirollbewegung der *Graugans* (B), ausgelöst durch den Anblick eines Eies oder eiähnl. Gegenstandes außerhalb der Nestmulde. Hier ist die Taxiskomponente experiment. auszuschalten, wenn nach Anlaufen der Bewegung das Ei entfernt wird. Die seitl. pendelnden Balancier-Bewegungen bleiben aus, während die Erbkoordination (Halskrümmung in der Körper-Medianebene) taxisfrei weiterläuft. Auch Verwendung eines richtungskonstant gleitenden Würfels als Ersatzobjekt schaltet die Taxiskomponente aus. – Die Starrheit der Erbkoordination zeigt sich bei großen Attrappen: Die Bewegung bleibt stekken, da die Attrappe zw. Brust und Schnabel klemmt, die Bewegung aber nicht den veränderten Bedingungen angepaßt wird. Doch ist die Starrheit nicht absolut: Intensität und Geschwindigkeit der einzelnen Muskelaktionen schwanken; konstant bleibt die Bewegungsgestalt.

Die Instinkthandlung
umfaßt als objektorientierte Verhaltensweise immer beides: Erbkoordination und zugeordnete Taxiskomponente(n).

Modelle eines Instinktzentrums
verdeutlichen in versch. Weise Aussagen zum ursprüngl. »black-box-System« (F) zw. Außenfaktoren (Eingang, input) und resultierendem Verhalten (Ausgang, output), gewonnen durch Verhaltensanalysen und direkte Hirnreizung.
Sie vermeiden Aussagen über anatom. und physiolog. Einzelheiten, die auch durch neurophysiolog. Untersuchungen (S. 412 ff.) nur unvollst. geklärt sind.
Sie symbolisieren die funkt. Zusammenhänge verschieden (hydraul., D; kybernet., E) und generalisieren die beteiligten Größen verschieden stark.
Sie zeigen aber übereinstimmend die Abhängigkeit des Verhaltens von inneren (S. 404; im Unterschied zu Reflexen) und äußeren (S. 406) Faktoren (**Prinzip der doppelten Quantifizierung;** C, D, E, F).

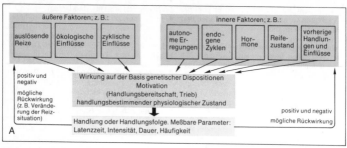

Motivation: Schema ihrer Ein- und Ausgänge

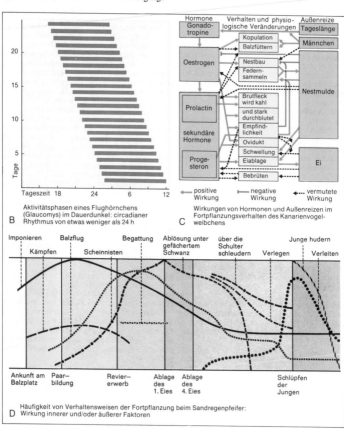

B Aktivitätsphasen eines Flughörnchens (Glaucomys) im Dauerdunkel: circadianer Rhythmus von etwas weniger als 24 h

C Wirkungen von Hormonen und Außenreizen im Fortpflanzungsverhalten des Kanarienvogelweibchens

D Häufigkeit von Verhaltensweisen der Fortpflanzung beim Sandregenpfeifer: Wirkung innerer und/oder äußerer Faktoren

Wirkungen innerer Faktoren

Motivation (Handlungsbereitschaft)
Im wesentl. synonyme Begriffe sind: Tendenz, Stimmung, Trieb oder Drang.
Das Spezif. Aktionspotential (SAP; aktionsspezif. Energie), im jeweils zugeordneten Zentrum gestaut, ist Ursache der Motivation und wird für die Verhaltensausführung (teilweise) verbraucht.
Entspr. der Hierarchie des Verhaltens (S. 411) sind auch Motivationen hierarchisch organisiert: jeder Verhaltensweise ist eine Motivation zugeordnet, deren Stärke aus dem Zusammenwirken zahlr., meist innerer Faktoren resultiert (A).
Autonome Erregungsproduktion im ZNS bewirkt manchmal spontan Verhaltensweisen.
Die regelmäßigen Kiemendeckel-Bewegungen der *Fische,* die den Atemwasserstrom erzeugen, beruhen auf rhythm. Entladungen von Zwischenhirn-Neuronen, wobei aktivierende afferente Wirkungen nicht erkennbar sind (Automatiezentren; nach v. HOLST).
Innere Sinnesreize sind bes. im Funktionskreis Nahrungsaufnahme wichtig.
Bereitschaft zu Nahrungs- und Flüssigkeitsaufnahme beruht wesentl. auf Erregungen innerer Sinneszellen, die auf Glucose- bzw. Kochsalzgehalt des Blutes ansprechen.
Hormone wirken auf die Motivation zahlr. Verhaltensweisen, bes. im sexuellen Bereich, spezifisch ein.
– Bei einheim. *Singvögeln* ist oft eine direkte Beziehung zw. Testosteronspiegel und Gesangshäufigkeit nachgewiesen.
– ♀ best. *Heuschrecken*-Arten lassen nur bei Vorliegen eines Hormons der Corpora allata die Kopulation zu.
– Zahlr. Hormonwirkungen (zus. mit Außenfaktoren) zeigen sich im Fortpflanzungsverhalten des *Kanarienvogels* (C).
Endogene Rhythmen, deren endogene Steuerung durch Weiterlaufen unter konst. Außenbedingungen beweisbar ist, treten bes. in zwei Bereichen auf:
– Circadiane Rhythmik im Tagesablauf steuert z. B. die Aktivitätsverteilung bei Tag-, Nacht- und Dämmerungstieren (B) und tageszeitabhängige Häufigkeitsunterschiede im Gesang bei *Singvögeln.*
– Circannuale Rhythmik im Jahresablauf (z. T. sich überlagernd mit Hormonwirkungen) steuert z. B. jahreszeitl. gebundene Fortpflanzung, Wanderungen, Vorratshaltung.
Der Reifezustand kann in versch. Alter zu unterschiedl. Reaktion auf gleiche Situation führen.
Die Nachfolgereaktion bei Nestflüchtern z. B. ist auf die Jugendphase beschränkt.
Die Vorgeschichte der Handlung beeinflußt die Motivation auf versch. Weise:
– Großer zeitl. Abstand vom letzten Vollzug bedeutet verstärkte, geringer dagegen verminderte Motivation.
– Länger zurückliegende posit. Erfahrungen in Kämpfen steigern (z. B. bei *Mäusen*) die Aggressionsbereitschaft, negat. Erfahrungen dämpfen sie.

Aktuelle Außenfaktoren bestimmen ebenf. die Motivation mit (A). So haben Schlüsselreize (S. 406f.) neben der auslösenden auch motivierende Wirkung; beide sind nicht klar trennbar (vgl. modifiziertes Hydraul. Modell; S. 402 D).
Die biochem. Grundlagen der SAP-Schwankungen sind noch unklar. Sie werden auf die Catecholamine (Noradrenalin, Dopamin) zurückgeführt, die als Transmitter an Synapsen wirken (S. 371). Senken des Catecholaminspiegels durch best. Drogen wirkt bei *Tier* und *Mensch* beruhigend, Erhöhung steigert motor. Aktivität und Aggressivität.

Unterschiedl. Folgeerscheinungen von Schwankungen des SAP sind zu beobachten.
Langfristige Häufigkeitsänderungen best. Verhaltensweisen (D).
Schwellenerhöhung ist bei manchen Verhaltensweisen (Kopulation, Nahrungsaufnahme) schon nach wenigen Abläufen deutl.; das Verhalten ist dann durch adäquate Objekte nicht oder nur ansatzweise (Intentionsbewegungen) auslösbar.
– Bei anderen Verhaltensweisen erhöht sich auch nach vielen Abläufen die Schwelle nicht (Fluchtverhalten), wohl wegen starker endo- u/o exogener Zufuhr von SAP zum Zentrum.
Zentrale (aktionsspezif.) Ermüdung ist der auf ein best. Verhalten bezogene Zustand der Nichtauslösbarkeit durch adäquate Signalreize.
Schwellensenkung wird bes. deutl. bei langer Nichtauslösung eines Verhaltens (z. B. Isolation).
♂ *Lachtauben* balzen zunächst nur arteigene ♀ an, nach wenigen Tagen Isolation eine weiße *Haustaube,* später eine ausgestopfte Taube, schließlich ein zusammengeknülltes Tuch, nach mehreren Wochen eine Käfigecke (opt. Reiz durch zusammenlaufende Linien).
Bei zahlr. ähnl. Versuchen war die Auslösbarkeit durch immer unspezifischere Attrappen charakteristisch.
Leerlaufverhalten kann bei extremer Schwellensenkung auftreten, vorausgesetzt, daß der Block endogen überwunden werden kann (s. Instinktmodelle, S. 402). Methodisch entscheidend ist der Ausschluß von Auslösung durch Ersatzobjekte.
– Das Insektenfang-Verhalten von *Singvögeln* (*Star, Seidenschwanz*) kann im Leerlauf vollständig auftreten: Fixieren der »Beute«, Nachfliegen, Fangen, Töten, Schlucken und abschließendes Gefiederschütteln.
– Kopulationsbewegungen bei *Säugern* (z. B. *Hund, Stier*) treten ohne nachweisbaren Außenreiz auf.
– Putzbewegungen zum Flügelreinigen kommen auch bei *Insekten*-Imagines vor, deren Flügel sich bei der Häutung nicht ausgestülpt haben.
– Die hochkomplexen Nestbaubewegungen von *Webervögeln* (Bildung komplizierter Schlingen und Knoten) treten bei Käfighaltung objektfrei (ohne Äste und Grashalme) auf.
Appetenzverhalten s. S. 408f.

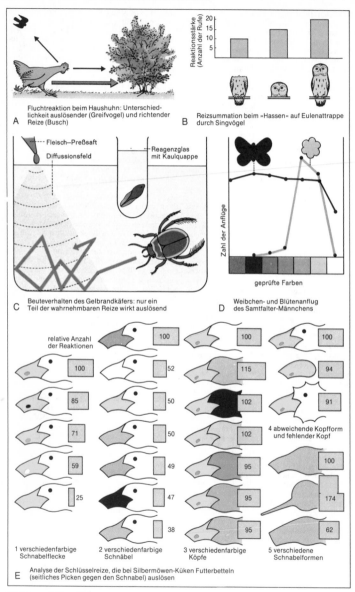

A Fluchtreaktion beim Haushuhn: Unterschiedlichkeit auslösender (Greifvogel) und richtender Reize (Busch)

B Reizsummation beim »Hassen« auf Eulenattrappe durch Singvögel

C Beuteverhalten des Gelbrandkäfers: nur ein Teil der wahrnehmbaren Reize wirkt auslösend

D Weibchen- und Blütenanflug des Samtfalter-Männchens

relative Anzahl der Reaktionen

1 verschiedenfarbige Schnabelflecke

2 verschiedenfarbige Schnäbel

3 verschiedenfarbige Köpfe

4 abweichende Kopfform und fehlender Kopf

5 verschiedene Schnabelformen

E Analyse der Schlüsselreize, die bei Silbermöwen-Küken Futterbetteln (seitliches Picken gegen den Schnabel) auslösen

Wirkungen äußerer Faktoren

Verhaltensweisen müssen zur Erfüllung ihrer biol. Funktion in adäquaten Situationen zuverlässig ausgelöst werden und gerichtet ablaufen. Orientierten Ablauf garantieren innere Faktoren (S. 404f.) und Taxien (S. 402f.), situationsgerechte Auslösung leisten Außenreize und neurale Auslösemechanismen.

Außenreize
sind nur zum kleinen Teil biol. relevant; Filterung aus dem Gesamtangebot ist notwendig. Sie können drei versch. Wirkungen haben:
– auslösende Wirkung (s. u.);
– richtende Wirkung (A);
– motivierende Wirkung (vgl. S. 405).

Wahrnehmbare Reize
Eine erste Filterung erfolgt durch Art und Kapazität der vorhandenen Sinnesorgane:
– Die *Zecke* hat außer Temperatur- und Tastsinn einen nur hell-dunkel unterscheidenden Hautlichtsinn und einen nur auf Buttersäure ansprechenden Geruchssinn (also nur einen kleinen Teil der menschl. Wahrnehmungsfähigkeit).
– *Nied. Tiere* sind oft taub und blind.
– *Nachttiere* sehen im allg. keine Farben.
In biol. relevanten Bereichen ist das Sinnesorgane mancher *Tiere* mehr als die des *Menschen*:
– *Fledermäuse* hören Ultraschall bis > 170 kHz (Orientierung durch »Sonar«).
– Manche *Schmetterlinge*, *Fische* und *Säuger* riechen Stoffe in weit geringeren Konzentrationen als der *Mensch*.
– *Insekten* sehen bis zu 250 Einzelbilder/s (der *Mensch* nur 16).
– Die *Biene* unterscheidet polarisiertes Licht von nichtpolarisiertem (S. 432f.).
– Das Seitenliniensystem der *Fische* ist Sitz eines Fernstastsinnes (S. 363).

Reaktionsauslösende Reize
Bes. bei komplexen Reizsituationen wirken weitere Filtermechanismen, z. T. in Sinnesorganen (periphere Filterung; z. B. laterale Hemmung, S. 372f.), z. T. durch Mechanismen im ZNS (zentrale Filterung), die noch weitgehend unbekannt sind.
Ihre Existenz folgt aus Beobachtungen und Attrappenversuchen (C, D), an denen die Bedeutung einzelner Reize für das Tier abzulesen ist:
– Das *Stichlings*-Männchen bekämpft bei der Revierverteidigung naturtreue Artgenossen-Attrappen, denen der rote Bauch fehlt, kaum; heftig dagegen werden stark vereinfachte Attrappen mit roter Unterseite angegriffen. Diesem Merkmal gegenüber treten also alle anderen in ihrer Bedeutung zurück, obwohl das Stichlingsauge sie auch wahrnehmen kann.
– Das Futterbetteln der *Silbermöwen*-Jungen ist ein seitl. Picken gegen den Elternschnabel. Analyse der Schlüsselreize (E) mit unräuml. Kopfattrappen zeigte:
Der Schnabelfleck wirkt allgem. durch seine Abhebung; rot als Farbe wird aber bevorzugt.
Die Schnabelfarbe wirkt nur als rot.
Die Kopffarbe ist bedeutungslos.

Die Kopfform ebenfalls; der Kopf kann ganz fehlen.
Die Schnabelform ist stark wirksam. Daneben sind auch Lagebeziehungen (komplexe Gestaltwahrnehmung) wichtig.
Die für ein *Tier* wirksamen Signalreize können in versch. Funktionskreisen unterschiedl. sein:
– Der *Gelbrandkäfer* mit gut entw. Komplexaugen läßt sich auf opt. Reize dressieren, die aber für sein ererbtes Beuteverhalten unwichtig sind (C). Ein in einem Glasrohr schwimmendes Beutetier löst die Fanghandlung nicht aus; wird dem Wasser Fleischpreßsaft zugesetzt, beginnt ein Suchverhalten, und jeder zufällig berührte Gegenstand löst den Zugriff aus.
– Das *Samtfalter*-Männchen fliegt in Paarungsstimmung Weibchen-Attrappen an ohne Bevorzugung einer Farbe; bei der Nahrungssuche zieht es aber blaue u. gelbe Papierblumen andersfarbigen vor (D).
Signalreize müssen in der natürl. Umgebung hinreichend unwahrscheinl. und unverwechselbar sein, um inadäquate Auslösung zu verhindern. Das erreicht oft die Kombination mehrerer Signalreize, deren Zusammenwirken oft als Summation der Einzelreize erfolgt (B), aber im allg. nicht als mathem. exakte Addition, sondern durch zentralnervöse Verrechnungsmechanismen (»gewogene Addition«).
Attrappen, bei denen Signalreize übertrieben sind, lösen manchmal besser als das natürl. Objekt aus (**Übernormalität;** E 5).
Der Weibchensprung des *Stubenfliegen*-♂ wird durch größere Attrappen übernormal ausgelöst (mit einem Maximum bei 2,26facher Flächengröße des ♀).

Auslösende Mechanismen (AM)
sind auf mehreren Ebenen, peripher und zentral, arbeitende neuronale Systeme, deren Morphologie z. gr. T. unbekannt ist; die denen aber aufgrund experiment. Daten funktionelle Teilsysteme unterscheidbar sind.
Detektormechanismen identifizieren best. Reizmuster (z. B. vertikal, horizontal, Bewegung, Vergrößerung, Farbe).
Ein **Kumulator** faßt die Teilmeldungen aller Detektoren zusammen (Summation).
Ein **Komparator** entscheidet aufgrund des inneren Status (Nahrungsbedarf, Fortpflanzungsbereitschaft) bei mehreren Reizangeboten (D).
Eine typ. physiolog. Erscheinung ist die Empfindlichkeitssenkung in afferenten Bahnen der AM bei Mehrfachreizung (**afferente Drosselung,** reizspezif. Ermüdung, Adaptation).
Die Lernanteile (S. 416ff.) der AM können sehr verschieden sein:
– **AAM** (Angeborener AM); hauptsächl. bei niederen Tieren, Variationsbreite gering;
– **EAAM** (durch Erfahrung ergänzter AAM); durch »Hineinlernen« Steigerung der Selektivität, weitverbreiteter Typ;
– **EAM** (Erworbener AM); auslösende Reize nur gelernt; wichtig beim Menschen, z. B. Reaktionen auf Verkehrszeichen.

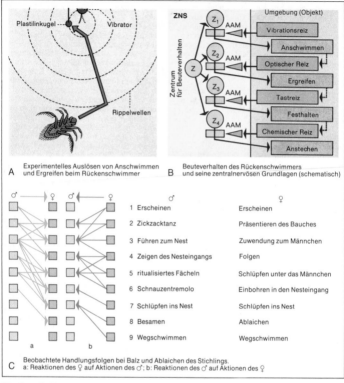

A Experimentelles Auslösen von Anschwimmen und Ergreifen beim Rückenschwimmer

B Beuteverhalten des Rückenschwimmers und seine zentralnervösen Grundlagen (schematisch)

♂	♀
1 Erscheinen	Erscheinen
2 Zickzacktanz	Präsentieren des Bauches
3 Führen zum Nest	Zuwendung zum Männchen
4 Zeigen des Nesteingangs	Folgen
5 ritualisiertes Fächeln	Schlüpfen unter das Männchen
6 Schnauzentremolo	Einbohren in den Nesteingang
7 Schlüpfen ins Nest	Schlüpfen ins Nest
8 Besamen	Ablaichen
9 Wegschwimmen	Wegschwimmen

C Beobachtete Handlungsfolgen bei Balz und Ablaichen des Stichlings.
a: Reaktionen des ♀ auf Aktionen des ♂; b: Reaktionen des ♂ auf Aktionen des ♀

Handlungskette

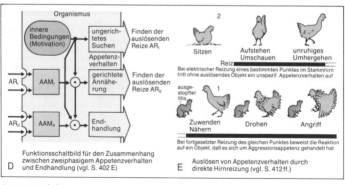

D Funktionsschaltbild für den Zusammenhang zwischen zweiphasigem Appetenzverhalten und Endhandlung (vgl. S. 402 E)

E Auslösen von Appetenzverhalten durch direkte Hirnreizung (vgl. S. 412 ff.)

Sitzen — Aufstehen Umschauen — unruhiges Umhergehen
Bei elektrischer Reizung eines bestimmten Punktes im Stammhirn tritt ohne auslösendes Objekt ein unspezif. Appetenzverhalten auf

Zuwenden Nähern — Drohen — Angriff
Bei fortgesetzter Reizung des gleichen Punktes beweist die Reaktion auf ein Objekt, daß es sich um Aggressionsappetenz gehandelt hat

Appetenzverhalten

Die Handlungskette (Reaktionskette)
ist eine funktionelle Einheit aus Instinkthandlungen. Ihre gesetzmäßige Abfolge wird dadurch erreicht, daß jede Handlung die äußere Situation so ändert, daß neue spezif. Reize die nächste Handlung auslösen (B).

Interspezifische Handlungsketten treten bes. oft im Funktionskreis der Nahrungsaufnahme auf. Das Beuteverhalten des *Rückenschwimmers* zeigt deutl. die Gesetzmäßigkeiten (A, B): Diese einheimische Wasserwanze erbeutet andere *Insekten*, die auf die Oberfläche des Wohngewässers fallen. Die Handlungskette ist experimentell in folgende Instinkthandlungen zerlegbar:

- Das Anschwimmen wird noch in rd. 15 cm Entfernung durch Rippelwellen ausgelöst (vom Beutetier oder von einem vibrierenden Draht ausgehend). Es führt bis auf 2 cm an das Objekt, dann bricht bei Verwendung eines dünnen, für das Tier unsichtbaren Drahtes die Handlung ab (A).
- Das Zustoßen und Ergreifen ist vom Anschwimmen durch eine Pause und deutl. stärkeren Ruderschlag abgehoben. Es ist durch eine ruhende Plastilinkugel (rd. 1 cm ∅) etwa 2 cm neben dem Vibrator auslösbar. Die Zuwendung erfolgt auf 2 cm, der weiter vibrierende Draht bleibt unbeachtet.
- Das Festhalten ist nur durch Attrappen weicher Konsistenz (Wattebällchen) auslösbar; ferner läßt sich zeigen, daß es auf Berührungs-, nicht auf chem. Reize erfolgt.
- Das Anstechen geschieht dagegen nur auf chem. Reize hin (Tränken der Attrappe mit Fleischpreßsaft).

Auch bei blütenbesuchenden *Insekten* sind durch Attrappenversuche typ. Handlungsketten nachzuweisen.

Dabei kann der tatsächl. Ablauf oft vom idealisierten abweichen (C), woraus eine situationsgemäße Flexibilität des Verhaltens resultiert.

Intraspezifische Handlungsketten sind bes. häufig z. B. bei Balz (C; S. 170) und Kommentkampf (S. 430). Sie sind bes. auffällig, da beim alternierenden Reagieren beide Partner die auslösenden Signalreize oft phylogenet. ihrer Funktion bes. angepaßt wurden (S. 424 ff.).

Auch hier weicht der tatsächl. Ablauf oft stark vom idealisierten ab (C):
- manche Handlungen können versch. Antworten beim Partner auslösen;
- bei Ausbleiben der Reaktion des Partners kann das Tier die vorige Aktion wiederholen oder die Kette ganz abbrechen.

Die hieraus resultierende situationsgemäße Flexibilität des Verhaltens (s. o.) kann die Handlungsbereitschaften unter Sozialpartnern koordinieren.

Das Appetenzverhalten
Bes. bei komplexen Verhaltensmustern unterscheidet man zwei Anteile (nach CRAIG), die sich bes. in Schwellenänderung (S. 405) und spezif. Ermüdbarkeit unterscheiden:
1. Das Appetenzverhalten, Suchen nach der auslösenden Situation für die Endhandlung, tritt bei hinreichend starker Motivation spontan auf (E). Es ist variabel und damit unterschiedl. Umweltbedingungen anzupassen: Es kann eine einfache Taxis sein (z. B. Zielwendung der *Kröte* vor dem Zuschnappen; S. 402 B), aber auch zusammengesetzt aus Reflexen, Taxien, Lokomotionsbewegungen, ererbten, erlernten (u. U. sogar einsichtigen) Verhaltensweisen. Es verbraucht so wenig SAP, daß keine Schwellenerhöhung eintritt und lange Folgen von Appetenzhandlungen möglich sind (z. B. Nahrungs- und Sexualpartnersuche).

Als Extremfälle können auch Vogelzug und Laichwanderungen *(Lachs, Aal)* als Appetenzhandlungen aufgefaßt werden.

2. Die Endhandlung, in der gefundenen auslösenden Situation ablaufend, ist im allg. relativ einfach und stereotyp. Sie verbraucht viel SAP; erfolgreiche Durchführung hemmt vielleicht die Wiederaufladung des Zentrums. Daraus folgt eine oft langdauernde Schwellenerhöhung, die ein erneutes Auftreten der Endhandlung und des vorgeschalteten Appetenzverhaltens verhindert (herabgesetzte Handlungsbereitschaft, »Triebbefriedigung«). Das Ausmaß der Wiederholbarkeit, bedingt im wesentl. durch Wiederherstellen des SAP, ist im allg. den biol. Notwendigkeiten phylogenet. angepaßt worden.

Appetenzverhalten im Instinktmodell
Die in den üblichen Instinktmodellen (S. 402 C, E, F) vorgenommene Zuordnung als Teil eines Zentrums kann nicht für alle Fälle zutreffen, da das Appetenzverhalten variabel ist und auch die Endhandlung eine Einzelhandlung oder eine Handlungskette sein kann; mehrere Zuordnungen sind daher möglich:
- Ein Appetenzverhalten kann fehlen, wenn der Partner die Auslöse-Situation präsentiert (z. B. Stichlingsbalz; S. 170).
- Eine Erbkoordination mit zugeordneten Taxien kann gleichzeitig Appetenzverhalten für die nächste sein (z. B. beim Beutefang des *Rückenschwimmers*; s. o.).
- Nicht jedes Appetenzverhalten mündet in eine Endhandlung; oft führt es in eine Situation, in der ein neues, spezielleres Appetenzverhalten ausgelöst wird (D).

Hierarchie der Appetenzen
Wie Motivationen (S. 405) treten auch Appetenzen entspr. der Stufung der Zentren (S. 410 f.) auf versch. Hierarchiestufen auf:
Das Beuteverhalten eines *Greifvogels* zeigt zunächst ein allgemeines Absuchen des Reviers, wobei oft Stellen, an denen schon Beute gemacht wurde, bevorzugt aufgesucht werden (Lernvorgänge). Die Entdeckung einer Beute löst eine spezielle Appetenz aus, abhängig von der Art der Beute (fliegend, schwimmend, laufend; gesund oder krank), bei der z. B. durch Scheinanflüge ein Einzeltier aus Schwärmen abgesprengt wird. Erst dann folgt die relativ starre Handlungskette Stoß-Schlagen-Töten-Rupfen-Kröpfen, die als Endhandlung gelten kann.

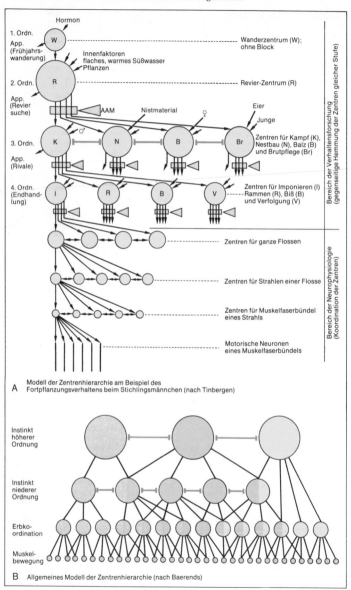

A Modell der Zentrenhierarchie am Beispiel des Fortpflanzungsverhaltens beim Stichlingsmännchen (nach Tinbergen)

B Allgemeines Modell der Zentrenhierarchie (nach Baerends)

Modelle der hierarchischen Ordnung von Instinktzentren

Die Vielzahl von Verhaltensweisen, die im ZNS eines Organismus programmiert sind, setzt zum situationsadäquaten Funktionieren eine Ordnung voraus.

Bei den Handlungsketten (S. 408f.) werden innerhalb einer Integrationsstufe Züge dieser Organisation deutlich. – Auch auf höheren Integrationsstufen liegen ähnl., meist aber weniger strenge Ordnungen vor:

– im Funktionskreis Fortpflanzung folgen, z. B. bei *Vögeln,* Verhaltensweisen der Brutfürsorge, Balz, Kopulation und Brutpflege in ziemlich fester Folge aufeinander (s. S. 404 D),
– in Teilbereichen der Funktionskreise ebenso (z. B. beim Nestbau: Sammeln, Eintragen und Einbauen des Nistmaterials).

Die Annahme liegt nahe, daß zum Erreichen einer biol. sinnvollen zeitl. Abfolge

– wechselseitige Hemmung einander widerstreitender Zentren und
– Abhängigkeit von funktionell zusammengehörigen Zentren von gemeinsam übergeordneten Zentren (hierarchische Ordn.) notwendig sind.

Hierarchie der Instinktzentren

Diese allgem. Überlegungen berücksichtigt das von TINBERGEN nach zahlr. Untersuchungen entwickelte Hierarchiemodell für das Fortpflanzungsverhalten des ♂ *Stichlings* (A). In ihm herrschen folgende Ordnungsprinzipien:

Die Aufladung mit SAP erfolgt beim höchsten Zentrum nur über innere Faktoren (hier vermutl. Testosteron) und führt zu spontaner Aktivität, wobei steigende Wassertemperatur u/o Tageslänge wohl als Zeitgeber wirken. Alle anderen Zentren werden von Innenfaktoren (unter denen der Zufluß vom übergeordneten Zentrum einen bes. hohen Stellenwert hat) und von spezif. Außenfaktoren aufgeladen.

Der Abfluß des SAP erfolgt auf zwei Wegen:

– Bei genügend hoher Aufladung steuert jedes Zentrum ein spezif. Appetenzverhalten (S. 409). Ausnahmen sind die Zentren 4. Ordn., bei denen Appetenzen nicht beobachtet wurden.
– Nach Auslösung durch spezif. Signalreize, die ebenf. von den Objekten ausgehen, die auch motivierend auf die Zentren wirken, fließt die Energie den nachgeordneten Zentren zu. Das führt bei den Zentren 4. Ordn. zu den Instinkthandlungen, bei höheren Zentren deutet die Energie, solange sie blockiert bleibt, zur Motivationssteigerung.
Eine Ausnahme ist hier das Zentrum 1. Ordn., bei dem spezif. Auslösung nicht beobachtet wird und dem daher kein Block zukommt.

Gegenseitige Hemmung der Zentren gleicher Stufe (rote Symbole in Abb. A) bewirkt, daß jeweils nur ein Zentrum die ihm nachgeordneten Verhaltensweisen aktivieren kann:

Das Balzverhalten des *Stichlings* (gemessen an der Frequenz der Zick-Zack-Tänze gegenüber einer Attrappe unter konstanten Bedingungen) wird gehemmt durch die Aktivierung des

Brutfürsorge-Verhaltens (gemessen an der Frequenz der Fächel-Perioden). Ob die Eizahl durch Befruchtung mehrerer Gelege (bis zu 5 ♀ legen in ein Nest) oder künstl. erhöht wird, hat auf das Ergebnis keinen Einfluß.

Zw. den Zentren der 4. Ordn. ist dies Prinzip durchbrochen, da sich die Handlungen nur teilw. ausschließen (z. B. Imponieren–Verfolgung), andere jedoch nicht (z. B. Biß–Verfolgung).

Im neurophysiolog. Bereich setzt sich die Hierarchie fort, allerdings modifiziert (Fehlen von Blöcken und gegenseitiger Hemmungen).

Dieses Modell kann den beim ♂ *Stichling* beobachteten Verhaltensablauf erklären:

Die Frühjahrswanderung führt den *Stichling* in seichtes warmes Wasser. Dort sucht er ein geeignetes Revier-Areal, und erst nach Besetzen eines solchen treten je nach Motivation und dem Angebot auslös. Reize die Verhaltensweisen von Kampf, Nestbau und Brutpflege auf.

Grundsätzl. gleiche Befunde über die hierarchische Ordnung des Instinktverhaltens wurden an weiteren Tiergruppen gewonnen:

– **Wirbeltiere** *(Säuger: Hamster, Mäuse; Vögel: Silbermöwe, Meisen, Finken);*
– **Wirbellose** *(Insekten: Sandwespe, Schmetterlings-Raupen; Spinnentiere: Springspinnen).*

Die breite Streuung legt den Schluß nahe, daß dieser Organisationstyp instinktiven Verhaltens allgemein verbreitet ist.

Modifiziertes Schema der Zentrenhierarchie

Ein allgemeines, nicht auf einen best. Fall bezogenes Schema entwickelte BAERENDS. Bei vereinfachter Darstellung der Zentren verdeutlicht es gegenüber dem TINBERGEN-Modell zusätzliche Erscheinungen (B):

– Es umfaßt mehrere Funktionskreise (≙ Zentren höherer Ordnung).
– Zahlr. Verhaltensweisen unterliegen den Einflüssen mehrerer übergeordneter Zentren (z. B. Lokomotionsbewegungen in fast allen Funktionskreisen).
– Die starre Folge der Integrationsstufen ist z. T. gelockert (»Überspringen« einzelner Stufen).

Relative Stimmungshierarchie

Das Fehlen einer starren hierarchischen Ordnung hat LEYHAUSEN für das Beuteverhalten der *Katzen* nachgewiesen. Hier ist ein Oberzentrum nicht feststellbar, und das jeweils stärkstmotivierte Zentrum unterdrückt die übrigen Zentren oder stellt sie als Appetenzen in seinen Dienst (Relative Stimmungshierarchie). Die Beute ist also je nach Motivation im Objekt zum Belauern, Beschleichen, Anspringen, Angeln, Fangen; die dazu führenden Verhaltensweisen sind Appetenzen der jeweiligen Endhandlung (vgl. S. 408f.).

Bei *Ratten* mit anderen Methoden (direkte Hirnreizung; S. 412ff.) erzielte vergleichbare Ergebnisse lassen vermuten, daß diese sehr variable Organisationsform bes. bei höheren *Säugern* eine Rolle spielt.

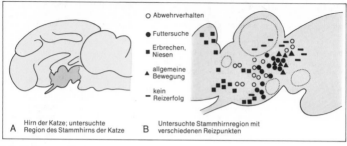

Lokalisation von »Zentren«

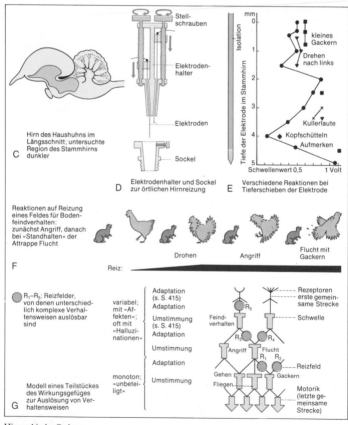

Hierarchische Ordnung

Die aus Verhaltensbeobachtungen und -experimenten gewonnenen Aussagen über neurale Grundlagen des Verhaltens sind auch durch direkte Eingriffe ins Gehirn untersuchbar.
Nachdem zunächst Ausschaltungsversuche nur zu groben Ergebnissen führten, da die gesetzten Defekte zu großräumig waren, wurde die **Methode der direkten Hirnreizung** entwickelt. Dabei werden durch elektr. Reizung Nervenzellen zum Senden von Aktionspotentialen (S. 366 f.) angeregt, die dann weitere Wirkungen in den bestehenden neuralen Strukturen hervorrufen.

Die **eng umgrenzte Reizwirkung** wird dadurch erzielt, daß eine isolierte Elektrode mit < 0,5 mm blanker Spitze ins Gehirn eingeführt wird (E), während »indifferente« Elektroden in der nicht untersuchten Umgebung bleiben. Auch unter diesen Bedingungen werden aber durch die sich allseits ausbreitenden Reizwirkungen mehrere Nervenzellen (-fasern) gleichzeitig gereizt.

Schädigungen treten bei dem geringen ∅ der Elektroden (0,2 mm) und den verwendeten Spannungen (< 2 V; bei 50 Hz) nicht auf.
Die **Kontrolle** des Sitzes der Elektroden erfolgt im Röntgenbild o/u durch histolog. Untersuchung nach Ende der Versuche (Koagulieren der Hirnsubstanz durch stärkeren Strom).
Versuchsserien mit Mehrfachreizungen sind durch Elektrodenhalter möglich, bei denen mehrere Elektroden durch Mikrometerschrauben schrittweise vorgetrieben werden können (D).
Drahtlose Fernreizung schließt Behinderung der Versuchstiere fast völlig aus.

Lokalisation von Zentren

In Untersuchungen am Zwischenhirn der *Katze* (A) stellte Hess einen Atlas der Reizorte für viele Reaktionen auf (B).
Dabei zeigte sich, daß den Verhaltensweisen keine Zentren im herkömml. Sinn (geschlossene Gruppe von Neuronen) sondern weitverzweigte Neuronensysteme zuzuordnen sind, die sich nur funktionell abgrenzen lassen und die einander vielfach durchdringen, wobei in manchen Fällen morphol. und funktionelle Verknüpfungen nachweisbar sind:

Abwehr und Flucht sind in anatom. eng verknüpften Bereichen auslösbar (entspr. der etholog. nachgewiesenen engen Verbindung beider Verhaltensmuster).

An vielen Stellen konnten einzelne Instinkthandlungen ausgelöst werden, an anderen koordinierte Verhaltensweisen, z. T. mit vorangehendem Appetenzverhalten (vgl. auch S. 408 E):

Bei Reizung best. Stellen z. B. sinkt die Ansprechbarkeit durch Außenreize, die Pupillen verengen sich, die Augen schließen sich, das Tier rollt sich ein und legt sich nieder. Der Zustand gleicht völlig dem normalen Schlaf.
Isoliert aufgezogene *Katzen* zeigen bei Hirnreizung vollst. Angriffsverhalten; das beweist die Programmierung dieses Verhaltens. Auch bei *Insekten (Grillen)* führten Lokalisationsexperimente zu ähnl. Ergebnissen.

Hierarchische Ordnung

v. Holst bevorzugte *Haushühner* als Versuchstiere (C), da sie als soziale Tiere ein reiches Verhaltensinventar haben, das als opt. und akust. bestimmt vom Experimentator bes. gut kontrollierbar ist. Es konnten alle bekannten natürl. Verhaltensweisen auch durch Hirnreizung ausgelöst werden.
Ein wichtiges Ergebnis dieser Versuche ist die Auslösbarkeit von Verhaltensweisen versch. Komplexität von versch. Reizfeldern aus, wobei oft mehrere Reizfelder das gleiche Ergebnis liefern:

– An vielen Stellen sind nur einfache Verhaltensweisen auslösbar (z. B. Gehen, Links- und Rechtswenden, Picken, Hacken, Aufmerken; E).
– An einigen Stellen (höhere Integrationsniveaus) treten umfassendere Reaktionen mit einheitlicher Funktion auf.
– Ihre an anderen Stellen einzeln auslösbaren Teilhandlungen treten mit zunehmendem Reiz in konstanter Reihenfolge auf, z. B. bei Flucht vor einem Bodenfeind: Aufmerken, Gackern, Unruhe, Abflug, Schimpfen. Bei sofort mit hoher Intensität einsetzender Reizung können Teilhandlungen ausfallen; in diesem Fall erfolgt gleich Abflug mit Schimpfen.
Diese komplexen Handlungen sind unorientiert (z. B. Säubern des Schnabels) oder umweltorientiert (z. B. Picken nach Körnern, Kampf gegen Artgenossen oder Artfeinde).
– Noch höher in der Hierarchie der Integrationsmechanismen steht das instinktive Feindverhalten, das Angriff und Flucht umfassen kann: eine *Iltis*-Attrappe wird bei best. Reizstärke angegriffen; wird sie nicht entfernt, flieht das *Huhn* (F).

Das Wirkungsgefüge

Werden diese Teilergebnisse zu einem Modell der zugeordneten neuralen Strukturen zusammengefaßt, erhält man einen Ausschnitt aus dem »Wirkungsgefüge«, das die Verarbeitung der normalerweise über die Sinnesorgane einlaufenden Erregungen und ihre Ausgabe an die Erfolgsorgane steuert (G).
Das Wirkungsgefüge zeigt hierarchische Organisation und bestätigt insofern die Ergebnisse von Tinbergen (vgl. S. 410 f.).
In dem vorliegenden Falle sind drei vielfach verknüpfte Hierarchiestufen nachgewiesen. Die Reizfelder liegen in der Nähe unterschiedl. »höher« Bahnen und aktivieren daher Verhalten versch. Komplexität.
Die gesetzmäßige Abfolge der Verhaltensweisen innerhalb einer Stufe (vgl. Handlungskette; S. 408 f.) wird hier mit versch. hohen Schwellenwerten erklärt.
Da ein Sinnesorgan der Auslösung vieler Verhaltensweisen dient und ein Muskel der Durchführung vieler Reaktionen, spricht man bei den sensiblen bzw. motorischen Nerven von »gemeinsamen Strecken«.
Zu **Adaptation** und **Umstimmung** s. S. 414 f.

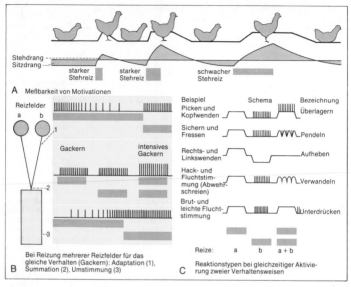

A Meßbarkeit von Motivationen

B Bei Reizung mehrerer Reizfelder für das gleiche Verhalten (Gackern): Adaptation (1), Summation (2), Umstimmung (3)

C Reaktionstypen bei gleichzeitiger Aktivierung zweier Verhaltensweisen

Verschiedene Ergebnisse direkter Hirnreizung

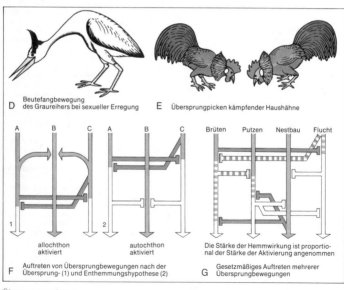

D Beutefangbewegung des Graureihers bei sexueller Erregung

E Übersprungpicken kämpfender Haushähne

F Auftreten von Übersprungbewegungen nach der Übersprung- (1) und Enthemmungshypothese (2)

G Gesetzmäßiges Auftreten mehrerer Übersprungbewegungen. Die Stärke der Hemmwirkung ist proportional der Stärke der Aktivierung angenommen

Übersprungverhalten

Durch direkte Hirnreizung wurden weitere verhaltensphysiol. Fragen geklärt bzw. ihre etholog. Deutungen bestätigt.

Einfluß von Außenreizen

Viele Verhaltensweisen sind unabhängig von Außenreizen auslösbar (z. B. Fluchtverhalten bei *Hühnern*; Gesänge bei *Grillen*). – In anderen Fällen wirken Außenreize auf 2 Arten:
– Ein Hahn beachtet einen ausgestopften Artgenossen nicht, greift ihn aber bei Stammhirnreizung an. Die Wirkung der Reizung entspr. hier motivierenden Signalreizen.
– Reizung an best. Stellen bewirkt zielloses Umherlaufen. Bietet man dem Tier Objekte im Wahlversuch (Nahrung, Sexualpartner, Rivale), tritt ein auf eines dieser Objekte gerichtetes Verhalten auf. Die Reizung bewirkt hier spezif. Appetenzverhalten (S. 408 E).

Meßbarkeit von Motivationen

Ausgelöstes Verhalten läßt sich abhängig von Reizspannung oder Stromstärke quantifizieren durch Latenzzeit (zw. Reizung und Reaktionsbeginn), Stärke der Reaktion und ihre Dauer (»Überdauern« nach Ende der Reizung).

Eine spontan sitzmotivierte Henne wird durch Reizen des »Stehfeldes« zum Aufstehen gebracht. Mit Reizlänge und -intensität ändern sich die drei Parameter der Reaktion in typ. Weise (A).

Daraus folgt allg.: je stärker eine Motivation ist (z. B. »Sitzen«), desto stärker muß die Reizung des komplementären Reizfeldes (z. B. »Stehen«) sein. Der krit. Wert wird als Schwellenspannung oder Schwellenreizstrom gemessen.

Summation, Adaptation, Umstimmung

Von zwei Reizfeldern für gleiches Verhalten (B) wird bei Einzelreizung eine mittelstarke, bei Simultanreizung eine stärkere Reaktion erzeugt (**Summation**; B 2). Das zeigt, daß beide Erregungen im ZNS zusammenfließen.

Bei Reizung eines Feldes über längere Zeit wird das Verhalten schwächer bis zum Erlöschen (**Adaptation**; B 1). Wird anschließend das andere Feld gereizt, setzt das Verhalten sofort voll ein. Die Adaptation muß also vor dem Zusammenfluß der Erregungen erfolgen (vgl. auch afferente Drosselung; S. 407).

Oft kommt der Reizbeginn die Reaktion nur langsam in Gang (Anfangsreibung; B 3). Fortsetzung der Reizung vom zweiten Feld aus bewirkt sofort volle Reaktion; es muß nach dem Zusammenfluß der Bahnen eine **Umstimmung** (vgl. Bahnung; S. 373) erfolgt sein.

Zusammenwirken versch. Verhaltensweisen

Bei gleichzeitiger Aktivierung zweier Verhaltensweisen treten versch. Typen des Zusammenspiels auf (C), beruhend auf qualitativ o/u quantitativ versch. physiol. Mechanismen.

Dabei beweisen manche Typen die Existenz hemmender Mechanismen zw. den beiden Zentren (Verhindern, Unterdrücken).

Bei einem Typ (Verwandeln) tritt als Folge eines Konflikts eine dritte Verhaltensweise auf; hier ist ein ähnl. Mechanismus wie beim Übersprungverhalten anzunehmen.

Übersprungverhalten

tritt oft in Konfliktsituationen als situationsfremde Verhaltensweise auf (D):
– Bei Grenzbegegnung territorialer *Stichlings-♂* kommt es zu Übersprung-Graben (abgeleitet aus dem Nestbauverhalten). Die Konfliktsituation ist experimentell zu erzeugen: Wird ein Männchen im eigenen Revier durch eine Attrappe, die es zunächst angreift, bis zur Flucht eingeschüchtert, beginnt es nach einiger Zeit, die jetzt ruhig gehaltene Attrappe wieder anzugreifen. Unmittelbar vorher, wenn sich Flucht- und Angriffstendenz die Waage halten, tritt kurz Übersprung-Graben auf.
– Kämpfe von *Haushähnen* werden oft durch Übersprung-Picken beider Partner eingeleitet und unterbrochen, das aus dem gleichen Triebkonflikt erwächst (E).

Dies ist nach zwei Hypothesen erklärbar (F):

1. Übersprunghypothese: Zwei Zentren A und B blockieren sich gegenseitig, so daß die gestaute Erregung in eine dritte Bahn überspringt und dort allochthon das Verhalten auslöst.

2. Enthemmungshypothese: Durch gegenseitige Blockierung verlieren die Zentren A und B ihre Hemmwirkung auf C, an dem autochthone Erregung das zugehörige Verhalten auslöst.

Auch das Auftreten mehrerer spezif. Übersprunghandlungen in einer Konfliktsituation ist, nach beiden Hypothesen, erklärbar:
– Bei *Silbermöwen* kommt es im Konflikt zw. Brüten und Flucht (erzeugt durch experiment. Änderungen am Nest) bei überwiegendem Bruttrieb zu Übersprung-Nestbau (G), bei überwiegendem Fluchttrieb zu Übersprung-Putzen.
– Bei *Stichlings-♂* tritt ähnlich im Konflikt zw. Sexual- und Aggressionstrieb Übersprung-Fächeln bei Überwiegen des sexuellen, Übersprung-Leimen am Nest bei stärker aggressivem Trieb auf.

Auch in anderen Situationen wird Übersprungverhalten beobachtet; Erklärungen erfordern kaum modifizierte physiol. Modelle:

Ausbleiben eines notwendigen Außenreizes:

Die Situation ist im Balzverhalten häufig (Weibchen noch nicht paarungsbereit).
– Intensives Übersprung-Fächeln tritt beim *Stichlings-♂* auf, wenn das ♀ nach dem Zick-Zack-Tanz nicht zum Nest folgt.
– *Vogel-♂* zeigen während der Balz oft Übersprung-Putzen; auch in vielen anderen Fällen entstammen Übersprungbewegungen der Körperpflege.

Zu schnelle Beendigung einer Handlung

hinterläßt einen Rest »aktionsspezif.« Energie, der allochthon abreagiert wird.

Paarungsnachspiele enthalten daher oft Übersprungkomponenten.

Reizung eines schon erschöpften Zentrums

kann ein anderes Instinktzentrum entblocken, dessen Energie dann eine nicht situationsgemäße Übersprunghandlung bewirkt.

Drücken von *Jungdrosseln* nach Ermüdung des Sperrens.

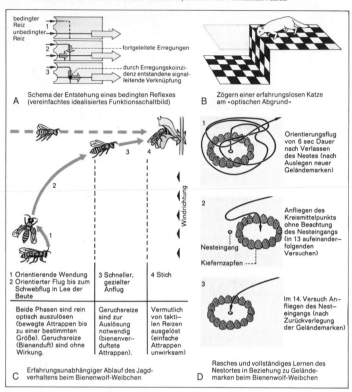

A Schema der Entstehung eines bedingten Reflexes (vereinfachtes idealisiertes Funktionsschaltbild)

bedingter Reiz
unbedingter Reiz
fortgeleitete Erregungen
durch Erregungskoinzidenz entstandene signalleitende Verknüpfung

B Zögern einer erfahrungslosen Katze am «optischen Abgrund»

Windrichtung

1 Orientierende Wendung
2 Orientierter Flug bis zum Schwebflug in Lee der Beute

3 Schneller, gezielter Anflug

4 Stich

Beide Phasen sind rein optisch auszulösen (bewegte Attrappen bis zu einer bestimmten Größe). Geruchsreize (Bienenduft) sind ohne Wirkung.

Geruchsreize sind zur Auslösung notwendig (bienenverduftete Attrappen).

Vermutlich von taktilen Reizen ausgelöst (einfache Attrappen unwirksam).

C Erfahrungsunabhängiger Ablauf des Jagdverhaltens beim Bienenwolf-Weibchen

1 Orientierungsflug von 6 sec Dauer nach Verlassen des Nestes (nach Auslegen neuer Geländemarken)

2 Anfliegen des Kreismittelpunkts ohne Beachtung des Nesteingangs (in 13 aufeinanderfolgenden Versuchen)

Nesteingang
Kiefernzapfen

3 Im 14. Versuch Anfliegen des Nesteingangs (nach Zurückverlegung der Geländemarken)

D Rasches und vollständiges Lernen des Nestortes in Beziehung zu Geländemarken beim Bienenwolf-Weibchen

Verschieden starke Lernanteile bei verschiedenen Instinkttätigkeiten

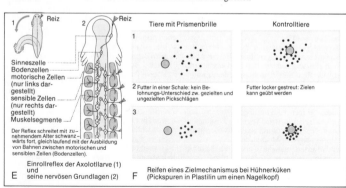

Reiz

Sinneszelle
Bodenzellen
motorische Zellen (nur links dargestellt)
sensible Zellen (nur rechts dargestellt)
Muskelsegmente
Der Reflex schreitet mit zunehmendem Alter schwanzwärts fort, gleichlaufend mit der Ausbildung von Bahnen zwischen motorischen und sensiblen Zellen (Bodenzellen).

E Einrollreflex der Axolotllarve (1) und seine nervösen Grundlagen (2)

Tiere mit Prismenbrille

Kontrolltiere

2 Futter in einer Schale: kein Belohnungs-Unterschied zw. gezielten und ungezielten Pickschlägen

Futter locker gestreut: Zielen kann geübt werden

F Reifen eines Zielmechanismus bei Hühnerküken (Pickspuren in Plastilin um einen Nagelkopf)

Wachsen und Reifen instinktiver Verhaltensweisen

Ererbtes und erlerntes Verhalten

Die Grundlagen ererbten und erlernten Verhaltens unterscheiden sich prinzipiell:
– ererbtes V. basiert auf im Laufe der Phylogenese erworbenen und im Erbgut gespeicherten Informationen (»Artgedächtnis«);
– erlerntes V. auf im Laufe des individuellen Lebens durch Erfahrungen erworbenen und im ZNS gespeicherten Informationen (individuelles Gedächtnis), die spätere Verhaltensabläufe beeinflussen.

Obwohl nicht alle beteiligten neuronalen Prozesse geklärt sind (vgl. S. 387), kann Lernen als zentralnervöser Prozeß verstanden werden, in dem durch Erregungen Veränderungen in neuronalen Strukturen entstehen, die spätere Erregungsabläufe beeinflussen (A). Es setzt daher ererbte zentralnervöse Strukturen voraus (Lerndispositionen), die die ebenf. erlernten Fähigkeit haben, ihre funkt. Struktur aufgrund spezif. Erregungen bleibend zu verändern (Engrammbildung).

Bei der Entstehung eines bedingten Reflexes (S. 419) muß außer einer Nervenbahn, die über einen wirksamen (unbedingten) Reiz einen Reflex auslöst, eine zweite, räuml. benachbarte Bahn für Erregungen vorliegen, die von einem zunächst unwirksamen (bedingten) Reiz ausgelöst werden. – Entstehen nun (mehrfach) in beiden Bahnen gleichzeitig Erregungen, wird als Folge dieser Koinzidenz eine neue erregungsleitende Verbindung geknüpft (A).

Hieraus ist zu folgern, daß zw. ererbtem und erlerntem Verhalten kein grundsätzl. Unterschied besteht.

Katzen, in Dunkelheit aufgewachsen, zeigen nicht das Zögern vor einem durch eine Glasplatte überdeckten optischen Abgrund (B). Histolog. Untersuchungen der hierfür zuständigen Region des ZNS zeigten, daß manche Synapsen und sogar ganze Neuronen bei Dunkelaufzucht zwar angelegt werden, mangels einlaufender Erregungen aber degenerieren.

I. d. R. wirken Erbgut und Umwelt bei der Ausprägung von Verhalten zusammen; unterschiedl. ist die Variationsbreite des Verhaltens, die vom Ausmaß der genet. programmierten Lerndispositionen abhängt.

In diesem eingeschränkten Sinn wird aus prakt. Gründen weiterhin zw. (überw.) ererbtem und (überw.) erlerntem Verhalten unterschieden.

Biolog. Bedeutung erlernten Verhaltens

Beide Verhaltenstypen konnten sich nur entwickeln, wenn sie unter natürl. Bedingungen Selektionsvorteile (S. 499) boten.

Ererbtes Verhalten, mit dem Vorteil sofortiger Handlungsbereitschaft und dem Nachteil der Starrheit (im individuellen Leben und in der Generationenfolge), wird daher bes. dort zu erwarten sein,
– wo best. Objekten gegenüber schon beim erstenmal richtig und schnell zu handeln ist (Fluchtverhalten; Paarungs- und Brutpflegeverhalten, soweit Lernen von Artgenossen un-

mögl. ist, wie z. B. bei vielen *Insekten*);
– wo konstante Lebensbedingungen und Reizsituationen die Beibehaltung starrer Verhaltensweisen ermöglichen (C).

Erlerntes Verhalten, mit dem Vorteil größerer Plastizität und dem Nachteil verzögerter Handlungsfähigkeit tritt z. B. beim individuellen Kennenlernen des Sexualpartners oder der eigenen Jungen (koloniebrütende *Vögel*) auf, oder beim Einprägen best. Standorte (D). Auch bei Veränderungen in den Lebensbedingungen (z. B. Klimaschwankungen, Eingreifen des *Menschen*) ist Lernfähigkeit oft Voraussetzung für Überleben. Starke Unterschiede der Lerndispositionen gibt es daher selbst bei funkt. benachbarten Verhaltensanteilen:
– Der *Bienenwolf* lernt die Lage des Nistortes schnell und vollständig nach Geländemarken (D), in das Jagdverhalten dagegen wird nicht »hineingelernt« (C).
– *Dohlen* lernen erwachsene Kolonie-Mitglieder hinsichtlich ihrer Rangordnungs-Stellung genau kennen, ihre Eier und Jungen unterscheiden sie aber nicht von fremden.

Reifen von Verhaltensweisen

beruht auf einem erfahrungsunabhängigen zentralnervösen Entwicklungsprozeß. Durch ihn wird Lernen vorgetäuscht, läßt sich aber experimentell ausschließen:
– *Frosch*-Embryonen wurden bis ins Larvenstadium bewegungslos in Dauernarkose aufgezogen, bis gleichalte Kontrolltiere vollkommene Schwimmbewegungen zeigten. Beide Gruppen schwammen danach gleich gut.
– *Jungtauben* wurden am Gebrauch ihrer Flügel gehindert. Als Kontrolltiere 10 m weit flogen, gab man sie frei. Die Flugleistungen waren voll vergleichbar.
– Am *Axolotl* wurde gezeigt, daß Wachsen von Bewegungsweisen von der Ausbildung best. Strukturen im NS und weniger von der Ausbildung der Muskeln und Rezeptoren abhängt (E). – Dieses Ergebnis darf sicher verallgemeinert werden.

Auch Orientierungsmechanismen können reifen:
Haushuhnküken picken nach einem in Plastilin gebetteten Nagel am ersten Lebenstag mit starker Streuung (F), nach mehreren Tagen, in denen sie gezielt picken können, ist das Ergebnis viel besser. Bei der Kontrollgruppe wird durch eine Prismenbrille das Gesichtsfeld um 7° seitl. verschoben, eine bestimmte gezielte Pickschläge ist ausgeschlossen. Trotzdem wächst auch hier die Zielgenauigkeit.

Oft treten zuerst Erbkoordinationen, dann Taxien, zuletzt die zugehörigen Appetenzen auf:
– *Mäuse* machen Kratzbewegungen zuerst taxisfrei »ins Leere«; erst später gerichtet.
– Junge *Kormorane* zeigen Nestbau-Schnabelzittern zuerst in versch. Situationen. Später erfolgt Auslösung durch spezif. Reize und Koordination mit Taxien und Appetenzen zum Gesamt-Nestbauverhalten.

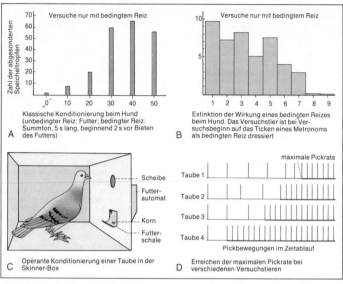

A Klassische Konditionierung beim Hund (unbedingter Reiz: Futter; bedingter Reiz: Summton, 5 s lang, beginnend 2 s vor Bieten des Futters)

B Extinktion der Wirkung eines bedingten Reizes beim Hund. Das Versuchstier ist bei Versuchsbeginn auf das Ticken eines Metronoms als bedingten Reiz dressiert

C Operante Konditionierung einer Taube in der Skinner-Box

D Erreichen der maximalen Pickrate bei verschiedenen Versuchstieren

Klassische und operante Konditionierung

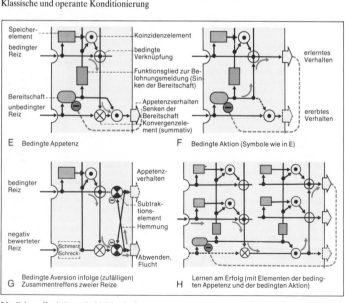

E Bedingte Appetenz

F Bedingte Aktion (Symbole wie in E)

G Bedingte Aversion infolge (zufälligen) Zusammentreffens zweier Reize

H Lernen am Erfolg (mit Elementen der bedingten Appetenz und der bedingten Aktion)

Idealisierte Funktionsschaltbilder für Lernprozesse

Die Art der Lernvorgänge dient oft zur Gliederung des Lernverhaltens. Die folgende Einteilung ist aber nicht vollständig und nicht die einzig übliche.

Gewöhnung

eines Tieres, durch die die Reaktion auf Reize schwächer wird, falls sich weder pos. noch negat. Folgen zeigen, ist die einfachste Form des Lernens. – Ihre neurophysiol. Grundlagen sind Adaptation, afferente Drosselung, reizspezif. Ermüdung (S. 407; 415).
Die biol. Bedeutung liegt darin, daß Tieren unnötige Reaktionen auf irrelevante Reize erspart bleiben, was die Konzentration auf wesentl. Reize begünstigt:

Auslösen des Sperrens von jungen *Drosseln* durch häufige Erschütterungsreize führt zum Erlöschen der Reaktion; sie ist akust. oder opt. sofort wieder auslösbar.

Sensibilisierung, Senken der Schwelle durch wiederholtes Wirken von Reizen, ist das Gegenteil der Gewöhnung.

Beim Fluchtverhalten des *Lanzettfischchens* kann die Intensitätsschwelle gegen Lichtreize durch Elektroschocks stark gesenkt werden.

Bildung bedingter Reflexe

ist die Grundlage zahlr. Lernvorgänge. Ihre neurophysiol. Voraussetzung sind Strukturen, in denen durch Koinzidenz von Erregungen neue leitende Verbindungen geknüpft werden können (Assoziationsbildung; S. 416 A).

Klassische Konditionierung

Beim klass. Ausarbeiten bedingter Reflexe werden neutrale Reize zu auslösenden für eine schon vorhandene (ererbte) Reaktion (S. 401). Unter quantifizierten Versuchsbedingungen ergeben sich typ. Lernkurven (A). Der bedingte Reiz bleibt nur wirksam, wenn er aus. mit dem unbedingten geboten wird; wird er allein geboten (und nicht wenigstens von Zeit zu Zeit durch unbedingte Reize verstärkt), wird die bedingte Reaktion gelöscht (**Extinktion**; B).

Vergessen ist dagegen ein passiver Vorgang, wenn das Tier nicht mehr in die Versuchssituation gebracht wird.

Operante Konditionierung

Sie unterscheidet sich von der klass. Konditionierung dadurch, daß eine neue Bewegung als Appetenzverhalten in den Dienst einer vorhandenen Handlungsbereitschaft tritt.

Nachdem eine *Taube* zunächst gelernt hat, daß auf das Geräusch des Futterautomaten hin ein Korn in der Futterschale liegt (Vordressur durch den Versuchsleiter), wird zum eigentl. Exp. eine farbige Scheibe so mit dem Automaten gekoppelt, daß nach jedem Picken ein Korn in die Schale fällt (C).

Automat. Ergebnisregistrierung zeigt, daß in diesem Verfahren die Assoziation sehr schnell gebildet wird; manche Tiere erreichen schon nach der ersten Reaktion das maximale Pickrate (D). – Als wesentl. für die Erfolge erwies sich der Zeitabstand zw. erstrebtem Verhalten und Belohnung:

Bei *Tauben* war das optimale Intervall 0,5–3 sec, Belohnungen nach > 30 sec blieben wirkungslos.

SKINNER experimentierte mit der Übertragung dieser Methode auf menschl. Lernen. Es wurden Lernmaschinen und -programme entwickelt, die umfangreichen Lernstoff in viele Einzelschritte gliedern und den Lernerfolg durch unmittelbare Bestätigung jeder richtigen Lösung bekräftigen. Die Erfolge waren geringer als erwartet, da offenbar beim *Menschen* höhere Lernformen (Nachahmung, Einsicht) und Motivation durch Vorbilder eine große Rolle spielen.

Positive und negative Erfahrungen

Die unterschiedl. Bewertung von Gelerntem (im Freiland: gute/schlechte Erfahrungen; im Experiment: Belohnung/Strafe) erlaubt eine weitere Klassifizierung von Lernvorgängen.
Positive Erfahrungen wirken zweifach:

1. Bedingte Appetenz. Folgt einem neutralen Reiz öfter eine pos. Erfahrung (Triebbefriedigung), wird er zum auslösenden Reiz für die auf die Befriedigung zielende Appetenz (E).

Ein ins Aquarium gehängter Napf löst bei einem *Fisch* keine Reaktion aus. Wird er mehrfach daraus gefüttert, schwimmt er auch den leeren Napf an und schnappt danach.

2. Bedingte Aktion. Führt zufälliges Verhalten zu pos. Erfahrung, wird es wieder ausgeführt, wenn die der Erfahrung zugeordnete Motivation weiterhin oder erneut vorliegt. Eine bedingte Aktion ist also ein neues Appetenzverhalten oder Teil eines solchen (F).

– Ein *Affe*, durch Käfiggenossen von den fütternden Besuchern abgedrängt, zeigte erregungsbedingt »Springen auf der Stelle«. Daraufhin mehrfach gefüttert, zeigte er das Verhalten um so intensiver, je größer sein Nahrungsbedürfnis war.

– *Eichhörnchen* entwickeln in Freiheit individuelle Techniken, Nüsse zu öffnen.

Unter natürl. Bedingungen treten bed. Appetenz und bed. Aktion oft gekoppelt auf (H).

Ein *Hund*, der zu einer best. Zeit an Auslauf gewöhnt ist, zeigt im Käfig vorher eine unspezif. Appetenz (Laufen, Scharren, Aufrichten an der Wand, Schnauzenstoßen). Öffnet er dabei zufällig eine Tür, steuert er sie von da an gezielt an (bed. App.) und öffnet sie mit der zufällig erprobten Bewegung (bed. Aktion; z. B. Aufdrücken mit der Schnauze).

Negative Erfahrungen führen in entspr. Weise zu Meide- und Fluchtreaktionen.

1. Bedingte Aversion. Von Schreck u/o Schmerz begleitete neutrale oder gar erstrebte Wahrnehmungen erhalten schnell eine negat. Bedeutung (G; z. B. Scheuen von *Pferden* an Stellen, an denen sie einmal erschreckt wurden; Reaktion von Kindern auf weiße Kittel als Folge von Erlebnissen mit Ärzten).

2. Bedingte Hemmung. Hat eine Verhaltensweise mehrfach negat. Folgen, wird sie zunehmend gehemmt (z. B. Abdressur bei *Hunden* durch Strafreize).

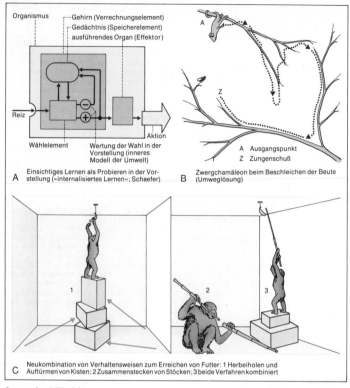

A Einsichtiges Lernen als Probieren in der Vorstellung (»internalisiertes Lernen«; Schaefer)

Organismus
Gehirn (Verrechnungselement)
Gedächtnis (Speicherelement)
ausführendes Organ (Effektor)
Reiz
Aktion
Wählelement
Wertung der Wahl in der Vorstellung (inneres Modell der Umwelt)

B Zwergchamäleon beim Beschleichen der Beute (Umweglösung)

A Ausgangspunkt
Z Zungenschuß

C Neukombination von Verhaltensweisen zum Erreichen von Futter: 1 Herbeiholen und Auftürmen von Kisten; 2 Zusammenstecken von Stöcken; 3 beide Verfahren kombiniert

Lernen durch Einsicht

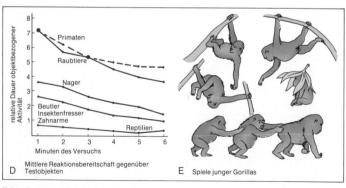

D Mittlere Reaktionsbereitschaft gegenüber Testobjekten

relative Dauer objektbezogener Aktivität
Primaten
Raubtiere
Nager
Beutler
Insektenfresser
Zahnarme
Reptilien
Minuten des Versuchs

E Spiele junger Gorillas

Erkundungs- und Spielverhalten

Versuch-Irrtum-Lernen
Bes. unter natürl. Bedingungen sind Lernsituationen und die Möglichkeiten zu ihrer Bewältigung oft komplex. Solche Fälle, in denen Formen beider Konditionierungsarten (S. 419) kombiniert sein können, werden als Lernen nach Versuch und Irrtum zusammengefaßt.
– Auswahl unter mehreren Bewegungsweisen: Zum Öffnen eines Hebels an einer zur Belohnung führenden Tür kann ein *Fuchs* Pfoten oder Schnauze einsetzen. Er versucht zunächst beides (bed. App.; bed. Aktion), bei entspr. Konstruktion wird dann Schnauzenbenutzung nicht belohnt (bed. Aversion).
– Auswahl unter mehreren Reizen: Eine unabhängig von Lichtreizen dressierte *Taube* lernt, nur noch bei Rotlicht (bed. App.) den Futterautomaten zu bedienen (bed. Aktion), wenn dies belohnt wird; bei anderen Lichtqualitäten wird das Verhalten durch Extinktion gelöscht (bed. Aversion).

Motorisches (kinästhetisches) Lernen
Mehrfache Ausführung gleicher Bewegungsfolgen führt zu Koppelung der Einzelbewegungen und Speicherung der Programme im ZNS. Die Bewegungsfolgen laufen dann auch ab, wenn die ursprüngl. steuernden Reize fehlen.
Dieses Lernen ist im Exp. nicht immer an Belohnungen geknüpft (vielleicht wirkt aber das Wiedererkennen zurückgelegter Wege als pos. Erfahrung):
Ratten, die in einem Labyrinth (S. 400 E) frei laufen können, lernen dieses nach Beköderung schneller als unerfahrene Kontrolltiere.
Auf motor. Lernen beruhen auch die häufigen Fälle, in denen sich Tiere im fremden Gelände langsam und unsicher, im Eigenrevier dagegen schnell und sicher bewegen (bei Beunruhigung oft »blindlings« in eingeschliffenen Abläufen).
Auch beim *Menschen* ist motor. Lernen bei Einschleifen von Bewegungsfolgen (Tanzen, Klavierspielen, Autofahren) stark beteiligt.
Auch Durchführen kompliz. Bewegungen und Einnehmen ungewöhnlicher Haltungen unter äußerem Zwang hat die gleiche Wirkung:
– Bei Tierdressuren (z.B. bei *Elefanten*) wird dies Verhalten angewendet, Lernfortschritte durch Belohnungen gefördert.
– Beim *Menschen* bewährt sich das Verfahren ebenf. zum Lernen komplizierter Bewegungsfolgen (Ballettunterricht).

Lernen durch Beobachtung (Nachahmung)
bedeutet die Übernahme beobachteter (gehörter) neuer Bewegungen (Laute) in das eigene Verhalten, die komplizierte neurale Mechanismen voraussetzt.
Akustische Nachahmung (»Spotten«), deren biol. Bedeutung in vielen Fällen unklar ist, tritt bes. bei *Papageien* und *Singvögeln* (z.B. *Star, Gelbspötter*) auf, wobei die fremden Laute die arteigenen überwiegen können (*Leierschwanz*).
Motorische Nachahmung stellt noch höhere Anforderungen, da die eigene Bewegung bei opt.

Kontrolle ganz anders als das Vorbild aussehen kann, aber trotzdem wiedererkannt werden muß. Sie ist nur bei wenigen *Säugern* bekannt, verbreitet und auch im Freiland beobachtet nur bei *Primaten*.
Bes. *Schimpansen* können komplizierte Bewegungsfolgen ohne Probieren nachahmen (z.B. Öffnen eines Vorhängeschlosses und Entriegeln einer Tür).
Traditionsbildung ist oft eine Folge von Lernen durch Nachahmung:
– Gesangstraditionen bei *Singvögeln* (z.B. *Buchfink*) führten zur Bildung zahlr. Dialekte.
– Das Öffnen von Stannioldeckeln an Milchflaschen durch *Kohlmeisen* verbreitete sich in England um 1940 von mehreren Orten aus.
– In einer Population japan. *Rotgesichtsmakaken* wurden seit 1953 zahlr. Verhaltensweisen Allgemeingut (z.B. Waschen von Bataten). Dabei ging die Neueinführung i.d.R. von jungen Tieren aus, die Weitergabe etablierter Verhaltensweisen erfolgte im allg. von den Müttern an die Kinder.

Lernen durch Einsicht
Die meisten verwendeten Lerndefinitionen (S. 417) schließen Einsicht aus, da hier das Tier eine neue Situation gleich erfaßt und die erforderlichen räumlich-zeitlichen Handlungsfolgen ohne Probieren, also ohne Sammeln von Erfahrungen, durchführt (C).
Von Lernen zu sprechen ist aber insofern berechtigt, als vermutl. die Lösung am inneren Modell geprobt und ggf. verbessert wird (A).
Umwegversuche erlauben den Nachweis der einfachsten Form einsichtigen Verhaltens, wenn das Versuchstier ohne Probieren einen Weg einschlägt, der es zeitweise vom Ziel entfernt (Einsicht in die Gesamtsituation; B).
Umwegleistungen sind häufig bei *Säugern*, selten bei niederen *Wirbeltieren* (B) und *Insekten* (*Sandwespe*) beschrieben worden.
Komplexere Leistungen wies schon W. KÖHLER an *Schimpansen* nach, bei denen der einfachste Werkzeuggebrauch (Auftürmen von Kisten, Benutzung von Stöcken; C) o/u Werkzeugherstellung (Zurichten eines Stockes zum Verlängern eines anderen) einbezogen waren.

Erkundungs-(Neugier-)verhalten
tritt bes. bei *Wirbeltieren* auf (D) als ererbtes Verhalten mit starken quantitativen und qualitativen Unterschieden. Es ermöglicht bes. in der Jugend die Einbeziehung neuer Gegenstände und Bewältigung neuer Situationen durch Lernvorgänge. Es bleibt im Alter selten erhalten (z.B. *Kolkrabe, Mensch*); im allg. wird dann nur noch unter Situationsdruck gelernt.
Spielverhalten
wird als Verhalten ohne Ernstbezug bezeichnet, es tritt nur im »entspannten Feld« auf, d.h. es wird durch andere Motivationen gehemmt. Nachgewiesen nur bei *Säugern* und wenigen *Vögeln*, bietet es zahlr. Möglichkeiten zum motorischen und zum Versuch-Irrtum-Lernen (E).

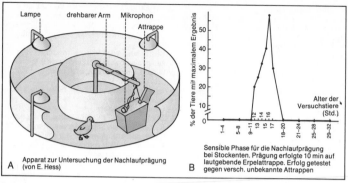

A Apparat zur Untersuchung der Nachlaufprägung (von E. Hess)

B Sensible Phase für die Nachlaufprägung bei Stockenten. Prägung erfolgte 10 min auf lautgebende Erpelattrappe. Erfolg getestet gegen versch. unbekannte Attrappen

Prägung

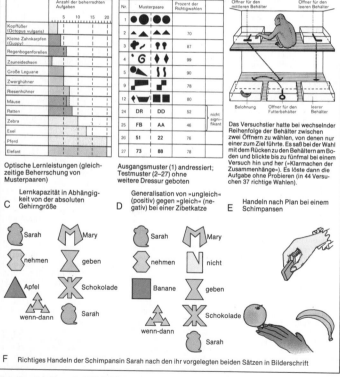

C Optische Lernleistungen (gleichzeitige Beherrschung von Musterpaaren)

Lernkapazität in Abhängigkeit von der absoluten Gehirngröße

D Ausgangsmuster (1) andressiert; Testmuster (2–27) ohne weitere Dressur geboten

Generalisation von »ungleich« (positiv) gegen »gleich« (negativ) bei einer Zibetkatze

E Handeln nach Plan bei einem Schimpansen

Das Versuchstier hatte bei wechselnder Reihenfolge der Behälter zwischen zwei Öffnern zu wählen, von denen nur einer zum Ziel führte. Es saß bei der Wahl mit dem Rücken zu den Behältern am Boden und blickte bis zu fünfmal bei einem Versuch hin und her (»Klarmachen der Zusammenhänge«). Es löste dann die Aufgabe ohne Probieren (in 44 Versuchen 37 richtige Wahlen).

F Richtiges Handeln der Schimpansin Sarah nach den ihr vorgelegten beiden Sätzen in Bilderschrift

Hohe Lernleistungen bei Wirbeltieren

Prägung
Unter diesem Begriff werden Lernprozesse zusammengefaßt, die bes. durch zwei Kriterien gekennzeichnet sind:
- **Sensible Phase**, ein früher, eng begrenzter Zeitraum, in dem Lernen möglich ist;
- **Dauerhaftigkeit des Lernergebnisses**, das in vielen Fällen irreversibel sein kann.

Da diese Kriterien versch. ausgeprägt sind und da weitere nicht generell zutreffen (z. B. Lernen überindividueller Merkmale; verstärkende Wirkung von Strafreizen), sehen viele Autoren keinen grundsätzl. Unterschied zu anderen Lernprozessen und halten Prägungsvorgänge für Fälle von Konditionierung (S. 419), die auf in der ontogenet. Entwicklung zeitl. begrenzt auftretenden Lerndispositionen beruhen, die sehr schnell und dauerhaft auf Außenreize reagieren.

Objektprägung
liegt vor bei ererbten Verhaltensweisen, für die die Kenntnis des zugehörigen Objekts erworben werden muß (**obligatorisches Lernen**).

Die Nachfolgeprägung, von E. H. HESS bei nestflüchtenden *Vogel*-Arten systemat. untersucht (A), hat eine sehr kurze sensible Phase (B). Das Prägungsobjekt muß nur sehr allgemeinen ererbten »Vorstellungen« genügen: es muß sich bewegen und innerhalb best. Größengrenzen liegen (nachgewiesen u.a.: versch. Vogelarten, Mensch, bewegte Holzklötze, Bälle). Während des Nachfolgens prägen sich dem Jungtier zunehmend Merkmale ein, so daß der Prägungserfolg proportional der Nachfolgestrecke ist. Die Prägung bleibt bis zum Erlöschen der Nachfolgereaktion irreversibel.
Wesentl. ist, daß unter natürl. Bedingungen Fehlprägungen praktisch ausgeschlossen sind.

Die sexuelle Prägung legt die Merkmale des später als Sexualpartner betrachteten Tieres ebenf. in einer frühen sensiblen Phase fest, wenn auch die Partnerwahl meist erst nach der Geschlechtsreife erfolgt:
Bei dem von IMMELMANN genau untersuchten *Zebrafinken* liegt die sensible Phase zw. dem 15. und 35. Lebenstag. Von einer anderen Prachtfinkenart (z. B. *Möwchen*) aufgezogene Vögel balzen später im Wahlversuch nur Tiere der Stiefart an, selbst wenn sie bei isolierter Haltung mehrere Jahre mit arteigenen Partnern verpaart waren.
Weitere prägungsähnl. Vorgänge können bei zahlr. Arten Nahrung (z. B. Wirtspflanzen) u/o Biotop festlegen.
Lachse sind auf den Geruch ihres Laichgewässers geprägt.

Motorische Prägung
legt nicht das Objekt, sondern Bewegungsabläufe durch frühe Erfahrungen fest. Sie findet sich bes. bei Gesangsprägungen zahlr. *Vögel*.
- Beim *Zebrafinken* ist die sens. Phase schon abgeschlossen, wenn der Jungvogel mit eigenem Gesang beginnt (ca. 80. Lebenstag).
- Hören Jungvögel den Gesang mehrerer Arten, bevorzugen sie den arteigenen Gesang zur Nachahmung (Beweis für Lerndisposition).

Hohe Lernleistungen bei Wirbeltieren
wurden oft besonders unter dem Aspekt untersucht, wie weit sich für den Menschen charakterist. Leistungen schon bei Tieren nachweisen lassen.

Die Gedächtniskapazität
hängt im wesentl. von der Zahl der Neuronen (absolute Hirngröße; C), nicht von der systemat. Stellung des Tieres oder vom Anteil best. Hirnteilen ab (*Octopus*: Ganglienmasse; *Fische*: Mittel-; *Vögel*: Mittel- und Vorder-; *Säuger*: Vorderhirn, bes. Cortex).

Die Gedächtnisdauer (vgl. S. 387):
Ein *Elefant (Pferd)* löste nach einem dressurfreien Jahr von 13 (20) opt. Aufgaben noch 12 (19); die Ergebnisse deuten für alle großen *Wirbeltiere* auf ein Gedächtnis für Erlerntes über z. T. mehrere Jahre.

Die Bildung averbaler Begriffe
Abstraktionsfähigkeit (Entw. einer Vorstellung des Gleichbleibenden an einem Objekt unter in Raum und Zeit wechselnden Aspekten) liegt wohl bei allen tier. Lernvorgängen vor. Sie führt bei *Wirbeltieren* zu Vorstellungskomplexen, die nicht durch ein Symbol (z. B. Wort) gekennzeichnet sind (unbenannte, averbale Begriffe).

1. Der Gleichheits- und Ungleichheitsbegriff
wurde bei *Vögeln* und zahlr. *Säugern*, z. T. sehr eingehend, analysiert (D).
Primaten suchen nach Dressur beim Zeigen eines Gegenstandes aus mehreren Objekten das jeweils gleiche heraus. – Übertragung der Gleichheitsvorstellung auf neue Aufgaben leisten z. B. *Dohlen*. – Übertragung auf ein neues Sinnesgebiet mit noch stärkerer Generalisation des Begriffes leisten *Graupapagei* und *Schimpanse*.

2. Zahlbegriffe sind bei *Vögeln* und *Säugern* nach zwei Dressurmethoden nachgewiesen.
- In Simultanwahlen wurde ermittelt, welche »Anzahlen gesehen« werden.
- In rhythmusfreier Folge wurde das »Abhandeln von Anzahlen« andressiert.
Nach beiden Verfahren war 8 die höchste erkannte Anzahl (*Graupapagei; Rabe, Elster, Häher*: 7; *Wellensittich, Dohle*: 6; *Taube*: 5). Auch der *Mensch* kommt ohne benanntes Abzählen über die Anzahl 8 nicht hinaus. – *Schimpansen* lernen, gesehene Anzahlen von 0 bis 7 in binärer Schreibweise wiederzugeben.

3. Wertbegriffe wurden bei *Primaten* ermittelt. Mehrere Arten wählen Marken für Futterautomaten nach ihren Wertstufen, arbeiten, um sie zu bekommen, und horten sie. – Ein *Rhesusaffe* beherrschte noch nach 7 Monaten Versuchspause 5 Wertstufen in signifikanten Prozentsätzen.

Erfassen kausaler und log. Zusammenhänge
(nach W. KÖHLER: Einsicht): s. S. 420 B, C; 421.

Handeln nach Plan
ist in versch. Versuchsanordnungen (E) nachweisbar. (Vgl. auch S. 420 A; Denkkreis S. 6 f.).

Bildung verbaler Begriffe (Symbolsprache)
Untersuchungen an *Schimpansen* mit neuen Methoden (Taubstummensprache, Plastiksymbole; F) zeigen Ansätze hierzu; eine abschließende Beurteilung erscheint aber noch verfrüht.

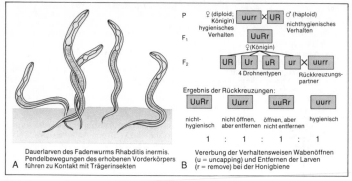

A Dauerlarven des Fadenwurms Rhabditis inermis. Pendelbewegungen des erhobenen Vorderkörpers führen zu Kontakt mit Trägerinsekten

P ♀ (diploid) Königin) hygienisches Verhalten uurr × UR ♂ (haploid) nichthygienisches Verhalten

F₁ UuRr ♀ (Königin)

F₂ UR Ur uR ur × uurr Rückkreuzungspartner
4 Drohnentypen

Ergebnis der Rückkreuzungen:

UuRr Uurr uuRr uurr

nichthygienisch nicht öffnen, aber entfernen öffnen, aber nicht entfernen hygienisch

1 : 1 : 1 : 1

B Vererbung der Verhaltensweisen Wabenöffnen (u = uncapping) und Entfernen der Larven (r = remove) bei der Honigbiene

Verhaltensgenetik

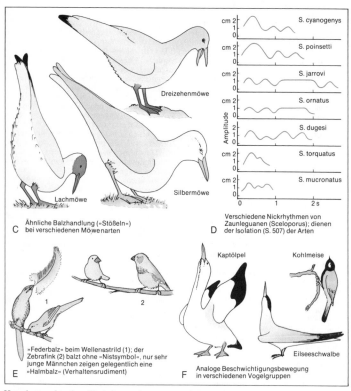

Dreizehenmöwe

Lachmöwe Silbermöwe

C Ähnliche Balzhandlung (»Stößeln«) bei verschiedenen Möwenarten

D Verschiedene Nickrhythmen von Zaunleguanen (Sceloporus); dienen der Isolation (S. 507) der Arten

S. cyanogenys
S. poinsetti
S. jarrovi
S. ornatus
S. dugesi
S. torquatus
S. mucronatus

E »Federbalz« beim Wellenastrild (1); der Zebrafink (2) balzt ohne »Nistsymbol«, nur sehr junge Männchen zeigen gelegentlich eine »Halmbalz« (Verhaltensrudiment)

Kaptölpel Kohlmeise

Eilseeschwalbe

F Analoge Beschwichtigungsbewegung in verschiedenen Vogelgruppen

Homologe und analoge Verhaltensweisen

Die Ethologie erklärt die unter natürl. Bedingungen im allg. deutliche »Zweckmäßigkeit« des Verhaltens durch phylogenet. nach den Gesetzen der Evolution (S. 490ff.) erworbene Angepaßtheit an die Umwelt. Daher sind auch umgekehrt verhaltensbiol. Fakten als Beweise für Evolution wesentlich (S. 508f.).

Wie Evolution im allg. kann auch die phylogenet. Entw. von Verhaltensweisen nur indirekt, nicht experimentell bewiesen werden.

Verhaltensgenetik

Sie beweist durch Kreuzung und Analyse der Erbgänge (vgl. S. 442f.) grundsätzl. die genet. Programmierung von Verhalten und die Wirkung von Mutabilität und Rekombination auf die Verhaltensevolution.

Dabei zeigen sich die auch für die übrigen Merkmale von Organismen geltenden Gesetzmäßigkeiten der Vererbung.

– Bei Kreuzungen der *Nematoden*-Rassen *Rhabditis i. inermis × Rh. i. inermoides* zeigt die F_1-Generation das sog. Winken (A) der Elternrasse *inermoides* (dominante Vererbung); bei Rückkreuzung deutet das Spaltungsverhältn. zw. winkenden und nichtwinkenden Tieren auf monogene Vererbung.

– Kreuzungen der *Grillen Teleogryllus commodus × T. oceanicus* zeigen, daß die Gesangsmuster polygen (nicht gekoppelt) vererbt werden, wobei einzelne Gene auf dem x-Chromosom liegen. – Daß Hybrid-♀ den Gesang von Hybrid-♂ bevorzugt, zeigt genet. Programmierung auch der Auslösemechanismen.

– Das »hygienische« Verhalten von *Bienen* setzt sich aus den Teilhandlungen »Wabenöffnen« und »Entfernen der Larven« zusammen, die, wie Rückkreuzung der parthenogenet. gebildeten F_2-Drohnen mit der rezessiven Ausgangsrasse zeigt, jede an ein rezessives Gen gebunden sind (B). – Hierbei werden nicht alle Gene erfaßt, die die Bildung der neuralen Strukturen steuern, sondern vermutl. nur die die Schwellenwerte nach dem AoN-Gesetz bestimmenden Gene.

Fossile Beweise

für phylogenet. Entw. von Verhaltensweisen sind selten. An den Fraß- u/o Kriechspuren mariner Sedimentbewohner spiegeln sich bessere Flächennutzung und manchmal Spezialisierung:

Die Fraßgänge des Sedimentfressers *Dictyodora* liegen vom Kambrium bis zum Devon (600–350 Mill. J.) in lockeren Mäandern dicht unter der jeweiligen Oberfläche. Vermutl. unter zunehmender Konkurrenz erfolgte Einbohren mit nachfolgendem Fressen, später Fressen gleichzeitig mit Einbohren mit zunehmender Entw. einer korkenzieherartigen Kriech-Fraß-Spur.

Ontogenetische Beweise

zeigen die grundsätzl. Gültigkeit der biogenet. Grundregel (S. 511) auch im Verhalten.

– Junge *Bartmeisen* als Nesthocker kriechen zunächst in der typ. Kreuzgang-Koordination

(S. 399) vierfüßiger Tiere.

– Bodenbrütende *Singvögel (Lerchen, Pieper, Stelzen)* laufen als Erwachsene mit alternierenden Beinbewegungen, hüpfen aber in den ersten Tagen nach Verlassen des Nestes wie nahe verwandte gebüschbrütende Formen (offenbar Rekapitulation einer phylogenet. alten Lokomotionsweise).

– Junge *Zwergseelöwen* zeigen im Spiel »Anschleichen«. Ähnl. Verhalten kam bei den landlebenden Vorfahren der *Robben* sicher als Beutefanghandlung vor.

Vergleichende Verhaltensmorphologie

Sie folgt den gleichen method. Grundsätzen wie die vergl. Morphol. anderer Merkmale (S. 512f.); sie liefert bes. zahlr. Beweise. Bes. geeignet für vergl. Untersuchungen ist neben anderen sozialen Verhaltensweisen das Balzverhalten, das als Mittel der Arterkennung und -isolation (S. 507) starker Selektionswirkung unterliegt.

Mikroevolutive Veränderungen beweisen viele Untersuchungen; ändern kann sich dabei:

– die Häufigkeit einer Bewegung (Fühlerzittern ist bei der *Feldgrille Gryllus campestris* fester Bestandteil der Balz des ♂, bei *G. bimaculatus* tritt es nur selten auf);

– die Dauer der Handlung (das führt bei *Winkerkrabben* zu artspezif. unterschiedl. Winkfrequenzen, neben unterschiedl. Winktypen);

– die Form der Erbkoordinationen (C, D).

Formenreihen mit abgestufter Ähnlichkeit lassen oft erst Herkunft und Werdegang einer spezialisierten Verhaltensweise erkennen:

Bei vielen *Prachtfinken*arten tragen die ♂ bei der Balz eine Feder im Schnabel (E), bei anderen Arten einen Halm. Das Verschwinden dieses »Nistsymbols« in der Balz ist bei versch. Arten auf unterschiedl. Stufen beobachtbar: Einbau des Materials nach Ende der Balz; Verwendung versch. Materials bei Nestbau und Balz; Verwendung nur in der Balzeinleitung; fakultative Verwendung; Fehlen von Feder oder Halm, aber Bewegungen, deren Herkunft aus dem Nestbau noch erkennbar ist.

Verhaltensrudimente zeigen bes. deutl. die Herkunft von ursprüngl. funktionierenden oder anders funktionierenden Verhaltensweisen.

– Baumbrütende *Rallen* zeigen im Exp. typ. Eirollbewegungen.

– *Rothirsche* drohen durch Hochziehen der Lippen trotz Reduktion der Eckzähne (ursprüngl. Hirscharten drohen auf die gleiche Weise mit hauerartig verlängerten Eckzähnen).

Konvergenz von Verhaltensweisen

Im Gegens. zu den bisher behandelten Homologien zeigen analoge (konvergente) Verhaltensweisen, wie Anpassungen an gleiche Umweltbedingungen bei versch. Arten auftreten:

– Analoge Beschwichtigungsgesten durch Wegwenden der Angriffswaffe (F).

– Bildung individualisierter Verbände (s. Sozialverhalten; S. 429) bei starker Konkurrenz.

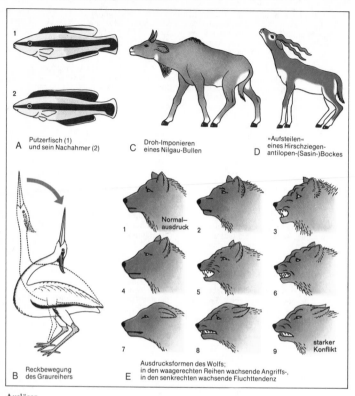

A Putzerfisch (1)
und sein Nachahmer (2)

C Droh-Imponieren
eines Nilgau-Bullen

D »Aufsteilen«
eines Hirschziegen-
antilopen-(Sasin-)Bockes

B Reckbewegung
des Graureihers

E Ausdrucksformen des Wolfs;
in den waagerechten Reihen wachsende Angriffs-,
in den senkrechten wachsende Fluchttendenz

1 Normal-
ausdruck

2

3

4

5

6

7

8

9 starker
Konflikt

Auslöser

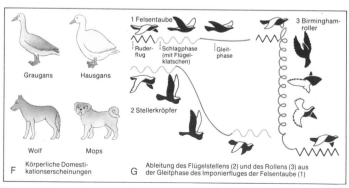

Graugans

Hausgans

Wolf

Mops

F Körperliche Domesti-
kationserscheinungen

1 Felsentaube

Ruder-
flug

Schlagphase
(mit Flügel-
klatschen)

Gleit-
phase

2 Stellerkröpfer

3 Birmingham-
roller

G Ableitung des Flügelstellens (2) und des Rollens (3) aus
der Gleitphase des Imponierfluges der Felsentaube (1)

Domestikation

Signalreize (S. 406f.) können grundsätzl. dem aussendenden Tier auch Nachteile bringen, z. B. bei Wahrnehmung durch einen Freßfeind. Dienen sie aber in irgendeiner Weise der Kooperation zw. Sender und Empfänger, setzen sich wegen der resultierenden Selektionsvorteile in der Evolution Anpassungen durch, die
– auf der Senderseite in Richtung Auffälligkeit und Unverwechselbarkeit,
– auf der Empfängerseite in Richtung selektiven und sicheren Ansprechens des AM wirken.

Auslöser
nennt man die so entstehenden, an ihre Signalfunktion angepaßten Schlüsselreize; sie sind oft so komplex, daß ihre Herkunft ohne vergl. Untersuchungen nicht erkennbar ist. Sie sind häufig im **intraspezif.**, seltener im **interspezif.** Bereich:
– Der *Putzerfisch* veranlaßt durch tanzende Bewegungen, die seine typ. Färbung zur Geltung bringen (A), größere *Fische*, eine »Putzhaltung« einzunehmen (mit offenem Maul und abgespreizten Kiemendeckeln) und sich Parasiten absuchen zu lassen. Die Auslöser sind so wirksam, daß der *Säbelzahn-Schleimfisch* mit ähnl. Färbung und ähnl. Verhalten ebenfalls *Fische* zum Einnehmen der Putzhaltung bringt, ihnen dann aber in raschem Zubiß Stücke aus Haut oder Flossen reißt.
– Die *Geierschildkröte*, in Gewässern lauernd, lockt Tiere mit einem bewegl. wurmartigen Zungenfortsatz und erbeutet sie in plötzlichem Zuschnappen.
Auslöser können sich aus sehr verschiedenartigen Verhaltenskomponenten entwickeln:
1. Bewegungen des Körpers oder einzelner Körperteile (z. B. Mimik): Droh-Gähnen bei *Pavianen*; Balzbewegungen zahlr. *Wirbeltiere* (z. B. Schnauzentremolo des *Stichlings-♂*).
2. Formen u/o Farben (oft zus. mit Bewegungen, die sie zur Geltung bringen): Balzverhalten (z. B. *Pfau, Paradiesvögel*).
3. Lautäußerungen: Rivalen- und Werbegesang (z. B. *Heuschrecken*); Revier- und Balzgesang bei *Vögeln*.
4. Duftstoffe: Das *Samtfalter*-Männchen fängt beim Paarungsvorspiel die Fühler des Weibchens zw. den Vorderflügeln, wo sie ein Duftfeld berühren. Das löst das Einnehmen der Begattungsstellung aus.
Auslöser sprechen beim Empfänger über die entspr. Sinnesorgane spezif. AM an.

Ritualisierung
heißt, in Anlehnung an die Ritenbildung beim *Menschen*, die Veränderung von Sender- und Empfängerstrukturen im Dienst der Informationsübermittlung. Dabei treten vielfach parallele Erscheinungen auf:
– Vereinfachung, Übertreibung u/o Formalisierung von Bewegungen: z. B. die Reckbewegung des *Fischreihers* als übersteigerte Abflug-Intention (B); das Droh-Imponieren des *Nilgau*-Bullen (C; durch Zeitlupen-Bewegung bes. auffällig).
– Unterstreichen einer Bewegung durch Farben u/o Strukturen: Flügelspiegel von *Enten*, die

bei Balzbewegungen zur Geltung kommen (S. 400 G); die weiße Kehlregion des werbenden *Sasin*-Bockes beim »Aufsteilen« (D).
– Mehrfache, oft rhythm. Wiederholung (z. B. Gesänge von *Vögeln, Heuschrecken*).
– Umorientierung einer gerichteten Bewegung kann zu völligem Bedeutungswandel führen. Zahlreiche »Demutsgebärden« sind so aus umorientierten Drohgesten abzuleiten: z. B. das Darbieten des Hinterkopfes (= Wegwenden des Schnabels als Angriffswaffe) der *Dohle*; das Darbieten des Halses (= Wegwenden des Gebisses) beim *Wolf*; Hinterkopf-Zuwenden der *Lachmöwe*, diese Bewegung wird bei jungen *Dreizehenmöwen* in der Wirkung noch gesteigert durch Farbmuster am Hinterkopf.
– Überlagerung (Superposition) zweier Instinktbewegungen kann zielführen. Neukombinationen z. B. mimischen Verhaltens hervorbringen (E), die dem Artgenossen genaue Informationen geben. Ein Sonderfall ist die Überlagerung einer normalen Instinkthandlung mit einer, die schon Signalfunktion hat, z. B. sex. Aufreiten und Androhen eines Rivalen beim *Wolf*, das kombiniert zu einer Überlegenheitsgebärde wird.

Phylogenetischer Ursprung von Auslösern
können versch. Verhaltenskomponenten sein (hier nur auf Bewegungen beschränkt):
– Instinktbewegungen mit direkter Funktion, z. B. Futtersuche oder Flucht.
– Intentionsbewegungen, nicht zu Ende geführte Bewegungsfolgen bei niedrigem Pegel reaktionsspezif. Energie oder bei Wirken einer Hemmung. Sie sind meist Ansätze zur Fortbewegung (Laufen, Springen, Auffliegen, Schwimmen, Tauchen).
– Übersprungbewegungen (S. 414f.); bes. häufig als Ausgangspunkt für verhaltensphylogenet. Entwicklungen.
– Primär als Ausdrucksbewegungen entstandene Verhaltensweisen.
Hierbei genügt zunächst vermutl. das Erregen von Aufmerksamkeit beim Partner; daraufhin kann die evolutive Verbesserung der Sender- und Empfängerstrukturen einsetzen.

Domestikation
Im Zuge der Haustierzüchtung treten neben körperlichen Domestikationserscheinungen (F) auch solche im Verhalten auf. Auch sie geben Hinweise auf phylogenet. Entw. von Verhaltensweisen und sind deshalb wichtig, weil ähnl. Voraussetzungen auch für die Entw. des menschl. Verhaltens (S. 434ff.) gelten. Zwei Situationen sind grundsätzl. zu unterscheiden:
– Durch gezielte Selektion sind Verhaltensweisen u. U. in wenigen Generationen veränderbar (z. B. auch: *Kampfhähne*).
– Durch Fortfall stabilis. Selektion (S. 499) kann Hypertrophie von Motivationen auftreten (z. B. Nahrungsaufnahme, einigen *Hunde*rassen; Sexualität, beim *Truthahn*) und Selektivitätsabnahme von AM (z. B. bei Füttern und Balz domestizierter *Zebrafinken*).

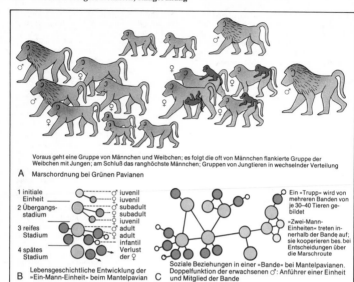

Voraus geht eine Gruppe von Männchen und Weibchen; es folgt die oft von Männchen flankierte Gruppe der Weibchen mit Jungen; am Schluß das ranghöchste Männchen; Gruppen von Jungtieren in wechselnder Verteilung

A Marschordnung bei Grünen Pavianen

B Lebensgeschichtliche Entwicklung der »Ein-Mann-Einheit« beim Mantelpavian

1 initiale Einheit — ♂ juvenil / ♂ juvenil
2 Übergangsstadium — ♂ subadult / ♀ subadult / ♂ juvenil
3 reifes Stadium — ♂ adult / ♀ adult / infantil
4 spätes Stadium — Verlust der ♀

Ein »Trupp« wird von mehreren Banden von je 30–40 Tieren gebildet

»Zwei-Mann-Einheiten« treten innerhalb der Bande auf; sie kooperieren bes. bei Entscheidungen über die Marschroute

Soziale Beziehungen in einer »Bande« bei Mantelpavianen. Doppelfunktion der erwachsenen ♂: Anführer einer Einheit und Mitglied der Bande C

Individualisierte Gesellschaften

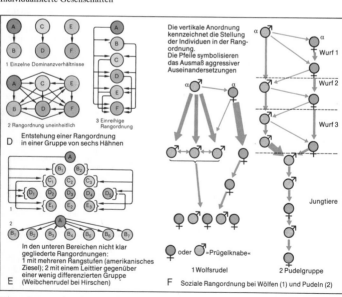

D Entstehung einer Rangordnung in einer Gruppe von sechs Hähnen

1 Einzelne Dominanzverhältnisse
2 Rangordnung uneinheitlich
3 Einreihige Rangordnung

In den unteren Bereichen nicht klar gegliederte Rangordnungen:
1 mit mehreren Rangstufen (amerikanisches Ziesel); 2 mit einem Leittier gegenüber einer wenig differenzierten Gruppe (Weibchenrudel bei Hirschen) E

Die vertikale Anordnung kennzeichnet die Stellung der Individuen in der Rangordnung.
Die Pfeile symbolisieren das Ausmaß aggressiver Auseinandersetzungen

α — Wurf 1 / Wurf 2 / Wurf 3 / Jungtiere

♀ oder ♂ »Prügelknabe«

1 Wolfsrudel
2 Pudelgruppe

F Soziale Rangordnung bei Wölfen (1) und Pudeln (2)

Rangordnung

Bei vielen Tierarten tritt Gruppenbildung auf (oft über Beziehungen im Rahmen der sex. Fortpflanzung; S. 168 ff.). Dabei werden grundsätzl. unterschieden:
– **Scheingesellschaften (Aggregationen)**, bei denen Individuen nur durch Umweltbedingungen zusammengeführt werden (Tränke, Versteck, Schlaf-, Überwinterungsplatz).
– **Gesellschaften (Sozietäten)** beruhen dagegen auf anziehender Wirkung der Mitglieder untereinander (**soziale Attraktion**).

Tiergesellschaften
Anonyme Gesellschaften
sind oft sehr große Gruppen, in denen indiv. Kennen nicht ausgeschlossen, aber für das Funktionieren der Gruppe nicht notw. ist. Sie sind oft »**offene**« Gesellschaften, deren Mitglieder wechseln können (*Insekten-, Fisch-, Vogel-*Schwärme, Wanderherden bei *Säugern*), manchmal aber auch »**geschlossene**« (Sippen bei *Nagern, Insekten*-Staaten), deren Mitglieder sich an überindividuellen Merkmalen erkennen (Duftstoffe: Gruppenduft).
Sozialimitation ist für anonyme Gesellsch. typ., die je nach der auslösenden Situation versch. ablaufen kann:
– Sofortiges Reagieren der Schar (Ausbreitungsgeschwindigkeit der Imitationswelle nach Filmaufnahmen bis 200 m/sec; bei *Vogel-* und *Fisch*-Schwärmen).
– Bestimmung der Handlung durch die Majorität (Aufbruch von *Vogel*-Schwärmen in mehreren Versuchen, bis die Mehrzahl der Tiere auffliegt und den Rest mitreißt).

Individualisierte Gesellschaften
sind selten »offen« (s. o.); sie zeigen dann noch Anklänge an anonyme Gesellschaften:
In Brutkolonien (*Fische, Vögel*) können sich indiv. Beziehungen zw. Nachbarn entwickeln; trotzdem können Mitglieder verschwinden oder hinzukommen, ohne daß sich das Verhalten der Kolonie ändert.
In geschlossenen individualis. Gesellsch. kann dagegen Verschwinden eines Mitglieds das Gruppenverhalten ändern (z. B. Auslösen von Suchverhalten, Änderung der Rangordn.); nicht indiv. bekannte Artgenossen werden abgewiesen. Sie sind nur von höh. Wirbeltieren bekannt (z. B. *Primaten, hundeartige Raubtiere*).
Die Sozialstruktur dieser Verbände ist artspezif. (B, C), aber nicht völlig starr; sie stimmt Ansprüche der Individuen, der Gruppe und Umweltbedingungen aufeinander ab. Sie äußert sich in vielfältigem, z. T. kooperativem Verhalten (A).

Biologische Bedeutung von Gesellschaften
Viele Vorteile sozialer Verbände sind bekannt:
Feindvermeidung durch gegens. Warnung (oft bes. Wächter, z. B. *Paviane*) durch Verwirrungseffekt (erschwert dem Feind das Fixieren), durch soz. Verteidigung (*Moschusochsen, Paviane, Schimpansen*).
Nahrungserwerb wird durch gemeins. Jagd erfolgreicher (z. B. *Pelikane, Löwen, Wölfe*).
Fortpflanzung durch gemeins. Jungenaufzucht

(*Insekten-*Staaten; manche *Vögel* und *Säuger*).
Bauten sind z. T. nur kollektiv mögl. (*Insekten-*Staaten; *Biber-*Dämme).
Arbeitsteilung (*Insekten-*Staaten; Anführer und Wächter bei *Säugern*; bei *Greifvögeln* verteilte Geschlechterrollen bei der Brutpflege).

Entstehung von Gesellschaften
Offene Verbände werden im allg. durch Zusammenschluß zu best. Zeiten (Fortpflanzung, Wanderung) gebildet; geschlossene gehen im allg. auf Familien zurück, deren ursprüngl. Bedeutung als exklusive, temporäre Sozietät zur Jungenaufzucht (S. 178 f.) erweitert wird:
Integrierte Gruppen bilden sich unter Auflösen des Familienverbandes durch kollektive Brutpflege (Abbau des »Brutegoismus«):
– Bei *Pinguinen* werden die Jungen, die in »Krippen« zusammenleben, vom *Kaiserpinguin* schon die Eier kollektiv betreut.
– Bei amerikan. *Kuckucksvögeln* erfolgen Brut und Aufzucht im Gemeinschaftsnest.
Sippen (Dauer- oder Großfamilien) entstehen durch Verbleiben fortpflanzungsfähiger Nachkommen im Familienverband. Sie sind bei *Wirbeltieren* selten (*Primaten*), am ausgeprägtesten wohl bei der *Wanderratte*, bei der alle Nachkommen eines Paares Revierverteidigung und Fortpflanzung kollektiv durchführen, Angehörige fremder Sippen aber töten.

Rangordnungen
(nur in individualis. Verbänden) können die Zahl der Kämpfe verringern und best. soziale Funktionen bestimmen.
»**Rechte**« der Ranghohen sind oft: großer Individualraum, Vorrang bei Nahrungsaufnahme, Fortpflanzung und Wahl des Schlafplatzes.
»**Pflichten**« sind: Nahrungssuche und Überlassen von Futter (z. B. beim *Haushahn*); Schutz der Sozietät (z. B. bei *Pavianen*; A); Eingreifen in Streitigkeiten (»Friedenstiften«; oft zugunsten des Rangtiefen, da Aggression gegen Höherrangige stärker ist).
Die Entstehung vollzieht sich (im Exp.; D) aus einer homogenen Schar über einzelne Dominanzverhältnisse. Der Endzustand ist nicht ganz starr, sondern erlaubt bes. heranwachsenden Individuen ein Aufsteigen.
Typische Formen sind lineare Rangordnungen und, bes. in großen Sozietäten, in den unteren Stufen wenig oder nicht gegliederte (E).
Die Geschlechter bilden getrennte oder gemeinsame Rangordnungen.
– Bei *Dohlen* (Dauerehe) erreicht ein sich mit einem ranghohen Männchen »verlobendes« Weibchen allein dadurch einen hohen Rang, da das Männchen es bei Auseinandersetzungen schützt.
– Bei *Affen* (Kurzehe) tritt die gleiche Erscheinung für einen Brunstzyklus auf.
Bei manchen Arten bilden sich, abgestimmt auf die Sozialstruktur, komplizierte Rangordnungssysteme (F); bei Domestikation sind Tendenzen zu Vereinfachung (Linearität) und größerer Starrheit zu beobachten (F 2).

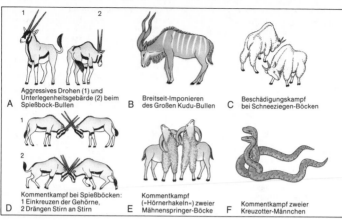

A Aggressives Drohen (1) und Unterlegenheitsgebärde (2) beim Spießbock-Bullen

B Breitseit-Imponieren des Großen Kudu-Bullen

C Beschädigungskampf bei Schneeziegen-Böcken

D Kommentkampf bei Spießböcken: 1 Einkreuzen der Gehörne, 2 Drängen Stirn an Stirn

E Kommentkampf (»Hörnerhakeln«) zweier Mähnenspringer-Böcke

F Kommentkampf zweier Kreuzotter-Männchen

Intraspezifisches Aggressionsverhalten

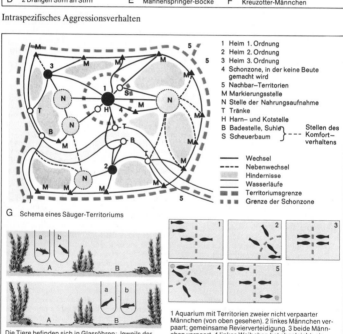

1 Heim 1. Ordnung
2 Heim 2. Ordnung
3 Heim 3. Ordnung
4 Schonzone, in der keine Beute gemacht wird
5 Nachbar—Territorien
M Markierungsstelle
N Stelle der Nahrungsaufnahme
T Tränke
H Harn— und Kotstelle
B Badestelle, Suhle ⎫ Stellen des
S Scheuerbaum ⎬ Komfort—
⎭ verhaltens

—— Wechsel
‐‐‐ Nebenwechsel
▨ Hindernisse
═ Wasserläufe
Territoriumsgrenze
▪▪▪ Grenze der Schonzone

G Schema eines Säuger-Territoriums

Die Tiere befinden sich in Glasröhren: Jeweils der Revierinhaber greift an, der vom eigenen Nest weit entfernt versucht zu fliehen

H Abhängigkeit zwischen Territorium und Aggressivität

1 Aquarium mit Territorien zweier nicht verpaarter Männchen (von oben gesehen). 2 linkes Männchen verpaart; gemeinsame Revierverteidigung. 3 beide Männchen verpaart. 4 linkes Weibchen hat abgelaicht; ein Partner stets mit Brutpflege beschäftigt. 5 beide Weibchen haben abgelaicht

J Verschiebungen der Territoriumsgrenze beim Zebrabuntbarsch

Territorialverhalten

Intraspezifische Aggression

sichert, im Rahmen der Territorialität (s. u.), gegen andere Individuen oder Gruppen gerichtet, räuml. u/o ökol. Grundlagen bes. für die Fortpflanzung (S. 241).
Gegenüber dem Sexualpartner oder, bei sozialen Arten, gegenüber dem Gruppenangehörigen ist Aggressionsverhalten, oft durch bes. Beschwichtigungsgebärden (A), stark gehemmt.

Drohen und Imponieren

sind nicht immer scharf zu trennen:
– **Drohverhalten** weist Kampftendenz auf (z. B. gegenüber einem Rivalen);
– **Imponierverhalten** ist ohne Kampftendenz (z. B. im Paarungsvorspiel dem ♀ gegenüber).
Beide können als unterschiedl. Verhaltensweisen auftreten:
Antilopen drohen im allg. mit dem Gehörn (Zeigen der Angriffswaffe), imponieren aber in Breitseitstellung (Zur-Schau-Stellen der Körpergröße; B)
Opt. Drohen ist auch bei *Fischen* häufig; akust. (Gesang) bei *Vögeln* und olfaktorisches bei *Säugern* (Duftdrüsen; Markieren, s. u.).

Beschwichtigungs-(»Demuts«-)verhalten

als Antwort auf Drohen oder Angriff tritt bes. bei wehrhaften Arten auf. Es wird oft vom Unter- (A), aber auch vom Überlegenen gezeigt (z. B. beim *Wolf*). Es löst beim Gegner eine Kampfhemmung aus (»moralanaloges Verhalten« nach LORENZ).
Beschwichtigungsgesten bestehen sehr oft im Wegwenden vorhandener Angriffswaffen u/o Verkleinerung des Körperumrisses (A).

Beschädigungskämpfe

treten selten auf, meist bei Arten, deren Waffen nicht ausreichen, den Gegner ernstlich zu verletzen, oder bei denen der Gegner gut fliehen kann:
– Beißkämpfe bei *Säugern* (z. B. *Einhufer*) und *Fischen*.
– Hornstöße in die Flanke bei der *Schneeziege* (C), wo aber trotz kurzer Hörner und dichten Fells ernste Verletzungen beigebracht werden. Eine Weiterentw. der Hörner scheint hier nur möglich bei korrespondierender Änderung des Kampfverhaltens.

Kommentkämpfe

nach festen Regeln, die ernste Verletzungen fast ganz ausschließen, treten bei wehrhaften Arten auf, deren Bewaffnung plötzliche, schwere Schäden verursachen kann (D, E, F).
– *Hirsche* greifen nur an, wenn der Gegner frontal steht; vielendige Geweihe verhindern oft ein Durchstoßen zum Körper des Gegners.
– *Horntiere* haben oft auf die Kampfart abgestimmte Hornformen: spiralig zum »Hörnerpressen« *(Kleiner Kudu)*, gebogen zum Schlagkampf *(Steinbock)*, Stirnplatten zum Frontalstoß mit dem ganzen Körper *(Wildschafe, Büffel, Moschusochse)*, kreisförmig zum Einhaken und Zerren *(Mähnenspringer)*.
– *Fische* kämpfen sogar ohne Körperkontakt (Treiben von Wasserströmen gegen das Seitenlinienprogramm des Gegners durch Schwanzschläge).

Territorial-(Revier-)verhalten

Territorien werden bes. gegen artgleiche Konkurrenten, seltener auch gegen Artfremde verteidigt. Im **Aktionsraum** (Wohngebiet), der das Territorium einschließt, werden dagegen auch Artgenossen geduldet, so daß zw. Territorien neutrale Zonen liegen können.
Die Struktur des Territoriums läßt allgemeine Gesetzmäßigkeiten erkennen (G), zeigt aber artspezif. Unterschiede, die z. B. bei der Einrichtung von Gehegen zu beachten sind:
– *Damwild* braucht weder Bad noch Suhle, für *Rotwild* ist eine Suhle notwendig.
– *Zebras* brauchen künstl. Termitenhügel zum Scheuern (Fellpflege).

Typen von Territorien

sind nach versch. Kriterien zu unterscheiden:
Fortpflanzungsreviere haben Beziehungen zum ganzen Fortpflanzungsverhalten oder zu Teilen (Balzreviere, z. B. *Birkhuhn*; Paarungsreviere, z. B. *Pelzrobben*; Nestreviere, z. B. *Möwen*).
Nahrungsreviere in reiner Form bestehen außerhalb der Fortpflanzungszeit (z. B. *Hamster*; Winterreviere vieler *Zugvögel*).
Nahrungs- und Fortpflanzungsreviere, in denen alle Funkt. vereinigt sind, sind am häufigsten. Nach der Benutzungsdauer unterscheidet man:
– **Dauerreviere:** sie sind in den Tropen häufig, bei jahreszeitl. gebundenen Aktivitäten dagegen seltener (z. B. *Fuchs, Dachs*).
– **Zeitl. begrenzte Reviere** können extrem kurzlebig sein (wenige Std. bei *Gnu*-Bullen in Wanderherden).
Auch nach Beteiligung am Revierbesitz sind Reviere einteilbar (**Einzel-, Paar-, Gruppenrevier**).

Territoriumsgrenzen

sind oft nicht starr, sondern dem physiol. Zustand der Reviernachbarn bestimmt (bes. deutl. bei Aquarien-*Fischen* mit begrenztem Lebensraum; J). Mit zunehmender Entf. vom Heim sinkt die Aggressions- und steigt die Fluchttendenz (H); zw. den Gegnern pendelt sich ein G-Zustand ein, der dann oft durch Drohrituale an der Grenze konstant gehalten wird.
Markierungsverhalten legt so »ausgehandelte« Grenzen weitgehend fest und reduziert Kämpfe. Es ist in vielen Formen verbreitet:
– Markieren durch Geruch kommt bei zahlr. *Säugern* vor. Dabei treten Kot *(Fuchs, Nashorn, Antilopen)* und Harn *(hunde- und katzenartige Raubtiere, Halbaffen)* als Geruchsträger auf, aber auch Drüsensekrete *(Murmeltier* [Wangendrüsen], *Marder, Kleinbären* [Analdrüsen], *Antilopen* [Voraugendrüsen]).
– Opt. Markieren, wohl gekoppelt mit Geruch, findet sich z. B. beim *Braunbären*, der durch Schulter- und Kopfreiben an Bäumen Scheuermarken setzt, deren Höhe offenbar den Reviernachbarn über Größe und Stärke des Revierbesitzers informiert.
– Akust. Markieren (zahlr. *Vögel*) ist oft durch Eindringen eines Rivalen in das Revier oder Abspielen arteigener Lautäußerungen vom Band experimentell auslösbar (und hat dann Droh-Charakter).

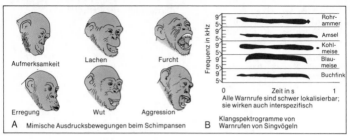

A Mimische Ausdrucksbewegungen beim Schimpansen

Aufmerksamkeit Lachen Furcht
Erregung Wut Aggression

B Klangspektrogramme von Warnrufen von Singvögeln

Rohrammer
Amsel
Kohlmeise
Blaumeise
Buchfink

Frequenz in kHz

Zeit in s

Alle Warnrufe sind schwer lokalisierbar; sie wirken auch interspezifisch

Optische und akustische Signale

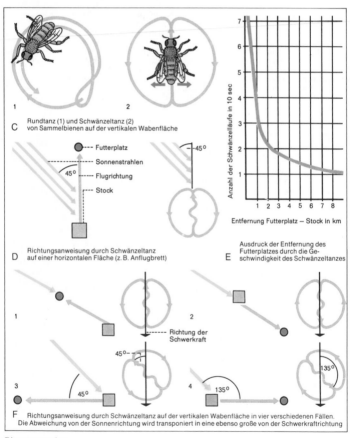

C Rundtanz (1) und Schwänzeltanz (2) von Sammelbienen auf der vertikalen Wabenfläche

Futterplatz
Sonnenstrahlen
Flugrichtung
Stock

D Richtungsanweisung durch Schwänzeltanz auf einer horizontalen Fläche (z. B. Anflugbrett)

E Ausdruck der Entfernung des Futterplatzes durch die Geschwindigkeit des Schwänzeltanzes

Anzahl der Schwänzelläufe in 10 sec

Entfernung Futterplatz – Stock in km

Richtung der Schwerkraft

F Richtungsanweisung durch Schwänzeltanz auf der vertikalen Wabenfläche in vier verschiedenen Fällen. Die Abweichung von der Sonnenrichtung wird transponiert in eine ebenso große von der Schwerkraftrichtung

Bienen »sprache«

Sozialverhalten setzt die Existenz von Kommunikationssystemen zur Übermittlung oft vielfältiger Informationen voraus. Sie wirken meist intra-, seltener interspezif. (B).
Im Laufe der Stammesgeschichte wurden bei Sender und Empfänger spezif. Mechanismen zum Codieren bzw. Decodieren der Information entwickelt (vgl. Ritualisierung; S. 427), so daß die gesendeten Signale als Auslöser (S. 427) aufzufassen sind.

Chemische Information
Pheromone (Etho-, Soziohormone) koordinieren physiolog. Zustände bei Gliedern einer Sozietät. Bei den sonst sterilen Arbeiterinnen der *Honigbiene* wachsen nach Verlust der Königin Ovarien, einzelne legen sogar unbefruchtete Eier. Die Königin scheidet den Hemmstoff durch die Haut aus, die Arbeiterinnen nehmen ihn durch »Belecken« auf und geben ihn weiter (auch tote Königinnen wirken noch eine Zeitlang). – Auch der Wabenbau wird (außer durch Sozialstimulation) von der Königin hormonal angeregt: In ihrer Anwesenheit bauen schon 50 Arbeiterinnen, mit einer toten Königin 200, ohne Königin erst 10000. – Umgekehrt hemmt die Königin den Bau von Weiselzellen (für junge Königinnen): 4000 Arbeiterinnen bauten, war die Königin 52 min/h im Stock, 3 Weiselzellen, war sie 6 min/h im Stock, 10 und ohne Königin 24 (in je 2 Tagen). Bei *Termiten* erzeugt die Königin wohl ähnl. Hormone; sie entstehen im Vorderkörper, gelangen in den Darm und werden als »Afternahrung« an die Arbeiter abgegeben.
Wahrscheinl. unterliegen hormonale Beziehungen in einer Sozietät ähnl. dem Regelkreis-Prinzip wie in einem Organismus (S. 329).

Optische Information
ist bes. für den Nahbereich und für gerichtete Übermittlung geeignet. Sie ist bes. bei *Säugern* zu hochdiff. Mitteilungssystemen im intraspezif. Bereich entwickelt (A; S. 426).

Akustische Information
kann über weite Entfernungen und mit großer Streuung wirken (Warnrufe; B); sie ist aber auch im Nahbereich zu hochdiff. Kommunikationssystemen entwickelt (z. B. bei *Primaten* > 25 Laute mit zahlr. Kombinationsmöglichkeiten).

Die Tänze der Bienen
gelten als kompliziertestes Kommunikationssystem auf ererbter Grundlage. In ihm werden in komplexer Form chem. Informationen und komplizierte Bewegungsfolgen als Symbole für Erscheinungen und Vorgänge bes. der Umwelt übermittelt (Bienen»sprache«).
Der Schütteltanz fordert Artgenossen zu sozialer Körperpflege auf (Häufigkeitsmaximum bei der Königin vom 20.–28. Tag, bei Arbeiterinnen vom 2.–14. Tag, wohl im Zusammenhang mit der Flugaktivität).
Der Rucktanz wird wie die folgenden Tänze von heimkehrenden Sammlerinnen auf der Wabe getanzt, die so Informationen über Futterquellen vermitteln. Dabei wirken

– der passiv angenommene Duft der Futterpflanze, der den neu ausfliegenden Bienen die Art der Futterquelle verrät; bei duftlosen Nahrungsquellen (Zuckerwasser) setzen die Bienen aktiv Duftmarken;
– die Bewegungsweise der Tänzerin (unregelmäßige Bahnen mit gleichgerichteten Strecken, die unter Hinterleibs-»Schwänzeln« durchlaufen werden); sie informiert über die Entfernung Stock–Futterquelle (hier < 2 m).
Beide Informationen werden durch Nachtanzen übernommen und auf Suchflügen ausgewertet.
Der Sicheltanz deutet durch ein etwas anderes Bewegungsmuster auf größere Entfernung der Futterquelle (8–20 m).
Der Rundtanz (C) vermittelt ebenfalls nur Informationen über Art und Entfernung der Futterquelle (50–100 m).
Der Schwänzeltanz leistet mehr (C). Die Tanzform gleicht einer Achterbahn, auf deren Mittelgeraden intensiv geschwänzelt wird. Der Tanz informiert über folgendes:
– **Die Art der Futterquelle** wird wie sonst durch den Duft angezeigt.
– **Die Richtung** wird durch die Abweichung der Schwänzelstrecke von der Senkrechten ausgedrückt, der die Abweichung der Flugrichtung von der Sonnenrichtung entspricht (F). Dabei wird zentralnervös die Änderung des Sonnenstandes verrechnet, obwohl die Sonne im Stock nicht sichtbar ist. Das setzt die Fähigkeit endogener Zeitbestimmung voraus (»innere Uhr«, nachgewiesen auch bei *Zugvögeln, Spinnen, Krebsen*). Gezeigt wird stets die durchschnittl. Richtung, auch nach Fliegen von Umwegen; auch das setzt einen neuralen Verrechnungsmechanismus voraus. – Die Orientierung gelingt auch bei verdeckter Sonne, solange blauer Himmel sichtbar ist: die Biene »errechnet« aus dem Polarisationsmuster des Himmelslichtes den Sonnenstand.
– **Die Entfernung** wird nicht nur durch den Tanztyp ungefähr (> 100 m) angegeben, sondern genauer durch seine Geschwindigkeit (E).
Zur Phylogenie des Schwänzeltanzes ist die Beobachtung aufschlußreich, daß eine indische Bienenart, die ihre Waben im Freien hat, die Richtung direkt, ohne Transponierung auf die Schwerkraft, anzeigt (vgl. D).

Interspezifische Kommunikation
Warnrufe sind je zahlr. Vögeln konvergent entwickelt (B), da sich Laute dieses Typs schwer orten lassen. Sie werden auch von anderen Arten vermutlich ererbtermaßen verstanden.
Warntrachten (S. 253) informieren potentielle Freßfeinde über schlechten Geschmack oder Giftigkeit.
Mimikry (S. 252 G) beruht auf Nachahmen der Signale wehrhafter oder ungenießbarer Arten.
Bei *Parasiten* (z. B. »Ameisengäste«) und **Brutparasiten** (z. B. *Kuckuck*) tritt interspezifisch manchmal »Bettel«verhalten auf.

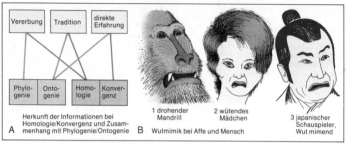

Herkunft der Informationen bei Homologie/Konvergenz und Zusammenhang mit Phylogenie/Ontogenie

A

1 drohender Mandrill

2 wütendes Mädchen

3 japanischer Schauspieler, Wut mimend

B Wutmimik bei Affe und Mensch

Tier-Mensch-Vergleich

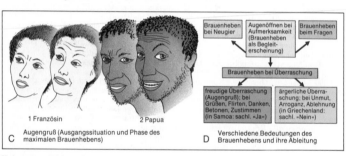

1 Französin

2 Papua

C Augengruß (Ausgangssituation und Phase des maximalen Brauenhebens)

Brauenheben bei Neugier

Augenöffnen bei Aufmerksamkeit (Brauenheben als Begleiterscheinung)

Brauenheben beim Fragen

Brauenheben bei Überraschung

freudige Überraschung (Augengruß); bei Grüßen, Flirten, Danken, Betonen, Zustimmen (in Samoa: sachl. «Ja»)

ärgerliche Überraschung; bei Unmut, Arroganz, Ablehnung (in Griechenland: sachl. «Nein»)

D Verschiedene Bedeutungen des Brauenhebens und ihre Ableitung

Kulturenvergleich

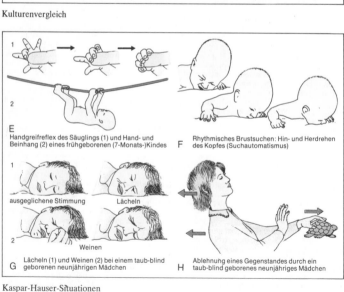

E Handgreifreflex des Säuglings (1) und Hand- und Beinhang (2) eines frühgeborenen (7-Monats-)Kindes

F Rhythmisches Brustsuchen: Hin- und Herdrehen des Kopfes (Suchautomatismus)

ausgeglichene Stimmung

Lächeln

Weinen

G Lächeln (1) und Weinen (2) bei einem taub-blind geborenen neunjährigen Mädchen

H Ablehnung eines Gegenstandes durch ein taub-blind geborenes neunjähriges Mädchen

Kaspar-Hauser-Situationen

Milieutheoretischer Ansatz
Im Erbgut verankerte Verhaltensgrundlagen
wurden bzw. werden von vielen Anthropologen
geistes- und sozialwiss. Prägung nicht oder nur in
geringem Umfang anerkannt:
»Wenn es überhaupt irgendwelche Instinkte
beim Menschen gibt, bestehen sie vielleicht in
der automatischen Reaktion auf ein plötzliches
lautes Geräusch oder das Wegziehen einer
Stütze; im übrigen hat der Mensch keine Instinkte.« (Montagu, 1962)
Daraus folgt ein milieutheoret. Ansatz, der
menschl. Verhalten im wesentl. als Ergebnis gesellschaftl. Einflüsse erklärt:
– Der Mensch sei »so sehr Kulturwesen ..., daß
es unsinnig ist, von einer Natur des Menschen
zu reden, da diese sich unter versch. gesellschaftl. Bedingungen ändert«. (Kentler,
1971)
– Es seien »die heute bestehenden Unterschiede
zw. Frauen und Männern – psychisch und physiologisch – rein gesellschaftl. bedingt«.
(Scheu, 1977; ausgenommen werden nur die
mit prim. Geschlechtsfunktionen verbunde-
nen Unterschiede.)
**Verhaltensbiologischer Ansatz (Humanetho-
logie)**
Die Humanethologie geht von der phylogenet.
Entw. zahlr. Umweltanpassungen auch im
menschl. Verhalten aus (vgl. S. 541); sie untersucht dieses unter kausalen, funktionalen und
phylogenet. Aspekten. – Einen hohen Stellenwert haben in der Humanethologie die Fragen:
– wie weit urspr. angepaßtes Verhalten unter
heutigen, durch soziale Evol. entstandenen
Bedingungen (»Massengesellschaft«) unange-
paßt und damit nachteilig ist;
– wie leicht oder schwer erblich programmiertes
Verhalten durch gesellschaftl. Einflüsse u/o
persönl. Entscheidungsfreiheit veränderbar ist
(vgl. S. 440 C).
Die Bedeutung dieses pluralistischen Ansatzes
liegt darin, daß nur so menschl. Verhalten voll
verstehbar wird, während gesellschaftl. Tendenzen ohne Beachtung biol. Verhaltenskomponenten die Menschen leicht permanent überfordern
und dann inhuman sein können.

Methoden der Humanethologie
Experimentellen Untersuchungen am Menschen
sind aus ethischen Gründen enge Grenzen ge-
setzt (z. B. keine Kaspar-Hauser-Versuche).
Vergleich mit tierischem Verhalten
Je nach Erwerb und Speicherung der ähnlichen
Verhaltensweisen zugrundeliegenden Informa-
tionen (A) unterscheidet man:
– Homologien (Informationserwerb phyloge-
net., Speicherung im Erbgut). Nur diese, gesi-
chert durch Homologiekriterien (S. 513), be-
weisen phylogenet. Verwandtschaft (B).
– Analogien (Informationserwerb ontogenet.,
Speicherung im ZNS).
– Traditionshomologien, bei denen statt des
Erbguts das Gedächtnis Informationsspeicher
ist (Tradition), haben in menschl. Verhalten

breiten Raum, können aber auch bei *Tieren*
auftreten (Traditionsbildung bei japan. *Rotgesichtsmakaken*; Gesangstraditionen z. B. bei
Witwenvögeln; S. 507) und haben daher eine
Bedeutung im Tier-Mensch-Vergleich.
Analogie von Verhaltensweisen schließt genet.
Programmierung in der spezif. Phylogenese nicht
aus. Daher hat auch **Analogieforschung** in der
Humanethologie große Bedeutung: biol. Voran-
passungen menschl. Sozialverhaltens z. B. sind in
ihrer Gesetzlichkeit besser durch Vergleich mit
Analogien bei Tieren versch. system. Gruppen zu
erschließen als durch Vergleich mit den nächst-
verwandten *Primaten*, die unter anderen ökolog.-sozialen Bedingungen leben.
Vergleich verschiedener Kulturen
zielt auf die Feststellung von Verhaltensuniversalien (gegenüber den kulturellen Unterschieden), die dann als genet. programmiert gelten
können. Die Berechtigung dieser Annahme
steigt,
– wenn das Verhalten in vielen (verschiedenartigen) Kulturen auftritt;
– wenn es sich in rel. ursprüngl. gebliebenen
Kulturen findet;
– wenn die untersuchten Kulturen keine (un-)-
mittelbaren Kontakte haben (gehabt haben).
Der Augengruß (C), eine Form des Grüßens auf
Distanz, erfüllt, wie viele Verhaltensweisen, diese Bedingungen. Er hat die Komponenten:
– (vorbereitendes) Lächeln;
– kurzes Heben der Brauen (sie bleiben ca. 1/6
sec in starrer Stellung);
– verstärktes Lächeln;
– oft leichtes Heben des Kopfes (»Zunicken«).
Er dient bes. der Aufnahme sozialen Kontaktes
(Gruß, Flirt, Schäkern mit Kindern, Dank), aber
auch bei Abschied, Bejahung, Betonen einer
Aussage. – Seine typ. Komponente (Brauenheben) tritt aber, z. T. spezif. kulturabhängig, auch
in anderen sozialen Situationen auf (D).
Verhaltensweisen sind außerdem sehr wahrscheinl. genet. programmiert, wenn sie
– sich gegen soz. Einflüsse entwickeln;
– sich nicht allein durch ihre Funktion erklären
lassen.
(Relative) Kaspar-Hauser-Situationen
liegen unter versch. Bedingungen vor.
Neugeborene haben generell keine oder sehr
geringe Lernmöglichkeiten. Sie zeigen zahlr. typ.
Verhaltensweisen mit Reflexcharakter (E), aber
auch komplexere Formen mit Appetenz (F).
Taubblind-Geborene sind in vieler Hinsicht erfahrungslos, da Aufnahme opt. und akust. Informationen entfällt; in vielen genau beobachteten
Fällen kann auch Lernen (z. B. durch Tasten)
sicher ausgeschlossen werden.
Sie zeigen trotzdem in adäquaten Situationen
zahlr. normale Verhaltensweisen in Mimik (G)
und Gestik (H).
Viele komplexe Ausdrucksweisen (z. B. Koket-
tieren; S. 437) werden nicht beobachtet; sie können auch auf ererbten Dispositionen beruhen,
müssen aber offenbar spezif. opt. u/o akust. ausgelöst und gesteuert werden.

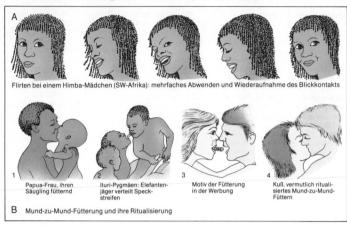

Flirten bei einem Himba-Mädchen (SW-Afrika): mehrfaches Abwenden und Wiederaufnahme des Blickkontakts

1 Papua-Frau, ihren Säugling fütternd

2 Ituri-Pygmäen: Elefanten-jäger verteilt Speck-streifen

3 Motiv der Fütterung in der Werbung

4 Kuß, vermutlich rituali-siertes Mund-zu-Mund-Füttern

B Mund-zu-Mund-Fütterung und ihre Ritualisierung

Ererbte Motorik (s. auch S. 434)

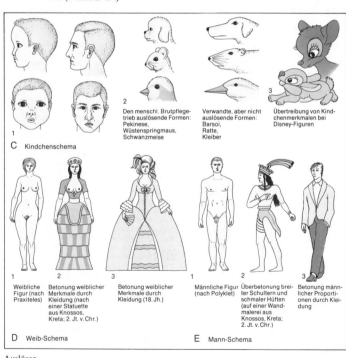

1

2 Den menschl. Brutpflege-trieb auslösende Formen: Pekinese, Wüstenspringmaus, Schwanzmeise

Verwandte, aber nicht auslösende Formen: Barsoi, Ratte, Kleiber

3 Übertreibung von Kind-chenmerkmalen bei Disney-Figuren

C Kindchenschema

1 Weibliche Figur (nach Praxiteles)

2 Betonung weiblicher Merkmale durch Kleidung (nach einer Statuette aus Knossos, Kreta; 2. Jt. v. Chr.)

3 Betonung weiblicher Merkmale durch Kleidung (18. Jh.)

1 Männliche Figur (nach Polyklet)

2 Überbetonung brei-ter Schultern und schmaler Hüften (auf einer Wand-malerei aus Knossos, Kreta; 2. Jt. v. Chr.)

3 Betonung männ-licher Proporti-onen durch Klei-dung

D Weib-Schema

E Mann-Schema

Auslöser

Bei der Analyse ererbten menschl. Verhaltens ist grundsätzl. Einwirken von Lernen u/o Einsicht, oft posit. korreliert mit dem Lebensalter, zu beachten; umgekehrt besteht bei erlerntem Verhalten stets Wechselwirkung mit genet. programmierten Strukturen des ZNS (S. 417).

Ererbte Motorik
Neugeborene und Kleinkinder zeigen ererbtes Verhalten unterschiedl. Komplexität (S. 435); als weitere Beispiele sind zu nennen:
– Saug- und Schluckbewegungen in der notw. Koordination mit dem Atmen. Die Saugmotorik ändert sich in wenigen Wochen von Pumpsaugen (Unterdruck in der Mundhöhle) zum Lecksaugen (melkende Zungenbewegungen, Gaumen als Widerlager; bei offenen Mundwinkeln).
– Der Greifreflex an Händen und Füßen ist bei Frühgeborenen bes. ausgeprägt (S. 434 E), er wird später schwächer oder erlischt (beginnende Rudimention); völlig funktionslos ist er wohl noch nicht (Festhalten an Kleidern der Mutter im Schlaf).
– Kletterbewegungen treten ebenf. bei Frühgeborenen auf (rudimentär).
– Schreit- und Kriechbewegungen (Kreuzgangkoordin.) sind bei Neugeborenen auslösbar.
– Schwimmbewegungen mit Händen und Beinen treten im Alter von wenigen Wochen auf; sie verschwinden mit 3–4 Monaten.
Taubblind-Geborene (S. 435) zeigen bes. im Bereich soz. Kommunikation z.T. komplexe und später reifende Verhaltensweisen, die auch, was lange umstritten war, für Erwachsene bedeutsam sind.
Der Kulturvergleich liefert zahlr. Indizien in gleicher Richtung. Dabei muß jeweils die Möglichkeit analoger Entstehung von Verhaltensweisen in versch. Kulturen ausgeschlossen werden; das ist z.B. durch Tier-Mensch-Vergleich und manchmal durch phylogenet. Ableitung mögl. (Kuß; B). Zu beachten ist auch die Überformung von Verhaltensuniversalien durch »kulturelle Ritualisierung« (S. 434 D).
Nur wenige Beispiele können genannt werden:
– Verbergen des Gesichts bei Verlegenheit (tritt auch bei Taubblind-Geborenen auf).
– Bei essenden Einzelpersonen ist regelmäßiges Umherblicken (Sichern) zu beobachten.
– Flirtverhalten (verschämtes Lächeln und mehrfache Aufnahme von Blickkontakt) ist bes. bei Mädchen und Frauen belegt (A).
– Mund-zu-Mund-Füttern von Kleinkindern, in ritualis. Form auch unter Erwachsenen (B), ist wahrscheinl. Wurzel best. Formen des universell verbreiteten Kusses, bei dem in manchen Formen Übergabe- und Übernahmebewegungen der Zunge angenommen werden können.
– Drohverhalten umfaßt neben der entspr. Mimik (S. 434 B) Aufrichten der Restbehaarung an Schulter und Arm (oft betont durch Kleidung und Schmuck), Mit-der-Faust-auf-den-Tisch-Schlagen und Aufstampfen mit dem Fuß (umorientierte Bewegungen).
– Beschwichtigungsverhalten hat als Grundele-

mente: Größenverringerung (gebeugte Haltung), Vermeiden von Fixieren (niedergeschlagene Augen), Abstand wahren oder nur zögernde Annäherung.
– Übersprungverhalten tritt in ererbten (Ohrkratzen, Kinnreiben, Haarordnen) und erlernten Bewegungen (Zigarette anzünden) auf. Auch Übersprungschlafen (oft intentional als Gähnen) tritt vor schwerwiegenden Ereignissen auf (Examen; Sturmangriff im Krieg).

Ererbtes Erkennen (auslösende Schemata)
Kleinkinder zeigen erfahrungslos Verhalten, das auf genet. programmierte Verrechnungsmechanismen zur Beurteilung von Umweltbedingungen deutet. – Das stützt die von LORENZ und anderen Autoren vertretene Ansicht, daß unseren Anschauungs- und Denkformen oft ererbte Mechanismen zugrunde liegen.
– Auf süßen, sauren oder bitteren Geschmack reagieren Neugeborene (auch ohne Großhirn geborene) mit den spezif. Gesichtsausdrücken.
– 2–11 Wochen alte Säuglinge, festgeschnallt, reagieren auf symmetr. sich ausdehnende auf eine Wand projizierte Schatten mit Ausweich- und Abwehrbewegungen und mit Erregung (»Kollision«). Asymmetr. sich ausdehnende Schatten (»Vorbeibewegung«) werden dagegen ruhig beobachtet.
– 2-wöchige Säuglinge greifen nach gesehenen Objekten. Stößt diese vorgetäuscht, wird das Kind verstört (erhöhte Pulsfrequenz, Weinen); wird ein Gegenstand ergriffen, bleibt das Kind ruhig (erfahrungsunabhängige Verbindung von Seh- und Tasteindrücken).
– Die Erfahrungsresistenz stets wieder erlebbarer opt. Täuschungen spricht ebenf. für ererbte Verrechnungsmechanismen.
Erwachsene sind aus method. Gründen schwerer beurteilbar. Zahlr. Beobachtungen (z.T. im Kulturvergleich) lassen aber das Fortwirken ererbter Auslösemechanismen im Sozialverhalten des Menschen als gesichert erscheinen.
– Das **Kindchen-Schema** (C), dessen charakterist. Komponenten im Exp. auch einzeln wirken (Reizsummation; S. 407), löst Betreuungsreaktionen aus, verbunden mit der Empfindung »niedlich«. – Es wirkt auch an Ersatzobjekten (C 2); die Wirkung übernormaler Attrappen (C 3) spricht ebenf. für einen ererbten Mechanismus.
– Das **Weib-Schema** ist in seinen Merkmalen trotz starker Kultur- und Modeeinflüsse erkennbar (D); Schulter-/Hüftbreite, schmale Taille, Brustform, gerundete Körper- und Gesichtsformen. Die Wirksamkeit ist durch Darstellungen in den Medien vielfach belegbar (Reklame), die Tendenz zu Übernormalität (z.B. durch Kleidung, Kosmetik) deutlich.
– Das **Mann-Schema** (Merkmale: breite Schultern, schmale Hüften, starke Muskulatur, kantige Kopf- und Körperformen) unterliegt den gleichen Gesetzmäßigkeiten (E). – In beiden Geschlechtern werden Domestikationsmerkmale (kurze Extremitäten, Muskelschwäche, starker Fettansatz) negativ bewertet.

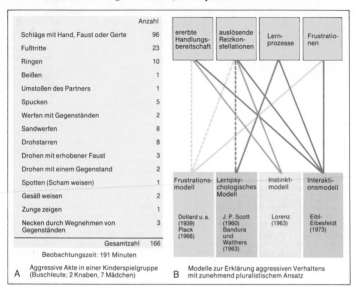

	Anzahl
Schläge mit Hand, Faust oder Gerte	96
Fußtritte	23
Ringen	10
Beißen	1
Umstoßen des Partners	1
Spucken	5
Werfen mit Gegenständen	2
Sandwerfen	8
Drohstarren	8
Drohen mit erhobener Faust	3
Drohen mit einem Gegenstand	2
Spotten (Scham weisen)	1
Gesäß weisen	2
Zunge zeigen	1
Necken durch Wegnehmen von Gegenständen	3
Gesamtzahl	166

Beobachtungszeit: 191 Minuten

A   Aggressive Akte in einer Kinderspielgruppe (Buschleute; 2 Knaben, 7 Mädchen)

B   Modelle zur Erklärung aggressiven Verhaltens mit zunehmend pluralistischem Ansatz

Antriebe

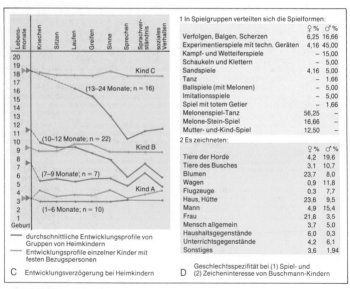

1 In Spielgruppen verteilten sich die Spielformen:

	♀ %	♂ %
Verfolgen, Balgen, Scherzen	6,25	16,66
Experimentierspiele mit techn. Geräten	4,16	45,00
Kampf- und Wetteiferspiele	–	15,00
Schaukeln und Klettern	–	5,00
Sandspiele	4,16	5,00
Tanz	–	1,66
Ballspiele (mit Melonen)	–	5,00
Imitationsspiele	–	5,00
Spiel mit totem Getier	–	1,66
Melonenspiel-Tanz	56,25	–
Melone-Stein-Spiel	16,66	–
Mutter- und Kind-Spiel	12,50	–

2 Es zeichneten:

	♀ %	♂ %
Tiere der Horde	4,2	19,6
Tiere des Busches	3,1	10,7
Blumen	23,7	8,0
Wagen	0,9	11,8
Flugzeuge	0,3	7,7
Haus, Hütte	23,6	9,5
Mann	4,9	15,4
Frau	21,8	3,5
Mensch allgemein	3,7	5,0
Haushaltsgegenstände	6,0	0,3
Unterrichtsgegenstände	4,2	6,1
Sonstiges	3,6	1,94

—— durchschnittliche Entwicklungsprofile von Gruppen von Heimkindern

—— Entwicklungsprofile einzelner Kinder mit festen Bezugspersonen

C   Entwicklungsverzögerung bei Heimkindern

D   Geschlechtsspezifität bei (1) Spiel- und (2) Zeicheninteresse von Buschmann-Kindern

Lerndispositionen

Antriebe

Aussagen, bes. quantifizierende, über motivierende Systeme und ihre Wirkungen, unterliegen beim Menschen den gleichen method. Schwierigkeiten wie bei Tieren (S. 405):

– versch. physiol. Mechanismen sind unterschiedl. beteiligt (Hormone, innere Reize, zentralnervöse Instanzen);
– äußere Reize haben neben auslösenden auch motivierende Wirkungen.

Grundsätzl. gilt, daß auch bei genet. Programmierung motivierender Mechanismen nur die Variationsbreite festliegt, innerhalb deren Erfahrungen und Einsichten modifiz. wirken.

Sexualität und Nahrungsaufnahme gelten auch beim Menschen allgem. als von ererbten Motivationsmechanismen bestimmt: ständiger Anstieg der Handlungsbereitschaft bei Entzug, erklärbar durch Stau aktionsspezif. Energie, ist deutlich erkennbar. – Posit. oder negat. Beeinflussung durch Gewöhnung, Lernen u/o Einsicht, u. U. bis zu völliger Unterdrückung, sind aber selbst bei diesen Verhaltensweisen möglich (Zölibat, Hungerstreik).

Aggression, d. i. jede Form gegnerischer Auseinandersetzung mit Artgenossen oder Artfremden, basiert sicher auf mehreren neuronalen Mechanismen. Bei der intraspezif. Aggression, für den Menschen bes. wichtig, hat sich die Diskussion mehr als auf Motorik, auslösende Situationen und spezif. Lerndispositionen auf die Frage gerichtet, ob und wie stark hier ererbte Antriebe wirksam sind.

Bei den Buschleuten der Kalahari, wo die Erwachsenen der Gruppe sehr friedl. zusammenleben, sind die Kinder wie in anderen Kulturen aggressiv (A), obwohl Erziehung zu Aggressivität ausgeschlossen werden kann.

Exp. Untersuchungen belegen Aggressionsstau und Entladung:

Bei verärgerten Versuchspersonen sank der erhöhte Blutdruck, wenn sie (simuliert) den Versuchsleiter mit Elektroschocks strafen konnten, schneller als bei Kontrollgruppen.

Auch neurophysiol. Beobachtungen belegen die Existenz entspr. neuraler Mechanismen:

– Spontanentladungen in Hirnstamm und Schläfenlappen lösen Wutanfälle bei psychiatrischen Patienten aus;
– elektr. Reizung der gleichen Regionen bei Gesunden erzeugt gleichartige Wutanfälle.

Es fehlen aber beim Menschen wegen der method. Schwierigkeiten quantitative Untersuchungen, ob bzw. wie weit diese neuralen Mechanismen ontogenet. erworben oder modifiziert werden und wie weit stimulierende Außenreize an der Auslösung beteiligt sind.

Modelle der Aggression werden daher immer noch sehr versch. Ansätzen vertreten (B). Mehreren monistischen bzw. einseitig orientierten Modellen ist das Interaktionsmodell (ähnlich: Bio-soziales Modell; NEUMANN 1979) vorzuziehen, das durch Einbeziehen vieler Ursachen ein pluralist. Modell von hohem Erklärungswert ist.

Lerndispositionen

Wie bei Tieren (S. 417) erfolgt auch beim Menschen Lernen stets auf der Grundlage von wenigstens teilw. genet. programmierten Strukturen des ZNS.

Bei einer generell hohen Lernkapazität aufgrund der extremen Gehirnentwicklung sind doch spezif. Unterschiede feststellbar und vermutl. wenigstens teilw. erblich bedingt:

– im Sozialverhalten ist Lernen vielfach durch erbliche Vorprogrammierungen erschwert oder begrenzt;
– in der Auseinandersetzung mit der Umwelt ist das Lernvermögen größer (Entw. von Naturwissenschaften und Technik).

Oft sind hochspezif. Lerndispositionen, offenbar abhängig von ontogenet. Prozessen im ZNS, auf sensible Phasen beschränkt und zeigen weitere Übereinstimmungen mit **Prägungsphänomenen** bei Tieren (S. 422 f.).

Das Lernen von Sprache(n) erfolgt bes. leicht im frühen Kindesalter. Schon 1 1/2 jährige Kinder sprechen Wörter nach, setzen also Gehörtes in komplexe Bewegungen der Sprechmuskulatur um. Viel einfachere Bewegungskoordinationen (Zeichnen geomet. Figuren) beherrschen sie im gleichen Alter noch nicht.

Das Urvertrauen, die Bereitschaft zu sozialem Kontakt, muß sich beim Kind über die Bindung an Bezugspersonen (Eltern, Pflegeeltern) zw. dem 3. und 18. Lebensmonat bilden. Untersuchungen an Heimkindern zeigen bei steigender Entzugsdauer der hierzu notw. Bedingungen (häufiger Kontakt mit nicht wechselnder Person) immer stärkere Entwicklungsstörungen (C) bis hin zu Erkrankung und Tod (Hospitalismus). Spätschäden, die oft therapieresistent sind, sind zwei Typen zuzuordnen:

– extreme Kontaktarmut im sozialen Bereich;
– Eingehen zahlr. oberflächlicher, nicht dauerhafter Bindungen.

Die Geschlechterrollen werden neben gesellschaftl. Einflüssen offenbar von ererbten Dispositionen mitbestimmt (D; in diesen Fällen ist Drängen durch Erwachsene zum »richtigen« Rollenverhalten auszuschließen).

Allgem. Tendenzen sexuellen Verhaltens werden vermutl. im 4.–6. Lebensjahr (sog. ödipale Phase) geprägt. Diese Prägung verläuft ohne sex. Erregungen, vermutl. im Zusammenleben des Kindes mit Eltern u/o anderen Erwachsenen. Sie führt nicht zu einer individuellen Bindung, sondern legt allgemeine Normen späterer Partnerbindungen fest (Hetero-, Homosexualität).

Spezielle sexuelle Prägungen erfolgen meist in der Pubertät im Zustand starker sex. Erregung. Es kann, oft außerordentl. schnell, Bindung an einen individuellen Partner erfolgen oder an ein spezielles Objekt (**Fetischismus**; zahlr. Fälle belegt). Hinzuweisen ist darauf, daß durch soziale u/o rationale Einflüsse (S. 441) das Verhalten sich ändern kann (Heirat bei Homosexuellen nicht selten), daß aber das Weiterbestehen homosexueller Neigungen (Prägungs-Engramm) meist nachweisbar ist.

Die erhobene offene Hand dokumentiert
Waffenlosigkeit, Knien und Niederwerfen
sind Beschwichtigungsgebärden

Zu beachten:
Betonung der Schultern
(vgl. S. 436 E)

A   Begrüßung eines Höherrangigen
(nach einer altägyptischen Darstellung)

B   Imponiertanz vor Gastgebern in einem fremden
Dorf; gleichzeitig Beschwichtigung durch das
mittanzende Kind (Waika-Indianer; S-Amerika)

Soziale Funktionen von Verhaltensweisen (s. auch S. 436)

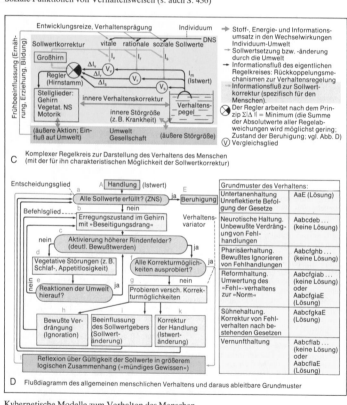

C   Komplexer Regelkreis zur Darstellung des Verhaltens des Menschen
(mit der für ihn charakteristischen Möglichkeit der Sollwertkorrektur)

D   Flußdiagramm des allgemeinen menschlichen Verhaltens und daraus ableitbare Grundmuster

Kybernetische Modelle zum Verhalten des Menschen

Sonderstellung menschl. Verhaltens
Infolge schneller soz. Veränderungen seit Überwindung der Sammler-und-Jäger-Stufe (kulturelle Evolution) ist seitdem die Entw. ererbter Anpassungen (fast) auszuschließen. Daraus resultieren bes. im Sozialverhalten Diskrepanzen zw. den zu den Bedingungen von Kleingruppen passenden ererbten Dispositionen, und den Bedingungen der Massengesellschaft, in der persönl. Bindungen zunehmend durch anonyme Gruppeninteressen verdrängt werden.
Die Bedeutung der Kenntnis ererbter Dispositionen liegt in der Abschätzung der Möglichkeiten bei der oft notwendigen gesellschaftl. Beeinflussung von Verhaltensnormen:
– Erziehung gegen genet. Programmierung läßt Schwierigkeiten und bleibende Widerstände erwarten (s. Homosexualität; S. 439);
– Konflikte zw. gesellschaftl. Normen und ererbten Dispositionen können zu schweren Störungen führen (Neurosen).
Realist. Beurteilung soz. Probleme und Therapiemöglichkeiten ist demnach ohne Kenntnis ererbter Dispositionen nicht möglich.

Aggressivität gegen Fremdgruppen
Scharfe Konkurrenz durch Kriege zw. Kleingruppen kann als eine Ursache für die schnelle Evolution des Menschen in der humanen Phase (S. 537ff.) gelten.
   Noch 1972 ergab eine Untersuchung an 99 Sammler-und-Jäger-Horden aus 37 Kulturen, daß 68 Horden aus 31 Kulturen zu der Zeit noch Kriege führten. Fehlen von Kriegen in der Vergangenheit war bei keiner der Kulturen nachweisbar.
Erfindung von Fernwaffen und Massenvernichtungsmitteln hat eine Situation geschaffen, für die kein adäquates Verhalten entw. worden ist: Aggressions- u/o Tötungshemmungen, deren Wirkung gegenüber Gruppenfremden allerdings strittig ist, können ohne direkten Kontakt zum Gegner vermutl. nicht wirken.

Abgrenzung gegen Fremdgruppen
erfolgt, anders als in überschaubaren Kleingruppen (bei Sammlern und Jägern im allg. Verbände von < 50 Erwachsenen), in komplexen Gesellschaften auf versch. Ebenen: von supranationalen Zusammenschlüssen über Nationalstaaten bis zu Vereinen, Clubs, Familien. Eine der biol. Grundlagen ist sicher die Furcht vor Fremden, die schon im »Fremdeln« des Säuglings (ab 8. Lebensmonat) zum Ausdruck kommt, aber auch bei Erwachsenen vielfach erkennbar ist (Fahrstuhlkabine, Eisenbahnabteil, Gaststätte).
Der Doppelfunktion der Bildung einer geschl. Eigengruppe bei gleichzeit. Abgrenzung gegen Fremdgruppen (**Pseudospeziation**) dienen zahlr. Einrichtungen auf versch. Ebenen:
– Stammesnarben, Tätowierungen legen irreversibel Zugehörigkeit/Ausschluß fest;
– Sprache, Dialekt, Fachsprache u. ä. sind wohl die verbreitetsten dieser Mechanismen;
– Unterschiedl. Kleidung (Stammestracht, Schuluniform) hat neben der Schutz- auch Abgrenzungsfunktion;

– Nationalflagge, Klubemblem u. ä. sind bes. deutl. auf Signalfunktion hin entwickelt.
Die Außenseiterreaktion ist bes. bei Kindern als Reaktion auf körperl. Auffälligkeiten (Schielen, Stottern) und abweichende Kleidung feststellbar, aber auch in Erwachsenengruppen mit festgelegten Normen.
Daß es in der Menschheitsgeschichte entgegen der Vernunft immer wieder gelungen ist, Fremdgruppen zu diskriminieren (bei Naturvölkern wurde der Gegner oft mit dem Wort für »Jagdbeute« bezeichnet: Kriminelle in der Presse manchmal als »Bestie«), spricht für ererbte Dispositionen in dieser Richtung.

Bindung innerhalb der Gruppe
ist als Gegengewicht der Aggression notw. und wird durch viele Mechanismen angestrebt:
– Verhaltensweisen der Mutter-Kind-Bindung werden auf Erwachsene übertragen (S. 436 B);
– Dauersexualität mit Orgasmusfähigkeit auch im ♀ Geschlecht trägt zu dauerhafter Partnerbindung bei;
– Beschwichtigungsverhalten, vielfältig ritualisiert (A, B), dämpft Aggressionen innerhalb der Gruppe (Aggressionshemmung).

Rangordnungen in der Gruppe
können bes. in Kleingruppen zur Minderung soz. Konflikte führen. Zwei Dispositionen bestehen:
Rangstreben, oft rational kaum begründbar, richtet sich oft auf »Statussymbole«: Titel, Orden, Luxusvilla, Exklusivität allgemein.
Bereitschaft zur Unterordnung zeigten bes. deutl. fingierte Exp., in denen der Autorität demonstrierende Versuchsleiter 66% der Versuchspersonen dazu brachte, fingierte Strafreize (Elektroschocks) auszuteilen (trotz über Tonband rückgemeldeter Proteste und Schmerzensschreie), die dem »Opfer« getötet hätten.
Daß dies entgegen dem kulturellen Ideal der Eigenverantwortlichkeit erreichbar ist, unterstreicht das Gewicht ererbter Dispositionen.

Territorialität
ist bei Gruppen (oft Grund für Kriege), aber auch bei Individuen nachweisbar.
– Exp. Unterschreiten der Individualdistanz in Bibliotheken hatte nacheinander zur Folge: Wegrücken, Errichten von Barrieren aus Büchern etc., Räumen des Platzes.
– Bei schwachsinnigen Knaben (IQ < 50) zeigte sich im Exp. territoriales Verhalten bes. stark (sonst offenbar unter corticaler Kontrolle) und war durch verbale Strafen kaum beeinflußbar.

Regulation des menschl. Verhaltens
Drei Parameter bestimmen menschl. Verhalten:
– ererbte Dispositionen (»vitale Sollwerte«);
– gesellschaftl. Normen (»soziale S.«);
– persönl. Entscheidungen (»rationale S.«).
Sie wirken nicht in festgelegten Anteilen, ihr Einfluß ist in einem Regelkreis darstellbar, in dem minimale Abweichung von den Sollwerten angestrebt wird (C).
Andere Regulationsmöglichkeiten stellt ein Flußdiagramm vereinfacht dar (D).

Register

Der Übersichtlichkeit halber ist das Register geteilt: im Namenverzeichnis sind alle Tier- und Pflanzennamen, im Sach- und Personenverzeichnis alle übrigen Stichwörter aufgenommen. Die Übersetzungen der im Text nicht näher erläuterten Fachausdrücke stehen in Klammern hinter den entsprechenden Stichwörtern.

Namenverzeichnis

Sach- und Personenverzeichnis

Die Seitenzahlen beziehen sich auf die jeweiligen Textseiten

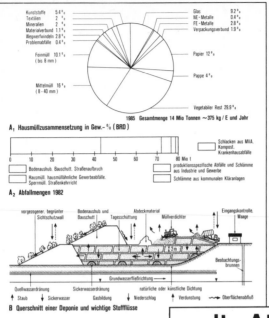

Kunststoffe	5.4 %
Textilien	2 %
Mineralien	2 %
Materialverbund	1.1 %
Wegwerfwindeln	2.8 %
Problemabfälle	0.4 %
Feinmüll (bis 8 mm)	10.1 %
Mittelmüll (8 - 40 mm)	16 %

Glas	9.2 %
NE - Metalle	0.4 %
FE - Metalle	2.8 %
Verpackungsverbund	1.9 %
Papier	12 %
Pappe	4 %
Vegetabiler Rest	29.9 %

1985 Gesamtmenge 14 Mio Tonnen ~375 kg / E und Jahr

A₁ Hausmüllzusammensetzung in Gew.- % (BRD)

Schlacken aus MVA, Kompost, Krankenhausabfälle

produktionsspezifische Abfälle und Schlämme aus Industrie und Gewerbe

Bodenaushub, Bauschutt, Straßenaufbruch

Hausmüll, hausmüllähnliche Gewerbeabfälle, Sperrmüll, Straßenkehricht

Schlämme aus kommunalen Kläranlagen

A₂ Abfallmengen 1982

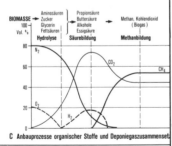

B Querschnitt einer Deponie und wichtige Stoffflüsse

vorgezogener, begrünter Sichtschutzwall — Bodenaushub und Bauschutt — Tagesschüttung — Abdeckmaterial — Müllverdichter — Eingangskontrolle, Waage

Beobachtungsbrunnen

Grundwasserfließrichtung

Quellwasserdränung — Sickerwasserdränung — natürliche oder künstliche Dichtung

↑ Staub ↑ Sickerwasser ↑ Gasbildung ↓ Niederschlag ↑ Verdunstung ～ Oberflächenabfluß

BIOMASSE

	Aminosäuren	Propionsäure	
100 % Vol. %	Zucker Glycerin Fettsäuren	Buttersäure Alkohole Essigsäure	Methan, Kohlendioxid (Biogas)
	Hydrolyse	Säurebildung	Methanbildung

N₂

CO₂

CH₄

O₂

H₂

C Anbauprozesse organischer Stoffe und Deponiegaszusammenset...

dtv-Atlas
zur
Ökologie

Tafeln und Texte

dtv-Atlas zur Ökologie
von Dieter Heinrich und
Manfred Hergt
Tafeln und Texte
Mit 122 Farbtafeln
Originalausgabe
dtv 3228

Natur und Umwelt

Jürgen Dahl:
Der unbegreifliche
Garten und seine
Verwüstung
Über Ökologie und
über Ökologie hinaus
dtv/Klett-Cotta 11029

Die Erde weint
Frühe Warnungen
vor der Verwüstung
Hrsg. v. Jürgen Dahl
und Hartmut Schickert
dtv/Klett-Cotta 10751

Andrea Ernst/Kurt
Langbein/Hans Weiss:
Gift-Grün
Chemie in der
Landwirtschaft
und die Folgen
dtv 10914

Antal Festetics:
Konrad Lorenz
Aus der Welt des
großen Naturforschers
dtv 11044

Heinz Friedrich:
Kulturverfall und
Umweltkrise
Plädoyers für eine
Denkwende
dtv 1753

Edith Holden:
Vom Glück, mit der
Natur zu leben
Naturbeobachtungen
aus dem Jahre 1906
dtv 1766

Eva Kapfelsperger/
Udo Pollmer:
Iß und stirb
Chemie in unserer
Nahrung
dtv 10535

Konrad Lorenz/
Kurt L. Mündl:
Noah würde Segel
setzen
Vor uns die Sintflut
dtv 10750

Jacques Monod:
Zufall und
Notwendigkeit
Philosophische
Fragen der
modernen Biologie
dtv 1069

Die ökologische Wende
Industrie und
Ökologie – Feinde
für immer?
Herausgegeben von
Günter Kunz
dtv 10141

John Seymour:
Und dachten, sie
wären die Herren
Der Mensch und die
Einheit der Natur
dtv 10282

Pierre Teilhard de
Chardin:
Der Mensch im
Kosmos
dtv 1732

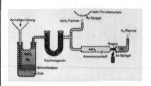

dtv-Atlas zur Chemie

Tafeln und Texte

Band 1

Allgemeine und anorganische Chemie

dtv-Atlas zur Chemie

von Hans Breuer
Tafeln und Texte
2 Bände
Originalausgabe

Aus dem Inhalt:
Band 1: Aufbau der Stoffe.
Bindung. Reaktion. Zustand der
Stoffe. Elektrolyse. Gleich-
gewicht. Oxidation und Reduk-
tion.
Edelgase bis Platinmetalle.
Register.
Mit 117 Farbtafeln.

Band 2: Nomenklatur und
Benennungen. Isomerie.
Reaktion. Bindung. Polarität.
Reinheit. Optische Aktivität.
Kohlenwasserstoffe. Aromaten.
Metallorganische Verbindungen.
Nitroverbindungen. Amine.
Azoverbindungen. Alkohole.
Phenole. Ether. Aldehyde.
Ketone. Carbonsäuren. Ester.
Fette und Öle. Seifen. Amino-
carbonsäuren. Peptide. Proteine.
Nucleinsäuren. Terpene und
Steroide. Kohlenhydrate.
Vitamine. Hormone. Kunststoffe.
Farbstoffe.
Register für beide Bände.
Mit 89 Farbtafeln.

dtv 3217/3218

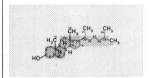

dtv-Atlas zur Chemie

Tafeln und Texte

Band 2

Organische Chemie
und Kunststoffe